북한의 국제법관

II

북한의 국제법관 Ⅱ

이규창 엮음

한국학술정보㈜

머리말

필자는 2006년까지 발표된 북한 학자들의 국제법 논문, 로동신문과 민주조선에 실린 국제법 관련 기사, 국제법 관련 북한 법령들을 묶어『북한의 국제법관』이라는 제목의 책자를 출판한 바 있다. 그 책은 2008년 초에 발간되었다. 북한 문제를 연구하는 전문가와 북한의 국제법에 관심이 있으신 여러분들로부터 격려의 말씀을 들어 힘을 얻기도 하였다. 지면을 빌려 그분들께 감사드린다.

『북한의 국제법관』이 출판된 지 5년의 시간이 지났다. 북한의 국제법 발전 추세를 반영하기 위해 속편 출판의 필요성을 느끼게 되었다. 이에 2007년부터 2011년까지 발표된 북한 학자들의 국제법 관련 논문과 북한 법령들을 묶어 속편을 간행하게 되었다. 한 가지 아쉬운 점은 바쁜 업무로 인해 로동신문과 민주조선에 실린 국제법 관련 기사들과 북한 당국에서 발표한 국제법 관련 성명들을 일일이 챙기지 못했다는 점이다. 북한의 국제법 실행에 대한 파악을 위해서는 이 부분들에 대한 조사와 연구가 필수적인데 아쉬운 마음을 감추기 어렵다.

편집 방법은 전편과 마찬가지로 제1부 논문과 제2부 법령으로 구분하였다. 국제법 관련 논문은 14개 영역으로 구분하여 모두 45개 논문을 실었다. 법령 편에는 2010년 4월 9일 최종 개정된 현행 북한 헌법과 여성권리보장법을 비롯하여 최근 제정되었거나 개정된 16개의 법령, 그리고 조약의 국내법적 효력과 관련한 북한의 개별 법령 규정들을 묶었다.

잘 알려져 있는 바와 같이 북한은 강성대국 건설을 대내외적으로 표방해왔다. 북한은 정치 강국과 군사 강국은 이미 완성되었으며 강성대국 건설을 위해 경제 강국 건설만 남아 있다고 인식하고 있다. 경제 강국 건설은 북한 학자들의 논문과 북한 법령에도 반영되어 있다. 전편에 비해 국제경제법과 국제금융·투자·지적재산권 분야의 논문이 상대적으로 증가되었다. 라선경제무역지대법과 황금평·위화도경제지대법 같은 경제특구법제와 외국인투자법제도 대대적으로 정비함으로써 외자유치 확대를 통한 경제성장을 도모하고 있다.

국제인권법과 관련된 논문과 법령들도 주목된다. 1993년 「인권을 위한 국제적 투쟁과 국제인권법전」이라는 제목의 논문이 발표된 이후 근 20년 만에 「인권보장과 관련한 국제법적제도에 대한 리해」라는 제목의 국제인권법 분야 논문이 발표되었다. 흥미로운 점은 이 논문을 보면 북한은 국제인권조약의 강제적 성격을 부인하면서 건의적·권고적 성격을 갖는다고 주장하고 있다. 그리고 인권 보장의 주체는 철저히 각 국가의 정권이라면서 국제사회가 북한 인권 문제에 개입하는 것을 우회적으로 비판하고 있다. 이는 우리식(북한식) 인권을 주장하며 인권의 보편성을 부인하고 있는 기존 북한의 태도와 별반 다르지 않다. 그런데 이와 같은 입장과는 달리 여성권리보장법, 아동권리보장법, 보통교육법 등을 제정하고 있다. 이 법령들은 여성차별철폐협약과 아동권리협약의 규정들을 대폭 반영하고 있다. 북한이 인권문제에 대한 외부의 개입을 신랄하게 비판하면서도 한편으로는 국제인권조약을 국내적으로 받아들이는 상호 모순적인 행태를 보여주고 있는 것이다.

이 외에도 국제법 일반에서 「겐티리스의 국제법학설의 제한성」이라는 제목의 논문과 국제환경법 분야의 「생물다양성과 그 보호를 위한 국제법규범」이라는 제목의 논문도 눈에 띈다. 북한도 국제법 각 분야별로 심층적인 연구가 진행되고 있음을 보여주고 있다. 이와 같은 북한 국제법의 추세는 지속, 발전될 것으로 전망된다.

이 책을 읽으면서 유의할 점은 전편과 동일하다. 첫째, 북한 학자들의 글을 객관적으로 보는 것이 중요하다고 판단되어 몇 가지 용어 설명을 하는 외에는 필자의 주관적인 설명을 하지 않았다. 둘째, 북한 학자들의 글은 원문을 그대로 옮기는 것을 원칙으로 하였다. 다만 띄어쓰기와 맞춤법은 필요에 따라 최소한의 수정을 가하였다. 셋째, 원전의 인용을 돕기 위해 각 논문마다 출처를 밝히고 페이지를 달았다. 예를 들어 [73]이라는 표시가 나오면 73페이지가 시작된다는 의미이다.

이번에도 책자 발간을 허락해주신 한국학술정보(주)의 채종준 대표이사님과 편집과 교정, 출판을 위해 노력을 아끼지 않으신 관계자 여러분에게 감사의 말씀을 전한다. 이 책의 속편은 제작되지 않았으면 좋겠다는 소망을 가져본다. 남북한의 평화통일이 하루속히 이루어졌으면 하는 마음이 간절하다. 세상 역사의 수레바퀴는 정치지도자들이 아니라 하나님께서 움직이신다고 믿는다. 하나님께서 한국 통일이라는 역사의 수레바퀴도 움직이실 것을 믿고 기도드린다.

2012년 4월
통일연구원 연구실에서
상큼한 봄바람을 느끼면서

이규창

CONTENTS

CONTENTS

제1부 논문

제1장 국제법 일반

1. 국가자주권존중은 국제기구활동에서 지켜야 할 근본원칙[1]

한영서

[66]국가자주권은 국가활동에 나서는 모든 문제를 그 어떤 외세의 간섭을 받음이 없이 독자적인 주견과 결심에 따라 자기 나라의 구체적인 실정과 민족의 리익에 맞게 결정하고 처리하는 매개 민족국가의 기본권리이다. 국가자주권은 해당 국가의 독립성과 합법적 지위를 표현하는 기본징표이다. 따라서 국가자주권이 없는 나라는 사실상 참다운 자주독립국가라고 말할 수 없다. 국가자주권은 해당 나라의 인구수나 령토의 크기, 발전 정도에 따라 객관적으로 인정되고 부여되는 것이 아니라 그 국가의 창건과 함께 스스로 가지게 되며 점차 공고화되는 국가들의 숭고한 권리이다.

모든 국가들은 국제무대에서 자기의 자주권을 행사할 수 있는 당당한 권리를 가지고 있다. 국제관계에서는 반드시 호상성의 원칙이 작용하게 된다. 따라서 민족이나 국가들이 자기의 자주권을 당당하게 행사하려면 다른 나라와 민족의 자주권을 존중하여야 한다. 국가자주권을 존중한다는 것은 국가들 호상 간 정치적 독립을 존중하며 주권국가의 합법적 지위와 존엄을 서로 인정하고 존중하며 주권국가의 자주권을 침해하지 않는다는 것을 의미한다. 국제기구들은 매개 민족, 국가들의 자주권을 존중할 것을 전제로 하여 창설되었다.

위대한 수령 김일성동지께서는 다음과 같이 교시하시였다. ≪세상이 다 아

---

1) 출처: 김일성종합대학출판사, 『김일성종합대학학보: 력사법학』, 제54권 제1호(2008), 66～70쪽.

는 바와 같이 유엔은 모든 나라의 령토와 매개 민족의 독립과 쟈유와 자주권을 존중하며 세계의 평화와 안전을 수호하기 위하여 창설된 것입니다.≫(≪김일성전집≫제12권, 284~285페지)

국제기구가 국가자주권을 존중한다는 것은 기구의 조직운영에서 매개 성원국들의 자주권이 공정하고 평등하게 보장되고 실현되도록 한다는 것이며 일부 성원국들이 다른 나라의 자주권을 유린하고 침해하는 데 대하여 절대로 용납하지 않고 반대 배격하는 투쟁을 조정, 조직한다는 것이다.

국제기구가 개별적 나라들의 강도적 요구와 비위에 발라 맞추면서 다른 성원국들의 자주권을 계통적으로 짓밟고 부당한 압력과 제재를 가하게 된다면 그러한 성원국들은 국제기구의 처사와 활동에 대하여 환멸을 느끼고 점차 흥미를 가지지 않게 될 것이며 나중에는 그 국제기구에서 탈퇴하는 길을 택하게 될 것이다. 이렇게 한두 개 나라씩 점차 떨어져 나가게 된다면 종국에 그 국제기구는 허울만이 남게 될 것이며 분렬 해산되는 운명을 면치 못하게 될 것이다.

이것은 지난 시기 국제기구의 력사적 교훈이 실증해주고 있는 것이다. 제1차 세계대전 후 1919년 1월 18일 빠리평화회의에 의하여 1920년 2월 20일에 창설된 ≪국제련맹≫은 ≪국가들 사이의 협조를 발전시키고 세계평화와 안전을 보장하기 위하여 전쟁을 하지 않을 의무를≫ 지니는 것을 자기의 사명과 목적으로 규정하였다. 이것은 ≪국제련맹≫이 매개 나라들의 자주권을 존중함으로써 세계평화와 안전을 유지 보장하는 것을 자기의 기본의무로, 원칙으로 하고 있다는 것을 말해준다. 그러나 현실은 ≪국제련맹≫이 제국주의침략세력의 련합체로서 세계피압박민족, 국가들의 자주권을 짓밟는 도구에 지나지 않았다는 것을 실증해주었다.

≪국제련맹≫은 제국주의침략자들의 책동에 추종하여 1939년 12월 14일 부당한 구실을 붙여 당시 쏘련을 련맹에서 제명함으로써 이 나라의 자주권을 침해하였다. 그리고 헌장에 ≪위임통치체계≫라는 내용을 규제해놓고 식민지 여러 나라들에 대한 제국주의 식민주의자들의 지배와 략탈을 ≪합법화≫함으로써 그 나라들의 자주권을 유린하였다. 그리고 일제의 중국침략, 이딸리아의 에티오피아, 알바니아에 대한 강점, 파쑈 도이췰란드의 오스트리아와 이전 체

스꼬슬로벤스꼬,[2] 리뜨바[3])의 일부 지역에 대한 강점행위를 비호, 묵인해줌으로써 다른 나라에 대한 제국주의자들의 자주권침해행위를 막아내지 못하였다.[67] 이렇게 되여 국제련맹성원국들은 세계평화와 안전에서의 ≪국제련맹≫의 역할과 활동에 대하여 신심을 가지지 못하게 되였으며 ≪국제련맹≫은 무맥한 국제기구로 신용을 잃어버리게 되였다. 그리하여 ≪국제련맹≫은 전 세계 진보적 인류의 자주권을 침해하는 제국주의자들의 침략전쟁을 막아낼 수 없는 유명무실한 국제기구로 존재하다 1946년에 자기 운명의 종말을 면치 못하게 되였다. ≪국제련맹≫의 종말은 결국 인류에게 국제기구들이 기구성원국을 포함한 다른 나라들의 자주권을 옹호하고 존중하는 것을 자기활동의 확고한 원칙으로, 철칙으로 하지 않는다면 파산과 몰락의 처지에서 벗어날 수 없게 된다는 력사적 교훈을 안겨주었다.

국제기구는 자주권을 생명으로 하는 민족, 국가들을 자기 성원으로 하여 조직되는 국제적 조직체인 것만큼 자기 활동에서 자주권존중의 원칙을 철저히 지켜야 한다. 국가자주권존중의 원칙이 국제기구활동에서 지켜야 할 근본원칙으로 되는 것은 무엇보다도 매개 나라들의 자주권을 존중하는 것이 현시대의 기본요구이기 때문이다.

현시대는 자주성의 시대이다. 오늘 지구상의 모든 국가들과 민족들은 자주성을 자기의 생명으로 하고 있으며 그것을 옹호하고 실현하기 위하여 투쟁하고 있다. 발전도상나라들은 물론 발전된 여러 나라들도 자기의 자주성을 옹호하고 실현할 것을 요구하고 있다.

매개 국가들의 자주성은 대외관계에서 국가자주권으로 표현된다. 자주성의 시대와 요구에 맞게 국가자주권을 생명으로 하는 주권국가들을 자기 구성원으로 하고 있는 국제기구는 마땅히 시대의 요구에 맞게 활동하여야 한다.

오늘 자주시대의 모든 민족국가들은 국제기구를 자주성을 옹호 보장하는 기구로 전변시키려는 요구를 더욱 높이고 있다. 오늘 세계 절대다수를 차지하

---

2) 편집자 주: 체코슬로바키아.
3) 편집자 주: 리투아니아.

는 발전도상나라들을 비롯한 많은 민족, 국가들에서는 지난 시기 일부 큰 나라들의 리익만을 고려하여 만들어놓은 유엔을 비롯한 여러 국제기구들의 운영질서와 각종 제도들을 개조 변혁하여 모든 성원국들의 자주성과 리익을 철저히 옹호 보장하는 국제기구로 만들자는 요구가 강력히 제기되고 있다.

지난 시기 이러한 요구를 반영하여 유엔을 비롯한 일부 정부적 국제기구들에서는 자기 내부기관의 구성과 조직운영질서들을 개혁하고 재조정하는 긍정적인 조치들이 여러 번 취해졌으며 오늘도 유엔의 안전보장리사회 상임리사국문제를 비롯한 여러 조직운영문제를 자주시대의 요구에 맞게 개혁, 변혁하려는 움직임이 활발히 진행되고 있는 것이다. 이것은 지구상의 모든 국제기구들이 자주시대의 요구에 맞게 성원국들의 자주권을 옹호하고 보장하는 원칙을 견지하는 것이 막을 수 없는 시대적 추세로 되고 있다는 것을 립증하여 주고 있다.

국가자주권존중의 원칙이 국제기구활동에서 지켜야 할 근본원칙으로 되는 것은 다음으로 매개 나라들의 자주권을 존중하는 것이 국제기구가 내세운 사명과 목적을 성과적으로 달성하기 위한 근본담보로 되기 때문이다. 국제기구는 세계 여러 민족, 국가들의 공동의 관심사로 제기되는 국제문제들을 공동의 지혜와 힘, 노력에 의하여 공정하게 해결하는 과정을 통하여 서로의 관계를 더욱 긴밀하게 발전시키자는 데 그 목적을 두고 창설되게 된다. 인민대중의 자주적이며 창조적인 활동이 점차 강화 발전되는 데 따라 국제사회생활의 모든 분야에서는 비약적인 발전이 이룩되게 되며 그에 맞게 민족국가들 사이의 대외적 련계는 더욱 다양화되게 된다. 이 과정에 한 나라 또는 몇몇 소수 나라들의 힘과 노력만으로는 도저히 해결할 수 없는 국제적 문제들이 수많이 제기되게 된다. 이러한 복잡다단한 국제문제들은 여러 나라의 힘과 노력을 합쳐 해결할 때 가장 빨리 합리적으로 해결될 수 있다. 이러한 국제적 요구를 반영하여 매개 민족, 국가들은 국제기구라는 하나의 큰 협조공간을 선택하는 방향으로 나가게 되였다.[68]

매개 나라와 민족들은 자기의 자주적이며 창조적인 활동을 보다 원만히 실현하기 위하여 그리고 제기되는 국제문제들을 인류공동의 자주적 요구와 리익에 맞게 공정하고 합리적으로 해결하기 위하여 국제기구를 창설하거나 거기에 참가하게 되는 것이다. 이렇게 볼 때 결국 일반적으로 국제기구는 제기되는 국제적 문제들을 매개 민족, 국가들의 자주적 요구와 리익에 맞게 공동의 협조, 협력, 조정의 형식으로 해결할 것을 자기의 사명과 목적으로 하고 있다고 볼 수 있다. 국제기구가 내세운 이러한 사명과 목적을 성과적으로 수행하려면 반드시 매 성원국들의 자주적 권리와 요구가 철저히 옹호되고 존중되여야 한다. 국제기구의 조직운영에서 매개 성원국들이 다른 나라의 자주권은 안중에 없이 자기의 요구와 리익만을 전면에 내세우거나 국제기구 자체가 개별적 나라들의 요구와 리익만을 절대시하면서 다른 성원국들의 자주권을 유린하는 데 추종한다면 그 국제기구는 자기가 내세운 사명과 목적을 일보도 달성하지 못하고 말 것이다.

이로부터 유엔을 비롯한 모든 국제기구들은 자기의 사명과 목적을 규제하면서 국가자주권존중의 원칙을 하나의 중요활동 원칙으로, 기본조항의 하나로 헌장들에 박아놓고 있는 것이다. 사실상 어떤 국제기구든지 자기헌장이나 부속규칙 등 여러 규정들에서 남의 자주권을 침해하는 것을 허용하는 내용을 규제한 것은 하나도 없다. 국제기구들이 아무리 긍정적인 사명과 목적을 내세웠다고 하더라도 불합리하고 불공정한 이중 기준을 적용하여 성원국들을 비롯한 다른 나라들의 자주권을 유린하게 된다면 그것을 성과적으로 실현할 수 없는 것이다.

유엔헌장 자체는 나쁘지 않으며 그의 사명과 목적은 긍정적이다. 그러나 지난 시기 유엔은 미제국주의자들의 배후조정과 악랄한 책동에 의하여 우리나라를 비롯한 다른 나라들의 자주권을 짓밟는 데 도용됨으로써 자기 력사에 수치스러운 오점을 남기게 되였다. 이러한 과오를 범하게 된 주요원인은 바로 유엔이 미제국주의자들을 비롯한 대국들의 강권적 요구에 굴복하고 추종하면서 국가자주권존중의 원칙을 철저히 지키지 않는 데 있다.

국제원자력기구의 사명과 목적도 긍정적이라고 볼 수 있다. 국제원자력기구의 사명과 목적은 원자력의 평화적 리용을 적극 추진, 원조하며 그것이 군사적 목적에 리용되지 못하도록 하는 데 있다. 그러나 국제원자력기구의 일부

상충인물들이 미제국주의자들의 책동에 추종하여 우리나라와 이란을 비롯한 일부 나라들의 평화적 핵활동의 자주적 권리를 침해하고 불공정한 이중기준 정책을 실시하고 강요함으로써 국제원자력기구의 사명과 목적에 완전히 어긋나게 활동하고 있는 것이다. 그리하여 오늘 국제무대에서 핵문제는 옳게 해결되지 못하고 있다.

국제기구들이 자기가 내세운 사명과 목적을 원만히 성과적으로 달성하기 위한 유일한 길은 오직 자기 성원국들의 자주권을 철저히 옹호 보장하는 데 있다. 남의 자주권을 짓밟고 명령, 지시, 압력, 제재의 방식으로 국제적 교류와 협조를 실현한다는 것은 도저히 말로 되지 않는 것이며 다른 나라의 자주권을 침해하는 방식으로는 그 어떤 중요하고 긴절한 국제문제라고 해도 도저히 해결할 수 없다.

국가자주권존중의 원칙이 국제기구활동에서 지켜야 할 근본원칙으로 되는 것은 다음으로 그것이 오늘 국제기구들에서 미제국주의자들을 비롯한 제국주의, 지배주의자들의 강권과 전횡을 철저히 막아내기 위한 근본방도로 되기 때문이다. 압력이나 강권으로는 제기되는 국제문제들을 해결할 수 없다. 공정성을 원칙으로 하는 국제기구가 그 어떤 개별적 나라나 강대국들의 부당한 요구에 추종한다면 그 어떤 국제문제든지 해결될 수 없을 것이다. [69]그러나 오늘도 미제국주의자들을 비롯한 제국주의, 지배주의자들은 여러 국제기구들에서 강권과 전횡을 일삼으면서 제놈들의 요구와 리익을 추구하는 데 국제기구를 도용하고 있다. 유엔을 비롯한 일부 국제기구들이 계속 제국주의자들의 강권정치와 지휘봉의 영향 밑에 있으면서 다른 나라의 자주권을 란폭하게 침해하고 자기 헌장대로 행동하지 않는다면 그러한 국제기구들은 세계의 민족, 국가들, 인민들로부터 신용을 잃게 되며 버림을 받을 것이다.

지난 시기 미제국주의자들을 비롯한 제국주의, 지배주의자들은 유엔을 비롯한 여러 국제기구들에서 국제법과 국제기구헌장은 안중에 없이 모든 수단과 방법을 가리지 않고 압력과 제재, 강권정치와 전횡으로 다른 나라들의 자주권을 무참히 유린하여 왔다. 유엔은 지난 시기 미제의 강권정치와 전횡에 무조건적으로 추종하고 우리나라의 자주권을 체계적으로 유린하면서 자기 헌장대로 행동하지 않았다. 유엔은 미제국주의자들의 강권정치와 전횡에 추종하여 조선 문제의 유엔에로의 비법적 상정, 조선의 분렬, 조선전쟁도발과 ≪유엔군≫의 조작, 전쟁에서의 각종 전쟁범죄를 가리거나 ≪합법화≫하는 데 도용되였으며 전후 유엔총회 28차 회의까지 우리나라에 대한 불공정하고 불평등한 내용이 담긴 각종 ≪결의안≫을 채택하고 조선의 통일을 방해하고 내정에 간섭하는 데 도용되는 수치스러운 오점을 남기게 되였다.

유엔을 비롯한 일부 국제기구들은 미제국주의자들의 강권과 전횡에 추종하여 조선과 이란에서의 핵문제, 이라크문제를 불공정하게 해결하는 ≪결의≫를 채택하는 데 도용되였으며 여러 국제문제들을 압력과 제재의 방법으로 해결하는 데 도용되는 수치스러운 과오를 범함으로써 세계인민들로부터 신용을 잃고 있는 것이다. 일부 국제기구들이 범한 이러한 모든 오점들과 과오들은 미제국주의자들의 강권과 전횡에 굴복하거나 추종하여 국가들의 자주권존중을 자기 활동의 기본원칙으로 삼을 데 대한 국제법적 원칙과 헌장상의 요구를 외면하거나 저버린 데 있다. 미제국주의자들을 비롯한 강대국들이 아무리 강권과 전횡을 부리면서 강도적 요구를 들이댄다고 하여도 국제기구들이 그것을 국가자주권을 침해하는 국제법적 범죄로 단호히 배격하고 거기에 추종하지 않는다면 그것은 맥을 추지 못하게 될 것이다.

지나간 국제기구의 력사를 돌이켜보면 국제기구들이 모든 나라와 민족의 생명인 국가자주권을 철저히 존중하는 원칙에서 자기활동을 진행한다면 미제를 비롯한 강대국들의 강권과 전횡을 얼마든지 막아낼 수 있다는 것을 잘 알 수 있다. 지난 시기 미제국주의자들은 유엔교육과 학문화기구가 제놈들의 강권과 지휘봉에 잘 따르지 않는다고 하여 기구에 압력을 가하고 인위적으로 경영기금위기까지 조성시키는 추태를 부렸다. 그러나 유엔교육과학문화기구가 제놈들의 말을 듣지 않게 되자 1984년에는 이 기구에서 탈퇴하는 책동까지 벌였다. 놈들은 이렇게 하면 결국 유엔교육과학문화기구가 파산되리라고 타산하였다. 그러나 유엔교육과학문화기구는 자주적 발전을 지향하는 발전도상나라들의 집단적인 공동의 협력과 노력에 의거하면서 미제의 책동에 반격을 가하고 기구의 사업을 보다 높은 단계에로 발전시켜나갔다. 이렇게 되자 미제국주의자들은 하는 수 없이 유엔교육과학문화기구에서 탈퇴한지 거의 20여 년이 지난 2002년 9월에 기구에 다시 가입하지 않으면 안 되게 되였다.

지난 시기 유엔에서도 미제국주의자들은 제놈들의 지위가 점차 떨어지고 강권정치와 전횡이 통하지 않게 되자 유엔에 부당한 압력을 가하고 경영재정적 위기를 조성하는 등 온갖 책동을 다하여 왔다. 그러나 절대다수 발전도상나라들을 비롯한 자주권을 옹호하는 나라들의 단결된 힘과 공동의 노력에 의하여 유엔에서의 미제의 강권정치와 전횡은 점차 맥을 추지 못하게 되였으며 나중에는 유엔인권리사회를 비롯한 여러 유엔무대에서 랭대와 버림을 받고 있는 것이다.[70]

이와 같은 제반 력사적 사실들은 국제기구자체가 기구 내 절대다수 성원국들의 단결과 협조에 의거하여 자주권존중의 원칙을 확고히 견지하여 나간다면 그 어떤 강대국들의 강권정치와 전횡도 얼마든지 막아낼 수 있다는 것을 보여주고 있다.

오늘 조선에서의 핵문제와 관련하여 부당한 결의를 채택하고 그것을 국제화하면서 우리에게 압력과 제재책동을 가한 것도 유엔과 국제원자력기구가 자기 활동의 근본원칙인 국가자주권존중의 원칙을 저버리고 미제국주의자들이 강권과 전횡에 아부굴종하고 맹종맹동하면서 놈들의 하수인으로 전락된 데 있다. 그리고 유엔을 비롯한 일부 국제기구들이 국제문제처리에서 강대국들의 부당한 압력과 제재책동에 맹목적으로 추종하면서 약소국가들의 요구와 리익을 외면하고 배제하며 공정성과 민주주의를 보장하지 못하고 있는 것도 자기활동의 근본원칙인 국가자주권존중의 원칙을 지키지 않고 강대국들의 강권과 전횡을 무턱대로 받아들이거나 추종한 데 그 근본 원인이 있다.

국제기구가 자기 활동에서 개별적 나라들의 강권과 전횡을 받아들인다면 국가자주권존중의 원칙을 언제 가도 지킬 수 없게 된다. 특권과 전횡을 받아들이는 국제기구는 사실상 주권국가들의 국제적 협력기구인 것이 아니라 개별적 강대국들의 요구와 리익을 대변하고 비호해주는 하수인, 도구에 지나지 않으며 국제적 협력체로서의 자기의 사명과 역할을 다할 수 없는 유명무실한 존재로밖에 될 수 없다.

모든 국제기구들은 자기 활동에서 매개 성원국들의 생명인 국가자주권을 존중하는 원칙에서 자기 활동을 진행하여 나감으로써 제기되는 모든 국제문제들을 세계 진보적 인민들의 자주적 요구와 리익에 맞게 가장 공정하고 합리적으로 해결하며 국제기구 내에서 민주주의와 공정성의 원칙을 철저히 지켜나가는 국제적 협력체, 조직체로서의 자기의 사명과 임무를 다하여야 할 것이다.

2. 국가의 민사재판면제와 관련하여 제기되는 중요한 문제[4)](중요한 문제)

김형기

[119]오늘 국제적으로 국가는 그 어떤 경우에도 다른 국가의 재판소에서 피고로 되지 않는다는 주권면제리론이 존재한다. 이러한 주권면제리론은 어느 나라에서나 국제민사소송과 관련한 기본원칙의 하나인 ≪국가와 국가소유권에 대한 재판면제원칙≫으로 널리 인정되고 있다. 국제적으로 인정되고 있는 이 원칙에 따라 국가는 재판면제권을 가지며 국가와 국가소유재산은 재판면제의 대상으로 된다. 재판면제권 문제는 처음에 국가가 민사소송의 당사자로 나서게 되는 경우에 다른 나라 재판소가 국가에 대하여 재판권을 행사할 수 있는가 없는가 하는 문제로 제기되였다. 력사적으로 볼 때 일부 나라 재판판례들에서 국가에 대해서는 재판권을 행사할 수 없다는 것이 인정되여 관례적으로 준수되여 오다가 19세기 중엽부터는 자본주의국가들이 대외민사관계의 당사자로 광범히 등장한 실정에 맞게 이 문제가 국제법에 직접 반영되기 시작하였다. 오늘에 이르러 민사재판면제의 대상은 국가와 국가소유재산은 물론 국가대표, 국제기구와 그 대표들에게로 확대되였으며 이에 대한 법적규제는

---

4) 출처: 김일성종합대학출판사, 『김일성종합대학학보: 력사법학』, 제55권 제3호(2009), 119~124쪽.

개별적 국가들의 국내법들과 국제법 들에서 공인된 하나의 제도로 되고 있다.

원래 국가는 국가가 스스로 동의하지 않는 한 다른 나라의 재판권에 복종하지 않는 것으로 인정되고 있다. 그것은 국가가 그 누구도 침해할 수 없는 자주권을 가지고 있으며 대외관계에서 서로 평등한 지위에 놓이기 때문이다. 위대한 령도자 김정일동지께서는 다음과 같이 지적하시였다. ≪세계에는 큰 당과 작은 당, 큰 나라와 작은 나라, 경제적으로 발전한 민족과 뒤떨어진 민족은 있으나 모든 당, 모든 나라와 민족은 다 평등하고 자주적입니다.≫(≪김정일선집≫제7권, 180페지)

자주권은 국가의 생명이다. 자주권은 국가가 대외관계에서 그 누구의 간섭도 받음이 없이 자기의 독자적 신념과 판단에 기초하여 자기 인민의 리익에 맞게 모든 것을 처리해나가며 그 누구의 지배와 조종을 받음이 없이 완전히 평등한 지위를 가지는 데서 나타난다. 국가의 재판면제권은 대외관계에서의 자주권의 법적표현으로 된다. 그것은 국가의 재판면제권이 국가가 스스로 동의하지 않는 한 다른 국가의 재판에 복종하지 않는 것을 내용으로 하는 국가의 특수한 권리로 되기 때문이다. 결국 국가의 민사재판면제권을 철저히 보장하는 것은 자주권실현의 발현으로 되며 국가들 사이의 관계에서 안정된 질서를 담보하는 조건으로 된다고 말할 수 있다.

오늘 국가에 대한 민사재판면제는 일반적으로 국가와 국가소유재산에 대한 재판을 무조건적으로 면제하는 절대적 면제와 일정한 조건 밑에서 재판을 일부 허용하는 제한적 면제로 구분된다. 국가와 국가소유재산에 대한 재판의 절대적 면제는 국가의 재판면제권을 법적으로 인정한 데 기초하여 재판을 절대적으로 금지하는 국가의 행위라면 제한적 면제는 국가의 재판면제권을 인정하면서도 국가들이 대외민사관계의 당사자로 나서는 조건에 맞게 그에 대한 재판을 일부 허용하는 국가의 행위이다. 절대적 면제를 인정하는 나라에서는 국가가 스스로 동의하지 않는 한 그에 대한 재판이 금지되며 제한적 면제를 인정하는 나라에서는 국가와 국가소유재산에 대한 재판이 일부 허용된다.[120] 절대적 면제를 인정하는가 제한적 면제를 인정하는가 하는 것은 그에 대한 국제법적 원칙에 의해서가 아니라 개별적 나라들에서 보통 그 나라의 리익과 실정에 맞게 제각기 해결되고 있다.

절대적 면제는 대외민사관계 당사자로 나선 국가의 자주권을 절대적으로 존중할 수 있게 한다는 점에서 일정하게 긍정적인 측면이 있다. 그러나 절대적 면제를 인정하는 나라에서 국가를 상대로 거래하는 공민, 법인은 언제나 불리한 립장에 놓이게 된다. 그것은 해당 국가가 동의하지 않는 한 그의 상대방으로 되는 공민이나 법인은 언제나 소송을 제기할 수 없는 것으로 되기 때문이다. 이것은 국영은행과 같은 국영기업들이 대외민사관계의 당사자로 직접 나서는 오늘의 실정에서 거래당사자들의 평등의 견지에서 볼 때 명백히 제한적인 측면을 가진다고 볼 수 있다. 이로부터 현 시기 많은 나라들의 립법, 판례와 일부 국제조약들에서는 절대적 면제가 아니라 제한적 면제를 인정하고 있으며 절대적 면제를 인정하는 나라들에서조차 실천적으로는 제한적 면제를 인정하는 경향으로 기울어지고 있다.

제한적 면제를 인정하는 나라들에서 국가와 국가소유재산에 대한 재판은 일정한 조건 밑에서 허용된다. 제한적면제와 관련한 대표적인 국제조약들과 국내법들로서는 《유럽국가면제조약》, 《국가와 그 재산의 재판관할권면제에 관한 유엔협약》, 싱가포르의 《국가면책권법》, 미국의 《외국주권면제법》 등을 들 수 있다. 이 법들에서는 국가가 상행위에 참가한 경우, 국가가 원고의 제소에 응하였거나 소송이나 맞소송을 제기하는 등의 경우에 해당국가가 재판면제특권을 포기하는 것으로 간주된다고 규정하고 있다. 이와 같은 립법례들은 남아프리카, 카나다, 오스트랄리아 등 나라들에서도 찾아볼 수 있다. 그리고 국제금융시장이나 주식시장들에서 류통되고 있는 외화국채들에도 주권면제특권포기조항들이 포함되여 있는 것이 보편적이며 재판소에서는 국가가 집적 상행위를 비롯한 사법적 행위를 한 경우 국가의 특권에 대해 묵시적인 포기가 있었던 것으로 추정하기도 한다. 이와 같은 추세에 비추어 절대적 주권면제리론은 점차적으로 사법적인 상사거래활동과 관련하여 상대적 제한주의 즉, 제한적 면제주의로 완화되여가고 있다.

물론 제한적면제가 국제법적 원칙에 의해서가 아니라 매개 나라들의 국내법에 따라 규제되고 있으므로 국가에 대한 재판이 구체적으로 어떤 경우에 허용되고 어떤 경우에 허용되지 않는가 하는 것은 나라마다 차이가 있다. 대다수 나라들의 소송법학자들은 단순히 자주권으로부터 출발하여 공법적인 행위와 사법적인 행위에 관계없이 국가가 모든 민사재판권에서 면제된다고 보면 실지 분쟁해결에서 많은 지장이 있게 된다고 주장하고 있다. 그러한 리론적 근거는 국가가 자기의 특수성을 내걸고 자기의 사법적 행위에 의한 분쟁에 대하여서도 다른 나라의 재판권에 복종하지 않는 특권을 가지게 된다면 국가와 개인의 관계에서 개인은 언제나 피고로 되고 원고로는 될 수 없으므로 소송당사자로서의 개인의 권리실현에 지장을 가져온다는 데 있다. 그들은 현시대에 와서 국가의 활동범위가 더욱 넓어져 직접 무역을 하는 것과 같은 사법적 행위를 하는 데까지 이르게 됨으로써 국가의 주권면제 즉, 민사재판면제에는 일련의 문제점들이 있다고 보면서 단순히 자주권적인 립장으로는 이 문제를 해결할 수 없다고 한다. 따라서 국가의 민사재판면제와 관련하여서는 국가의 사법적 행위 특히 그중에서 국가의 상업적 활동에 대하여 재판면제권이 허용되지 않는 것으로 인정되고 있으며 이것은 오늘 국제적인 관례로까지 되여오고 있다.[121] 이것은 학술상 제한면제주의라고 하며 이에 의하여 현재 국가에 대한 민사재판면제원칙이 실시되고 있다고 볼 수 있다.

그러나 국가의 사법적 행위, 특히 상업적 활동에 대하여 민사재판면제특권을 일부 제한하는 방향에서 국가의 민사재판면제원칙을 수립한다고 해도 이로써 문제가 다 해결되는 것은 아니다. 국가의 사법적 행위 특히 상업적 활동에 대하여 민사재판면제특권을 제한한다고 해도 국가의 자주권문제가 불가피하게 론의된다. 따라서 국가의 민사재판면제특권을 제한함에 있어서는 해결하기 어려운 문제점들이 나서게 된다.

제한면제주의에 기초하여 국가의 민사재판면제특권을 제한하는 데서 나서는 어려운 문제는 우선 국가의 사법적 행위, 특히 상업적 활동을 구별할 수 있는 기준이 명백하지 않다는 것이다. 국가의 민사재판면제제한의 법적 타당성이 성립되자면 국가의 사법적 행위 특히 상업적 활동에 대한 구별이 명백하여야 한다. 그러나 현실적으로 그에 대한 구별은 매우 어려운 것으로 되고 있다고 말할 수 있다. 다른 나라들에서 국가의 행위는 구체적으로 공법적 행위와 사법적 행위로 나누어진다. 보통 어떤 국가가 다른 나라에 대하여 민사재판권을 행사하자면 그 나라의 사법적 행위에 근거하여서만 가능하다. 그런데 문제는 국가의 임의의 행위를 놓고 어떻게 그것을 공법적 행위와 사법적 행위로 구별할 수 있는가 하는 것이다. 이것이 정확히 구별되여야 해당 국가에 대한 민사재판면제 제한 적용여부가 결정되게 된다. 국가 임의의 행위에 대하여 그것을 공법적 행위와 사법적 행위로 정의하는 데는 나라마다 차이가 있다. 그러한 차이가 있게 되는 것은 국가의 행위에 대한 제 나름대로의 고찰방식에 원인이 있다. 국가의 행위에 대하여서는 그것을 어디에 중심을 두고 보는가 하는데 따라 공법적 행위로 될 수도 있고 사법적 행위로 될 수도 있는 것이다.

국가의 행위에 대한 매 나라의 주장을 총괄해보면 그것은 크게 행위목적기준설과 행위성질기준설로 특징지을 수 있다. 국가의 행위는 그가 지향하는 목적과 그것이 이루어지는 성질에 따라 성격이 달라진다. 국가 행위의 목적과 성질에 따라 그 행위의 목적에 기준을 두면 공법적 행위로 되고 그 행위의 성질에 기준을 두면 사법적 행위로 된다는 것을 의미한다. 행위목적기준설과 행위성질기준설 가운데서 어느 것을 더 중시해야 하는가에 대하여서는 최근에 행위성질기준설로 더 치우치는 경향이 강해지고 있다고 볼 수 있다. 그것은 국가의 행위는 결국에 있어서 모두가 주권적 목적에 있는 데로부터 행위목적기준설에 의거한다면 국가가 무조건적으로 민사재판에서 면제되게 된다는 사정과 관련된다. 보다 중요하게는 행위목적기준설에서는 국가의 행위에 대한 인정을 그 나라 재판소의 주관적인 판단에만 의거하게 되는 데로부터 기준으로서 적당치 않다는 사정도 있다.

이에 비해볼 때 행위성질기준설은 계약이나 불법행위 등을 사법행위로 보고 국유화조치와 같은 립법행위와 외국인추방과 같은 행정행위 그리고 재판거부 등을 공법행위로 보기 때문에 기준으로서의 필요한 객관성을 갖추고 있다고 인정되고 있다. 그러나 사법적인 성질을 가지고 있는 행위라고 하더라도 국가의 행위는 군사, 외교, 립법, 사법, 행정과 관련한 권력행사와 밀접히 련결되여 있는 경우가 적지 않다.[122] 따라서 국가의 행위의 성질만을 놓고 기계적으로 사법적인 행위라고 정의하여 처리하는 것은 행위목적기준설과 결부하여 볼 때 오히려 적합지 않다고 볼 수 있다. 이것은 국가의 민사재판면제특권을 제한함에 있어서 국가의 사법적 행위가 결코 쉽게 그리고 명백히 구별되지 않는다는 것을 보여준다.

제한면제주의에 기초하여 국가의 민사재판면제특권을 제한하는 데서 나서는 어려운 문제는 또한 해당 국가가 상대방 나라의 민사재판권에 복종한 경우 강제집행을 어떻게 할 것인가에 관한 문제이다. 국가가 비록 재판면제권을 포기하여 자발적으로 다른 나라의 재판권에 복종한 경우라고 해도 강제집행의 면제권리까지 포기했다고는 볼 수 없다. 왜냐하면 다른 나라의 국유재산에 대한 강제집행의 조치가 그 나라의 주권을 침해하는 결과를 발생시켜 나라들 호상 간의 외교관계에 영향을 줄 수 있기 때문이다. 때문에 강제집행을 하기 위해서는 다시 그와 관련하여 해당 국가의 동의를 얻어야 한다. 이로부터 많은 나라들에서는 국가의 민사재판면제제한과 관련하여 법적으로 인정을 하면서도 강제집행에 대하여서는 원칙적 면제의 규정을 주고 있다. 이것은 강제집행 문제가 국가의 자주권문제와 밀접히 결부되어 있는 데로부터 실질적으로 국가의 민사재판면제특권의 제한을 어렵게 하는 결과를 초래한다는 것을 보여준다.

제한면제주의에 기초하여 국가의 민사재판면제특권을 제한하는 데서 나서는 어려운 문제는 또한 령장(소환장이나 호출장, 재판기일통지서)송달에 관한 문제이다. 령장송달은 제기된 대외민사분쟁에 대하여 재판관할권을 가지는 해당 나라 재판소가 진행하는 소송법상 법률행위이다. 국제민사소송의 당사자들은 해당 나라 재판소가 발급하는 령장에 의하여 대외민사분쟁의 해결을 위한 구체적인 소송단계에 들어서게 된다. 령장이 송달되지 않으면 해당 나라 재판소의 실제적인 재판권행사는 불가능하다. 일반 국내민사소송에서는 소송당사자가 자기 나라 사람이고 국내에서 소송이 진행되기 때문에 령장이 자유로이 송달되어 해당 재판소가 재판권을 행사하는 데서 장애가 없다. 일반 국내민사소송에서와는 달리 국제민사소송에서는 령장송달과 관련한 국제적 조약이나 협정에 의거하지 않고서는 령장송달이 이루어지지 않는다. 현실적으로도 령장송달과 관련한 국제적 조약이나 협정을 체결함이 없이 외교대표부를 통해 해당 나라에 령장을 송달하는 것은 국제법에 위반되는 것으로 간주되고 있다. 만일 국제민사소송에서도 령장송달이 일반 국내민사소송에서와 같이 자유로이 진행된다면 그것은 국제민사소송에서 민사재판권이 자유롭게 행사될 수 있는 조건으로 되며 결국 국가는 민사재판면제 제한에서 그 어떤 지장도 받지 않게 된다. 때문에 령장송달과 관련한 국제적 조약이나 협정에 가입하지 않은 나라는 무역과 같은 상업적 활동과정에 분쟁이 발생하였을 경우 소송절차에 따르는 령장송달을 할 수 없는 것으로 된다. 동시에 이것은 국가의 사법적 행위 특히 상업적 활동에 따르는 국가의 민사재판면제 제한이 불가능하게 된다는 것을 보여준다.

이와 관련하여 일부 나라들에서는 자기 나라에 있는 외국선박을 비롯한 다른 나라의 국유재산을 담보 처분하는 것과 같은 방법으로 그 나라에 대한 민사재판권을 취득하는 강제적 조치를 취하고 있다. 그러나 이러한 강제조치는 곧 다른 나라의 주권침해로 되기 때문에 오히려 그것이 국제분쟁으로까지 번질 수 있는 불합리한 점을 가지고 있다.[123] 따라서 령장송달에 관한 문제를 놓고도 제한면제주의에 기초한 국가의 민사재판면제특권의 제한은 불가능하다는 것을 알 수 있다.

이처럼 현 시기 제한면제주의에 기초하여 국가의 민사재판면제특권을 일부 제한한다고 하여도 그 실행에 있어서는 역시 국가의 자주권문제로부터 여러 가지 문제점들이 존재하게 된다. 그러나 일부 나라들에서는 국가에 대한 민사재판권면제를 실시함에 있어서 국가의 자주권문제를 무시하고 순수 ≪법기술≫적으로, 소송리론적으로만 이 문제를 처리함으로써 국가의 민사재판면제와 관련한 문제를 복잡하게 하고 있다. 특히 미제를 비롯한 제국주의반동들은 대외민사관계에서 저들의 특권적 지위를 유지하고 다른 나라들에 대한 지배와 략탈을 더욱 강화하기 위하여 초보적인 국가의 민사재판면제에 관한 국제적 관례와 원칙마저 유린하고 있다.

실례로 주권국가에 의해 국유화된 재산을 소송대상으로 하는 것을 들 수 있다. 자본주의적 사적 소유재산에 대한 국유화문제는 착취와 예속의 사회경제적 기초를 청산하고 나라와 민족의 자주적 발전을 이룩하기 위한 조치로서 주권국가들의 자주권행사와 직접적으로 관련되여 있다. 지난날 사회주의 나라들에서의 국유화와 오늘 발전도상 나라들에서 실시하는 국유화는 다 같이 주권국가의 자주권에 기초한 국가주권적 활동의 구체적 표현으로서 대외민사관계와 관련한 법제도와 질서와는 아무러한 관계도 없다. 오늘 부르죠아 어용법학자들은 ≪외국인의 사적소유에 대한 국유화≫는 주권국가들에 의한 하나의 ≪정치적 조치≫이며 ≪외국인소유재산을 보호≫하기 위해 주권국가들의 국유화법령에 ≪불복하는 것은 당연한 것≫이라고 하면서 제국주의 해외독점체들에 대한 국유화를 ≪비법적인 것이며 무효한 것≫이라고 떠벌이고 있다. 더욱이 그들은 주권국가들에 의한 ≪자기들의 재산≫에 대한≪무보상의 국유화≫는 ≪국제법 위반으로 취득한 재산≫이라고 하면서 국유화를 실시한 국가는 국유화재산과 관련한 소송에서 피고로 되여 민사재판권에서 면제되지 않는다고 하고 있다. 이것은 본질에 있어서 국유화가 이른바 ≪외국인의 사적소유재산을 주 되는 대상≫으로 하는 ≪신성불가침의 사적소유권을 변경 또는 소멸시키는 법률적 문제≫라는 데로부터 국제사법상의 소유권의 변경과 소멸에 관한 문제를 국제민사소송법상의 재판문제로 해결하여야 한다는 것을 주장하는 것으로 된다.

국제사법상의 소유권의 변경과 소멸에 관한 문제와 그 해결을 위한 국제민사소송법상의 실무문제는 소유권의 변경과 소멸이 소유권자의 의사에 관계없이 국가자주권에 의하여 발생되는 국유화문제와는 그 발생기초에 있어서나 법률적 성격에 있어서 근본적으로 구별된다. 그러므로 국유화문제를 대외민사관계상 제기되는 법률적문제로 보면서 국제사법적 및 국제민사소송법적 문제로 론하는 것은 완전히 부당하다. 그럼에도 불구하고 부르죠아 어용법학자들이 국유화문제를 국제민사소송법상의 실무적인 문제로 취급하려고 하는 것은 제국주의 해외기업체들에 대한 국유화를 반대하는 제국주의자들의 책동을 정당화하려는 데 그 목적이 있다고 볼 수 있다. 이 밖에도 국가의 민사재판면제원칙을 적용함에 있어서 해당 국가의 민사재판면제특권이 일정한 법적조건에 따라 제한되였다고 하더라도 그 제한적용범위를 초월하여 그 국가의 해외국유재산을 동결시키거나 강제로 담보 처분하는 등 국가의 자주권유린현상은 오늘 미제를 비롯한 제국주의나라들에서만 찾아볼 수 있는 고유한 것으로 되고 있다.[124] 이 모든 것은 국제민사소송 실천상 국가에 대한 민사재판면제를 실시함에 있어서 그 해결을 더욱 복잡하게 하고 있는 것이나 다름이 없다. 우리는 국가에 대한 민사재판면제문제를 비록 현 시기 그에 대한 국제적 관계나 원칙을 무시하여 국가자주권적인 립장으로만 절대적으로 실현할 수 없지만 반대로 국가자주권문제를 심중히 고려하지 않고서는 여기에서 나서는 모든 문제를 결코 옳바로 해결할 수 없다는 것을 똑똑히 알아야 한다.

3. 겐티리스의 국제법학설의 제한성[5]

길명학

[47]16세기 말~17세기 초 이딸리아의 국제법학자인 겐티리스의 국제법학설을 연구하고 그 제한성을 밝히는 것은 중세국제법의 발전력사를 고찰하는데서 중요한 의의를 가진다. 위대한 수령 김일성동지께서는 다음과 같이 교시하시였다. ≪세계의 **평화와 안전은 제국주의자들의 침략과 전쟁책동을 반대하는 투쟁을 통하여서만 수호될 수 있습니다.**≫(≪김일성저작집≫38권, 439페지)

겐티리스는 ≪공사의 권리, 의무에 관한 학술 및 외교관론≫(1585년)과 ≪전시법≫(1586년)을 비롯하여 30여 종의 국제법학설을 내놓았다. 그의 학설 중에서 국제법 발전에 영향을 준 대표적인 학설은 ≪전시법≫, ≪외교관론≫, ≪에스빠냐변호론≫이다. 겐티리스의 국제법학설은 당시 국제법 발전에 일정한 기여를 하였지만 일련의 제한성을 가지고 있다.

겐티리스의 국제법학설의 제한성은 첫째로, 그것이 전쟁과 내란, 정당한 전쟁과 부당한 전쟁을 구분하는 옳은 기준으로 되지 못한다는 데 있다. 겐티리스는 우선 전쟁과 내란은 국가주권을 기준으로 하여 구분된다고 주장하였다.

---

5) 출처: 과학백과사전출판사, 『정치법률연구』, 2009년 제2호(누계 제26호), 47, 52쪽.

전쟁은 본질에 있어서 계급이나 민족, 국가가 특별한 폭력수단으로 자기의 요구를 실현하기 위하여 진행하는 조직적인 무장투쟁이다. 착취계급과 반동세력은 자기의 요구와 리익을 국내적으로 실현하는 한편 대외적으로 실현하기 위하여 전쟁을 무수히 벌였다. 더욱이 중세시기 통치배들의 끝없는 해외팽창야망으로 말미암아 류혈적인 전쟁은 그칠 새 없었다. 이러한 현실적인 조건으로부터 당시 국제법학자들은 전쟁과 내란에 대한 각이한 견해를 내놓았다. 전쟁과 내란을 정확히 구분하는 것은 당시 국가들 사이의 교전과 관련한 국제법제도를 확립하는 데서 중요한 문제로 나섰다. 그것은 무장을 통한 국가들 사이의 교전이 다 전쟁으로 되는 것이 아니며 해당 교전이 전쟁인가 아닌가에 따라서 그에 적용되는 법규범이 서로 다르기 때문이다. 한 국가령역 안에서 착취계급과 인민대중 사이에 진행되는 교전은 비록 그것이 무장충돌이라고 하여도 전쟁으로 볼 수 없으며 그러한 무장충돌은 국내법의 적용범위에 놓이게 된다. 때문에 해당 교전이 국제법의 영향하에 놓이자면 그것이 국가들 사이에 진행되는 전쟁이어야 한다. 전쟁과 내란을 국가주권을 기준으로 하여 구분한 겐티리스의 견해는 그에 대한 옳은 국제법적 고찰이 아니며 매우 비현실적인 주장이다. 겐티리스의 이러한 견해는 국가주권을 통째로 빼앗긴 민족이나 계급이 벌이는 해방투쟁과 당시 국가주권을 인정받지 못하고 있던 많은 나라들 사이에 진행하는 전쟁을 똑바로 규제할 수 없게 한다. 더욱이 유럽사회가 제국으로 분화되여 있던 당시의 사회력사적 조건을 고려해볼 때 이 주장은 매우 비현실적이다. 16세기 말 도이췰란드는 신성로마제국에 속해 있었으며 오스트리아의 함부르그 황제의 통치를 받았다. 신성로마제국에는 300여 개의 크고 작은 나라(공후국)들이 망라되여 있었는데 이 나라의 주권은 신성로마제국주권에 포함되여 있었다. 겐티리스의 주장에 따라 주권을 가지고 전쟁과 내란을 구분한다면 신성로마제국에 속해 있는 나라들 사이의 교전은 내란으로 되며 그들의 식민지해방투쟁은 국내법상 문제로 된다. 때문에 전쟁과 내란은 국가주권에 의해서 구분되는 것이 아니며 겐티리스의 이러한 견해는 현실적 조건으로 보나 국제법적 견지에서 보나 매우 부당하다.

겐티리스는 또한 정당한 전쟁과 부당한 전쟁을 가르는 기준은 전쟁행위의 합법성에 있다고 주장하였다. 전쟁의 성격은 누가 먼저 공격하였거나 방어하였는가 하는 데 의하여 규정되는 것이 아니다. 전쟁의 밑바닥에는 언제나 일정한 계급이나 사회세력들의 요구와 리해관계가 놓여 있다. 즉 전쟁의 성격은 전쟁을 일으켰는가, 방어하였는가에 따라 규정되는 것이 아니라 전쟁이 추구하는 목적에 의하여 결정된다. 선전포고를 하고 합법적인 전투방식에 따라 전투를 진행하였다고 하여 정당한 전쟁으로 되는 것이 아니라 그 전쟁이 사회발전을 촉진하는가 아니면 저해하는가에 따라 정당한 전쟁으로 될 수도 있고 그렇지 못할 수도 있다. [52]그러나 겐티리스는 전쟁의 목적에는 관계없이 전쟁행위가 정당하면 그 교전은 정당한 전쟁으로 된다고 주장하였다. 이것은 전쟁의 본질을 바로 보지 못하고 전쟁행위만을 형태적으로 고찰한 그릇된 견해이다.

겐티리스의 국제법학설의 제한성은 둘째로, 국제법을 초국가적인 법으로 규제하였다는 데 있다. 국제무대에는 모든 국가들에 의무성을 가지는 행동규범을 제정 공포할 수 있는 권한을 가진 국가나 초국가적인 립법기관이 존재하지 않으며 존재할 수도 없다. 국제관계에서 모든 국가는 평등하며 자주적이다. 때문에 국가들의 행동규범은 반드시 국가들의 자원적 합의에 의하여 제정된다. 국제적인 관습규범이 존재하지만 이 규범도 평등한 국가관계에 토대하여 발생 발전하여 왔다. 그러나 겐티리스는 국가를 국제단체의 한 구성부분을 보고 모든 국가는 국제단체법에 복종해야 한다고 주장하면서 국제단체법이 바로 국제법이라고 하였다. 그는 국제단체법은 민족, 계급, 국가를 초월하여 모든 인류가 준수하여야 할 규범으로 된다고 하였다. 이것은 국제관계가 국가를 단위로 하여, 국가평등의 원칙에서 성립된다는 초보적인 원리를 부정한 학설이다. 국제관계가 국가를 단위로 하여 형성되지만 국가를 제약하는 초국가적인 그 어떤 역할도 할 수 없다.

겐티리스의 국제법학설의 제한성은 셋째로, 그것이 발전된 해양강국들의 리익만을 반영하였다는 데 있다. 일반적으로 령해는 연안국가의 주권이 전적으로 행사되는 일정한 범위의 바다이다. 령해는 국가령역의 구성부분으로서 신성불가침이다. 당시 발전된 해양강국들은 자기의 리익을 실현하기 위하여 령해에 대한 연안국가의 주권행사를 극력 제한하였다. 이것은 발전된 해양강국의 리익만을 옹호하는 주권침해행위였다. 젠티리스는 자기의 학설에서 이러한 요구를 반영하여 ≪연안국은 다만 령해의 감독권 및 관할권을 가지므로 그 어떤 국가도 린접한 령해에 대한 절대적인 주권을 가질 수 없다.≫고 주장하였다. 이것은 령해에 대한 주권국가의 권리를 제한시킴으로써 발전된 해양국들이 해당 나라의 령해침범을 합법화해준 주장이다.

이처럼 젠티리스의 국제법학설은 16세기 말~17세기 초 대표적인 국제법학설로서 당시 국제법발전에 일정한 영향을 주었으나 그것은 철저히 발전된 나라들의 요구와 리익만을 옹호하고 실현하는 데 복무한 부르죠아학설이었다.

제2장 영토(독도영유권)

4. 일본반동들의 독도 ≪령유권≫ 주장의 비법성[6]

김만혁

[38]위대한 령도자 김정일동지께서는 다음과 같이 지적하시였다. ≪우리는 일본군국주의의 죄행과 해외침략 야망에 대해서도 철저히 폭로하여야 합니다.≫ (≪김정일선집≫1권, 175페지)

오래전부터 우리나라의 신성불가침 령토인 독도를 빼앗아내려고 갖은 권모 술수를 다해온 일본반동들의 독도강탈책동은 더욱더 로골화되고 있으며 그들의 령토팽창 기도는 위험한 단계에 이르고 있다. 일본은 1997년에 외교백서를 발표하면서 독도탈환을 10가지 외교지침의 하나로 내세웠으며 그 후 일본반동들은 2005년 3월 16일 일제에 의한 독도의 ≪시마네현편입≫100돌이 되는 2월 22일을 ≪다께시마(독도)≫의 날로 제정하는 ≪조례안≫을 통과시킨 데 이어 일본군용기와 순찰선을 독도주변 상공과 해상에 여러 번 침입시키고 개악된 중학교, 고등학교 력사교과서에 독도를 일본땅이라고 왜곡 서술하는 파렴치한 행동을 서슴지 않고 감행하였다. 이와 같은 사실들은 일본의 독도강탈과 조선재침책동이 날이 갈수록 더욱 본격화되고 있으며 그것이 매우 엄중한 단계에 이르고 있다는 것을 실증해주고 있다.

일본반동들이 들고 나오는 독도 ≪령유권≫이란 하나같이 력사적으로는 물론 법률적으로도 아무런 타당성이 없는 궤변이고 억지이다. 독도에 대한 일본반동들의 ≪령유권≫ 주장의 비법성은 무엇보다 먼저 독도를 ≪일본섬≫이라고 주장하는 주요한 ≪법적근거≫의 하나로 내세우는 1905년 2월 22일 ≪시

---

6) 출처: 과학백과사전출판사, 『정치법률연구』, 2006년 제3호(누계 제15호), 38~39쪽, 44쪽.

마네현고시≫제40호의 비법성을 통하여 알 수 있다. 일본반동들은 독도에 대한 일본정부의 견해와 립장을 비호할 때마다 항상 독도의 ≪시마네현편입≫의 법적 성격과 의의에 대하여 과장하면서 마치 일본의 독도 ≪령유권≫ 주장이 ≪시마네현고시≫라는 법률행위의 결과에 따르는 당연한 주장인 듯이 력설하고 있다. 그러나 ≪시마네현고시≫는 그들이 떠벌리는 것처럼 독도를 일본의 고유한 섬으로 볼 수 있는 법적 문건으로 되는 것이 아니라 20세기 초에 일본이 조선의 고유한 령토의 한 부분인 독도를 어떻게 강탈하려 하였는가를 온 세상에 드러내 보이는 력사의 위조문서이다.

≪시마네현고시≫가 비법적인 문제로 되는 것은 우선 그것이 전통국제법상 선점의 원리에 전적으로 배치되기 때문이다. 선점이란 주인이 없는 땅은 먼저 발견하고 차지한 다음 체계적으로 리용한 자의 소유로 된다는 국제법상의 용어이다. 일본반동들은 도적이 매를 드는 격으로 선점의 원리를 도용하여 저들이 ≪발견≫, ≪리용≫하기 전에는 독도가 주인 없는 섬이였다고 하면서 독도의 ≪일본 령유≫를 법적으로 ≪확인≫, ≪인정≫하는 ≪시마네현고시≫가 ≪합법적≫이라고 운운하고 있다. 그러나 우리나라 력사를 기록한 ≪고려사≫, ≪세종실록 지리지≫, ≪동국여지승람≫ 등에는 독도가 512년 이전부터 우리나라의 속국이였던 우산국의 령토였음을 밝히고 있으며 1667년 일본에서 발행한 ≪은주시청합기≫를 비롯하여 그 이후에 나온 여러 도서들과 지도들에서도 독도가 조선의 령토라는 것을 명백히 인정하고 있다. 그런데 일본반동들이 ≪령토권≫을 선포하고 독도를 일본 령토라고 한사코 우기는 것은 어떻게 해서나 저들의 독도강탈책동을 정당화하고 합리화하려는 데 그 추악한 목적이 있다.

≪시마네현고시≫가 비법적인 문서로 되는 것은 또한 그것이 합법적인 령토점유에 관한 국가의 대외적 공시로, 주권적 법률행위로 되지 않기 때문이다. 령토점유에 관한 국제법적 원칙의 하나는 신성한 령토에 대한 국가적 의사를 대외적으로 공포하여야 한다는 것이다. 령토점유는 나라의 주권이 행사되는 지역과 관련되는 법률행위인 것으로 하여 국가의 법률행위들에서도 가장 중요한 행위의 하나로 되며 반드시 국가를 대표하는 기관의 공식적인 의사표시가 있어야 하고 국가의 명의로 대외에 널리 선포되여야 한다. 대외적 공포가

실현되지 못한 국가적 의사는 국제적 인정을 받을 수 없다. 때문에 일본 자신도 오가사와라 섬을 자기 령유로 할 때 유럽 12개 나라들에 이 섬에 대한 저들의 관리를 통보하였으며 오가사와라 섬의 부속섬인 미나미도리 섬의 령토편입을 결정하였을 때에는 그에 관한 고시를 중앙신문들에 널리 게재하였다. 그러나 ≪독도편입≫에 관한 일본의 ≪국가적 의사≫라고 떠드는 각의결정은 정부를 통하여 공포되지도 않았고 다른 나라들에 통보되지도 않았으며 이 각의결정에 따른 ≪시마네현 고시≫라는 것도 국가의 정책을 집행하는 집행단위에 불과한 지방당국의 신문에만 게재되였을 뿐이다. 국가의 중요한 대내외 정책상 결의들을 대내외에 알려주는 정부관보를 제쳐놓고 현의 고시로서 대외적인 공포행위가 진행되였다는 것은 언어도단이 아닐 수 없다. 현실적으로 당시 일본의≪시마네현 고시≫ 조작놀음에 대하여 알고 있은 것은 일본정부의 일부 각료들과 시마네현 일부 관리들을 비롯한 관계자들뿐이였으며 절대다수의 일본사람들은 물론 일본에 주재하는 각국 외교대표들도 이에 대하여 전혀 모르고 있었다. 이것은 ≪시마네현 고시≫자체가 대외적 공포의 목적보다도 후날에 저들의 ≪령유권≫ 주장을 합리화하는 데 필요한 법적 구실을 마련하려는 불순한 정치적 목적 밑에서 조작되였다는 것을 보여주고 있다.[39] 일본반동들은 제2차 세계대전에서 패망한 후에도 독도에 대한 침략야망을 버리지 않고 군국주의의 재생과 함께 독도강탈책동을 더욱 로골적으로 감행하였다.

독도에 대한 일본반동들의 ≪령유권≫ 주장의 비법성은 다음으로 독도 ≪령유권≫을 주장하는 ≪법률적 근거≫의 하나인 제2차 세계대전 말기와 직후에 련합국이 일본의 전후처리와 관련하여 발표한 선언과 각서들을 기화로 독도 ≪령유권≫을 계속 주장하는 데서 찾아볼 수 있다. 전후 일본반동들은 련합국이 일본의 전후처리와 관련하여 발표한 선언과 각서들에 일본의 령토에서 독도를 제외한다는 명문화된 규정이 없기 때문에 일본의 독도 ≪령유권≫은 패전 후에도 계속 유지된다고 하고 있다. 이것은 흑백을 전도하는 철면피한 주장이다. 1943년 12월 1일에 서명된 ≪까히라선언≫[7] 에서는 ≪일본은 또한 폭력 및 강요에 의하여 일본이 략취한 그 밖의 모든 지역으로부터 구축당한다.≫

고 지적하였다. 여기서 알 수 있는 바와 같이 일본이 비법적으로 강점한 조선 반도는 물론 그 부속 섬 모두를 조선인민에게 돌려주는 것은 ≪까히라선언≫의 기본정신이고 요구이다. 1945년 7월 26일에 서명된 ≪포츠담선언≫제8항에서도 ≪까히라선언≫의 조항들이 리행되여야 한다는 것을 재확인하고 일본의 주권은 혼슈, 혹가이도, 규슈 및 시고주와 포츠담선언 참가국이 결정하는 여러 작은 섬들에 국한되여야 한다고 규정하였다. 이 규정에 언급된 작은 섬들에 대한 범위는 그 후 련합국최고사령부의 각서들에 의하여 확정되고 일본 정부에 전달되었다. ≪일본주변지역을 정치상, 행정상 일본으로부터 분리할 데 대한 각서≫라는 명칭을 단 1946년 1월 29일 련합국최고사령부의 각서 제677호에서는 일본의 4개의 큰 섬들과 그와 린접한 작은 섬들에 대하여 구체적으로 명기하면서 우리나라의 울릉도, 독도, 제주도가 일본의 주권이 미치는 령토에 속하지 않는 섬이라고 명백히 규정하였다. 또한 1946년 6월 22일에 련합국최고사령부는 각서 제1033호를 발표하여 일본 어선들과 선원들의 출어금지선을 선포하고 일본 배들이 독도수역에 들어올 수 없다고 하였다. 이와 같이 ≪까히라선언≫과 ≪포츠담선언≫ 그리고 련합국최고사령부가 발표한 각서들은 모두 력사적으로 조선의 고유령토로 인정되여온 독도의 법적지위를 구체적으로 다시 한 번 명백히 확인해주고 있다. 특히 ≪까히라선언≫과 ≪포츠담선언≫은 국제사회의 인정을 받았으며 ≪포츠담선언의 조항수락에 관한 조서≫, ≪포츠담선언수락통지서≫, ≪일본항복문서≫ 등은 일본국가가 수락한 것으로서 법적 구속력이 있는 국제공약으로서의 당당한 지위를 가진다. 따라서 일본이 저들의 주권이 행사되는 령토에 독도를 포함시키지 않은 ≪까히라선언≫과 ≪포츠담선언≫을 공식 수락한 것은 결국 일본 자신이 독도를 일본의 땅이 아니라 조선의 섬으로 공식 인정하였다는 것을 보여주고 있다. 사실이 이러함에도 불구하고 련합국이 발표한 선언의 법률적 성격에 대하여 문제시하는 것은 일본의 전후처리정책과 방향을 규정한 조약규범으로서의 선언의 법률적 의의를 약화시키고 어떻게 해서나 독도를 강탈하려는 일본반동들

---

7) 편집자 주: 까히라는 카이로(Cairo)를 말한다.

의 령토팽창 야망의 표현으로서 아무런 법적 타당성도 없는 궤변에 불과하다.

독도에 대한 일본반동들의 ≪령유권≫주장의 비법성은 다음으로 독도 ≪령유권≫을 주장하는 ≪법률적 론거≫의 다른 하나인 1951년 9월 8일에 체결된 ≪대일단독강화조약≫을 구실로 ≪령유권≫을 주장하는 데서 찾아볼 수 있다. 전후 일본반동들은 ≪대일단독강화조약≫의 조선령역규정에 독도가 들어 있지 않다는 것을 구실로 독도에 대한 ≪령유권≫을 주장하였다. ≪대일단독강화조약≫제2장 제2조(a)항에는 ≪일본은 조선의 독립을 승인하고 제주도, 거문도 및 울릉도를 포함한 조선에 대한 모든 권리, 권원 및 청구권을 포기한다.≫고 규정되여 있다. 일본반동들은 이 조항을 근거로 독도가 조선의 섬으로 규정되여 있지 않기 때문에 당연히 일본의 섬으로 간주하여야 한다고 주장하고 있다. ≪대일단독강화조약≫에 규정된 울릉도는 그 부속섬인 독도까지 다 포괄하고 있는 의미로 해석되여야 한다. 그것은 독도에 제일 가까운 큰 섬이 바로 울릉도이며 독도와 울릉도와의 거리가 독도와 가장 가까운 거리에 있는 일본의 오끼 섬에 비해 거의 절반에 해당되기 때문이다. 작은 섬을 그와 가장 가까운 거리에 있는 큰 섬의 부속 섬으로 인정하는 것은 국제적 관례이며 여기에는 일본도 례외로 되지 않는다. 그것은 일본이 오가사와라 섬에서 동쪽으로 660mile 떨어진 미나미도리 섬을 오가사와라 섬의 부속 섬으로 보고 일본의 섬으로 인정한 사실을 놓고서도 잘 알 수 있다. 그러므로 조선의 섬으로 표기된 ≪대일단독강화조약≫의 울릉도에는 당연히 그 부속 섬인 독도까지 포함된다고 보아야 할 것이다. 일본반동들이 ≪대일단독강화조약≫에 섬 이름이 밝혀져 있지 않기 때문에 독도가 조선으로부터 제외된다는 것은 말도 되지 않는다. 우리나라에는 ≪대일단독강화조약≫에 렬거된 제주도, 거문도, 울릉도 이외에도 수많은 섬들이 있다. 일본반동들의 론리대로 한다면 이 섬들이 모두 일본의 섬으로 되여야 한다. 이것은 현실에 대한 부정이고 조약해석에 관한 무지라고 보아야 한다. 이러한 사실들은 일본반동들이 ≪대일단독강화조약≫에 의해 독도가 ≪일본의 령토≫로 되였다고 하는 주장이 허황하며 아무런 근거도 없다는 것을 말해주고 있다.

이상에서 본 바와 같이 일본반동들이 독도에 대한 우리나라의 령토적 소속

을 부정하고 그것을 ≪일본의 섬≫으로 만들기 위하여 들고 나오는 ≪론거≫
들은 모두 력사적으로는 물론 국제법적 견지에서 보아도 아무런 타당성이 없
는 강도적인 론리로 일관되여 있는 것들로서 어떻게 하나 저들의 독도강탈책
동을 합리화하기 위한 궤변에 지나지 않는다.[44] 일본반동들이 력사적 견지에
서나 국제법적 견지에서 이미 그 비법성이 명확하게 증명된 독도 ≪령유권≫
을 계속 주장하는 목적은 다른 데 있지 않다. 독도에 대한 일본반동들의 ≪령
유권≫ 주장은 결코 그들의 국제법에 대한 무식이나 사료에 대한 리해상 착오
에서 오는 것이 아니라 해외침략의 칼부림으로 얼룩진 과거사를 찬미하며 지
난 세기 거품처럼 사라져버린 아시아 ≪맹주≫의 꿈을 기어이 이루어보려는
시대착오적인 군국주의 해외팽창 야망의 집중적 표현이다. 일본반동들은 시
대착오적인 망상에서 벗어나 비법적인 독도 ≪령유권≫ 주장을 당장 철회하
여야 하며 일제의 죄악의 과거 100년 력사를 총결산하려는 우리 민족의 확고
한 의지를 똑바로 보고 경거망동하지 말아야 할 것이다.

5. 일본사료에 반영된 독도 령유권 고찰[8]

채목란

[63]위대한 령도자 김정일동지께서는 다음과 같이 지적하시였다. ≪독도가
예로부터 우리나라 섬이였다는 것은 구체적인 력사자료가 명백히 실증해주고 있
습니다.≫

조선의 땅인 독도에 대한 일본반동들의 날강도적인 ≪독도령유권≫ 주장과
독도강탈책동은 오늘 극도에 달하고 있다. 2005년 일본 시마네현 의회는 2월
22일을≪다께시마의 날≫(독도의 날)로 정하는 조례를 통과시키었고 2008년

---

8) 출처: 김일성종합대학출판사,『김일성종합대학학보: 력사법학』, 제57권 제3호(2011), 63~
   68쪽.

일본반동들은 소, 중학교 교과서들에서 독도가 일본 땅이라는 내용을 직접 써 넣는 날강도적인 행위를 감행하여 자라나는 새 세대들에게 재침야망을 고취하고 있다. 독도의 령유권을 고찰할 때 꼭 념두에 두어야 할 것은 독도가 울릉도보다 훨씬 작으면서 그와 제일 가까이 위치한 부속 섬인 것으로 하여 그 섬의 령유권이 울릉도 령유권에 포함되어 있다는 것이다. 무엇보다 중세시기 울릉도-독도의 령유권을 반영한 일본사료를 고찰해보면 17세기에 집중되어 있고 그 전후한 시기 간단한 사료들이 있는데 그 령유권은 모두가 조선에 있다고 명백히 기록하고 있다.

울릉도-독도령유권이 반영된 첫 일본사료는 ≪권기≫(權記)이다. 여기에는 1004년에 고려의 변방 사람인 무릉도(울릉도) 사람 11명이 일본의 이나바주(인번-오늘의 돗또리현)에 표류하여 온 것을 돌려보냈다고 기록되어 있다. 일본의 첫 사료에서 울릉도(독도 포함) 사람을 고려 사람이라고 한 것은 울릉도에 고려 사람들이 살았으며 이 섬의 주인은 조선사람이였다는 것을 보여준다. ≪고려사≫지리지에 무릉(울릉도)에서는 맑은 날이면 우산도(독도)가 서로 바라보인다고 하면서 고려의 울진현에 소속된 섬으로 기록된 것은 이러한 사실을 부각해준다.

울릉도-독도에 대한 일본사료가 집중되어 있는 17세기에도 그 령유권은 조선에 있다고 명백히 기록되어 있다. 17세기 울릉도-독도를 반영한 일본사료들은 내용상 크게 3개 부류 즉, 일본 어업가들의 신청서와 그 승인자료, 이 섬들에 대한 조사자료, 안룡복사건과 그 전후한 시기 쯔시마와 막부의 인정 및 지시문자료로 나누어 볼 수 있다.

17세기 일본사료에는 우선 물고기잡이를 전업으로 한 일본 어업가들인 오다니가문과 무라가와가문의 신청서인 ≪죽도도해면허≫와 ≪송도도해면허≫에 대한 도꾸가와 막부의 승인내용이 반영되어 있다. 일본사료 ≪죽도도설≫과 ≪백기민담기≫들에 의하면 1616년 오다니와 무라가와 두 가문은 호끼(백기주)번주 (우두머리)에게 죽도(울릉도)에 가서 고기잡이를 하게 해달라는 신청서 ≪죽도도해면허≫를 제출하였다고 한다. 그들의 신청서는 당시 호끼번주의 사망으로 중단되였으므로 그다음 해 이곳에 파견된 도꾸가와 막부의 관

리 아베를 통해 막부의 승인을 받았다고 한다.[9]

≪죽도도해면허≫는 말 그대로 죽도인 울릉도가 있는 바다를 건너갈 수 있는 허가증이다. 따라서 ≪죽도도해면허≫는 죽도(울릉도)가 자기 섬이 아니라는 ≪확인증명서≫이다. 그리고 ≪죽도도해면허≫를 도꾸가와 막부가 승인하였다는 것은 당시 일본정부가 17세기 초 죽도인 울릉도와 독도를 조선의 섬으로 인정하고 있었다는 것을 알 수 있다. [64]다른 나라의 신성한 령토의 물고기 략탈에 이골이 난 두 침략가문은 1661년에 ≪송도도해면허≫(송도인 독도가 있는 바다로 나갈 수 있는 허가증)을 신청하여 도꾸가와 막부의 승인을 받게 되였다. 결국 일본 어업가들의 ≪송도도해면허≫와 그에 대한 막부의 승인 역시 17세기 중엽 민간에서와 일본막부정부도 송도(독도)가 자기 섬이 아니라는 것을 공식 인정한 것으로 된다.

17세기 일본사료에는 또한 울릉도, 독도에 대한 조사에 기초하여 편찬된 ≪은주시청합기≫와 ≪삼국통람도설≫ 등이 있는데 그 령유권을 정확히 반영하고 있다. ≪은주시청합기≫는 이즈모 관리 사이또가 이즈모번의 지시로 일본의 서북변방의 섬인 오끼도를 답사하면서 이곳과 그 주변 바다, 섬들을 조사하여 제출한 보고서이다. 여기에 울릉도, 독도자료가 포함되여 있는데 그것을 보면 다음과 같다.

> ≪은주(오끼도)는 북해 가운데 있는데 오끼도라고도 한다. …… 무술간(서북방)에 이틀 낮, 하룻밤을 가면 송도(독도)가 있다. 또 하루거리에 죽도(울릉도)가 있다. …… 이 섬은 무인도인데 고려(조선)를 보는 것이 마치 운주(이즈모)에서 오끼를 보는 것과 같다. 그런즉 일본의 서북한계를 이 주(은주)로써 한계를 삼는다.≫(≪은주시청합기≫권1, 국대기부)

일본에서 울릉도와 함께 독도를 처음으로 기록한 ≪은주시청합기≫에는 이 섬들이 일본의 령토가 아니라 그보다 가까운 조선의 섬이라는 것을 명백히 보여주고 있다. 이 사료는 이즈모 관리가 당시 상부의 지시로 실지 답사와 조사

---

9) ≪죽도도설≫(상) ≪백기민담기≫1 오다니와 무가라와 죽도도해 진퇴의 일.

에 기초하여 편찬된 것으로 하여 신빙성과 사료적 가치가 높으며 따라서 이 섬의 령유권은 더 론의할 여지가 없는 것이다.

《삼국통람도설》은 일본의 력사지리학자 하야시 시헤이가 여러 곳을 돌아다니면서 조사한 자료에 기초하여 편찬한 것이다. 여기에는 그가 그린 5장의 옛 지도들이 수록되어 있는데 그중 《삼국접양지도》는 일본과 그 주변의 3국〔조선과 류꾸(오끼나와), 하이국(북해도 이북의 아이누족이 세운 나라)〕의 령토와 국경을 채색을 달리하여 그려 매개 나라의 령토 국경을 명백히 하였다. 이 지도에는 조선동해의 가운데 크고 작은 두 개의 섬이 가까이 그려져 있는데 조선반도와 같은 색깔로 되어 있다. 두 섬은 섬 이름이 표시되어 있지 않지만 옛 조선 및 일본지도에서 볼 수 있는 울릉도와 독도의 위치와 형태와 비슷하며 특히 섬 좌측에 《조선의 소유》라고 쓰여 있고 그 섬 아래에 《여기서(울릉도, 독도) 고려를 보는 것이 운슈에서 온슈(오끼 섬)를 보는 것과 같다.》라고 기록되어 있어[10] 독도가 울릉도와 함께 조선에 가까운 섬이였다는 것을 명백히 하고 있다.

쯔시마는 조선과 일본 사이에 있는 중간 섬으로서 조선남해로부터 조선동해로 흐르는 동조선 해류를 따라 울릉도-독도에로 갈 수 있는 위치에 놓여 있는 것으로 하여 이 섬의 우두머리인 도주와 쯔시마인들이 울릉도, 독도령유권을 강탈하기 위해 무진 애를 썼다. 《조선통교대기》에 의하면 쯔시마 번주(도주)는 이미 1614년에 조선 동래부사에게 보내는 서신에서 도꾸가와 막부의 지시로 기죽도(울릉도)를 탐사하겠다고 길 안내를 요구하였다가 거절당하였다(《조선통교대기》5, 경장 19년 7월). 그 후 17세기 말에 이르러 쯔시마 번주는 안룡복사건을 계기로 리조봉건정부에 죽도(울릉도)에 대한 강탈책동을 벌였다. 쯔시마 도주는 1693년 죽도(울릉도)에서 고기잡이를 하는 안룡복을 비롯한 조선 어민들을 꾀여 본토에 억류하였다가 조선으로 돌려보내면서 동래부사에게 보낸 서신에서 리조봉건정부에 울릉도와 별개의 섬인 죽도가 있는 것처럼 문구를 왜곡한 다음 죽도에서 조선 어부들의 고기잡이를 금지해달

---

10) 《삼국통람도설》 삼국접양지도

라고 요청하여 리조봉건정부의 확인공문서를 얻은 다음 그를 근거로 후일 울릉도와 죽도가 같은 섬이라고 우겨 울릉도의 령유권을 빼앗으려 책동하였다.11)[65]

이때 리조봉건정부는 울릉도와 죽도는 같은 섬이며 조선령토이므로 일본 어부들이 침입해서는 안 된다고 강력히 요구해 나섰다. 마침 울릉도(죽도)를 빼앗으려고 날뛰던 쯔시마 도주가 1695년 9월에 죽고 리조봉건 정부의 새로운 회답서가 전달되자 도꾸가와 막부는 울릉도(죽도)에 대한 구체적인 조사를 끝마친 후 그해 가을에 새로운 쯔시마 도주가 입조하였을 때 그에게 죽도(울릉도)는 일본과 멀고 조선과 가까우니 지금부터 일본 어선의 왕래를 금지하고 그 의사를 리조봉건정부에 알리라고 지시하여 죽도가 조선 령토임을 인정하였다. ≪조선통교대기≫에 의하면 1696년 1월 도꾸가와 막부는 죽도(울릉도) 문제에 대해 다음과 같은 결정과 명령을 내렸다고 한다. 그에 의하면 첫째로, 죽도(울릉도)에 일본사람들이 거주한 적이 없고 그전에 요나꼬의 어업가(오다니, 무라가와)들에게는 그들이 청원하였기 때문에 허락하였다는 것, 둘째로, 죽도(울릉도)는 일본의 이나바주로부터 약 160리 떨어져 있고 조선으로부터는 약 40리이므로 일찍부터 조선의 경계라는 것은 의심할 수 없으며 셋째로, 작은 섬 하나를 놓고 우호관계를 잃는 것은 좋은 계책이 아니라는 것, 넷째로, 일본 어부들이 그곳에서 고기잡이하는 것을 금지해야 한다는 것, 다섯째로, 이 일을 리조봉건정부와 의논해야 한다는 것이다.12)

이리하여 수년간 쯔시마 도주가 죽도(울릉도)의 령유권을 빼앗으려고 일으킨 분쟁은 끝나고 일본 어부들의 죽도에로의 물고기잡이도 금지되게 되었다. ≪죽도기사≫에는 1696년 10월 쯔시마의 신임도주 무네요시마사가 조선 측의 역관과 대표들과 면담하여 자기가 도꾸가와 막부로부터 받은 명령지시를 전달한 내용을 담고 있는데 이것은 일본과 도꾸가와 막부는 물론 쯔시마 도주도 죽도(울릉도)가 조선의 령토임을 정식 인정하고 있는 것으로 된다. ≪공문록≫

---

11) ≪교린고략≫ 고죽도일건사고
12) ≪조선통교대기≫8, 원록 9년 정월.

에 의하면 1697년 1월 리조봉건정부는 례조참의의 명의로 일본 쯔시마 도주에게 보낸 편지에 울릉도(죽도)가 조선의 섬이며 일본인들의 울릉도에로의 고기잡이를 금지할 데 대한 도꾸가와 막부의 지시를 긍정하고 다시금 확약하였다고 한다. 그 후 1699년 쯔시마의 형부습유 평의진이 조선 례조참의에게 죽도(울릉도)가 조선의 섬이며 일본 어민들의 죽도 출입을 금지할 데 대한 서신을 보낸 것을 계기로 안룡복사건과 그 전후한 시기 울릉도(죽도)분쟁문제가 결손을 보게 되였고 두 나라 정부가 울릉도와 함께 독도가 조선의 령토임을 공식적으로 담보하게 되였다. 17세기 초부터 말까지 벌어진 울릉도, 독도령유권 분쟁은 이 섬들이 력사지리학적으로 조선의 령토임을 다시 한 번 뚜렷이 보여주었다. 이리하여 18세기에는 울릉도, 독도에로의 일본인들의 출입과 물고기 도적행위가 근절되게 되였다.

19세기 전반기에 들어와서 울릉도, 독도에 대한 일본인들의 고기잡이 신청과 침입사건이 발생되였지만 완전히 저지되였다. 1831년 일본의 야우에몽이라고 하는 어업가는 울릉도 부근에 물고기가 많다는 소식을 듣고 ≪죽도도해면허≫를 신청하였으나 일본의 해당 관청에서 외국의 바다로 가는 제도는 금지되여 있다[13]고 하여 저지당하였다. 다시 말하여 울릉도, 독도 주변 바다가 외국바다 즉, 자기 나라 령역이 아니라는 것이다. [66]이 자료를 통하여 19세기까지도 울릉도, 독도의 주변 바다가 조선의 령유권이라는 당시 일본인들의 견해를 잘 알 수 있다. 1833년에 야우에몽은 또다시 몰래 죽도(울릉도)에 건너가서 물고기는 물론 칼, 활, 총 등을 외국과 밀무역하다가 발각되여 도꾸가와 막부에 의해 처형당하였다. 그 후 한동안 일본인들은 누구도 울릉도(죽도)에 들어갈 엄두도 내지 못하고 이 섬들에 대한 말도 하지 않았다고 한다.

다음으로 근대시기 울릉도-독도령유권을 반영한 일본사료들도 그 령유권은 모두가 조선에 있다는 것을 보여주고 있다. 이 시기 울릉도, 독도령유권을 반영한 일본사료들은 크게 일본의 명치정부가 인정한 국가공문서, 국가기관인 해군성의 군사자료들, 독도를 자기 령토로 날조하는 왜곡자료로 나누어볼 수

---

13) ≪죽도고증≫하권, 천보 2년.

있다.

우선 근대시기 일본의 명치정부의 외무성, 내무성, 태정관이 여러 기회에 조사한 자료에 기초하여 발표한 국가공문서들에는 모두 이 섬이 조선의 섬으로 되여 있다. 1869년 일본외무성이 조선침략의 가능성을 내탐하고 작성한 공문서인 ≪조선국교제시말내탐서≫에는 울릉도, 독도령유권 자료가 반영되여 있다. 원래 1868년 도꾸가와 막부를 전복하고 수립된 명치정부는 그해 12월에 조선침략의 가능성을 탐지하기 위하여 모리야마 등 외무성관리들을 조선에 파견하면서 14개 항목의 내탐조사사항을 주었다. 외무성관리들은 내탐조사를 진행하고 그 다음 해 4월에 귀국하여 조사사항결과를 보고하였는데 그 보고자료인 공문서가 바로 ≪조선국교제시말내탐서≫이다. 이 공문서에는 울릉도(죽도)와 독도(송도)가 조선에 속한 섬이며 독도가 울릉도에 부속된 섬이라고 강조하면서 구체적으로 보면 독도가 울릉도의 가까이에 있는 섬이라는 것, 리조봉건정부가 한때 울릉도에 주민들을 거주시켰으나 ≪공도정책≫으로 지금은 무인도로 하고 있다는 것, 이 울릉도에는 대나무와 갈대가 자라고 인삼과 해산물이 있다는 것 등을 서술하고 있다.14) 주목되는 것은 태정관이 일본외무성이 제출한 공문서를 접수하고 조선에 파견한 외무성의 관리들에게 조사사업에 대한 질의문답을 하고 객관적 사실로써 울릉도와 독도가 조선의 부속 섬이였다는 것을 재확인한 것이다.

1877년 3월 말엽 일본 명치정부 내무성의 공문서는 시마네현이 근대적인 지도편찬과 관련하여 자기 현 내 령토의 지적사업을 하면서 이 섬들을 자기 땅에 포함시켜야 하는가를 제기한 문제를 확인하기 위해 태정관에 제출한 공식문서이다. 시마네현에서 이 문제를 내무성에 제기한 것은 17세기 말 안룡복 사건과 울릉도, 독도문제로 조선과 일본 사이 분쟁이 있었고 도꾸가와 막부정부가 이 섬들이 조선의 것이라고 인정하였는데 새 명치정부는 다른 의견이 없는가를 확인하기 위해서였다. 일본 내무성은 시마네현의 이 질문에 대하여 약 5개월간 옛 문건들을 세밀히 조사하고 울릉도, 독도가 조선의 령토였다는 것

---

14) ≪일본외교문서≫ 권3, 제3책.

을 다시금 확정하였으며 이 문제가 나라의 령토문제이므로 심중성을 가하여 국가의 최고행정기관인 태정관에 공문서로 제출하였다. 조선에 있는 울릉도와 그 밖의 한 섬에 대한 질문서에는 ≪울릉도에 관한 건이 시마네현으로부터 질문이 와서 조사한바 …… 1699년에 이르러 문서왕복이 전부 끝났으며 본방(일본)은 무관계하지만 령토문제는 중대한 사건이므로 별지서류를 첨부하여 다시금 질문하는 바이다.≫(일본 명치정부 내무성 공문서 1877년)라고 되여 있다. 이것은 당시 일본내무성이 울릉도와 독도가 조선의 섬이였다는 것을 자료적으로 확인하고 인정하였다는 것을 보여준다. 1877년 3월 20일 일본 명치정부 태정관 지령문은 일본내무성이 제기한 공문서를 접수하고 검토한 후 그를 그대로 인정하고 통보한 지시문이다.[67] 태정관은 지령문에서 ≪질문한 죽도(울릉도)와 그 밖의 한 섬에 관한 건에 대해서는 본방(일본)과 관계없는 것으로 알 것≫이라는 최종결정(일본 명치정부 태정관 지령문·1877년)을 하였다. 이 지령문은 3월 29일 내무성에 하달하고 4월 9일에는 시마네현에 전달하여 모든 절차를 완료하고 끝냈다. 이리하여 시마네현으로부터 제기된 울릉도, 독도가 조선의 섬이였다는 확인조사사업은 내무성은 물론 태정관까지 인정하고 재확인한 것으로 막을 내렸다.

또한 근대시기 일본의 중요군사기관인 해군성의 자료들은 울릉도, 독도가 조선의 섬이라는 것을 인정하였다. 일본은 ≪명치유신≫ 후 인차 조선을 침략하기 위한≪정한론≫을 내놓고 조선침략을 위해 각 방면에 걸쳐 미쳐 날뛰었다. 이러한 침략전쟁준비에 앞장선 것이 일본해군성인데 이 기관은 조선침략을 위해 그 선차적 준비로 조선반도의 령토와 섬들을 빠짐없이 장악하고 기록한 각종 수로지와 침략문건을 남기였다. 일본해군성은 1886년 세계수로지인 ≪환영수로지≫를 편찬하면서 제4편 ≪조선동해안≫조에 독도를 ≪리앙꼬르 렬암≫이라고 표시하였다. 그러나 1889년 ≪환영수로지≫편찬을 중단하고 그것을 ≪일본수로지≫, ≪조선수로지≫ 등 나라별로 분류하기 시작하여 1894년에 ≪조선수로지≫를 최초로 편찬하면서 여기서 독도를 ≪리앙꼬르렬암≫이라는 이름으로 기록하였다. 이때 편찬한 ≪일본수로지≫에 독도를 포함시키지 않은 것은 당시 일본해군성, 나아가서 령토주장을 중시하는 일본의 군사기관들도 독도가 자기 섬이 아니라고 생각하였기 때문이다. 그 후 일본이 1905년 조선을 식민지로 만들면서 ≪조선수로지≫ 발간은 중지되고 독도를 ≪일본수로지≫에 포함시켰다. 이것은 일본해군성이 19세기 말부터 1905년까지 독도(리앙꼬르섬)를 조선의 령토로 확고히 인정하고 있었다는 것을 알 수 있게 한다.

마지막으로 1905년을 전후한 시기 일본사료들은 조선의 섬으로 되여온 독도(리앙꼬르섬)가 조선이 일본의 식민지로 전락되면서 식민지 섬으로 왜곡된 사실을 반영하고 있다.

≪리앙꼬르 섬(독도)의 령토편입과 임대청원서≫ 자료는 1904년 일본의 어업가인 나까이 요사부로가 일본 명치정부의 지시를 받고 조선령토인 독도를 일본령토에 편입시키면서 그 경영권을 자기에게 빌려줄 것을 요청하여 제기한 청원서이다. 나까이는 독도가 ≪무인도≫지만 결코 ≪무주지≫는 아니라고 하면서 처음에 임대청원서를 독도령토의 주인인 리조봉건정부에 제출하려다가 일본 명치정부의 관리들의 의도적인 지시로 명치정부에 제출하였다고 한다. 당시 나까이는 독도(리앙꼬르 섬)를 조선령토로 확신하고 리조봉건정부에 임대청원을 제기하여 허가를 받으려고 수도로 올라가 명치정부의 관리들과 상론하였다. 명치정부의 국장들과 해군성수로부장은 독도는 ≪무인지≫이기 때문에 리조봉건정부에 임대청원서를 내지 말고 독도를 빼앗아 거기에 해군망루를 설치할 계획이 있으니 이 기회에 독도를 일본에 ≪령토편입≫시켜달라는 임대청원을 내면 해주겠다는 음흉한 지시를 주었던 것이다. 나까이의 청원서자료는 계속하여 독도의 지리적 위치와 물고기자원의 가치를 평가하면서 이 섬을 빼앗아 운영할 계획을 서술하고 있다.

≪공문류취≫의 내각회의록자료는 1905년 1월 일본내무대신이 나까이의 ≪리앙꼬령토 편입과 임대청원≫을 받고 독도를 일본령토로 강제로 편입시키기 위해내각회의에 제출한 공문서이다.[68] 이 공문서에서 일본정부의 내무대신은 독도를 일본령토에 강제로 편입시키려고 한 근거로 ≪독도를 타국이 점령했다고 인정할 형적은 전혀 없다.≫고 하였는데 이것은 독도가 타국의 령토가 아니라 주인 없는 무주지라는 것이다. 계속하여 공문서에서는 이 무주지에

1903년 나까이란 일본인이 해려(해룡)잡이를 하러 와서 이 섬의 ≪령토편입≫과 ≪임대≫를 청원하면 이 기회에 그 섬의 소유권을 시마네현 오끼도사의 관할하에 두고 섬이름을 죽도(다께시마)로 확정하기 위한 결정을 요청한다는 강도적 론리를 제기하고 있는 것이다. 나까이의 독도임대청원서와 일본 명치정부의 내무대신이 제출한 공문서는 독도가 조선의 령토인데 이 섬을 **빼앗고** 력사적으로 합법화하기 위해 이 시기에 일본의 어업가들과 일본정부대신들이 교활하고 고의적인 문건을 날조하였다는 것을 스스로 폭로하고 있다.

≪리앙꼬르(독도)편입에 대한 일본각의 결정≫자료는 내무대신의 요청에 따라 1905년 1월 25일 일본 명치정부가 조선령토인 죽도를 일본에 ≪령토편입≫하여 시마네현 오끼섬의 관할하에 두고 ≪죽도≫(다께시마)라고 명명한다는 내각회의의 결정서이다. 이 결정서에서도 독도가 무인도일 뿐 아니라 타국이 차지한다고 인정되는 흔적이 없다고 하면서 무주지라고 주장하고 있는데 우에서 보는 것처럼 1905년 이전에 독도가 조선의 령토로 되여 있고 나까이의 임대청원서와 일본 명치정부의 내무대신이 제출한 공문서가 허위문서였으므로 이것 역시 의식적으로 조작한 날조문서로 된다.

≪죽도편입에 대한 일본내무대신 훈령≫은 일본정부의 내무대신이 1905년 2월 15일 오끼도사의 관할지역으로 한다는 내각결정내용을 시마네현 지사에게 내려 보낸 지시문이다. 일본 명치정부의 내무대신이 내각회의결정을 정부의 관보에 싣지 못하고 시마네현 지사에게 ≪관내에 고시≫하도록 지시한 것은 내외여론이 두렵고 후날 저들의 날조행위를 합법화하기 위해서였다.

이미 세상에 널리 알려진 ≪시마네현고시 40호≫는 일본 명치정부의 지시를 받고 시마네현 지사가 지방신문에 자그마하게 낸 고시의 자료이다. ≪시마네현고시 40호≫의 내용은 다음과 같다. ≪북위 37° 50′ 30″, 동경 131° 55′, 오끼 섬과 거리는 서북으로 85n mile에 있는 섬을 죽도라고 칭하고 지금 이후부터 본 현 소속의 오끼도사의 관할로 한다.≫(명치 38년 2월 22일). ≪시마네현고시 40호≫는 나까이의 독도임대신청서와 일본 명치정부의 공문서 지시에 근거하여 공포되였는데 신청서와 공문서가 허위이므로 이 고시가 날조였다는 것은 두말할 것도 없다.

중세, 근대시기 일본사료들은 조선과 유럽사료들과 마찬가지로 독도가 울릉도와 함께 력사적으로 조선의 섬이였다는 것을 웅변적으로 보여주고 있다. 력사의 진상은 숨길 수도 없고 날조한다고 달리 될 수도 없다. 자루 속의 송곳은 감출 수 없듯이 일본반동들이 독도가 일본의 땅이라는 ≪독도령유권≫을 주장하면 할수록 놈들의 비렬성과 강포성을 더욱더 드러내는 것이며 독도는 어제도, 오늘도, 래일도 영원히 조선의 섬으로 남아 있을 것이다.

제3장 국제해양법 및 국제해사법

6. 국제해사 분야에서 무역배의 국적이 가지는 법률적 의의[15)

고현철

[92]위대한 령도자 김정일동지께서는 다음과 같이 지적하시였다. ≪국적문제는 본질에 있어서 사람이 어느 국가 공민의 법적지위를 가지는가 하는 문제입니다.≫

일반적으로 국적은 사람이 일정한 국가에 법적으로 소속되여 그 국가공민의 법적지위를 지닌다는 것을 나타내는 징표이다. 국적에 따라 사람은 어느 국가의 공민이며 어느 국가의 법적보호를 받게 되는가 하는 문제가 규정된다. 국적을 가진 사람은 해당 국가의 공민으로서의 법적지위를 지니며 그 국가의 법보호를 받는다. 대외관계에서 국적은 사람뿐 아니라 배나 비행기에도 적용되게 된다.

국제해사 분야에서 배의 국적은 법률적으로나 실천적으로 매우 중요한 의의를 가진다. 국제해사 분야에서 배의 국적을 떼어놓고서는 무역배의 안전하고도 성과적인 항해에 대하여 생각할 수 없다. 사람에게만 적용되던 고유한 ≪국적≫의 개념이 배에 적용되는 것은 재산에 대한 매개 나라의 관할권과 국제해사 분야에 서로 다른 국가의 배들이 참가하고 있다는 사정과 관련된다. 국가는 배에 국적을 줌으로써 그 배에 대한 관할권을 행사하며 국적을 가진 배는 국적국가가 부여하는 일정한 권리와 의무를 지니게 된다. 동시에 배의

---

15) 출처: 김일성종합대학출판사, 『김일성종합대학학보: 력사법학』, 제54권 제3호(2008), 92~97쪽.

국적은 국제법에 따라 그 배에 대한 국가들 사이의 일정한 권리와 의무관계를 형성한다. 배의 국적은 무엇보다도 배로 하여금 국제항해에 합법적으로 참가할 수 있는 권리를 지니게 한다. 매개 국가들은 자기의 국내법규정에 따라 일정한 조건이 충족되면 배에 대한 등록을 통하여 해당 배에 자기 나라 국적을 부여하게 된다. 국가로부터 국적을 부여받은 배는 국제항해에서 해당 국적국가의 국기를 게양할 법적권리를 가진다. 국적을 부여받은 데 따라 해당 국가의 국기를 게양하는 것은 국제항해에 참가하는 모든 배들에 있어서 의무적이다.

국제해사 분야에서 국적국가의 국기를 게양할 데 대한 문제는 국제법과 국제관례, 국내법에 의하여 수송실천에 적용되고 있다. 국제해사 분야에서 배가 국기를 게양하지 않으면 해적배로 취급되게 된다. 국제적으로 해적은 인류공동의 적으로서 그 어떤 법의 보호도 받지 못한다. 마찬가지로 해적배도 법보호 밖에 있는 대상으로 취급된다. 때문에 모든 해양국가들에는 해적배를 처벌할 수 있는 권한이 국제법에 의하여 부여되고 있다. 프랑스 국제법학자 오펜하임은 ≪근대 국제법이 나오기 이전에도 해적은 <인류의 적>으로 인정되여 있었다. 그것은 해적행위가 해적들로 하여금 자기의 국적을 상실하게 하고 본국의 보호를 받지 못하게 하기 때문이다. 때문에 해적은 모든 국가의 적으로 간주되고 있으며 어느 지역에서나 법에 따라 엄격히 처벌할 수 있다.≫고 주장하고 있다. 영국 국제법학자 하겐스는 1864년에 ≪모든 해적은 그 어떤 특정한 국가나 사람들의 적이 아닌 전 인류의 적이다. 모든 사람들은 반역자와 매국노를 반대하는 것처럼 그들을 반대하여 투쟁하여야 한다.≫고 주장하고 있다. 유엔해양법협약 제100조에서는 해적행위를 금지시키기 위하여 모든 국가들이 최대한의 노력을 하여야 한다는 데 대하여 그리고 해적의 정의와 해적배에 대한 정의를 제101조, 제102조, 제103조, 제104조들에서 규제하고 있으며 그러한 해적행위와 해적배들에 대하여 철저히 투쟁할 데 대하여 제105조, 제107조에서 규제하고 있다.[93] 유엔해양법협약에서 규제하고 있는 바와 같이 해적배에 대한 국제적인 투쟁이 중요하게는 배의 국적과 련관되여 있는 조건에서 배에 국기를 게양하는 문제는 국제해사 분야에서 필수적인 조건으로 된다.

배에 국기를 게양하는 문제는 비록 해당 국가들의 국내법에서 그 조건을 법적으로 규제하지 않았다 하더라도 무조건성을 띤다. 1982년 유엔해양법협약 제91조에는 ≪매 국가는 배들에 자기의 국적을 부여하고 자기의 령토에서 배들을 등록하며 또한 자기의 기발을 달기 위한 조건들을 규정한다.≫고 규제하고 있다. 유엔해양법협약에 따라 국가들은 배에 국적을 주기 위한 여러 가지 조건들을 국내법적으로 규정하게 된다. ≪조선민주주의인민공화국 해운법≫ 제11조 2항에서는 ≪배관리운영기관, 기업소, 단체는 배를 해사감독기관에 등록하고 배국적증서를 발급받아야 한다.≫, 제13조에서는 ≪공화국국적을 소유한 배에는 우리나라 기발을 단다.≫고 규제하고 있다. 중국 ≪해상법≫제4조에는 중국국적을 가진 배들은 중국 국기를 달고 항해할 데 대하여 규제하고 있다. 중국해상법 제4조의 규제내용에서 중국 기발을 달고 항해에 참가하여야 한다고 규정하고 있는 것은 곧 국적을 정확히 받은 데 기초하여 국적국가의 국기를 게양할 데 대한 법적요구가 담겨져 있다.

국제항해에서 무역배들이 자기 국적국가의 국기를 달고 항해하여야 한다는 국제법 및 국내법제도는 국제해사 분야에서 배에 대한 매개 나라들의 관할권 행사에서 무질서와 혼란을 방지하고 그에 대한 명백한 계선을 긋기 위해서이다. 그러나 일부 나라들의 해상법전들에서는 배의 국기게양의무에 대한 조항들을 법적으로 규제하지 않는 경우들도 있다. 일부 나라들의 국내법들에서 국기게양의 조항들을 규제하지 않았다고 하여 그 소속국의 배들이 국제항해 시 아무런 국기도 게양하지 않고 항해한다는 것은 아니다.

일반적으로 매개 나라들의 해사관계에 대한 국내법들에서는 해당 법에 규제되여 있지 않는 조항들은 국제협약과 국제관례에 따르도록 따로 규제해놓고 있다. 조선민주주의인민공화국 해운법 제10조에는 ≪조선민주주의인민공화국이 승인한 해운관계의 국제협약은 이 법과 같은 효력을 가진다.≫고 규제하고 있다. 바로 이러한 조항들을 규정하여 놓음으로써 국가들은 국내법에 해당 규제조항이 없다 하더라도 자기 국가가 가입 비준한 국제협약들은 해사 분야에서 국내법의 조항과 같이 적용하게 된다. 배의 국기게양조항들을 따로 규제하지 않은 나라들의 경우가 바로 그러하다. 총체적으로 국제항해에 참가하는 배들은 유엔해양법협약과 국내법에 따라 배에 대한 행정상의 수속을 통하여 국적을 가지는 것과 함께 국기게양의 권리를 지니며 따라서 국제항해에 합법적으로 참가하게 된다.

배의 국적은 다음으로 배와 해당 국가 사이의 일정한 권리와 의무관계를 나타낸다. 우선 배는 기발을 게양하는 것으로써 해당 국가와의 법률적 관계를 나타낸다. 배는 국기를 게양하면 국기국의 전속관할권에 속한다(1982년 유엔해양법협약 제94조 1). 배의 국기게양은 곧 주권국가의 관할권의 표현으로서 해당 배에는 기국법의 원칙이 적용되게 된다. [94]기국법이란 배가 소속된 국가의 법을 말한다. 기국법에 따라 배는 국제해사관계에서 해상항해와 관련한 일정한 권리와 의무를 지닌다. 기국법에 따라 배가 지니는 권리와 의무는 공해와 령해, 다른 나라의 무역항 수역에서 구체적으로 표현된다.

인류공동의 재부이며 대양항해의 가장 중요한 통로인 공해에서 모든 무역배들은 ≪자유항해≫의 권리를 가진다. 배들이 공해에서 ≪자유항해권≫을 가진다고 하여 그 어떤 법의 영향도 받지 않는다는 것은 아니다. 국제적으로 규제된 공해에서 무역배의 ≪자유항해권≫은 배가 오직 기국법에만 복종한다는 것을 전제로 하고 있으며 따라서 배에서 발생되는 모든 법률사실들이 기국법에 의하여 해결되게 된다. 공해에서 배들에 대한 그 어떤 간섭행위는 배가 속한 해당 국가에 대한 자주권의 침해로 된다. 때문에 유엔해양법협약 제110조에서는 기국국의 기발을 달고 공해상에서 항해하는 배들에 대하여 간섭하려고 할 때에는 그 배의 위법행위에 대한 충분한 근거가 있어야만 허용될 수 있다는 데 대하여 법적으로 규제하고 있다. 유엔해양법협약 제99조, 제101조, 제109조에서는 해적행위에 대한 충분한 근거가 있을 때, 노예매매에 관한 근거가 있을 때와 허가받지 않은 방송을 진행하였다는 근거가 있을 때를 제외하고 공해상에서 다른 나라 배들에 대한 검열이 허용되지 않는다는 데 대하여 법적으로 규제하고 있다. 기국법에 따라 배는 다른 나라의 령해에서 ≪무해통항권≫을 가진다. ≪무해통항권≫은 다른 나라의 령해를 통과항해함에 있어서 그 나라의 안전에 그 어떤 위험도 주지 않으면서 순수 경영활동의 목적으로 다른 나라 항구에로의 입항을 위하여 해당 나라의 령해를 통과하는 항해이다. 다른 나라 령해에서의 ≪무해통항권≫도 배가 해당 국가의 기발을 게양한

조건에서만 그 통과가 허용된다.

기국법에 따라 배는 다른 나라의 무역항에서 ≪자국인대우≫ 혹은 ≪최혜국대우≫를 받을 권리를 가진다. 배가 어느 국가의 기발을 게양하고 있는가, 즉 그 배의 관할권이 어느 국가에 있는가에 따라 배는 ≪자국인대우≫와 ≪최혜국대우≫ 중 어느 하나의 대우를 받을 수 있다. 일반적으로 무역항에서 다른 나라 배들에는 그 대우적용에서 차별을 두지 말아야 하며 따라서 동일한 대우를 적용하여야 하는 것이 원칙으로 되어 있다. ≪항구의 국제제도에 관한 협약≫제2조에는 호상성의 원칙에 따라 국가들 사이의 합의에 기초하여 ≪자국인대우≫를 적용하거나 ≪최혜국대우≫를 적용할 수 있다는 데 대하여 규제하고 있다. 이에 따라 연안 국가들은 자기 나라와 밀접한 관계에 있는 나라들의 배(쌍방 혹은 다방협약에 따라)들에는 ≪자국인대우≫를 적용할 수 있으며 그 밖의 배들에 대하여서는 ≪최혜국대우≫를 줄 수 있다. 무역항들에서 배들이 부여받는 이러한 법적지위는 국기소속국과 연안국가의 호상관계에 기초하여 적용된다. 즉 배의 국기소속국과 해당 연안국 사이의 쌍방협정 혹은 다방협정에서 위와 같은 문제들을 합의하여 적용하게 된다. 공해에서와 령해, 무역항들에서 무역배들이 지니게 되는 법적권리와 의무의 대부분이 기국법에 의하여 결정되는 것으로 하여 배의 국적은 국제해사 분야에서 매우 중요한 의의를 가진다고 말할 수 있다.

[95]또한 배는 국적등록증서에 의하여 해당국가와의 법적소속관계를 나타낸다. 매개 국가들에서는 배에 자기 나라의 국적을 부여하는 배 등록과 해당 배에 대한 권리의 등록을 하나의 등록체계와 등록부로 진행하고 있다. 이로부터 해사실천에서는 해당 배에 국적을 부여하는 배 등록과 배에 대한 권리의 등록이 거의 동일시되고 있다. 그러나 배에 대한 등록과 배에 대한 권리의 등록은 명백히 다른 개념으로서 그것은 서로 다른 법률적 의미를 담고 있다. 배의 국적등록증서는 배 등록에 대한 해당국가의 행정상의 수속행위에 의하여 발급된다. 국적국가는 그 배에 대한 국적등록증서를 발급해주는 것과 함께 자기의 관할권과 통제권을 행사할 권리를 가지며 그와 관련하여 국제법과 국내법에 따라 국기소속국으로서의 민족적 및 국제적 책임을 수행할 의무를 진다.

이와는 달리 해당 배에 대한 권리의 등록은 재산권의 공식적인 인증에 관한 행정상의 수속행위이다. 이렇게 놓고 볼 때 배의 국적과 소유권은 밀접히 련관되여 있으면서도 때로는 서로 완전히 분리되여 있다고도 말할 수 있다. 배의 국적과 소유권이 서로 밀접히 련관되여 있는 것은 해당 국가들의 국내법의 규제조항과 관련된다.

배의 국적등록증서는 해당 배의 선적항, 선원관계, 배 안에서의 질서 등에 관한 법률적 문제들을 해결하는 중요한 수단으로 리용된다. 지난 시기 배에 자기 나라 국적을 부여하는 징표로서는 배임자의 국적, 배무이[16] 장소, 선원 국적증서들이였다. 이 증서들 중 어느 것을 기준으로 하여 국적을 부여하겠는가 하는 것은 해당 국가들의 국내법에 따라 결정되였다. 대부분 나라들에서는 자기 나라 공민이 소유한 배에만 자기 국가의 국적등록을 허용하고 있으며 일부 나라에서는 배에 대한 소유권의 절반 이상 혹은 2/3 이상이 자기 나라 공민에게 있을 때 국적등록증서의 발급을 허용하고 있다. 법인이 소유한 배에 대하여 해당 국가가 자기 국적등록증서를 허용하는 문제는 제국주의시기 국제적인 독점련합기업체들의 형성과 자기 나라 해운선대에 다른 나라 자본의 침투를 허용하는 문제와 관련하여 그리고 해당 시기의 세력관계에 따라 변화되였다. 영국은 일부 경우에 배 소유권의 100%가 외국인에게 속하여도 회사사무소가 자기 나라에 있고 자기 나라 법에 따라 회사가 조직된 경우에만 그 회사소속 배에 자기 나라 국적등록증을 주는 것을 허용하였다. 노르웨이는 배에 대한 자기 공민의 소유권이 60% 이상일 때, 프랑스는 지휘선원의 지위를 자기 공민이 차지하고 있는 배일 때 국적등록증의 허용을 인정하였다. 그러나 최근 자본주의국가들은 외국공민들을 선원으로 채용한 배들에도 자기 국적등록증서의 허용을 승인하고 있다. 이것은 선원들이 서로 단결된 힘으로 해운독점체들에 맞서는 것을 방지하고 그들의 힘을 약화시키자는 데 그 목적이 있다.

배의 국적은 때로 배 소유권과 관계없이 별도로 취급되는 경우들도 있다. 원칙적으로 국제해사 분야에서 국가들은 배에 국적을 주는 행정상의 수속행

---

16) 편집자 주: 배를 만드는 것으로 선박 건조 또는 조선(造船)을 말한다.

위인 국적등록증서의 발급에 의해서만 해당 배들에 숙적국가의 국기를 게양할 권리를 부여한다. 그런데 국제적으로 배가 국적을 가지는 문제는 그 배의 소유권과 직접적으로 련관되여 있다. 앞에서도 언급된 문제이지만 해양국의 대부분이 소유권의 많은 몫이 자기 국가에 없다면 국적등록증의 발급을 허용하는 것을 승인하지 않고 있다. 그렇지만 배가 해당 국가의 국기를 게양[96]한다고 하여 모든 배들이 다 그 나라의 소유권에 포함된다고는 볼 수 없다. 국적국가의 국기를 게양한다고 하여 그 배의 소유권이 해당 국적소속국가에 완전히 이전되여 있다고 보는 것은 잘못된 견해라고 볼 수 있다.

국제해사 분야에서는 배의 소유권과 국기게양과의 관계에서 서로 차이 나는 경우들이 제기되게 된다. 일반적으로 국제해사 분야에서는 자기의 배와 함께 합영과 합작 등 여러 가지 방법으로 경영활동을 진행하게 된다. 비록 소유권은 없지만 그 배에 대한 관리운영을 위탁받았거나 자기 나라의 공민들을 기본으로 선원들이 꾸려지고 있는 배 등에 대하여서는 국기게양과 관련한 여러 가지 문제들이 제기될 수 있다. 이렇게 운영되는 배들은 그 소유권을 론할 때 점유, 리용권만 있지 처분권은 없다. 그러나 이러한 배들에도 해당 국가의 국기를 게양할 권리를 부여해주고 있다. 이 배들의 경우 해사실천에서는 국기와 국적등록증서가 서로 상반될 수 있다. 실례를 들어 임대용선한 중국국적의 배가 우리나라 공민들로 그 선원들이 꾸려졌다면 그 배의 국적이 비록 중국국적이라 하여도 그 배에는 우리나라 기발을 달 수 있다. 수송실천에서 해당 배가 우리나라 국적등록증서를 소유하지 않았지만 그 배는 경영활동에서 우리나라(기국국)의 관할 밑에 있게 되며 공화국의 법적보호를 받을 수 있는 권리를 가지게 된다. 그 리유는 배 관리와 경영당사자들이 우리나라의 공민들이기 때문이다.

조선민주주의인민공화국 해운법 제13조 2항과 제14조에서는 바로 이러한 경우에 대하여 규제하고 있다. 즉 공화국국적을 소유하지 않은 배라 하여도 그 관리운영을 위탁받은 기관, 기업소, 단체의 소재지가 우리나라에 있고 공화국공민을 선원으로 승선시킨 경우 우리나라 국기를 게양할 수 있으며 다른 나라 배를 장기간 용선하여 공화국 국민을 선원으로 승선시킨 배에도 우리나라 국기를 게양할 수 있다고 규정한 규제내용들이 바로 이때의 경우들을 념두에 둔 것이라고 볼 수 있다.

매개 나라들에서 위와 같은 조건에서의 항해배들에 대한 국기게양의 권리를 법적으로 다 똑같이 규정하지 않고 있다. 중국해상법에서는 자기의 국기를 게양할 수 있는 권리에 대하여 반드시 해당 배의 소유권이 자기 공민이나 법인에게 있을 때에만 그 권리를 인정하고 있다(중국해상법 제5조). 이렇게 놓고 볼 때 국기게양권리에 관한 배의 등록과 권리등록은 나라마다 서로 다르다는 것을 알 수 있다. 만약 합영, 합작으로 운영되는 배들의 국기게양권리를 보장하지 않는다면 수송실천에서 수송당사자들은 해당 배의 국적등록증서에 따라 그 배의 소속국가법에 복종하여야 한다. 이것은 배의 경영활동에서 배 운영자와 그가 속한 국가와의 법률적련 계를 저애하는 결과를 초래할 수도 있다. 우리나라의 해운법에서 국기게양권리에 대하여 규제한 법적규제조항은 국제해사실천의 구체적 현실을 반영한 합리적인 것으로 볼 수 있다.

배의 국적은 다음으로 배와 국적을 부여한 나라와의 실제상 련계와 관련한 관할권을 나타낸다. 배에 국적을 부여한 국가는 자기 나라 국적을 가진 배들에 대한 등록부를 작성하고 그것을 공개함으로써 그 배에 대한 실제적인 관할권이 해당 국가에 있다는 것을 실증해야 한다. 국적국가가 작성하는 배 등록부에는 자기 나라 국적을 가진 배의 이름과 기술적 제원들이 기록되여 있어야 한다. [97]국적국가들은 자기 국적 배들과 그의 운영에 대하여 그리고 승선하는 선원들에 대한 행정적, 기술적 및 사회적 문제들에 대하여 자기 나라의 국내법에 따라 관할권을 행사할 권한을 가진다. 그리고 해당 배와의 실제적 련계의 존재를 위하여 배의 건조, 장비 및 항해감당력, 배에서의 인원보장, 선원들의 로동조건과 양성, 바다신호의 사용과 통신수단의 유지 및 충돌방지 등과 같은 바다에서의 안전과 관련된 문제들을 담보하기 위한 법 규정들을 제정 실시한다.

국적국가의 이러한 권한에 의하여 해당국가의 모든 배들은 국적국가의 관할권에 전적으로 복종할 의무를 지니게 된다. 이와 같이 국제해사 분야에서 배에 적용되는 국적은 국제항해와 국적국가와의 법률관계를 해결하는 데서

중요한 의의를 가진다. 우리는 국제해사 분야에서 배의 국적에 대한 법률적
문제들에 대한 옳은 리해를 가지고 그것을 실천에 옳게 적용함으로써 경애하
는 장군님의 선군사상을 높이 받들고 강성대국건설에 적극 이바지해나가야
한다.

7. 배의 안전항해에 관한 국제해사행정제도[17]

조영철

[42]위대한 령도자 김정일동지께서는 다음과 같이 지적하시였다. ≪해상운
수를 발전시키는 데서 중요한 것은 무역짐배의 회귀 일수를 줄이고 안전항해를
보장하기 위한 사업을 잘하는 것입니다.≫

오늘 국제해상수송관계에서 제기되고 있는 중요한 문제의 하나는 바다에서
배들의 안전항해를 철저히 보장하는 것이다. 일반적으로 항해사고는 사람의
생명안전과 가치적으로 큰 재산인 배와 그에 실은 화물에 엄중한 피해를 가져
다준다. 특히 항해사고는 배와 인명피해, 화물의 손상이나 손실, 바다환경에
대한 오염피해 등으로 인하여 국가들 사이에 엄중한 정치적 문제까지 발생시
킬 수 있다. 따라서 오늘 배의 안전항해와 관련한 문제는 국제해사행정제도의
중요한 규제대상으로 되고 있다.

배의 안전항해에 관한 국제해사행정제도는 무역배들의 국제항해에서 발생
할 수 있는 사고를 미연에 방지하기 위하여 배 교통질서와 안전관리 및 안전
항해와 관련한 국가해사행정당국과 배 운영기관 사이의 행정 법률관계를 규
제한 질서이다. 국제해상수송관계에서 배의 안전항해에 관한 제도와 질서는
국제배관리협회가 작성한 ≪배의 안전운영과 오염방지를 위한 국제관리규칙≫
(ISM code)에 따라 매개 국가에 존재하는 해사행정당국의 감독통제에 의하여

---

17) 출처: 과학백과사전출판사, 『정치법률연구』, 2010년 제2호(누계 제30호), 42∼43쪽.

준수되게 된다.

배의 안전항해에 관한 국제해사행정제도는 무엇보다도 매개 국가들이 자기 나라 령해나 해협, 수로 등 배 교통이 복잡하거나 필요한 수역들에 항로를 설정하고 통항분리체계를 도입 실시할 데 대하여 규제하고 있다. 통항분리체계란 배의 안전항해를 보장하기 위하여 배들이 안전하게 다닐 수 있는 안전구역들과 안전항해를 위협하는 위험구역들을 분리시킨 배의 안전항로를 말한다. 이 규칙은 배들 사이의 충돌을 방지하자는 데만 목적이 있는 것이 아니라 좌주, 좌초와 같은 항해위험물에 의한 사고도 미리 막자는 데 목적을 두고 있다.

배의 안전항해에 위험을 주는 항해위험수역들은 그 특성에 따라 해저위험수역, 기뢰위험수역, 우연적 또는 수문기상학적위험수역 등으로 구분된다. 해저위험수역에서 위험물로는 대륙붕, 암초, 로출암, 수중암, 해저지협, 여울, 풀, 간석지, 오물처리수역, 해상사격장 등이 속한다. 기뢰위험수역은 기뢰를 부설한 수역으로서 수로지 혹은 수로공보에 밝혀진다. 우연적 위험물은 가라앉은 배, 떠다니는 기뢰, 떠다니는 얼음덩어리와 큰 기타 위험물들이 속한다. 항해위험수역과 항해위험물은 배의 안전항해를 위협하는 중요한 위험대상들이다. 따라서 배의 안전항해를 위하여 국가들은 필요한 수역들에 항로를 설정하는 것과 함께 과학적인 통항분리체계를 국내법적으로 수립하여야 할 국제해사행정제도에 따르는 의무를 지니게 된다.

배의 안전항해에 관한 국제해사행정제도는 다음으로 바다에서 모든 배들이 충돌방지를 위한 국제규칙을 의무적으로 준수할 데 대하여 규제하고 있다.

배의 안전항해와 관련하여 1972년 10월 국제해상자문기구(IMCO)(지금의 국제해사기구)는 국제회의를 소집하고 회의에서 ≪해상충돌예방에 관한 협약≫을 채택하였다. 배의 충돌을 방지하기 위하여 채택된 이 협약은 륙상도로에서 수송수단들의 통행규칙과 류사하다. 력사적으로 바다에서 배의 충돌과 관련한 사고는 배들이 바다에 조성된 환경과 조건에 따르는 판단을 잘 하지 못하고 또한 배의 항해와 관련한 통일적인 국제법제도가 수립되지 못한 데 그 원인이 있었다.

통일적인 국제법제도가 수립되기 이전에 발생된 배 충돌사고들을 고찰해보면 충돌사고 발생요소들이 명백함에도 불구하고 그것을 위험요소로 확정하지 못한 실례들이 대부분이다. ≪해상충돌예방에 관한 협약≫은 여러 가지 보임거리조건에서 배의 조종 및 항해규칙, 배의 등불, 소리 및 등불신호에 관한 구체적인 질서들을 법적으로 규제하고 있다. 국가들은 이러한 규칙들에 기초하여 항해질서와 관련한 국내법제도들을 수립하고 이 규정들을 발생된 배 충돌사건들에서 배들 사이의 책임 한계와 잘못을 가르는 국제법 및 국내법적 기준으로 적용하여야 한다. [43]우리나라는 충돌방지를 위한 국제규칙을 국내법화하여 해상실천에서 적용하고 있다.

배의 안전항해에 관한 국제해사행정제도는 다음으로 국적국의 해당 기관들에서 배 운영회사들과 배들에서 리행하여야 할 ≪국제안전관리규칙≫의 준수정형에 대한 감독과 통제를 진행할 데 대하여 규제하고 있다. 이 규칙은 ≪바다에서의 인명안전에 관한 국제협약≫의 1994년 수정의정서 19장 배의 안전관리에 해당되는 것으로서 국제배관리협회가 작성한 것을 그대로 국제법화한 것이다. 이 규칙의 정식명칭은 ≪배의 안전항해와 오염방지를 위한 국제관리규칙≫이다. 이 규칙에 따라 배의 국적국 또는 국적국이 임명한 선급기관들은 배임자나 배관리 회사들의 업무수행을 감독 통제한다.

우리나라에서 선급기관으로는 해사감독기관이다. 해사감독기관은 해사행정당국으로서 배의 안전성검사와 함께 선급을 인증해주는 사업을 진행한다. 지금 많은 발전도상나라들도 자체검사기관을 조직하고 선급제정에서 호상협조를 강화하고 있다. 자본주의 나라들에서는 자기들과 리해관계를 같이하는 몇 개 나라의 선급기관만을 호상 인정하면서 이 분야에서도 저들의 독점적 지위를 추구하여 왔으나 새로운 국제경제 질서의 수립과 관련한 발전도상나라들의 단결된 투쟁에 의하여 이 분야에서의 독점이 완전히 무너지고 말았다.

선급기관들은 우선 국가로부터 부여받은 권한에 따라 국제법의 요구에 따르는 배임자나 배 관리회사들의 업무수행을 감독 통제한다. 선급기관들이 집행하는 감독 통제의 내용에는 배 운영과 해난사고 때 배에 대한 협력체계와 선원꾸리기 및 훈련정형, 배설비의 관리계획과 그 집행정형들이 속한다. 이 검사에 합격되면 배 회사(관리회사 포함)에 ≪국제안전관리증서≫를 내주며 이 증서는 배에 항상 비치되어 있어야 한다. 이와 함께 배 회사들은 리행증서를 갖추고 안전관리체계문건들을 선급기관에 의하여 검열받아야 하며 그에 대한 사본들을 갖추고 있어야 한다. 국제안전관리규칙에 따라 배 회사가 갖추어야 할 안전관리체계와 관련한 문건에는 해상안전 및 바다오염방지를 위한 총적지도서, 국내법과 국제법을 구체화한 해당 규칙과 지도서, 배와 회사부서 인원들의 임무분담과 통신경로, 비상정황에 대한 보고 절차, 검열 절차 등이 있다. 이에 따라 국제수송에 참가하는 모든 배들은 2002년부터 국제안전관리체계와 관련한 문건들을 배에 비치하고 다른 나라의 항구들에서 그 준수정형에 대하여 검열받을 의무를 지닌다.

선급기관들은 또한 해외에서 자기 국적국가의 배들에 대한 업무수행을 감독 통제한다. ≪조선민주주의인민공화국 해운법≫제16조에는 다른 나라 항에서 우리나라 배에 대한 검사는 중앙해사감독기관의 의뢰에 따라 공화국령사대표기관이 조직하며 공화국령사대표기관이 없는 경우 대리기관을 통하여 조직한다고 규제되여 있다. 해외에서 자기 공민의 리익을 보호하고 려권발급, 공증기능 등을 수행하는 령사대표기관이 자기 나라 배에 대하여 수행하는 이러한 기능은 국제해상관계에서 일반적인 관례로 되여 있다.

1963년 ≪령사관계에 관한 원협약≫에서는 자기나라 배와 선원들에 대하여 자기 나라의 국내법과 규정에 따라 감독 및 검사권을 행사할 데 대한 령사의 기능에 대하여 규제하고 있다. 이 협약에서 규제된 령사의 기능은 배와 선원들에 대한 감독 및 검사권과 함께 그들에게 필요한 방조를 제공하며 항해에 관한 보고서를 접수하고 배 문건들을 검사 및 작성하며 주재국 주권당국의 권리를 침범함이 없이 항해 도중에 제기되는 임의의 사건들을 조사하는 것 등이다. ≪령사관계에 관한 원협약≫에 기초하여 매개국가들에서는 해외에서 자기 국적국가의 배들에 대한 검사를 비롯한 항해안전과 관련한 감독통제질서들을 국내법으로 수립한다.

이 밖에도 배의 안전항해에 관한 국제해사행정제도에서는 모든 국가들에서 안전항해를 위한 특별대책을 수립할 데 대한 문제, 연안국들이 국제항해를 진행하는 배들에 대한 항해방조 및 배교통봉사와 관련한 질서를 수립할 데 대한 문제, 매개국가들에서 자기 나라 항구에 입출항하는 자기 나라 국적의 배들과 다른 나라 배들에 대한 철저한 검열을 진행할 데 대한 문제 등이 규제되어 있다.

국제해상관계에서 모든 배들이 배의 안전항해에 관한 국제해사행정제도를 철저히 준수할 때 그리고 해사행정당국들이 해당 제도의 법적요구에 맞게 배에 대한 엄격한 검사 제도를 실시할 때 국제해상실천에서는 배의 안전항해가 실질적으로 담보될 수 있을 것이다.

제4장 국제항공법 및 국제우주법

8. 항공수송에 관한 국제법적 제도[18]

고현철

[35]항공수송은 국가들 사이의 경제적 교류와 협조를 실현하는 데서 매우 중요한 역할을 수행하는 국제수송형태의 하나이다. 항공수송은 수송속도가 다른 수송형태에 비하여 빠른 것과 함께 수송로가 공중공간을 리용하여 진행되는 우월성으로 하여 국제수송실천에서 무시할 수 없는 중요한 수송형태의 하나로 인정되고 있다. 다른 수송형태들에서 찾아볼 수 없는 항공수송의 이러한 우월성으로부터 항공수송에 관한 국제법적제도에 대한 리해를 바로 하는 것은 매우 중요한 문제로 제기된다. 위대한 수령 김일성동지께서는 다음과 같이 교시하시였다. ≪우리는 모든 방면의 기술과 함께 항공기술을 높은 수준에로 끌어올리기 위하여 온갖 노력을 다하여야 하겠습니다.≫(≪김일성전집≫2권, 370페지)

항공수송에 관한 대표적인 국제협약들에는 ≪국제항공수송에 관한 일부 규정을 통일화하기 위한 협약≫(1929년 10월 29일 와르샤와협약)과 1955년 헤그(스흐라벤하헤)에서 수정된 ≪와르샤와협약≫, ≪통과비행에 관한 국제협약≫(1944년 시카고)들이다. 항공수송에 관한 국제법적 제도는 외국항공회사들의 영업활동에 관한 질서, 국제항로개설에 관한 국가들의 행위 질서, 외국항공회사들에 대한 국가들의 통제와 관련한 질서의 총체이다. 항공수송에 관한 국제법적 제도는 무엇보다도 다른 나라 령역에서 영업활동을 실현하기 위한 외국항공회사들의 행위 질서이다.

---

18) 출처: 과학백과사전출판사, 『정치법률연구』, 2008년 제3회(누계 제23호), 35~36쪽.

외국항공회사들의 영업활동에 관한 국제법제도의 수립에서 중요한 것은 영업권의 개념과 그에 대한 일반적 권리들을 옳게 규제하는 것이다. 국제항공수송에서 영업권이란 임의의 항공회사들이 다른 나라의 령토상공을 통하여 영업활동을 진행할 수 있는 권리이다. 다시 말하여 해당 국가의 승인 밑에 외국항공회사들이 려객 및 화물수송을 자유롭게 진행할 수 있는 영업적 권리를 말한다. 영업활동을 목적으로 하고 있는 외국항공회사들에 해당 국가가 제공해주는 모든 권리의 기초에는 령공에 대한 국가자주권의 원칙이 놓여 있다. 령공에 대한 국가자주권의 원칙은 국가가 자기의 령토 및 령해 상공의 대기공간을 완전히 지배하고 관할할 수 있는 합법적 권리이다. 이 원칙으로 하여 국가들은 자기의 령역 안에서 활동하는 임의의 항공회사들의 영업활동을 승인, 조절, 제한할 수 있는 권리를 가진다. 국제항공수송 분야에서 영업활동은 호상성의 원칙에서 제공되는 영업활동의 일반적 권리에 의하여 실현된다. 영업활동에 대한 일반적 권리에는 해당 국가의 령토상에 착륙하지 않고 그 국가의 령토 상공에서 비행을 수행할 수 있는 권리, 해당 국가 령토상의 지정된 지점들에 다만 기술적 목적(연료보충, 기술검사 등)만을 가지고 착륙할 권리, 려객과 화물에 대한 체약 쌍방 사이의 수송권, 려객과 화물을 싣고 자기 나라로 수송할 권리, 체약상대국과 제3국 령토 사이의 수송권이 있다.

항공수송에 관한 국제법적 제도는 다음으로 국제항로개설에 관한 국가들의 행위질서이다. 항로개설에 관한 국가들의 행위질서는 우선 항로방향수립에 대한 국제법적 규제에 의하여 수립된다. 항로방향에 관한 문제는 곧 항공기의 수송방향과 관련한 문제이다. 항공수송협정에서 항로들의 방향선택문제를 해결하려고 할 때 상대국이 어떤 방향들로 항로들을 선택하려고 하는가에 대하여서는 다른 당사국의 특별한 관심사에 있는 문제이다. 만약 체약쌍방의 령토 사이에서만 항로를 설정하게 되는 경우에는 항로들의 방향이 보다 곧은 선을 따라 수립되게 된다. 이것은 공동국경을 가지고 있는 국가들 사이에서만 가능하게 된다. 그러나 공동국경이 없을 경우 항로방향은 다른 나라 령토를 련결하는 하나의 항로가 아니라 여러 개의 방향으로 설정할 수 있다. 이로부터 국제항공 수송 분야에서는 항로들의 방향을 법적으로 규제하는 문제들이 제기되게 된다.

오늘 국제적으로 쌍방 국가들 사이에 체결되고 있는 항공수송협정들에서는 항로방향에 대한 문제들을 중요한 규제대상으로 취급하고 있다. 국제항로개설에 관한 국가들의 행위질서는 또한 항로 시작지점과 중간지점, 마지막지점에 대한 국제법적규제에 의하여 수립된다. 항로 시작지점에 대한 법적규제는 국가들의 쌍방협약에 의하여 수립된다. 국제항공수송 분야에서는 항로 시작지점에 관한 문제는 항공회사들의 영업적 리해관계와 직접적으로 련관되여 있다. 국제항공수송실천에서 항로의 시작점은 영업적 권리가 부여되는 나라의 령토 내에서만 시작될 수 있다는 것이 관례상 인정되고 있다. 중간지점에 대한 법적규제는 시작지점들과 마찬가지로 체약쌍방의 령토상이나 제3국 령토상에 다 같이 정할 수 있다. 중간지점들이 체약쌍방의 령토상에 있는 경우에 매개 나라는 외국항공기들의 착륙을 위하여 어떤 비행장들이 제공될 수 있는가를 규정할 수 있는 권리를 가진다.[36] 국제항공수송에서 중간지점들을 지적하는 것은 협정에 따라 매개 체약국들에 의하여 수립되는 항로의 방향을 정하자는 데 그 목적이 있다. 국제항공수송에서 항로들의 마지막지점은 항로들의 구성상 마지막형태의 지점들이다. 쌍방의 령토들 사이에 항공련계를 가질 데 대한 협정들에서 항로의 마지막지점들은 동시에 항로 자체의 종점과 일치하게 된다. 그러나 항로들이 체약상대 측의 령토보다 더 멀리 계속되는 협정들에서는 그 권리를 부여하는 나라의 령토상에서뿐 아니라 제3국의 령토상에까지 항로들이 계속 될 수 있다. 이 경우에 마지막지점들은 협정들에 정확히 밝히지 않고 항로들이 끝나는 지리적 구역이나 나라들로 지적될 수 있다.

국제항공수송에 관한 국제법적 제도는 다음으로 외국항공운수회사들에 대한 국가들의 통제질서이다. 영업활동을 진행하는 외국항공회사들에 대한 통제에서 중요한 것은 우선 항공회사들의 임명에 관한 문제이다. 협정에 따라 국가는 항로를 운영하기 위하여 임의의 항공회사들을 독자적으로 임명할 수 있다. 매개 국가가 가지는 이러한 특권은 국가의 자주적 권리이며 따라서 그 국가의 최고권력에 의하여 보장된다. 영업활동을 진행하는 외국항공회사들에 대한 통제에서 중요한 것은 또한 운영허가제도에 관한 문제이다. 일반적으로 정기항로들의 운영허가는 국가기관뿐 아니라 그것을 위임받은 민항기관들도 외국항공 회사들에 주게 된다. 운영허가를 내주는 기본목적은 해당 국가의 령토상에서 활동하고 있는 외국항공회사들의 영업활동을 효과적으로 통제하려는 데 있다. 외국항공회사들이 운영허가를 받으려면 협정상대 측의 법규범에 맞게 조직될 뿐 아니라 해당 국가의 법과 규정들을 의무적으로 지키고 그에 맞게 활동하여야 하며 체결된 협정내용과 그 부록의 조건들을 준수하여야 한다. 이러한 규정과 조건을 준수하지 않는 경우 그들에 대한 운영허가를 거절할 수도 있으며 이미 준 허가를 취소할 수도 있다. 그것은 임의의 국가령공에서 국제항로를 운영하는 경우 외국의 항공회사들은 해당 나라의 자주권과 관할권 밑에 놓이게 되기 때문이다.

이처럼 항공수송에 관한 국제법적제도는 다른 나라의 령토상공을 비행하면서 영업활동을 진행하는 수송당사자들의 행위를 법률적으로 보장하기 위한 매개 국가들의 행위질서이다. 우리는 국제항공수송관계에서 제기되는 이러한 법률적 문제들을 옳게 파악하고 이 분야에서 선군조선의 자주권을 철저히 보장해나가기 위하여 적극 노력해나가야 한다.

9. 국제우주법제도와 그 제한성[19)]

박희철

[131]오늘 미제를 비롯한 제국주의자들의 반공화국압살책동은 공화국의 위성발사를 계기로 더욱 로골화되고 있다. 국제우주법제도와 그 제한성을 옳바로 인식하는 것은 공화국의 위성발사 및 우주개발의 합법성과 그것을 문제시하는 미제를 비롯한 제국주의자들의 책동의 범죄성을 국제법적으로 론증하며

---

19) 출처: 김일성종합대학출판사, 『김일성종합대학학보: 력사법학』, 제56권 제3호(2010), 131~136쪽.

국제우주법을 세계의 평화와 안전에 실질적으로 이바지하는 법으로 발전시켜 나가도록 하는 데서 중요한 문제로 나선다.

위대한 령도자 김정일동지께서는 다음과 같이 지적하시였다. ≪력사가 전진함에 따라 세계의 주인으로서의 사람의 지위와 역할은 더욱 강화되며 그들의 자주적이며 창조적이며 의식적인 투쟁에 의하여 사람들의 의사에 지배되는 세계의 령역은 날로 확대되고 있습니다.≫(≪김정일선집≫제7권, 154페지)

우주가 인간 활동의 새로운 령역으로 등장하고 그에 대한 법률적 규제가 국제적 요구로 제기되기 시작한 것은 1957년에 첫 인공지구위성이 우주공간에 발사된 이후부터이다. 우주문제를 국제법적으로 규제할 데 대한 국제사회의 요구에 따라 1963년에 ≪우주의 연구 및 리용에서의 국가활동원칙에 관한 유엔선언≫이 채택되였으며 1966년에는 ≪달과 기타 천체들을 포함한 우주탐사와 리용에서 국가들의 활동원칙에 관한 조약≫(≪우주조약≫)이 채택되였다. 이때로부터 국제우주법은 우주에서의 국가들의 활동을 통일적으로 규제하는 독자적인 부문국제법으로 급속히 발전하게 되였다. 국제우주법제도는 우주의 개발리용과 관련한 국가들의 활동질서의 체계로서 우주개발리용에서 견지하여야 할 원칙과 요구, 우주물체의 등록과 우주물체로 인한 손해에 대한 국제책임, 우주비행사와 우주물의 구제 및 위성직접TV방송 법률제도 등을 중요내용으로 하고 있다.

국제우주법제도에서 중요한 것은 첫째로, 우주의 개발리용원칙과 관련한 제도이다. 우주의 개발리용원칙과 관련한 제도는 국제우주법제도의 전반내용을 규제하는 가장 관건적인 제도이다. 그것은 우주의 개발리용원칙에 의하여 달과 기타 천체들을 비롯한 우주공간의 법적지위와 우주개발리용의 성격이 규정되고 우주개발리용에 참가하는 국가들의 권리와 의무가 확정되기 때문이다. 우주개발리용원칙으로서는 우주개발리용에서 전체 인류의 리익을 도모하며 우주를 자유롭게 탐사하고 평화적 목적에서만 연구 및 리용할 데 대한 원칙들이 있으며 이러한 원칙들은 주로 ≪우주조약≫에 규정되였다. ≪우주조약≫에서는 우선 달 및 기타 천체들을 비롯한 우주의 개발 및 리용은 경제와 과학의 발전수준에 관계없이 모든 나라들의 리익을 위하여 진행되여야 하며 전체 인류의 일로 되여야 한다는 것을 규정하고 있다. 우주개발에서 전체 인류의 리익을 도모할 데 대한 이 원칙에 따르면 천체와 우주공간은 그 어떤 국가에 의해서도 분할되지 않고 모든 국가들에 개방되며 국제사회에 의해 공동으로 연구 및 리용되는 인류공동의 유산으로서 어느 국가든지 우주의 일정한 부분에 대한 소유권을 가질 수 없다. ≪우주조약≫에서는 또한 달 및 기타 천체들을 비롯한 우주는 어떠한 차별도 없이 동등한 기초 위에서 국제법에 따라 모든 국가들에 의하여 자유롭게 개발리용되여야 하며 우주에서의 과학연구사업은 자유라는 것을 규정하고 있다.[132] 우주를 자유롭게 탐사하고 리용할 데 대한 이 원칙에 따르면 모든 국가는 평등한 기초 위에서 천체를 비롯한 우주공간을 자유로이 개발하고 천체와 우주의 임의의 구역에 마음대로 드나들면서 과학연구사업을 진행할 수 있으며 인공우주물을 자유롭게 발사하고 설치 및 이동할 수 있다. ≪우주조약≫에서는 또한 지구주위궤도에 핵무기나 임의의 대량살륙무기, 그러한 무기들을 실은 물체들을 설치하지 말며 달과 천체들을 평화적 목적에만 리용할 것을 규정하고 있다. 우주의 평화적 리용에 관한 이 원칙에 따르면 천체들에는 군사기지와 군사시설물, 요새들을 설치할 수 없으며 그곳에서 어떠한 종류의 무기도 시험할 수 없고 일체 군사훈련을 하는 것이 금지된다.

국제우주법제도에서 중요한 것은 둘째로, 우주물체의 등록과 국제책임에 관한 제도이다. 우주물체에 대한 통일적인 등록제도를 확립하는 것은 우주물체에 대한 소유권과 관활권, 우주물체의 반환 및 배상책임과 같은 우주개발리용에서 제기되는 여러 문제들을 해결하는 데서 전제로 된다. 우주물체에 대한 등록제도는 1975년에 채택된 ≪우주공간으로 쏘아올린 물체들의 등록과 관련한 협약≫(≪등록협약≫)에 의하여 확립되였다. ≪등록협약≫에 의하면 우주공간에 발사한 우주물체는 반드시 발사국에 의하여 등록되여야 한다. 만일 하나의 우주물체에 대한 발사국이 2개 이상인 경우에는 그 나라들이 협의하여 한 개 나라를 등록국가로 결정하며 등록국은 발사한 우주물체를 해당한 목록에 등록한다. 등록국가는 발사국의 명칭이나 공동발사국들의 결정, 우주물체의 표식과 그의 등록번호, 발사 날자와 령토 혹은 장소, 공전주기와 궤도경사

각도, 가장 먼 거리와 가까운 거리를 비롯한 궤도의 기본특성 그리고 우주물체의 일반적 사명 등을 등록한 후 그것을 유엔사무총장에게 통지하여 유엔장부에 기입해야 한다. 해당 우주물체가 제거되였을 경우에도 그에 대하여 유엔사무총장에게 통지하여야 한다. 우주물체의 등록국가는 해당 물체가 천체와 우주공간에 있건 지구에 있건 관계없이 그에 대한 소유권을 가진다.

우주물체로 인한 손해에 대한 국제책임제도는 우주활동에서 사고를 방지하고 안전을 보장하며 우주의 개발리용에서 국가들 사이의 협조를 발전시키고 손해를 입은 피해자들에게 공정한 대가를 보상하도록 하는 데서 중요한 의의를 가진다. 우주물체에 의한 손해에 대한 국제책임제도는 ≪우주조약≫(제6조, 제7조)과 그를 구체화하여 1972년에 채택된 ≪우주물에 끼친 손실에 대한 국제적 책임에 관한 협약≫(≪책임협약≫)에 의하여 확립되였다.

≪우주조약≫에서는 달과 기타 천체들을 비롯한 우주에 물체를 발사하거나 발사하도록 한 체약국들이 해당 우주물체로 인하여 다른 나라가 손해를 입으면 그에 대하여 국제적 책임을 진다는 것을 규정하고 있다. 조약에서 말하는 손해는 지구표면과 대기권, 천체와 우주공간에서 우주물체나 그 구성부분이 다른 국가와 그에 속한 개인이나 법인의 생명과 재산에 끼친 인신상, 물질적 손해를 말하며 그에 대한 국제적 책임은 곧 손해배상을 의미한다.

≪책임협약≫에서는 우주물체로 인한 손해배상에 대하여 비교적 세부적으로 규정하고 있다. 협약에 의하면 우주물체의 발사국은 해당 물체가 지구표면에서 혹은 비행 중의 항공기에 대하여 손해를 입혔을 경우에는 과실여부에 관계없이 절대적 책임을 진다.[133] 그러나 해당 손해가 피해자의 중대한 과실이나 고의에 의하여 초래되였다는 것이 증명될 때에는 그에 해당한 책임을 면제받을 수 있다. 한편 지구표면이외의 공간에서 우주물체나 혹은 그 승무원과 재산에 대하여 입힌 손해에는 과실책임을 추궁한다. 이 경우 일방이 입은 손해에 대한 가해자의 과실이 증명되면 손해배상을 해야 한다. 피해국과 피해자가 직접 발사국의 재판소나 해당 기관에 배상요구를 제기할 수는 있지만 발사국이 여러 개인 경우에는 그중 한 개의 발사국에 대하여서만 할 수 있다. 피해국은 외교적 경로나 유엔사무총장을 통하여 배상요구를 할 수도 있으며 피해

국과 가해국이 공동으로 배상청구심의위원회를 구성하고 배상문제를 해결할 수도 있다. 모든 국가는 해당 우주활동이 정부적 행위이든 비정부적 행위이든 관계없이 그로 하여 손해가 초래될 때에는 국제법상책임을 져야 하며 자국이 진행하는 우주활동이 ≪유엔헌장≫과 ≪우주조약≫에 부합되도록 감독 통제해야 할 의무를 지닌다.

국제우주법제도에서 중요한 것은 셋째로, 우주비행사의 구조 및 우주물체의 회수반환제도, 위성직접TV방송 법률제도이다. 우주의 개발리용은 최대의 안전을 요구하는 중요한 사업이다. 우주개발에 최첨단기술이 도입된다고는 하지만 그것은 예측할 수 없는 위협을 동반하며 사고가 발생하는 경우 지구표면에서와는 근본적으로 다른 엄중한 후과가 초래된다. 때문에 우주비행사들을 제때에 구원하고 우주물체를 가능한껏 구조반환하기 위한 국제법적 제도를 확립하는 것은 우주공간을 자유롭게 리용하며 사고로 인한 피해를 줄이고 과학연구성과를 정확히 수립하도록 하는 데서 중요한 요구로 나선다. 이러한 요구로부터 ≪우주조약≫과 1968년에 채택된 ≪우주비행사의 규제와 우주공간에 발사된 우주비행기의 귀환과 우주물의 회수에 관한 협정≫(≪구제협정≫)에서는 우주비행사와 우주물체의 구제 및 회수 등에 관한 문제들을 규제하였다.

≪우주조약≫에서는 우주비행사를 우주에서의 인류의 사절로 인정할 것과 그가 사고와 조난을 당하거나 긴급 착륙한 경우 가능한 최대의 방조를 주는 것과 동시에 우주선등록국에 돌려보내는 것을 체약국들의 의무로 규정하였다. ≪구제협정≫에 의하면 우주비행사의 조난정보를 받은 국가 그리고 자기의 관할구역이나 공해를 비롯한 어떠한 국가의 관할권에도 속하지 않는 임의의 지역에서 우주비행사가 재난상태에 처하여 있거나 긴급 착륙한 사실을 알게 되고 우주물체를 발견한 국가는 해당 사실을 즉시 발사국과 유엔사무총장에게 통보해야 한다. 발견국은 모든 가능한 조치를 취하여 우주비행사들을 구원하고 필요한 방조를 주며 발사국과 협조하여 수색과 구조사업을 진행하고 송환해야 한다. 발견된 우주물체와 그 부분품에 대하여 발견국은 발사국의 요구에 의해서만 회수조치를 취할 수 있으며 반환에 앞서 해당 물체에 대한 발사국의 소유를 증명할 수 있는 자료의 제출을 요구할 수 있다. 발견된 우주물체

가 일정한 피해를 줄 때에는 해당 국가의 지휘하에 발사국이 위험제거조치를 취해야 하며 반환에 소비된 비용은 발사국이 부담한다.

위성직접TV방송 법률제도는 우주활동의 성과에 기초하여 새롭게 확립되기 시작한 국제우주법제도의 하나이다. 1960년에 후반기부터 시작된 인공위성을 리용한 우주통신의 급속한 발전은 중계소 없이 직접 TV방송을 진행할 수 있는 가능성을 증대시켰으며 그와 관련한 국가들의 활동원칙을 국제법적으로 규제할 것을 요구하였다.[134] 이러한 요구에 따라 1982년에 ≪인공위성을 리용하여 직접 TV방송을 진행하는 데서 국가들이 지켜야 할 원칙≫에 관한 유엔총회결의가 채택되였다. 이 결의는 직접 TV방송을 통하여 다른 나라의 내정에 간섭하고 퇴페적이며 반동적인 문화를 전파시키는 데서 아무러한 법적 구속도 받지 않으려는 미제를 비롯한 제국주의자들의 책동으로 인하여 아직까지 국제조약규범으로 고착되지 못하였다. 그러나 세계절대다수 나라들과 여러 우주통신기구들이 이 결의를 위성직접TV방송분야에서 견지하여야 할 국제법적 요구를 규정한 문건으로 인정하고 준수해나감으로써 결의내용은 하나의 국제관습법규범으로 전환되였다.

결의에 의하면 위성을 리용하여 진행하는 직접TV방송활동은 매개 나라의 주권을 침해할 수 없고 불간섭원칙에 기초하여야 하며 정보의 접수전달과 관련한 사람들의 권리를 침해할 수 없다. 위성직접TV방송활동은 ≪유엔헌장≫과 ≪우주조약≫을 비롯한 방송통신 분야의 유관국제법과 인권에 관한 국제법적 요구에 기초하여 진행되여야 하며 직접TV방송활동에 참가하는 국가와 기타 실체의 권리는 평등하고 모든 국가는 직접TV방송과 그 기술을 동등하게 취득할 권리를 가진다. 방송국가와 그것을 접수하는 국가는 저작권이나 봉사와 관련한 협정들을 체결할 수 있고 그에 대하여 유엔사무총장에게 통지해야 한다. 위성직접TV방송활동과 관련한 국제분쟁을 평화적으로 해결하며 직접TV방송활동을 진행하는 국가는 그에 대하여 국제적 책임을 진다. 오늘 위성직접TV방송 법률제도는 정보시대의 요구에 맞게 경제와 문화, 과학기술 등 분야에서 세계 모든 나라와 지역, 민족들 사이의 교류를 확대발전시키는 데 적극적인 기여를 하고 있지만 반면에 미제를 비롯한 제국주의자들은 이 제도를 다른 나라의 주권을 침해하고 내정에 간섭하며 썩어빠진 미국식 생활양식과 문화를 전파시키는 데 악용하고 있다.

국제우주법제도는 우주개발리용 분야에서 국가들 사이의 협조를 강화하고 우주를 인류의 생존과 발전에 유리하게 리용하기 위하여 확립된 제도이기는 하지만 심각한 제한성을 가지고 있다.

제한성은 무엇보다 먼저 그것이 전체 인류를 위하여 우주를 평화적으로 리용할 수 있게 하는 확고한 담보로 되지 못하고 있는 것이다. ≪우주조약≫과 1979년에 채택된 ≪달 및 기타 천체들에서 국가들의 활동을 조정하기 위한 협정≫(≪달 협정≫)을 비롯한 국제우주법 규범들에서는 우주의 평화적 리용원칙을 규정하고 있지만 그것은 우주공간의 완전하고도 전면적인 비군사화를 위한 담보로는 되지 못하고 있다. 국제우주법 규범들에서는 핵무기와 기타 대량살륙무기를 지구주위궤도와 천체에 설치하는 것을 금지하면서도 상용무기와 군사위성의 설치, 군사적 사명을 띤 로케트의 발사 같은 것들을 금지하지 않고 있다. 이와 함께 달을 비롯한 천체들에 군사기지나 군사시설, 요새들을 설치할 수 없고 천체 위에서 무력을 사용할 수 없다는 것을 규정하면서도 우주공간 전체의 비군사화에 대하여서는 거의 규제하지 않고 있다. 우주의 평화적 리용과 비군사화는 우주공간 전반에 걸쳐 일체 군사장비와 시설, 인원을 설치 및 배치하지 않을 때에만 원만히 실현될 수 있다. 천체는 고립적으로가 아니라 무한한 우주공간 속에서 호상 련관되여 존재하는 것만큼 우주공간의 평화적 리용을 떠나서는 천체의 평화적 리용을 론할 수 없다. 미제를 비롯한 제국주의자들은 바로 국제우주법제도가 우주공간의 완전하고도 전면적인 비군사화를 규제하지 못하고 있는 제한성을 악용하여 우주를 저들의 침략적 목적수행을 위한 공간으로 리용하고 있다.[135] 현재 미제가 우주에 발사한 위성의 절대다수는 군사적 목적을 가진 간첩 및 정찰위성들이며 이것들은 다른 나라를 반대하는 침략전쟁과 정탐에서 핵심적 역할을 하고 있다. 우주의 개발과 리용에서 전체 인류의 이익을 도모하는 것은 국제우주법제도가 내세우고 있는 중요한 요구이지만 그 리행은 거의 불가능하다. 그것은 국제우주법에 우주개발의 성과와 리익을 공동으로 향유하도록 하기 위한 법적제도가 없는 것과

관련된다. 현실적으로 우주개발기술을 가지고 있는 ≪우주대국≫들은 발전도
상나라들과의 국제적인 합작과 기술이전 등을 반대하는 립장을 취하고 있으
며 우주개발의 성과를 공유하도록 조정하는 전문적인 국제기구도 없다. 국제
우주법이 우주개발기술이전과 리익의 공유를 해당 국가들의 국제법적의무로
규제하지 않은 조건에서 우주개발에서 전체 인류의 리익을 도모할 데 대한 요
구는 실현되기 어렵다.

　제한성은 다음으로 그것이 우주개발리용과 관련하여 중요하게 제기되는 일
련의 문제들을 옳바로 규제하지 못하고 있는 것이다. 우주진출이 세계적 추세
로, 국제관습으로 전환된 오늘의 세계에서 우주개발리용 분야에서는 새롭게
해결해야 할 문제들이 적지 않게 제기되고 있다. 우주개발활동이 활발해지면
서 가장 심각하게 제기된 문제의 하나는 우주환경의 오염을 막고 우주오물로
인한 피해를 줄이는 것이다. 우주물체의 대량적인 증가는 화학오염과 방사성
오염을 비롯한 각종 우주오염을 산생시켰고 특히 우주오물로 인한 충돌과 피
해위험은 날로 커가고 있다. 우주오물이란 지구주위공간을 떠도는 낡은 우주
기구들과 그 부분품들의 조각을 말한다. 자료에 의하면 현재 지구주위공간을
떠도는 우주오물들의 수는 대략 15만 개로서 그 무게는 5천 톤 정도라고 한다.
만일 이러한 우주오물들이 현재 가동 중에 있는 우주기구들과 충돌하는 경우
막대한 후과를 초래할 수 있으며 오염된 우주오물들이 지구상에 떨어지는 경
우 그것은 지구환경과 인류의 생존에 커다란 위험을 조성하게 된다. 그러나
국제우주법에는 우주오물의 산생을 금지하거나 그 제거를 위한 법적제도가
없다. 물론 개별적 국가들에서 우주오물들에 대한 감시통제체계를 확립하고
유엔도 우주오물문제를 해결하기 위한 일련의 국제기구들을 내온다고는 하지
만 그것으로는 우주오물과 그에 의한 피해문제를 근원적으로 해결할 수 없다.
우주환경보호와 관련한 국제우주법제도가 확립되지 못한 공간을 리용하여 ≪
우주대국≫이라고 자처하는 나라들은 우주기구들을 경쟁적으로 쏘아 올리는
한편 낡은 위성들을 파괴하기 위한 위성요격시험까지 마구 진행함으로써 우
주오물의 수를 급격히 증대시키고 있다. 현실은 우주오물의 산생과 그 감소문
제, 우주환경오염문제를 해결하기 위한 국제우주법제도를 신속히 확립하고

그에 기초하여 우주활동에 참가하는 국가들의 권리와 의무를 명백히 하며 특히는 우주오물을 고의적으로 만들어낸 국가에 대한 국제법적책임제도 등을 확립할 것을 절박하게 요구하고 있다.

국제우주법제도에서는 우주비행선의 법적지위 즉, 우주비행선이 항공기인가 아니면 우주물체인가 하는 문제가 전혀 규제되지 않았다. 이로 하여 우주비행선에 대하여 국제항공법을 적용하는가 아니면 국제우주법을 적용하는가, 우주비행선이 우주물체와 같이 국경통과비행권을 가지는가 안 가지는가, 우주비행선에 대하여 우주물의 등록제도를 적용하는가 안 하는가, 우주비행선에 대한 침해에 대하여 절대적 배상책임을 추궁하는가 아니면 과실적 책임을 적용하는가 하는 것과 같은 법률적 문제들이 옳바로 해결되지 못하고 있다.[136]

이 외에도 국제우주법은 지구정지궤도와 정지위성들의 법적지위와 관할권문제 같은 것들을 규정하지 않음으로써 지구정지궤도에 대한 주권문제와 같은 여러 가지 법률적 문제들에서 나라들 사이에 분쟁을 야기시키고 있다.

제한성은 다음으로 그것이 국제우주법을 위반한 경우의 국제책임문제를 바로 규제하지 못하고 있는 것이다. 우주활동을 진행하는 국가가 우주활동과 관련한 국제법적원칙과 요구를 준수하지 않거나 의무리행을 태공하며 다른 국가와 공민에게 손실을 주었을 경우에 해당 국가는 국제적 책임을 져야 한다. 우주활동은 고도의 위험성을 동반하며 우주행위로 인한 피해는 그것이 고의로 초래되였든 과실로 초래되였든 관계없이 헤아릴 수 없이 크다. 때문에 국제우주법위반행위에 대한 국제책임을 바로 확정하는 것은 우주활동에서 매개 국가가 고도의 신중성을 가하도록 하며 우주활동을 국제법적 요구에 부합되게 진행하도록 하는 데서 중요한 문제로 제기된다. 그러나 국제우주법제도에는 우주법위반행위에 대한 국제책임문제가 일면적으로 구제되여 있다. ≪우주조약≫과 ≪책임협약≫에서는 우주물체로 인하여 다른 나라가 손해를 입었을 경우에만 물질적 책임 즉, 손해배상을 추궁할 것을 규정하고 있다. 이것은 다른 나라에 직접적인 물질적 손해를 입히지 않고 국제우주법의 기본원칙과 요구를 위반하는 행위에 대해서는 국제책임을 추궁할 수 없다는 것을 말해준다.

우주를 군사적 목적에 리용하는 행위, 우주환경을 오염시키는 것을 비롯하여 우주를 모든 나라와 인민의 리해관계에 배치되게 리용하는 행위, 우주에서 힘으로 다른 나라를 위협하는 행위 등은 다른 나라에 직접적인 물질적 손해는 초래하지 않지만 국제우주법의 공인된 원칙과 요구를 고의적으로 위반하고 세계평화와 안전을 위협하는 행위로서 마땅히 국제적 책임을 추궁받아야 한다. 특히 다른 나라의 우주물체들을 고의적으로 회수하거나 파괴하며 요격하거나 추락시키는 것을 비롯한 적대행위는 해당 국가의 자주권을 침해하는 위법행위로서 물질적 책임뿐만 아니라 사죄와 같은 정치적 책임을 져야 한다. 그러나 국제우주법은 우주를 세계의 평화와 안전을 파괴하고 전 인류의 리익을 침해하는 데 리용하는 행위에 대한 제재와 책임을 외면함으로써 미제를 비롯한 제국주의자들로 하여금 아무런 법적구속도 받지 않고 우주를 세계제패 야망 실현의 공간으로 리용할 수 있도록 하고 있다.

모든 것은 국제우주법제도를 보다 개선하고 완성해나갈 때만이 우주개발리용의 근본원칙과 요구를 원만히 실현할 수 있으며 개별적 국가들의 우주독점 야망을 짓부시고 우주활동에서 모든 나라와 인민의 리익을 실제적으로 보장할 수 있다는 것을 보여준다. 우리는 국제우주법제도와 그 제한성을 옳바로 인식함으로써 공화국의 위성발사와 우주개발활동의 정당성을 국제법적으로 론증하며 우주를 침략공간으로 리용하려는 미제와 제국주의자들의 책동을 철저히 분쇄할 수 있도록 준비하여야 할 것이다.

제5장 조약법

10. 국제조약의 효력정지에 대한 국제법적 고찰[20)

유명선

[74]국제조약은 국가들 사이의 관계를 규제하고 발전시키는 가장 기본적인 수단의 하나이다. 위대한 령도자 김정일동지께서는 다음과 같이 지적하시였다. ≪우리 인민은 자주, 평화, 친선의 리념 밑에 자주성을 지향하는 세계 모든 나라 인민들과 국제적 련대성을 강화하고 친선협조관계를 발전시키고 있으며 우리 나라를 우호적으로 대하는 세계 모든 나라들과 평등한 호혜의 원칙에서 다방면적인 교류를 진행하고 있습니다.≫(≪김정일선집≫제11권, 48페지)

오늘 우리 공화국은 자주, 평화, 친선의 리념 밑에 자주성을 지향하고 우리 나라를 우호적으로 대하는 세계 모든 나라들과 평등과 호혜의 원칙에서 국제 조약을 체결하며 이를 통하여 정치, 경제, 문화, 군사, 외교 등 모든 분야에서 친선적이며 우호적인 국가관계를 발전시켜 나가고 있다. 국제조약은 체약당 사자들 사이에 체결되여 효력이 발생한 후 리행하던 과정에 그 어떤 원인이나 조건으로 효력이 일시적으로 정지될 수 있다. 국제조약의 효력정지는 조약참 가국들의 조약상 의무리행에서 공정성을 보장하며 참가국들이 지닌 조약상 의무부담의 안정성을 담보하는 데서 중요한 역할을 한다.

국제조약법에는 ≪조약은 반드시 준수되여야 한다.≫는 기본원칙이 있으며 오늘 국제관계에서 국제조약을 무조건 준수하는 것은 공인된 국제법적 원칙으로 되고 있다. 그러나 국제조약실천에서 이 원칙을 조건과 환경에 구애됨이 없이 절대화하여서는 안 된다. 만약 조약체결 이후 조약의 리행과 관련하여

---

20) 출처: 김일성종합대학출판사, 『김일성종합대학학보: 력사법학』, 제54권 제2호(2008), 7
4∼78쪽.

여러 가지 문제들이 발생하는 경우 조약참가국에 무조건적인 조약리행을 요구한다면 체약국에는 반드시 예상치 않았던 과중한 부담이 걸릴 것이며 이로하여 체약당사국들 간의 정상적인 국가관계가 파괴될 수 있다. 때문에 국제조약의 효력정지에 대한 정확한 리해를 가지고 조건과 환경에 맞게 그것을 적용해나가는 것은 국제조약실천에서 매우 중요한 문제로 나선다.

국제조약의 효력정지는 국제조약이 효력발생 이후 그 어떤 원인이나 조건으로 하여 조약의 효력은 소멸시키지 않고 조약관계를 그대로 유지하면서 조약상 의무리행을 일시적으로 중지하는 법률행위이다. 국제조약은 일련의 경우 그 효력이 정지된다. 즉 국제조약의 현실적 리행이 불가능하여 조약참가국들을 조약리행의무에서 일시적으로 면제시킬 수 있는 법률적 조건들이 발생하였을 때 그 효력이 정지된다.

국제조약은 무엇보다도 조약에 의하여 효력이 정지될 수 있다. 우선 국제조약은 본 조약의 규정에 의하여 그 효력이 정지된다. 국제조약은 일정한 권리와 의무를 설정, 변경, 소멸시킬 데 대한 국가들 사이의 합의를 공식화하는 전형적인 법률형식이다. 따라서 조약참가국들이 조약문 작성 시 조약의 효력정지를 예견하여 해당 조약에 규제하면 그 규정에 따라 조약은 효력이 정지될 수 있다. ≪국가들 사이의 조약법에 관한 윈협약≫제57조에는 모든 참가국들 혹은 어떤 개별적 참가국에 대한 조약의 효력은 조약의 규정조항에 의하여 정지될 수 있다고 규정하고 있다. 이처럼 조약의 규정에 따른 해당 조약의 효력정지는 국제조약법상 참가국들이 지니는 합법적인 권리행사로 된다.

또한 국제조약은 조약의 본질적 위반으로 하여 효력이 정지될 수 있다. 조약의 본질적 위반이란 조약의 목적을 수행하는 데서 근본적 의의를 가지는 조항의 위반을 말한다. 다시 말하여 체약일방이 조약상의무를 리행하지 않아 사실상 조약의 효력을 더는 유지할 수 없게 하는 조약의 핵을 이루는 기본조항에 대한 위반을 말한다. 이러한 조약의 본질적 위반행위는 조약참가국들로 하여금 당연히 효력을 정지시킬 수 있는 충분한 근거를 준다. 그것은 조약의 본질적 위반행위가 초래하는 후과가 조약의 체결목적을 달성할 수 없게 하며 이러한 조약은 그 위반행위가 근절될 때까지 참가국들 중 어느 한 국가도 조약

을 리행할 필요를 느끼지 않기 때문이다.[75]

쌍방조약의 본질적 위반은 다른 참가국들로 하여금 조약의 효력을 전반적으로 혹은 부분적으로 정지시킬 수 있는 권리를 가지게 하며 이때의 정지권은 해당 참가국의 독자적인 결심에 따라 행사될 수도 있고 행사되지 않을 수도 있다. 다방조약의 본질적 위반은 다른 참가국들로 하여금 조약을 위반한 국가와 자기 나라와의 관계에서 또는 전체 참가국들과의 관계에서 조약의 효력을 전반적으로 혹은 부분적으로 정지시킬 수 있는 권리를 주며 이때의 효력정지는 다른 참가국들과의 일치한 합의를 거쳐 해결되여야 한다. 인도주의적 성격을 띠고 있는 조약들에서 인신보호와 관련한 규정들 특히 이러한 조약들에 의하여 보호받는 사람들에 대한 탄압을 금지하는 규정들에 한해서는 그 효력을 정지시킬 수 없다. 그것은 이러한 규정들이 국제사회의 전체 리익을 보호하고 전 인류의 생존과도 관련되는 조약규정으로서 조약참가국이든 아니든 관계없이 매개 국가가 공동으로 준수해야 할 전체적이고 강행성을 띤 조약규정들이기 때문이다.

또한 국제조약은 차후에 체결된 조약으로 하여 효력이 정지될 수 있다. 국제조약의 체결당사자들은 자유로운 의사표시에 따라 저들의 리해관계에 맞게 조약체결목적을 정하며 그에 준하여 조약을 체결한다. 조약참가국들은 조약을 리행하던 과정에 해당 조약이 저들의 리해관계에 맞지 않거나 새로운 정황으로 하여 체결목적을 달성할 수 없을 때에는 조약문을 수정할 수 있다. 국제조약의 수정이란 조약의 일부 내용을 변경시키기 위하여 해당 조약의 모든 참가국들이 합의한 데 기초하여 일련의 조항을 보충하는 법률행위를 말한다. 수정된 국제조약은 본질상 새로운 국제조약의 체결을 의미한다. 그러나 해당 조약을 수정함으로써 차후에 체결된 새로운 국제조약은 이전조약의 내용을 근본적으로 변경시키지 못하며 반드시 본래 내용을 기초로 하여 이루어져야 한다.

어느 한 참가국의 일방적 의사에 따라 조약을 수정하는 것은 국제조약준수의 원칙을 위반하는 비법행위로 된다. 참가국들 사이의 합의에 기초한 수정만이 합법적인 수정이 된다. 이렇게 조약을 수정하여 새롭게 체결한 차후조약은 대체로 자체규정에 이전조약의 효력을 전반적으로 또는 부분적으로 소멸시키거나 정지시킨다고 규제하는 것이 특징이다. ≪국가들 사이의 조약법에 관한 윈협약≫제59조 2항에는 이전조약의 효력정지가 차후조약에 제기되였거나 또는 참가국들의 효력정지의사가 다른 방법으로 확정되여 있는 경우 그 조약은 효력이 정지되는 것으로 간주된다고 규제하고 있다. 이처럼 차후 체결한 조약으로 하여 이전조약의 효력이 전반적으로 혹은 부분적으로 정지될 수 있다.

국제조약은 다음으로 국가들 간의 동의나 합의 그리고 전쟁에 의하여 그 효력이 정지될 수 있다. 우선 국제조약은 모든 참가국들의 동의나 일부 참가국들의 합의에 의하여 그 효력이 정지될 수 있다. 국제조약은 해당 국가들이 조약을 통해 저들의 이러저러한 목적을 달성하기 위하여 서로 합의하여 체결한 법 문건이다. 조약참가국들은 조약리행과정에 효력정지가 해당 조약의 목적달성에 필요하다고 인정되는 경우 설사 조약체결 시에 그러한 경우를 예견하여 조약에 규정하지 못했다 하더라도 어느 때든지 합의나 동의를 통해 효력을 정지시킬 수 있다. 그것은 조약참가국들의 합의나 동의가 조약체결 당시에 조약성립조건의 기초로서 참가국들의 권리와 의무를 규정하는 것은 물론이고 조약체결 이후 그 리행과정에도 조약의 엄격한 준수를 위한 기본담보로서 참가국들의 권리와 의무를 설정, 변경시키는 국제조약법상 공인된 절차와 방법이기 때문이다.[76]

국제조약의 효력정지를 요구하는 전체 참가국들은 조약의 목적달성에 효력정지가 부합된다면 어느 때든지 다른 체약국들과의 협의를 통해 모든 참가국들이 동의하는 경우 그 효력을 정지시킬 수 있다. 이때 하나 또는 둘 이상의 참가국들이 효력정지를 발기하고 모든 참가국들이 동의하면 조약의 효력은 정지되게 된다.

국제조약의 효력정지를 요구하는 일부 참가국들은 효력정지 가능성이 해당 조약에 규정되여 있는 경우 또는 설사 규정되여 있지 않다 하더라도 다른 참가국들의 조약상 권리행사와 의무리행에 영향을 미치지 않으며 조약의 대상 및 목적에 량립될 수 있는 경우에는 자기들끼리 합의에 따라 다방조약의 효력을 정지시킬 수 있다. 이때 일부 참가국들은 자기들 호상 간에만 조약규정들의 림시효력정지에 대한 협정을 따로 체결할 수 있으며 조약에서 다른 것을 규제하지 않고 있는 한 자기들의 협정체결의사와 효력을 정지시키려는 조약규정들에 대하여 다른 참가국들에 통고만 해주면 된다.

또한 국제조약은 전쟁으로 하여 효력이 정지될 수 있다. 전쟁은 교전국들 사이의 쌍방조약의 효력을 대부분 소멸시키며 다방조약에 참가한 교전국들 사이의 조약의 효력을 정지시킨다. 전쟁이 일어나면 일반적으로 정상적인 국제관계가 파괴되고 국가관계는 최악의 관계 즉, 적대관계로 악화되며 전쟁 전에 존재하였던 외교관계 및 령사관계가 단절된다.

전쟁으로 하여 쌍방 간의 정치조약들은 대부분 효력이 소멸되지만 경제조약들은 모두가 효력이 소멸되는 것이 아니라 일부는 정지 상태에 들어간다. 그것은 정치조약과는 달리 경제조약이 평화관계의 유지만을 요구하거나 나라들 사이의 외교관계의 유지만을 요구하거나 나라들 사이의 외교관계나 령사관계의 설정을 반드시 필요로 하지 않기 때문이다. ≪국가들 사이의 조약법에 관한 원협약≫제63조에는 조약참가국들 사이의 외교관계 또는 령사관계의 단절은 조약리행을 위하여 외교관계 혹은 령사관계의 존재가 필요한 경우를 제외하고는 그들 간에 설정된 법적관계에는 영향을 주지 않는다고 규제하고 있다. 외교관계나 령사관계의 설정을 필요로 하지 않은 경제조약은 전쟁으로 이러한 관계들이 단절되어도 이 단절이 국제조약법 당사자로서의 지위와 그들이 지닌 조약법상 권리와 의무에는 영향을 미치지 못한다.

쌍방 간의 경제조약은 전쟁이 개시된다 하여도 부분적으로는 여전히 그 효력을 유지한다. 따라서 전쟁이 끝나거나 전쟁으로 인해 조약을 리행할 수 없었던 사유가 없어지면 참가국 간의 합의에 따라 또는 대방에게 효력을 유지 또는 회복할 것을 통고함으로써 다시 조약을 리행할 수 있다. 제2차 세계대전 후인 1947년 이딸리아, 벌가리아, 마쟈르,21) 로므니아, 핀란드 등의 나라들은 자기 나라와 전쟁 전에 경제 및 기술 분야에 관한 쌍방조약을 체결하였던 나라들이 해당 조약의 효력을 회복시킬 것을 원한다면 그에 대해 자기 나라에 통지하는 것으로써 해당 조약의 효력 재발생을 인정하였다. 비록 전쟁의 개시

---

21) 편집자 주: 헝가리.

와 함께 쌍방 간에 효력정지를 합의하고 정지기간을 따로 설정하지는 않았지만 이것은 엄격한 의미에서 조약의 효력정지로 볼 수 있다.

전쟁으로 하여 다방조약의 효력도 정지된다. 다방조약의 체결 당시에 조약참가국들이 전쟁이 일어나는 경우 해당 조약의 효력을 정지시킨다고 조약문에 명백히 규제하였거나 또는 전쟁이 일어난 후 참가국들이 서로 합의하여 전쟁기간 조약의 효력정지에 대해 모두 동의한 경우에는 마땅히 그 효력이 정지된다. 그러나 해당 조약규정이나 참가국들의 합의에 따르는 동의가 없었다 하더라도 전쟁으로 하여 다방조약의 효력은 일방적으로 소멸되는 것이 아니라 교전쌍방 간이나 교전쌍방을 포함한 몇 개 나라들 사이에만 정지되며 다른 참가국들 사이에는 계속 유지된다. 그것은 다방조약자체가 어느 몇 개 나라만이 아닌 모든 참가국들의 자유로운 의사에 따라 공동으로 합의하고 체결하며 공동으로 리행해나가는 조약이기 때문이다.[77]

이처럼 전쟁으로 하여 일부 쌍방조약들과 다방조약의 효력은 정지될 수 있다.

국제조약은 다음으로 조약리행이 불가능하거나 환경의 변화로 하여 그 효력이 정지될 수 있다. 우선 국제조약은 조약리행이 불가능한 경우 그 효력이 정지될 수 있다. 조약리행의 불가능성은 조약리행의 필수적인 대상이 없어지거나 소멸됨으로써 그 조약이 리행될 수 없는 경우에 생기게 된다. 조약리행의 필수적인 대상이 영원히 없어지거나 소멸된 경우에는 조약에서 추구하는 목적을 달성할 수 없게 되므로 당연히 해당조약의 효력이 소멸되게 된다. 그러나 조약리행의 필수적인 대상이 림시 없어지거나 파괴된 경우에는 그 대상이 다시 생겨나거나 회복될 수 있는 가능성을 타산하여 조약의 효력을 정지시킬 수 있다. 실례로 가라앉았던 섬이 다시 물 위로 떠오르거나 말라버렸던 강물이 다시 흐르게 되는 것, 무너졌던 언제[22]가 다시 복구된 것, 파괴되였던 발전설비가 다시 수리된 것 등 리행의 불가능성이 효력정지기간에 해소될 수 있다면 이 림시적인 불가능성은 조약의 효력을 정지시키기 위한 근거로만 리용할 수 있다. 그러나 이러한 리행의 불가능성이 한 참가국의 조약상 의무위반

---

22) 언제(堰堤)란 제언(堤堰)이라고도 하는데 물을 가두어두기 위하여 하천이나 골짜기 등에 쌓은 둑을 말한다.

이나 조약의 어떤 다른 참가국과의 관계에서 지니게 되는 국제적 의무를 위반한 결과에 발생하였다면 그 참가국은 이것을 조약의 효력정지를 위한 근거로 리용할 수 없다.

또한 국제조약은 환경의 근본적 변화로 하여 효력이 정지될 수 있다. 환경의 근본적 변화는 조약체결 및 체결접수 동의 시에는 존재하지 않았고 또 전혀 예견할 수 없었던 것으로 하여 조약성립의 기초로 되였던 환경이 근본적으로 변화된 것이다. 이러한 환경의 근본적인 변화로 하여 조약참가국들이 지니게 되는 앞으로의 조약상의무의 범위가 근본적으로 변경될 때 해당 참가국들은 이 경우를 리유로 조약의 효력을 정지시킬 수 있다.

환경의 근본적 변화로 하여 해당 조약의 효력을 정지시키는 경우 반드시 두 가지 조건에 부합되여야 한다. 하나는 환경이 체약 전이나 체약 후의 환경이 아니라 체약 당시의 환경으로서 조약체결자들이 그러한 환경의 변화를 전혀 예견하지 못한 것으로 하여 그 환경을 해당 조약성립의 기초로 삼아야 한다는 조건이고 다른 하나는 해당한 환경의 변화가 근본적인 것으로서 환경변화의 후과가 앞으로 조약에 따라 계속 리행해야 할 참가국들의 조약상의무의 범위를 근본적으로 변경시켜야 한다는 조건이다. 이 두 가지 조건 가운데서 어느 하나만 가지고는 조약의 효력을 정지시킬 수 없다.

환경의 근본적인 변화로 하여 국경선을 규정하는 조약인 경우 조약참가국이 구실로 삼는 이러한 근본적인 변화가 한 참가국의 조약상 관계에서 지닌 그 어떤 국제적 의무를 위반한 결과로 초래된 경우에는 조약의 효력을 정지시키기 위한 근거로 삼을 수 없다. 그것은 국경선이 해당 나라의 령토를 확정하고 해당 국가의 주권이 행사되는 범위를 규정하는 법적 한계선인 것으로 하여 그와 관련한 조약은 환경이 근본적으로 변화된다고 하여 효력은 결코 정지될 수 없기 때문이다. 그리고 환경의 근본적인 변화를 조약의 효력정지를 위한 일반적인 근거로 삼는다면 국제조약실천에서 일부 나라들이 조약상 관계에서 지닌 국제적 의무를 위반함으로써 인위적인 환경의 근본적 변화를 조장하여 국제적 안정을 파괴하고 조약참가국들 사이의 정상적인 국가관계에 부정적 영향을 줄 수 있기 때문이다.

국제조약의 효력을 정지할 때 그 절차를 지켜야 한다. 국제조약의 효력을 정지하려는 참가국은 정지의사와 근거에 대하여 쌍방조약인 경우에는 다른 체약일방에게 서면으로 제기하여야 하며 다방조약인 경우에는 기탁국에 서면으로 통고하여야 한다. 만약 임의의 다른 참가국이 반대하는 경우 정지를 요구하는 참가국은 유엔헌장 제33조에 지적된 조정, 중재, 재판 등 평화적 방법으로 이 문제를 해결해야 한다. [78]그러나 특별히 긴급한 경우를 제외하고 통고를 받은 다음 3개월 이상의 기간이 지난 후 어느 한 참가국도 반대의사를 표명하지 않는 경우 통고서를 보낸 참가국은 조약을 정지시킨다는 것을 선언한 문건을 다른 참가국에 보낼 수 있다. 이러한 문건들에 국가수반이나 정부수반 혹은 외무상의 수표23)가 없으면 그 문건을 전달하는 참가국 대표에게 전권위임장의 제출을 요구할 수 있다. 제출된 문건의 확인이 끝나면 해당 조약은 정지된다.

국제조약의 효력이 정지되는 경우 효력정지를 전체 조약참가국들에 적용하겠는가 아니면 일부 조약참가국에 국한시키겠는가 하는 문제와 조약전반에 적용하겠는가 아니면 부분적인 조항에 국한시키겠는가 하는 문제가 제기된다. 국제조약의 당사자의 견지에서 볼 때 쌍방조약인 경우에 조약의 효력정지는 체약쌍방에 적용되며 다방조약인 경우 조약의 효력정지는 전체 참가국에 적용될 수도 있고 일반적으로는 조약의 효력정지조건에 부합되는 개별적 혹은 부분적 참가국에 적용된다.

조약의 효력이 정지된 기간 조약참가국들은 조약의 효력이 재차 발생하는 것을 방해하는 행동을 하지 말아야 한다. 이것은 조약이 무조건 준수되여야 하며 선의적으로 리행되여야 한다는 원칙으로부터 흘러나온 요구로서 모든 참가국들이 자기가 정지를 요구하였건 하지 않았건 간에 관계없이 정지된 조약의 효력이 제때에 다시 발생하도록 성심성의로 노력해야 한다는 것을 의미한다.

국제조약의 효력정지는 국제조약의 무효, 효력소멸과 서로 구별된다. 국제

---

23) 편집자 주: 서명.

조약의 효력정지는 우선 참가국들 사이의 조약관계의 존재유무에 있어서 국제조약의 무효나 효력소멸과 구별된다. 국제조약의 무효나 효력소멸은 무효조건의 발견이나 효력소멸조건의 발생 시에 그로 인하여 해당 조약참가국들 사이의 조약관계가 더는 존재하지 않게 되며 조약의 효력은 처음부터 전혀 존재하지 않았던 것으로 되거나 발생 이후 완전히 소멸되는 것으로 된다. 그러나 국제조약의 효력정지는 효력정지조건의 발생 시에 다만 참가국들 간의 조약상 의무리행이 림시 중지될 뿐 정지기간이나 정지기간이 끝난 후나 상관없이 조약관계가 여전히 시작부터 마지막까지 시종일관 존재한다.

국제조약의 효력정지는 또한 그것을 발생시키는 해당 조건에서 국제조약의 무효와 구별된다. 국제조약의 무효는 그 무효조건이 체약권한과 관련한 규정이나 조약법상 자유동의원칙을 위반하는 것과 같은 어느 일방의 잘못이나 비법행위에 의하여 조약체결당시에 발생한다. 그러나 국제조약의 효력정지는 일방의 잘못이나 비법행위만이 아닌 조약의 규정과 참가국들의 동의와 같은 적법적 행위에 의해서도 발생하며 조약체결당시가 아니라 조약상 의무를 리행하는 과정에 나타난다.

국제조약의 효력정지는 또한 그 법률적 후과에 있어서도 국제조약의 무효와 구별된다. 국제조약의 무효는 무효조건이 발견되였을 때 해당 조약이 처음부터 법적효력이 전혀 없었던 것으로 간주되며 조약을 리행함으로써 변경된 상태는 리행하기 이전의 원상태로 회복되여야 한다. 그러나 조약의 효력정지는 정지조건이 발생하였을 때 참가국들은 정지기간에만 호상 조약상 의무리행에서 면제시키며 조건발생이전에 조약을 리행함으로써 맺어진 참가국들 사이의 법률적 관계에는 영향을 미치지 않는다.

이처럼 국제조약의 효력정지는 국제조약의 무효나 국제조약의 효력소멸과 함께 다 같이 조약의 효력에 관한 문제이지만 서로 구별되는 점들이 있다. 우리는 국제조약의 효력정지에 대한 옳바른 리해를 가지고 국제조약실천에 정확히 적용해나감으로써 우리나라를 우호적으로 대하는 세계 여러 나라들과의 정상적인 국가관계를 더욱 발전시켜 나가야 할 것이다.

11. 국제조약의 무효조건에 대한 일반적 리해[24]

리영희

[47]위대한 령도자 김정일동지께서는 다음과 같이 지적하시였다. ≪법규범과 규정들을 잘 모르고서는 그것을 철저히 지킬 수 없으며 위법현상들이 나타나도 제때에 가려볼 수 없습니다.≫(≪김정일선집≫제7권, 316페지)

국제 관계의 력사에는 다른 나라의 자주권을 유린하고 평화와 친선을 파괴하는 침략전쟁과 적대행위, 분쟁 등으로 인하여 효력기간이 되기 전에 법적효력을 상실하고 휴지화되여 버린 조약들이 허다하다. 이것은 국제조약체결에 나선 당사자들이 국제조약의 무효조건에 대하여 잘 알고 국제조약법상 위법행위들에 능동적으로 대처할 때만이 자기의 합법적 권리를 당당히 행사할 수 있으며 나아가서는 주권국가로서의 존엄과 리익을 고수해나갈 수 있다는 것을 말하여 준다. 특히 국제조약의 무효조건에 대하여 정확히 해명하여야 오늘날 국제관계에서 제국주의국가들의 전횡과 독단을 끝장내고 세계의 자주화를 실현할 수 있다.

국제조약의 무효조건이란 체약국들이 이미 지니고 있는 조약상의무를 무효로 선언할 수 있는 법률적 조건을 말한다. 다시 말하여 쌍방조약에서는 한 나라가, 다방조약에서는 몇 개 나라가 이미 지니고 있는 조약상의무를 무효로 선언할 수 있는 일정한 조건을 말한다. 국제조약의 무효조건에 관한 문제는 효력 중에 있는 조약에서만 제기되며 효력이 발생하지 않았거나 효력을 상실한 조약에서는 론의되지 않는다. 그것은 국제조약의 무효를 결정하는 문제가 해당 조약의 효력을 전제로 하기 때문이다. 국제조약의 무효조건에는 절대적 무효조건과 상대적 무효조건이 있다.

국제조약의 무효조건에는 절대적 무효조건이 있다. 국제조약의 절대적 무효조건에는 첫째로, 국가에 대한 강박이 있다. 조약체결과정에 국가에 대한

---

24) 출처: 과학백과사전출판사, 『정치법률연구』, 2010년 제3호(누계 제31호), 47~48쪽.

강박은 국가에 대한 힘의 위협이나 사용과 같은 강제행위, 즉 무력을 동원하는 행위로 표현된다. 국가에 대한 강박으로 체결된 조약은 국제조약법상 당연히 무효로 된다. 그것은 우선 국가 그 자체에 대한 강박으로 체결된 조약이 강박하는 국가의 일방적인 요구만이 반영된 불공평한 조약이기 때문이다. 원래 국제조약은 쌍방의 요구에 의하여 그리고 두 당사자들 사이의 합의에 기초하여 체결되기 때문에 조약문에는 호상 간의 권리와 의무가 평등하게 규제되게 된다. 그러나 강박에 의하여 체결된 조약은 체약일방이 체약타방의 요구를 힘의 위협과 사용으로 무시하고 자기의 일방적인 요구만을 내려먹인 조약이기 때문에 강박하는 국가에는 권리만이 부여되고 강박당하는 국가에는 의무만이 지워지게 된다. 그것은 또한 국가에 대한 강박으로 체결된 조약이 강박당하는 국가의 리익을 침해하는 부당한 조약이기 때문이다.

국가들이 다른 나라들과 조약을 체결하는 목적은 자기 국가의 리익을 실현하고 다른 나라들과 친선우호관계를 도모하자는 데 있다. 자기 국가의 리익을 침해당하면서까지 국제조약을 체결하는 나라는 없다. 그러나 강박에 의하여 체결된 조약은 강박하는 국가의 일방적인 요구만을 충족시킨 조약이며 이 조약에 의하여 강박당하는 국가의 대외적 지위가 떨어지고 경제적으로 침해당하여 민족경제발전이 지장을 받게 된다는 것은 보편적인 상식이다. 국가에 대한 강박으로 체결된 조약은 강박당한 나라가 해당 조약의 효력을 명시적 혹은 묵시적으로 인정한 경우라도 무효한 조약으로 되며 이러한 의미에서 국가에 대한 강박은 조약의 절대적 무효조건으로 된다.

국제조약의 절대적 무효조건에는 둘째로, 국가대표에 대한 강제가 있다. 국제조약체결과정에 국가대표에 대한 강제는 국가대표 개인에 대한 직접적인 위협공갈이나 대표자의 가족에 대한 협박, 피해 등으로 표현된다. 국제조약은 체약국들의 자유로운 의사합의로 체결될 때 유효한 조약으로 된다. 상대방국가의 강박으로 국가대표가 조약체결과정에 자유로운 의사표시를 할 수 없었다면 그 조약은 체약국들의 자유로운 의사합의라고 말할 수 없다. 그것은 국제조약체결과정에 국가대표는 개인이 아니라 해당 나라를 대표하는 당사자로서의 지위를 가지며 국가대표의 의사표시는 곧 해당 국가의 의사표시로 되기 때문이다. 국가대표에 대한 강박은 국가에 대한 강박과 마찬가지로 해당 조약의 효력을 인정하였든 인정하지 않았든 관계없이 조약을 무효화시킬 수 있는 조약의 절대적 무효조건으로 된다.[48]

국제조약의 절대적 무효조건에는 셋째로, 일반국제법의 강행규범과의 저촉이 있다. 국제법상의 강행규범은 개별적인 나라의 의사에는 관계없이 의무적으로 적용되는 규범이다. 국제법상의 강행규범은 어느 한 나라가 자의로 변경하거나 또는 다른 나라와 합의하여 변경할 수 없으며 오직 동일한 성격을 띠는 일반국제법의 강행규범에 의해서만 수정될 수 있다. 때문에 일반국제법의 강행규범에 저촉된다는 것은 세계 대다수 나라들이 보편적으로 인정하고 있는 법규범들에 위반된다는 것을 의미하며 이 경우 강행규범에 저촉되는 국제조약은 당연히 무효로 인정된다. 개별적인 혹은 몇몇 나라들이 자의적으로 혹은 합의하여 일반국제법의 강행규범들에 저촉되는 조약을 체결하는 경우 그러한 조약들이 무효하다는 것은 국제조약법규범에도 명백히 지적되여 있다. 일반국제법의 강행규범에 모순되는 조약이 무효한 조약으로 되는 것은 그것이 세계 대다수나라들에 의하여 인정받은 국제법규범들에 배치되는 것으로서 나라들 사이의 단결과 협조를 파괴하고 국제관계의 정상적인 발전을 가로막기 때문이다.

국제조약의 무효조건에는 상대적 무효조건이 있다. 국제조약의 상대적 무효조건에는 첫째로, 헌법과 기타 국내법규범을 위반한 경우가 있다. 국제조약이 체결국가의 헌법과 주요법규들에 위반되는 것은 두 가지 경우이다. 하나는 헌법과 기타 주요법규의 내용을 위반한 경우이고 다른 하나는 절차상 위반이라고 말할 수 있다. 헌법과 기타 주요법규의 내용에 관한 위반은 조약체결권한에 대한 헌법상의 규제내용을 위반한 경우를 말하며 절차상 위반은 국가적 동의 표명에 관한 특별제한규정을 위반한 경우이다. 국제조약은 반드시 국가로부터 전권을 위임받은 사람만이 체결해야 하며 또 전권을 위임받았다 하더라도 위임된 전권의 범위 안에서만 조약체결행위를 수행하여야 한다. 전권대표가 헌법이나 기타 국내법규범을 위반하여 국제조약을 체결하였다 하더라도 차후 확인을 받은 조약은 유효하게 성립되는 것으로 인정된다는 의미에서 조약의 상대적 무효조건이라고 말할 수 있다.

국제조약의 상대적 무효조건에는 둘째로, 조약체결 시 착오가 있는 경우가 있다. 국제조약체결에서 착오란 조약을 체결할 당시에 체결자가 그릇된 사실을 진실이라고 잘못 판단하고 그를 기초로 하여 조약을 체결하는 것을 말한다. 착오가 있는 조약은 체결권자가 다른 사람의 요구와 강요에 의해서가 아니라 자기 스스로의 판단과 결심에 따라 조약을 체결하였다 하여도 주권국가의 요구와 의사를 충분히 담을 수 없으며 체결국가의 리익을 침해하고 조약체결목적을 실현할 수 없게 한다. 착오는 우선 반드시 조약체결 시에 있는 것이어야만 조약을 무효화할 수 있는 조건으로 된다. 이와 함께 국가적동의의 주요한 기초를 이루는 사실이나 상태와 관련되여 있는 본질적인 것이어야 한다.

조약의 상대적 무효조건에는 셋째로, 조약체결 시 전권대표에 대한 매수가 있는 경우가 있다. 국제조약체결에서의 매수란 일방의 전권대표가 타방으로부터 물건, 돈을 제공받거나 명예, 직위를 담보받는 대가로 그의 요구에 따라 조약을 체결하는 것을 말한다. 제공받은 것이 정신적인 것인가, 물질적인 것인가에는 관계없이 그 대가로 제공자의 요구에 따라 조약이 체결되였다면 그 조약은 매수에 의한 조약으로 된다. 전권대표에 대한 매수행위가 조약의 무효조건으로 되는 것은 매수에 의하여 체결된 조약이 국가적의사와 요구에 의하여 체결된 조약이 아니기 때문이다. 이와 함께 매수에 의하여 체결된 조약이 국가적 의사에는 사소한 허물도 없어야 한다는 국제조약법의 일반원칙에 어긋나기 때문이다.

조약의 상대적 무효조건에는 넷째로, 조약체결 시 기만이 있는 경우가 있다. 국제조약체결에서 기만은 체약일방이 거짓언행으로 체약타방이 사실과 맞지 않는 인식 또는 표상을 가지고 조약체결에 응하도록 하는 것을 말한다. 법일반론적 견지에서 볼 때 기만에 의하여 체결된 조약은 기만당한 자가 취소할 수 있으며 취소한 법률행위는 처음부터 효력이 없는 것으로 된다. 기만이 국제조약의 무효조건으로 되는 것은 기만에 의하여 체결된 조약이 조약당사자들의 자유로운 의사에 기초한 합의가 아니며 그것이 조약내용에 대한 체약국들의 충분한 토의를 거치지 않은 조약이기 때문이다.

오늘도 제국주의자들은 국제조약체결에서 저들의 리익만을 주장하면서 부당한 조건을 내걸고 있다. 우리는 제국주의자들의 지배주의적 책동을 짓부시고 자주성을 지향하는 진보적인 나라들과의 련대성을 강화함으로써 우리 혁명과 강성대국건설의 지지자, 동정자 대렬을 더욱 늘려나가야 한다.

12. 일본군국주의자들에 의한 ≪제물포조약≫의 조작에 대한 고찰[25]

전경송

[37]위대한 수령 김일성동지께서는 다음과 같이 교시하시였다. ≪세계적으로 제일 간악한 것은 일본제국주의자들이였습니다.≫(≪김일성저작집≫제43권, 78페지)

≪명치유신≫후 일본군국주의자들은 ≪천황≫국가의 ≪번영≫을 위하여 조선을 무력으로 정복해야 한다는 강도적인 ≪정한론≫을 내놓고 조선침략을 개시하였다. 이렇게 시작된 조선침략과정에 일본군국주의자들은 항상 각종 ≪조약≫과 ≪협정≫들을 조작하여 저들의 조선침략을 정당화하고 합리화하였다. 일본군국주의자들에 의하여 조작된 ≪제물포조약≫도 바로 그러한 조약들 중의 하나이다. ≪제물포조약≫은 일본군국주의자들이 조선에 대한 식민지적예속의 중요한 계기를 열어놓은 침략적이며 예속적인 조약이다. 론문에서는 ≪제물포조약≫의 조작과정과 ≪조약≫내용을 통하여 일본군국주의자들이야말로 우리나라를 식민화하기 위하여 그 어떤 비렬하고 악랄한 책동도 서슴지 않은 침략의 무리, 강도의 무리라는 것을 다시 한 번 론증하려고 한다.

일본군국주의자들은 1882년 임오군인폭동을 계기로 ≪제물포조약≫을 조

---

25) 출처: 김일성종합대학출판사, 『김일성종합대학학보: 력사법학』, 제53권 제2호(2007), 37~43쪽.

작함으로써 침략의 무리, 강도의 무리로서의 저들의 정체를 똑똑히 보여주었다. 그것은 첫째로, 일본군국주의자들이 임오군인폭동에서 입은 ≪피해≫를 구실로 조선에 대한 대대적인 침략계획을 새롭게 작성한 데서 찾아볼 수 있다. 1882년 7월 23일 서울에서 일어난 임오군인폭동은 인민들에 대한 억압과 착취를 일삼던 봉건통치배들과 우리나라에 대한 침략의 길을 넓히기 위하여 교활하게 책동하던 일본군국주의자들에게 큰 타격을 준 조선인민의 정의로운 투쟁이였다. 그럼에도 불구하고 일본군국주의자들은 그 무슨 ≪피해≫를 구실로 조선에 대한 대대적인 침략계획을 작성하였다. 일본군국주의자들이 임오군인폭동에서 입었다는 ≪피해≫란 7월 23일 격노한 폭동군중에 의해 공산관이 습격당하자 제 손으로 불을 지르고 나가사끼로 도망친 일본공사 하나부사가 저들의 외무성에 보낸 전적으로 왜곡된 ≪보고≫에 기초한 것으로서 침략자들이 당한 응당한 징벌이였다.

> ※ 당시 조선주재 일본공사관에는 하나부사공사와 곤도 령사를 비롯하여 모두 31명이 있었다. 그중에는 공사관 무관 미즈노 보병대위와 오까경부 등 ≪명치유신≫이후 일본에서 벌어진 여러 차례의 내란에 참가하여 실전경험을 가진 사무라이 출신들이 대다수를 차지하였다. 폭동군중은 7월 23일과 24일 이틀 동안에 일본공사를 비롯하여 침략자들을 우리나라에서 내몰았고 그중 13명을 처단하였다.

≪강화도조약≫ 강요 이후 조선침략을 더욱 확대할 야망을 품고 있던 일본군국주의자들에게 있어서 군인폭동에 의한 ≪피해≫는 그것을 실현할 수 있는 절호의 기회로 되였다. 일본반동정부는 이 기회를 리용하여 조선을 정치, 경제, 군사적으로 더욱 예속시킬 목적으로 7월 31일 긴급내각회의를 열고 ≪사죄≫와 ≪보상≫의 명목을 띤 강도적인 침략계획을 작성하였다. 이에 따라 그 계획집행에 대한 위임을 받은 외무경 이노우에게 8월 7일 시모노세끼에서 하나부사에게 조선정부와 다시 ≪교섭≫을 시작할 것을 명령하면서 7월 31일 각의결정의 취지에 기초한 구체적인 기밀훈령을 통하여 조선정부에 강도적인 요구조건을 제시하였다. 그 기밀훈령내용은 다음과 같다.26)

1) 조선정부는 그 태만(조선정부가 군인폭동을 제때에 진압하지 못하여 ≪피
   해≫를 입었다는 일본 측의 부당한 립장-필자)의 책임을 지며 일본에 문서
   로 사죄의 뜻을 표시할 것
[38]2) 우리의 요구를 접수한 때로부터 10일 안에 ≪흉도≫를 체포하여 일본
    정부가 만족하게 엄중히 처벌할 것
3) 일본인 ≪피해자≫들에게 상당한 배상금을 지불할 것
4) 조약위반 및 출병준비를 위한 비용을 배상할 것
5) 앞으로의 보증을 위하여 조선정부는 이제부터 5년간 서울주재 일본공사관
   을 지키기 위해 충분한 군대를 준비할 것
6) 일본상인들을 위하여 안변을 통상지로 개방할 것
7) 조선정부는 거제도 또는 송도(울릉도)를 일본에 넘겨 사죄의 뜻을 표시할 것
8) 만약 조선정부에서 ≪흉도≫를 비호한 흔적이 있으면 그 주모자를 축출하
   여 상당한 처분을 할 것
9) 배상문제는 림기응변으로 처리할 것

　일본반동정부의 립장에 따라 작성된 외무경기밀훈령은 조선정부가 전적으
로 그 책임을 지고 일본에 문서로 사죄의 뜻을 표시한다는 것, 지어 거제도 또
는 울릉도를 넘겨 사죄의 뜻을 표시한다는 것, 조선정부가 일본공사관을 지키
기 위한 군대를 준비한다는 것 등 주권국가인 조선이 도저히 받아들일 수 없
는 강도적이고 침략적인 요구조건들로 일관되여 있었다. 일본반동정부는 이
것으로도 ≪보상≫이 불충분하다고 하면서 8월 9일 함흥, 대구, 양화진의 개
방, 일본공사관 및 령사관 관리들의 조선국내 려행권획득, 원산 및 안변지방
인민들의 반일투쟁에 대한 ≪사죄≫를 받아낼 데 대한 새로운 요구조건을 추
가적으로 제기하였다. 이것은 일본군국주의자들이 군인폭동을 계기로 조선침
략을 더욱 확대하려는 야망을 실현하든 단계에로 들어섰다는 것을 다시금 명
백히 보여주고 있다. 함흥, 대구, 양화진의 개방이나 일본공사관 및 령사관 관
리들의 조선국내 려행권획득 등은 군인폭동에서 일본이 입었다는 그 무슨 ≪피
해≫와 전혀 관계없는 문제들이였다는 것만 보아도 잘 알 수 있다.
　일본군국주의자들은 조선에 강도적인 요구조건들을 제시하는 것과 함께 그

---

26) ≪근대일선관계연구≫상, 798~794페지.

를 실현하기 위하여 일본국내에 침략적이고 배타주의적인 사회적 분위기를 조성하였다. 당시 일본군국주의자들이 ≪조선의 폭도들에 의하여 서울의 제국공사관이 부당하게 습격당하였다≫느니, ≪서울의 란민들이 제국거류민 다수를 무참히 죽였다≫느니, ≪참을 수 없는 국기오욕사건≫, ≪나라가 당한 치욕을 씻어야 하겠다≫느니 하는 적대적 선동을 벌인 것과 그리고 ≪조선이 담판에 응하지 않을 때에는 전쟁을 호소하고 나라의 위력을 시위해야 한다≫, ≪속히 전쟁을 일으키고 정예로운 군대를 내몰아 8도를 유린하고 나라의 위력을 빛내이자≫는 도발적인 전쟁소동을 일으킨 것은 조선에 대한 침략적이고 배타주의적인 사회적 분위기가 어느 정도에 이르렀는가를 잘 보여주고 있다.

일본군국주의자들은 저들이 제시한 강도적인 요구조건들을 실현하기 위하여 방대한 군사외교적 침략력량을 편성하였다. 일본군국주의자들이 조선에 파견할 침략력량을 편성하면서 근거로 삼은 것은 인천에서 도망친 하나부사가 7월 29일 저들의 외무성에 보낸 ≪보고≫였다. 하나부사는 이 ≪보고≫에서 조선에서 군인폭동으로 하여 서울은 물론 ≪부산, 원산도 위험하기 때문에 이곳에 군함을 파견하여 거류민을 보호≫하여야 하며 ≪금후 조선국과의 교섭에서는 병력의 보호에 의거하지 않으면 아무것도 기대할 수 없다.≫고 제의하였다. 하나부사의 ≪보고≫에 기초하여 7월 31일에 열린 각의에서 일본정부는 전권위원으로 하나부사를 조선에 파견한다는 것, 전권위원에게는 유력한 륙해군의 호위를 붙인다는 것, 이노우에 외무경이 시모노세끼에 나가서 전권위원을 지휘한다는 것, 당면하여 부산, 원산의 거류민을 ≪보호≫하기 위하여 급히 군함을 파견한다는 것 등을 결정하였다. [39]이것은 일본군국주의자들이 처음부터 방대한 군사외교력량에 의거하여 조선침략을 계획하였다는 것을 보여주고 있다.

일본정부는 각의결정에 기초하여 8월 2일에는 외무경 훈령으로 부산에 군함 ≪아마기≫호를 새로 파견하며 이미 원산에 가 있는 군함으로 그곳의 거류민 ≪보호≫를 하도록 하라는 것, 조선에 파견되는 곤도 령사를 호위하기 위해 군함 ≪곤고≫호와≪닛싱≫호, 해군륙전대 150명을, 하나부사공사호위를 위해 보병 1개 대대를 붙일 것을 지시하였다. 이에 따라 이노우에는 야마가따

륙군경대리, 가와무라 해군경과 조선에로의 침략무력파견문제를 구체적으로 토의하였다. 륙군성은 구마모도진대 고꾸라분영 제13련대의 1개 대대를, 해군성은 당시 정예라고 하던 군함 ≪곤고≫호,≪히에이≫호, ≪기요떼루≫호, ≪닛싱≫호를 파견하기로 하였으며 공사 및 호위 무력수송을 위하여 공부성 소속 수송선 ≪메이지≫마루와 ≪와까우라≫마루 등을 징발하였다. 그리고 륙군소장 다까시마도모스께, 해군소장 니례 가게노리를 각각 파견무력 및 함대지휘관으로 임명하였다. 또한 도꾜진대의 기병 등 병력을 구마모도진대에 합쳐 혼성려단을 새로 편성하였으며 수송선 ≪다까사고≫마루 등 4척을 대기시켜 출동준비를 갖추게 하였다. 그리하여 조선에 파견될 방대한 침략무력과 함대가 편성되였다.

일본군국주의자들은 강도적인 요구로 일관된 조선침략계획을 현지에서 집행할 방대한 외교력량도 준비하였다. 일본정부는 이미 조선침략에서 중요한 역할을 논 미야모도 쇼이찌, 히사미즈 사부로 등 외무성관리들과 하나부사, 곤도 등 조선주재 일본공사관 관리들을 포함하여 수십 명의 외교관리들을 조선에 파견할 침략력량에 포함시켰다. 이처럼 일본군국주의자들이 군인폭동을 통하여 입었다는 ≪피해≫를 구실로 작성한 조선에 대한 침략계획은 제기한 요구조건의 면에서 보나 그 실현수단인 군사외교력량의 면에서 보나 극히 강도적이고 침략적인 성격을 띠였다.

침략의 무리, 강도의 무리로서의 일본군국주의자들의 정체는 둘째로, 일본군국주의자들의 ≪조약≫ 강요과정을 통하여 더욱 명백히 찾아볼 수 있다. 일본군국주의자들은 조선에서 군인폭동을 계기로 새로운 침략 ≪조약≫을 강요하기 위하여 이미 편성한 방대한 군사외교력량을 하나하나 들이밀었다. 제일 처음으로 8월 4일 외무성 관리인 히사미즈 사부로가 영국 측량함 ≪플레잉 휘쉬≫호로, 이어 8월 9일에는 조선주재 일본령사 곤도와 외무성 관리 오바 등이 군함 ≪곤고≫호로, 8월 12일에는 하나부사가 ≪메이지≫마루로 인천에 기어들었다. 8월 13일에는 수송선 ≪와까우라≫마루가 침략무력을 싣고 인천에 도착하였으며 8월 14일에는 외무성 관리 다께소에(하나부사 다음 조선주재 일본공사)가 ≪시찰≫의 임무를 받고 군함 ≪히에이≫호로 인천에 도착하였다. 이리하여 8월 14일까지 침략 ≪조약≫ 강요를 위해 조선에 파견된 일본군 국주의자들의 방대한 군사외교력량이 기본적으로 기어들었다.

이후 일본군국주의자들의 ≪조약≫ 강요책동은 그 침략성과 강도성에 있어서 절정을 이루었다. 그것은 하나부사가 8월 20일 침략무력을 배경으로 하여 조선국왕 고종에게 8개조로 된 강도적인 ≪조약≫ 초안을 제기한 데서 찾아볼 수 있다. 하나부사가 제기한 ≪조약≫ 초안의 내용은 다음과 같다.27)

1) 오늘부터 15일 이내에 ≪흉도≫의 두목과 그 일당을 잡아 중하게 징벌할 것
2) 피해를 당한 자에 대해서는 우대하는 례의대로 매장함으로써 장례를 잘 치를 것
3) 5만 원을 내서 피해자 유가족들과 부상자들에게 지불하여 특별히 돌보아 줄 것
[40] 4) ≪흉도≫들의 폭동으로 일본국이 입은 손해비와 출병준비 등에 든 일 체 비용을 그 수에 따라 배상할 것
5) 원산, 부산, 인천 각 항구에서 자유로이 다닐 수 있는 거리를 사방 100리 (조선리수)로 확대하고 새로 양화진을 통상지로 하며 함흥, 대구 등의 지 역을 왕래통상지역으로 할 것
6) 일본공사와 령사 및 그 수원들의 가족은 내륙지방 각 곳으로 다니게 할 것
7) 이제부터 5년간 일본륙군 1개 대대를 두고 일본공사관을 호위할 것이다. 다만 병영을 설치하고 수리하는 것은 조선정부가 맡아할 것
8) 고위관리를 특파하여 국서로 일본국에 사죄할 것

하나부사가 제기한 ≪조약≫ 초안은 그 내용이 극도로 파렴치한 것으로 하여 조선정부가 도저히 받아들일 수 없는 것이였다. 이것은 또한 8월 7일 이노우에가 외무경 기밀훈령을 통해 제시한 요구조건과 비교해보아도 보다 더 강도적이고 파렴치한 성격을 띠였다는 것을 잘 알 수 있다. 그럼에도 불구하고 하나부사는 이 초안을 제기하면서 또다시 ≪폭도들에 의하여 제국공사관이 소각되였다≫느니, 폭도는 제국사절과 국기를 모욕하였다≫느니 하는 사태의 진상을 뒤집는 망발을 련이어 늘어놓았다. 계속하여 하나부사는 ≪량국의 교

____

27) ≪근대일선관계연구≫상, 806~808페지.

제는 이미 끊어졌어도 오늘 이러한 요청을 하는 것은 …… 옛날의 좋은 것을 유지하고 평화로운 국면을 지키려고 하는 것 외에 다른 것이 아니다. 이에 대한 귀조정의 대답은 곧 교의가 끊어지는가 계속되는가를 가르는 것으로 된다.≫28) 고 하면서 8월 23일 정오까지를 기한부로 최후통첩을 들이댔다.

그러나 조선정부는 일본의 ≪조약≫ 초안을 일련의 사정으로 하여 그대로 받아들일 수 없다는 립장을 표시하였다. 이렇게 되자 하나부사는 조선정부의 반대를 물리치고 ≪조약≫ 초안을 그대로 실현시키기 위하여 저들의 강도적 본성을 더욱 드러내놓았다. 하나부사는 조선이 일본의 요구에 응하지 않는 것은 ≪이번 사견을 멸시하는 데서 나온 것이 아니고 무엇이겠는가≫, ≪량국의 교제를 이와 같이 홀시하는 이상 …… 희망은 거의 단절되였다. 마땅히 귀국하여 사유를 상주하여야 한다.≫고 위협하면서 8월 22일에는 ≪불행하게 두 나라의 국교단절에 이르러도 그 책임은 전적으로 조선국에 있다.≫는 내용의 최후통첩을 조선정부에 보냈다. 8월 23일 아침 하나부사는 끌고 들어왔던 침략무력과 함께 인천으로 달아났다. 인천으로 달아난 하나부사는 또다시 조선정부에 편지를 보내어 ≪조선정부가 이 일을 경시하고 회답기한을 임의로 바꾸어≫ 자기가 ≪서울에 더는 머무를 수 없게 하였다.≫고 력설하였다. 여기서 말하는 회답기한이라는 것은 하나부사가 일방적으로 그리고 제멋대로 8월 23일 정오까지로 정한 것이였다. 그러므로 조선정부에는 그것을 지켜야 할 그 어떤 명분이나 의무도 있을 수 없었다. 이렇게 일방적으로 규정한 회답기한도 하나부사가 지키지 않고 인천으로 달아난 것은 저들의 강도적인 ≪조약≫ 초안을 더 빨리, 더 쉽게 실현하기 위한 술책에서 나온 것이였다.

이상의 ≪조약≫ 초안강요과정을 놓고 보면 그 내용에서 극히 강도적이고 파렴치한 것이였을 뿐 아니라 그 제기절차에서도 하나부사가 의정부를 제쳐놓고 무력의 위협하에 국왕에게 직접 초안을 제기하고 3일의 기한부로 최후총첩을 들이댄 것 등에서 침략적이고 강도적이라는 것을 잘 알 수 있다.

한편 8월 26일 대원군이 청나라에 의해 랍치되여 천진으로 호송되고 군인

---

28) ≪근대일선관계연구≫ 상, 806페지.

폭동이 청나라군대에 의하여 완전히 진압된 것을 리용하여 일본군국주의자들은 련이어 조선정부에 회담시작을 요구하였다.

[41]8월 27일 조선정부는 회담을 시작하기로 결정하고 리유원을 전권대신으로, 김홍집을 전권부관으로 임명하였다. 8월 28일 오후부터 제물포에 정박 중인 일본군함 ≪히에이≫호에서 회담이 시작되였다. 일본군국주의자들은 회담과정에서도 저들의 침략적이며 강도적인 본성을 여지없이 드러냈다. 그것은 하나부사가 회담이 시작되자마자 이미 제기하였던 ≪조약≫ 초안보다 더 강도적인 요구조건을 새롭게 들고 나온 데서 찾아볼 수 있다. 우선 제1조에 조선국이 만약 기한 내에 흉도 및 그 무리들을 붙잡을 수 없을 때는 일본이 관리를 파견하여 자체로 처리하겠다는 것을 새로 첨부하였다. 또한 제4조에 손해 및 군비보상금액을 50만 원으로 정하고 5년 안에 지불한다고 새롭게 제기하였다.

조선정부는 초안에는 금액을 규정하지 않았는데 이제 와서 50만 원의 거액을 요구하는 것은 일본 측의 기만행위라고 하면서 반대하였다. 이렇게 되자 하나부사는 50만 원 중에서 10만 원을 축소하는 대신 광산채굴권, 전신가설권의 양여, 함흥, 대구의 통상지 설정시기를 조약문에 명기할 데 대한 더욱더 강도적인 요구를 들고 나왔다. 또한 제7조에 있는 일본륙군 1개 대대의 병력을 공사관호위병으로 서울에 상주시킬 데 대한 규정을 조선정부가 승낙하기 어려우며 다만 공사관 안에 약간의 병력을 두고 호위를 맡기는 정도라면 지장이 없겠다고 제안하였으나 하나부사는 본래의 초안을 완강히 고집하였다. 그리하여 조선정부는 ≪조약≫ 초안 8개조 가운데서 제2, 3, 6조를 승인하였고 제5, 8조는 수정하는 조건에서 승인하였으며 제1, 4, 7조에 대해서는 절대반대의 립장을 표시하였다. 8월 29일 오전 회담이 결렬되고 조선 측 전권대표들이 회담장인 일본 군함 ≪히에이≫호에서 철수하였다. 이러한 상태에서 하나부사는 8월 29일 오후 곤도, 이시바따 등 외무성과 공사관 관리들을 끌고 조선 측 전권대표 리유원을 찾아가 ≪조약≫을 무조건 승인할 것을 거듭 강요하였다. 그리하여 조선 측은 제5조에서 함흥, 대구를 통상지로 설정한다는 조항을 삭제하고 제7조에서 호위병 ≪1개 대대≫를 ≪약간의 병력≫으로 수정하는 데

만족하여 ≪조약≫을 승인하였다. 8월 29일 밤부터 30일 오전까지 조약문이 작성되고 8월 30일 정오에 ≪제물포조약≫이 조인되였다.

≪제물포조약≫조작과정은 우선 일본군국주의자들이 저들의 강도적인 요구를 침략무력의 배경하에 조선 측에 일방적으로 제기하고 그것을 그대로 관철시켰다는 것을 보여주고 있다. 또한 일본군국주의자들이 처음에는 낮은 단계의 요구조건을 제기해놓았다가 일단 회담을 시작한 다음 보다 높은 요구조건을 제기하여 하나하나 실현해나가는 강도적인 수법을 적용하였다는 것을 보여주고 있다. 또한 조선정부가 받아들일 수 없는 부당한 요구조건을 들이댔다가 반대에 부딪치면 그것을 양보하는척하면서 다른 새로운 요구조건들을 끊임없이 제기하고 실현시키는 극히 교활한 수법도 적용하였다는 것을 알 수 있다.

침략의 무리, 강도의 무리로서의 일본군국주의자들의 정체는 셋째로, 조작된 ≪제물포조약≫의 침략적 내용에서 뚜렷이 찾아볼 수 있다. 일본군국주의자들은 우선 ≪제물포조약≫을 통하여 1882년 군인폭동에 의하여 저들이 입은 ≪피해≫에 대한 책임을 전적으로 조선정부에 넘겨씌웠다. 이 ≪조약≫의 서문에 ≪흉도들이 일본공사관을 습격하여 직원 다수를 수난당하게 하였으며 일본륙군교관 역시 처참하게 살해되였다.≫고 규정한 것은 그것을 잘 말해주고 있다. [42]당시 우리나라에 설치된 일본공사관은 조선에 대한 일본군국주의자들의 식민지적 지배를 실현하기 위한 침략기구였으며 군사교관 호리모도 역시 조선에 대한 군사적 예속을 실현하기 위하여 책동하던 침략자들 중의 한 놈이다. 그럼에도 불구하고 일본군국주의자들은 조선침략을 정당화하고 더욱 확대할 야망 밑에 사실을 전도하여 저들이 받은 징벌에 대한 책임을 조선정부에 넘겨씌우는 파렴치한 행동을 하였던 것이다. 일본군국주의자들이 ≪조약≫ 서문에 흑백을 완전히 전도한 이러한 규정을 집어넣은 것은 저들이 입었다는 이른바 ≪피해≫를 구실로 제기하는 여러 가지 침략적 요구에 ≪정당성≫을 부여하기 위해서였다.

일본군국주의자들은 또한 ≪제물포조약≫을 통하여 우리나라의 자주권을 심히 침해하는 내용들을 규제하였다. 그것은 ≪조약≫제1조에 조선정부는 20

일 안에 ≪흉도≫들을 체포하여 일본정부의 립회 밑에 그 책임자들을 엄중히
처벌하되 정해진 기한 안에 집행하지 않을 때는 일본정부가 이를 처리한다고
규정한 데서 찾아볼 수 있다. 폭동관계자들에 대한 처벌여부문제는 조선의 내
정에 속하는 문제로서 이에 대하여 누구도 간섭할 수 없다. 그럼에도 불구하
고 일본군국주의자들은 이것을 정해진 기일 안에 집행하지 않을 경우에는 저
들이 직접 처리할 것이라고 조약에 규정함으로써 조선의 내정에 간섭할 수 있
는 ≪권리≫를 빼앗아냈다.

우리나라의 자주권을 침해하는 내용은 제6조에 조선정부가 고위관리를 특
파하여 국서로 ≪사죄≫할 데 대한 조항을 규정한 데서도 찾아볼 수 있다. 일
본군국주의자들은 ≪제물포조약≫을 통하여 우리나라에 대한 경제적 예속을
강화할 수 있는 조항들을 규정하였다. 그것은 ≪조약≫제3, 4조에 조선정부가
일본인 ≪피해자≫들에게 ≪보상≫으로 5만 원, ≪일본이 받은 손해비≫와 ≪공
사를 호위한 륙해군비≫ 50만 원, 모두 55만 원을 지불할 데 대하여 규정한데서
찾아볼 수 있다. 여기에서 규정한 ≪피해자≫들이란 폭동군중에 의하여 응당
한 징벌을 받은 침략자들이다. 그러므로 사실상 ≪피해≫니 ≪피해자≫니 하
는 말은 성립될 수조차 없다. 이것은 이 규정이 전적으로 부당하다는 것을 말
해준다. 일본이 이러한 부당한 조항을 설정한 것은 조선정부의 국고금을 략탈
하기 위한 것이었다.

≪조약≫에서 규정한 ≪손해비≫란 것도 역시 허황한 것이었다. 여기서 규
정한≪손해비≫란 일본공사관 ≪소각사건≫에 의하여 발생한 ≪손해≫에 대
한 ≪보상금≫을 이르는 말이다. 그러나 군인폭동 당시 일본공사관으로 쓰이
던 건물은 경기감영 안의 청수관으로서 그것은 조선정부의 비용으로 관리되
던 것이며 하나부사는 도망칠 때 제가 직접 이 건물에 불을 질렀던 것이다. 그
러므로 ≪손해비≫는 응당 일본 측이 물어야 할 것이였다. ≪공사를 호위한
륙해군비≫라는 규정도 역시 부당한 것이였다. 하나부사를 ≪호위≫하면서
서울까지 기어든 침략군에게 부과된 사명을 총칼로 조선정부를 위협하여 굴
복시키고 새로운 침략조약을 강요하는 데 있었다. 그럼에도 불구하고 일본군
국주의자들은 침략을 위하여 끌고 온 군대의 비용을 침략당한 우리나라에 부

과하는 파렴치한 행위를 감행하였던 것이다. ≪손해비≫니 ≪륙해군비≫니 하는 부당한 명목 밑에 들씌운 55만 원의 ≪배상금≫은 당시 조선정부의 재정형편에서는 대단히 큰 액수였다. 일본군국주의자들은 이러한 거액의 ≪배상금≫을 조선정부에 부과함으로써 조선을 정치적으로뿐 아니라 경제적으로도 완전히 예속시키려고 하였다.

일본군국주의자들은 ≪제물포조약≫을 통하여 처음으로 조선에 왜나라 침략무력의 주둔을 합법화하는 조항을 규정하였다. 그것은 ≪조약≫제5조에 일본공사관에≪약간의 병력≫을 배치하고 경비를 서게 할 것이라고 규제한 데서 찾아볼 수 있다. [43]이 조항에 의하여 우리나라에 처음으로 왜나라 침략군의 주둔이 합법화되였다. 그 후 일본군국주의자들은 서울에 침략군을 주둔시키고 무력의 위협으로 조선의 자주권을 침해하는 행위를 수많이 감행하였다. 그뿐 아니라 일본군국주의자들은 그때로부터 10여 년이 지난 1894년 6월 조선에 대한 대규모적 무력침공 시 구실의 하나로 내들었던 ≪공사관호위≫의 근거를 부당하게도 이 ≪조약≫제5조에서 찾으려고 하였다.

일본군국주의자들은 이처럼 침략적 내용으로 일관된 ≪제물포조약≫을 조작하고 그를 통하여 조선에 대한 반식민지적 예속화 책동을 더욱 다그침으로써 침략의 무리, 강도의 무리로서의 저들의 정체를 또렷이 보여주었다. 일본군국주의자들은 ≪조약≫ 강요과정에 제기되였던 다른 요구조건들(개항장에서 보행구역확대, 새로운 개항장설치 등은 ≪제물포조약≫에서 실현하지 못하였다.)은 같은 날 ≪조일수호조규속약≫을 조작하여 실현시켰다.

≪제물포조약≫의 조작과정과 ≪조약≫의 내용은 제국주의자들의 침략적 야망에는 끝이 없으며 강력한 정치군사적 담보가 없이는 나라와 민족의 자주권을 지켜낼 수 없다는 력사적 교훈을 안겨주고 있다. 이러한 력사적 교훈은 현 시기 미일제국주의자들의 반공화국 고립압살 책동이 더욱더 우심해지고 있는 조건에서 위대한 장군님의 선군정치를 높이 받들어나가는 것이 나라와 민족의 번영을 위한 참된 길이라는 것을 다시 한 번 웅변적으로 말해주고 있다.

13. ≪을사5조약≫의 불법무효성[29)

리택권

[38]위대한 수령 김일성동지께서는 다음과 같이 교시하시였다. ≪일본제국주의자들은 조선을 강도적인 방법으로 강점한 다음 우리나라를 저들의 완전한 식민지로 만들었으며 대륙침략의 병참기지로 전변시켰습니다.≫(≪김일성저작집≫ 제37권, 286페지)

일제는 1905년 11월 17일 리조정부의 외교권강탈과 ≪통감정치≫실시 등 주권국가의 국권강탈을 규제한 허위문서인 ≪을사5조약≫을 날조하는 범죄행위를 감행하였다. 일제는 오늘까지도 날강도적인 방법으로 날조한 이 ≪조약≫을 ≪합법적≫이였다고 하면서 그에 기초하여 조선에 대한 식민지통치를 실시하였다고 뻔뻔스럽게 떠들어대고 있다. 일제가 ≪합법적≫이였다고 하는 ≪을사5조약≫은 그 조작과정이 조약체결을 위한 국제법상 규범에 비추어볼 때 완전히 불법무효한 협잡문서이다. 이 글에서는 일제의 ≪을사5조약≫이 불법무효한 협잡문서라는 것을 다시 한 번 여러 각도에서 새롭게 분석함으로써 일제의 날강도적이며 파렴치한 행위에 대하여 폭로하려고 한다.

쌍방 간에 조인된 조약문건이 자기의 사명에 맞는 체모를 갖추자면 응당 국제법상 관례로 되여 있는 조약체결 절차와 형식을 갖추어야 한다. 더욱이 한 나라의 국권을 빼앗는 것을 법화하는 문서라면 법적견지에서의 조약절차와 형식을 반드시 갖추어야 하며 대표의 위임과 대표들의 자유의사에 따르는 조약문의 채택, 최고주권자의 비준 등 모든 절차를 철저히 거쳐야 한다. 그러나 일제가 ≪합법적≫이라고 하는 ≪을사5조약≫은 조약문서형식이 완전히 무시되고 최고주권자의 승인과 수표도 없는 불법적인 협잡문서이다.

≪을사5조약≫이 불법무효한 ≪조약≫으로 되는 것은 첫째로, 이≪조약≫

---

29) 출처: 김일성종합대학출판사, 『김일성종합대학학보: 력사법학』, 제53권 제1호(2007), 38~43쪽.

이 국제법상의 요구에 맞게 조약체결 절차와 형식을 거치지 못했기 때문이다. ≪을사5조약≫은 무엇보다도 조약체결 절차를 제대로 거치지 않았다. 조약문은 체약국가들이 앞으로 리행하여야 할 권리와 의무를 규제한 법문서이다. 그러므로 조약체결과 관련한 모든 사업은 국가의 공식 승인하에 합법적인 절차를 거쳐서 조인되면 이것은 전권을 위임받은 자만이 조인할 수 있다. 리조정부의 조약체결규정에 의하더라도 다른 나라가 우리나라와 조약을 체결해야 할 것이 있으면 먼저 한성주재 자국공사를 걸쳐 외부에다 공문으로 의뢰하고 외부에서는 정부에 의안을 제출하여 그에 대한 의논의 일치를 보면 수석대신이 모두 모여 놓고 가결을 하고 다시 주임(외부대신)대신과 련명으로 수표하여 황제에게 제출해서 결재를 받은 다음 외부에 지시하여 호상 조인하게 되여 있다(≪고종실록≫권 40, 광무 9년 11월 25일). 이 절차는 근대 국제사회에서 보편적으로 적용 실시되던 하나의 관례였으며 더욱이 전제군주국가에서 이 절차는 필수불가결의 조건으로 되여 있었다. 물론 일제의 거듭되는 압력으로 1905년 11월 17일 ≪을사5조약≫ 문제를 놓고 어전회의가 열리었지만 이 회의에서는 대신들의 일치가결로 조약을 반대하기로 결정하였기 때문에 조약협상에 참가할 그 어떤 전권대표도 임명되지 않았다. 그리고 이보다 앞서 한성주재 왜나라 공사 하야시가 리조정부의 외부에 그 어떤 조약문건을 제기한 것도 없었다.

일반적으로 조약체결에 림하는 자는 해당정부로부터 조약체결의 전권(권한)과 함께 자격을 증명하는 전권위임장을 받는다. 그러므로 조약협상 시 각국의 대표는 먼저 해당나라의 대표자라는 것을 확인하는 위임장을 교환하여야 하며 위임장은 조약문과 함께 보관되는 것이 하나의 관례로 원칙으로 되여 있다.[39] 1986년에 왜나라외무성 외교사료관에서 출판한 ≪일본외교사사전≫과 그 밖의 도서들에서도 조약법에 관한 원조약이 나오기 전인 ≪과거에는 거의 례외 없이 서로 전권위임장을 제출하였다.≫고 지적하였으며 ≪군주제하에서 (조약)체결을 위해서는 군주의 위임장이 조약의 발효력을 위해서는 군주의 비준서가 필요≫하였다고 하였다. 그러나 일제가 그처럼 ≪합법적≫이였다고 떠드는 ≪을사5조약≫원문에는 응당 있어야 할 쌍방의 전권대표위임장이 없으며 있을 수도 없었다. 리조 측에서는 처음부터 이 조약을 반대하였으므로 황제 자신이 전권대표를 임명하지 않았기 때문이며 왜나라 측으로서는 ≪전권대표≫를 ≪임명≫만 하였을 뿐 처음부터 무력적 강제를 념두에 두었기 때문에 체결 절차에 따르는 문건형식은 안중에도 없었다. 미제의 적극적인 지지 밑에 ≪로일강화조약≫이 마감단계에 이른 1905년 8월 29일 왜나라 외무대신 고무라는 미국 대통령 루즈벨트를 만난 자리에서 조선의 ≪보호국≫화를 조약의 형식에 의거하는 것을 원칙으로 하지만 만일 조선이 그에 응하지 않을 때에는 왜나라가 일방적으로 ≪보호권≫설정을 선언하겠는데 이때에도 미국이 량해해줄 것을 요구하자 루즈벨트는 즉석에서 지지하겠다고 약속하였다. 이러한 사실은 일제가 조약체결을 강제적인 방법으로 할 것을 이미 예견하였다는 것을 의미한다. 한규설을 비롯하여 이또로부터 조약의 찬부를 강요당한 대신들로 말하면 그들은 어전회의를 끝마치고 돌아가던 도중 이등박문과 그 수하졸개들에게 붙잡혀 강제로 ≪회의장≫에 내몰린 개별적인 관리들에 불과한 것이었다. ≪을사5조약≫이 이처럼 반드시 거쳐야 할 조약체결 절차를 거치지 않고 초보적인 조건도 갖추지 못한 것은 이 ≪조약≫의 체결을 리조봉건정부 측에서 견결히 반대하였기 때문이며 일제가 군사적 위협과 강제에 매달리면서 국제법적 요구를 완전히 배제하였기 때문이다.

≪을사5조약≫은 다음으로 조약체결의 기본형식도 지키지 않았다. 조약체결에서의 기본은 최고주권자의 승인수표, 국새날인이며 이것이 있어야 조약으로서의 법적효력을 가지게 된다. 승인, 조인, 비준이 국제조약법의 원칙이라는 데 대해서는 ≪조약법에 관한 윈협약≫제8조, 12조, 14조에 반영되여 있다. 그 내용을 보면 조약체결을 위한 국가대표로 전권을 위임받지 못한 사람이 수행한 상술한 목적과 관련되는 행위는 차후 그 국가가 확인하지 않는 한 법적효력을 가질 수 없으며(8조) 조약의 구속에 대한 국가의 동의는 대표의 조인으로 표시(12조의 1항)되며 조약에 구속될 데 대한 국가의 동의는 비준에 의해 표시(14조의 1항)된다고 규제되여 있다.

≪을사5조약≫은 국제법상의 원칙에 어긋나게 국가의 승인, 조인, 비준도 받지 않은 불법적인 문서이다. ≪을사5조약≫은 우선 나라의 최고주권자인 고

종황제의 승인을 받음이 없이 일제가 제멋대로 조작 공포한 것이다. 리조봉건국가가 군주제국가인 조건에서 조약체결권은 철저히 황제에게 있었다. 그러므로 모든 조약관계는 황제의 승인하에서만 진행되게 되여 있었다. 이러한 실정을 잘 알고 있었기 때문에 당시 조약조작을 위한 특파대표로 ≪조작≫ 날조의 막후조종을 위해 조선에 기어든 이등박문은 고종황제의 승인을 받기 위해 갖은 모략을 다하였다. 그는 고종황제를 만나 ≪동양평화≫를 위해서 ≪조약≫ 체결을 승인하라고 청원도 하고 거부하면 선전포고도 하겠다는 등 위협과 공갈, 회유, 기만, 강박을 다했으나 황제는 이또의 이 모든 요구를 즉석에서 일축해버렸다. [40]이등박문은 ≪조약≫ 체결에 대한 고종황제의 승인을 끝내 받지 못하게 되자 ≪조약≫을 강압 통과시킬 목적 밑에 내각 ≪회의≫를 소집하게 하고는 거기에 직접 뛰어들어 대신들을 한 명 한 명 지명하면서 찬성을 강요하였다.

≪을사5조약≫에는 또한 고종황제의 서명과 국새가 찍혀진 것이 없다. 일반적으로 조약이 쌍방 간에 체결되여 정식 효력을 보려면 반드시 국가수반의 수표와 국새가 찍혀져 있어야 한다. 이러한 사실은 당시 리조정부의 법령과 국제적관습법에 비추어보아도 잘 알 수 있다. 1899년 8월 17일에 공포된 ≪대한국국제≫제9조에는 ≪대한국황제는 각 체약국에 사신을 파송, 주재하게 하며 전쟁을 선포하고 강화 및 여러 가지 조약을 체결할 권한을 가진다.≫(≪고종실록≫권39, 광무 3년 8월 17일)고 되여 있으며 이에 앞서 1984년 11월 21일 칙령 제1호로 공포 시행된 ≪공문식≫제18조에도 ≪국서와 조약을 비준하거나 외국에 파견하는 관리들의 위임장, 각국에 주재하는 령사의 신임장에 황제가 친히 수표한 후에 옥새를 찍는다.≫(≪고종실록≫권32, 갑오 31년 11월 21일)라고 규정되여 있다. 국제적관습법의 원칙에도 ≪조약을 체결하는 권리를 소유하는 것은 국가의 주권자≫이며 ≪주권을 행사하는 것은 국가황제≫라고 밝혀져 있다. 국제법인 ≪만국공법≫제405장, 406장에도 조약은 반드시 국가수반의 허가를 받아야 하며 ≪국가의 비준이 없으면 그 조약이 휴지로 된다.≫(≪고종실록≫권46, 광무 9년 11월 26일)고 규제되여 있다. 이처럼 나라의 최고대표자의 비준은 국가 간의 조약에서 조약의 유효성을 결정하는 중요한

징표로 되여 있었다.

리조봉건국가의 최고대표자였던 고종은 시종일관 ≪을사5조약≫을 반대하였기 때문에 이 ≪조약≫에 서명과 국새날인을 하지 않았다. 고종은 이또와의 면담과정에서도 ≪조종 이래로 …… 국가의 중대사건이 있을 때에는 정부의 대소관리들, 전임 및 현임대신들, 밖으로는 선비들까지도 의논한 후에야 체결하고 국내신사 인민들의 여론까지 물어가면서 시행하는 전례가 있으므로 짐이 자의대로 결정하지 못하노라.≫, ≪이 조약을 허락하면 곧 나라가 망하는 것과 같은 것이니 짐은 차라리 종묘사직에 순종할지언정 인허하지 못하리라.≫(≪황성신문≫, 광무 9년 11월 20일)고 하면서 처음부터 반대하였다. 또한 이또가 참정대신 한규설과 탁지부대신 민영기, 법부대신 리하영 등의 완강한 반대가 있었음에도 불구하고 궁내부대신을 시켜 고종에게 ≪빨리 주임(외부)대신더러 조인하도록 성지를 내려줄 것≫을 촉구하였을 때에도 고종은 지금은 ≪협상문제에 속하는 이상 지리하고 번거롭게 할 필요가 없다.≫(≪고종실록≫권46, 광무 9년 12월 16일)라고 지시함으로써 이또의 이 무례한 요구도 일축해버렸다. 그로부터 2년이 지난 1907년 7월 일제가 ≪헤그밀사사건≫을 구실로 리완용을 비롯한 친일분자들을 사촉하여 ≪광무 9년 11월 17일 신조약에 옥새를 누를 것≫을 강요했으나 고종은 그때에도 그를 단호히 거절하였다.

명백한 바와 같이 일제는 조약을 조작공포한 지 2년이 지나도록 조약문에 고종황제의 수표를 받지 못했기 때문에 몹시 불안해하였다는 것을 실증해준다. 고종황제가 수표와 국새날인을 하지 않았다는 것은 1992년 서울대학 교수들이 서울규장각에 소장된 조약, 칙령, 법 문서들을 정리하는 과정에 ≪을사5조약≫ 원본에 국왕의 수표, 국새가 찍혀 있지 않다는 것을 확인함으로써 더욱 명백해졌다. 이처럼 ≪을사5조약≫은 그 체결을 위한 국왕의 승인도 전권대표의 공식적인 조인도 주권자의 검토와 비준, 조약문의 제목도 없는 불법무효한 협잡문서이다.

[41]≪을사5조약≫이 불법무효한 ≪조약≫으로 되는 것은 둘째로, 이 ≪조약≫이 무력적 강제에 의해 조작되였기 때문이다. 국제조약은 본질에 있어서 평등한 주권국가들 사이의 자원적인 의사와 합의에 따라 결정되는 평등한 합

의문서이다. 국내법은 국가의 권력기관에 의하여 그 준수와 집행이 보장되지만 국제조약은 그와는 달리 체약국가들 자신이 지닌 자원적 의무에 의하여 리행되는 것이 기본이다. 그러므로 조약체결에서 강박 또는 무력적 강제를 철저히 금지하고 있다. 조약법에 관한 원협약에는 ≪국가대표를 직접 위협하는 행동 혹은 위협을 통하여 그 대표자에게 강요함으로써 조약에 구속될 데 대한 국가의 동의가 표시되였다면 그 조약은 어떠한 법적효률도 가지지 못한다.≫(51조), ≪조약이 유엔헌장에 구현된 국제법의 원칙에 위반되게 위협하거나 힘을 사용하며 체결되였다면 그러한 조약은 무효이다.≫(52조)라고 규제되여 있다. 이 조항들은 조약체결을 위한 전권대표나 국가에 강박, 무력적 위협 또는 무력을 사용하여 체결된 조약은 철저히 무효라는 것을 법문화한 것이다. 그런데 일제는 이러한 국제법을 위반하고 무력적 위협에 기초하여 고종황제에게 ≪을사5조약≫ 체결을 직접적으로 강박하였다.

당시 한성에 기어든 이또는 1905년 11월 15일 고종황제를 만난 자리에서 첫째로, 한국은 외부를 폐지하고 모든 외교권을 일본에 넘길 것 둘째로, 서울에 주재하는 공사를 통감으로 개칭할 것 셋째로, 서울과 개방된 항구들에 있는 령사를 리사로 개칭할 것 등을 강박하면서 본안은 조금도 변경할 여지가 없는 확정안이기 때문에 무조건 동의하여야 하며 만약 이 안을 거절하는 경우 ≪귀하의 지위는 조약을 체결하는 것 이상으로 곤란한 경우에 떨어져 더욱 불리한 결과가 차례질 것은 각오하지 않으면 안 된다.≫고 로골적으로 위협하였다. 또한 이또는 현재 제기하는 안은 자기 개인의 의사가 아니라 일본국의 명령이므로 무조건 접수해야 하며 거부하는 경우 일본국은 조선에 선전포고를 하겠다는 무력기도까지 서슴지 않았다. 이와 함께 ≪조약≫ 조작 전야에는 조선주둔 왜나라 군사령관 하세가와에게 기병련대와 포병대들을 비롯한 많은 침략무력을 한성에 끌어들여 한성장안을 크게 위협하도록 하였으며 지어 리조봉건정부의 각부에까지 군대와 헌병무력을 배치하게 하였다. 1905년 11월 17일에는 조선주둔 왜나라 군사령관, 헌병대장 등과 함께 수많은 군대와 헌병들을 내각 ≪회의장≫에까지 끌고 들어가 삼엄한 공포분위기를 조성해놓고 정부각료들에게 조약에 조인하라고 강박하였다. ≪회의장≫에서 참정대신 한규설이

≪조약≫을 반대한다고 하여 그를 ≪회의장≫에서 강제로 끌어내간 다음 리완용을 비롯한 ≪을사5적≫들의 ≪동의≫를 얻어 그 자리에서 ≪조약≫이 원만히 ≪체결≫되였다고 공포했지만 떳떳지 못하여 제때에 내외에 공포하지 못하였다.

조약체결사에 강요에 무력적 위협으로 조약을 조작한 례가 없는 것은 아니다. 1939년 3월 17일 ≪체스꼬슬로벤스꼬의 보호에 관한 조약≫은 조약을 거부하면 쁘라하를 폭파할 것이라는 히틀러의 폭설과 위협공갈에 의해 체결되였지만 국제사회는 이것을 가장 치욕스러운 ≪조약≫으로 락인하고 있다. 그러나 ≪을사5조약≫과 같이 수많은 왜나라의 침략무력이 총검의 숲으로 왕궁을 겹겹이 포위하고 조약체결장소인 ≪회의장≫에까지 침략군이 들어와 그들이 지켜보는 속에서 조작된 조약은 없다. 이에 대해서는 ≪조약≫을 직접 날조해낸 이또 자신도 1907년 5월 26일 ≪통감부≫ 요원들을 자기 관저에 모여놓고 자기가 1905년 11월 15일 고종에게 ≪조약≫을 강요했으며 11월 17일에는 일이 뜻대로 되지 않아 자기가 직접 하세가와대장과 함께 궁중에 들어가 고종을 제쳐 놓고 각 대신들을 일일이 협박했다고 실토하였다.[42] 그리고 당시 조선에 와서 활동하던 런던 ≪데일리 메일≫조선특파기자 맥켄지도 그 당시의 상황은 ≪일본군이 …… 민비를 살해한 그 1895년 밤의 일≫을 련상시켰다는 것, 참정대신 한규설이 왜나라 공사관의 서기관에 의해 ≪옆방에 갇혀 죽인다는 협박을 받았≫으며 이또도 한규설에게 가서 강요했다고 폭로하였다. ≪조약≫ 체결사에 이와 같이 무력적 위협과 무력을 직접 발동하여 날조한 조약은 오직 ≪을사5조약≫뿐이다.

≪을사5조약≫이 불법 무효한 ≪조약≫으로 되는 것은 셋째로, 고종황제가 이 ≪조약≫을 무효라고 선포하였기 때문이다. 1905년 11월 고종은 ≪을사5조약≫과 관련하여 일제의 압력이 강화되자 1882년의 ≪조미조약≫에 기대를 걸고 미국에 이것을 조절해줄 것을 ≪호소≫하는 밀서를 작성하여 조선에 와 있던 미국인 헐버트에게 주어 미국 대통령에게 전달하도록 하였다. 그러나 왜나라와 한 짝인 미제는 헐버트가 워싱톤에 도착한 지 8일 만인 11월 25일에야 미 국무장관 루투가 그를 만나 실제적인 행동을 취할 수 없는 것이 ≪유감≫

이라고 하면서 외면해버렸다. 헐버트의 소식을 알 수 없었던 고종은 중국지부를 통하여 11월 26일 또다시 ≪을사5조약≫의 무효를 선언하는 다음과 같은 전문을 헐버트에게 보냈다. ≪조선과 일본 사이에 체결되였다고 하는 소위 보호조약이라는 것은 총검과 탄압 밑에 강요된 것으로서 무효이다. 짐은 그것에 동의하지 않았으며 앞으로도 결코 동의하지 않을 것이라는 것을 미국정부에 전달할 것을 바란다.≫ 조선어와 영어로 된 이 친서에는 고종황제의 수표와 함께 국새도 찍혀 있었다. 고종은 헐버트가 ≪을사5조약≫ 날조 전에 떠났으므로 그에게 조약의 내막도 알리며 그것을 미국정부에 전달하도록 한 것이였다.

≪을사5조약≫에 대한 고종황제의 무효선언은 미국의 뉴욕에 있는 콜롬비아 대학도서관에서 발견된 고종의 친서에서도 찾아볼 수 있다. 고종은 미국의 배신행위로 하여 일이 제대로 안 되자 로씨야, 영국, 프랑스를 비롯한 여러 나라 수뇌들에게 이≪조약≫이 무효임을 선언하는 서한을 보내였다. 조선어와 영어로 된 이 친서에도 고종황제의 수표와 함께 국새가 찍혀 있었다. 친서에서 고종은 자기는 국왕으로서 조정대신들에게 ≪을사5조약≫체결을 위임한 바 없으며 왜나라 측이 대신들을 감금한 채 ≪조약≫을 날조하였다는 것을 지적하고 ≪상황이 이런즉 이른바 조약이 성립되였다고 하는 것은 공법을 위반한 것이므로 그것은 응당 무효≫라고 선언하였다. 그리고 자신은 국왕으로서 이 ≪조약≫에 어떤 경우에도 결단코 응하지 않을 것이라고 강조하면서 장차 어떤 나라가 국왕인 자신이 이 ≪조약≫에 응낙했다고 주장하는 일이 혹시 있더라도 여러 나라 국가원수들은 그것을 ≪믿지도 듣지도 말고 그것이 근거 없는 일≫임을 알아줄 것을 당부하였다. 그러면서 이 ≪조약≫이 무효임을 증시하기 위하여 국제재판소에 일제의 죄행을 제소할 의사가 있다는 것을 밝혔다. ≪을사5조약≫의 무효를 선언한 고종의 이 호소는 일제와 미제의 책동으로 성사되지 못하였다.

그러나 고종은 이에만 그치지 않았다. 그는 1907년 1월 16일에는 세계 각국 수뇌들에게 ≪을사5조약≫이 무효라는 것을 호소하는 성명을 또다시 발표하였다. 당시 영국인 토마스 베첼은 한성에서 조선말로 된 ≪대한매일신보≫와 영어로 된 ≪코레아 데일리 뉴스≫를 발간하고 있었는데 이 신문들에는 1907

년 1월 16일부로 ≪런던트리뷴지≫ 기자 더글리스 스토리에게 써준 고종황제의 성명이 게재되었다. 전문내용은 다음과 같다.

① 1905년 11월 17일 일본사신과 박제순이 체결했다고 하는 조약은 내가 처
   [43]음부터 인정하지 않았으며 또 국새를 찍지 않았다.
② 나는 이 조약을 일본이 제멋대로 발표하는 것을 반대한다.
③ 나는 독립황제권을 추호도 타국에 양여한 일이 없다.
④ 외교권과 관련한 강제조약은 근거가 없는 것이고 내정과 관련한 것도 전
   혀 승인한 일이 없다.
⑤ 나는 통감의 주재를 허락하지 않았으며 황실권을 조금이라도 외국인이 행
   사하는 것을 허락한 일이 없다.
⑥ 나는 세계 각국이 한국의 외교권을 공동으로 보호해주기를 바란다.

저들의 허위와 모략이 고종황제의 여러 차례에 걸치는 성명문에 의해 백일하에 드러나게 되자 이에 바빠난 이또는 친일매국노들로 하여금 1월 21일 관보에 고종의 성명이 ≪위조≫라는 기사를 싣도록 하였다. 그러나 토마스 베첼은 고종의 성명은≪위조≫가 아니라 사실이 틀림없다고 하면서 그의 수표와 옥새가 찍힌 원본의 사진판을 영국신문에 다시 게재하였다. 영국은 ≪영일동맹≫관계를 운운하면서 베첼을 령사재판에 걸어 투옥했으나 명백한 사실 앞에 그를 석방하지 않을 수 없었다. 헐버트도 후에 일제의 통감부 외교관인 고마쯔 미드리에게 미국대통령에게 보낸 고종의 밀서와 ≪대한매일신보≫에 게재된 고종의 성명이 그의 서명, 옥새날인이 있는 원본내용과 꼭 같다는 것을 재확인시켰다. 이와 같이 ≪을사5조약≫은 왜나라의 불순한 목적에서 무력적 강제에 의해 조인도 비준도 없이 침략적 내용으로 일관된 비법적이며 범죄적인 문서장이다. 그러므로 국제법의 상설전문기관의 하나인 유엔국제법위원회(1963년) 년례보고서에서도 수천 년을 헤아리는 조약사에서 ≪체결당시부터 효력을 가지지 못한 조약이 세계적으로 4개인데 그중 하나가 바로 1905년 <을사5조약>이다.≫라고 폭로하였다.

왜나라는 저들의 조선에 대한 식민지통치를 이른바 ≪조약상의무≫에 기초

한 것처럼 떠들어대고 있지만 그것은 저들의 조선강점과 식민지통치를 변호하기 위한 궤변에 지나지 않는다. 현 왜나라 당국은 과거력사를 그대로 인정하고 사죄하는 것이≪일본의 미래에 불행의 씨앗을 뿌려놓게 될 것≫이라느니, ≪력사의 필연으로 일어난 과거사에 대하여 죄의식을 가질 필요가 전혀 없다. 사죄할 것도 없다.≫는 저들의 강도론리에 매어달리고 있다. 특히 최근에 왜나라 문부과학성이 ≪검정통과≫시켰다는 새 ≪교과서≫에도 이러한 사상이 그대로 반영되여 근대사서술에서 기본초점으로 되는 ≪을사5조약≫과 같은 범죄적 사실에 대하여 언급조차 하지 않고 새 세대들에게 외곡된 력사교육을 하고 있다. 지어 왜나라의 교육을 책임진 문부과학상이라는 자까지도 문부과학성이 이번에 ≪검정통과≫시킨 ≪교과서≫가 ≪균형 잡힌 교과서≫이므로 다른 아시아 나라들로부터 ≪불평을 들을 리유가 없다.≫고 떠벌였다. 왜나라 당국이 자라나는 새 세대들에게 일제의 해외침략사를 사실대로 알려주는 것은 과거죄악을 똑바로 인식하고 다시는 그런 길을 걷지 않도록 하는데서 매우 중요하다. 그러나 현 왜나라 반동집단이 지금처럼 새 세대들에게 외곡, 미화은페된 력사를 교육한다면 그것은 과거죄악에 새로운 죄를 덧쌓는 행위로 된다. 왜나라 당국은 조선과 아시아인민들 앞에 저지른 불미스러운 과거를 랭철하게 돌이켜보고 성근하게 철저히 사죄보장하는 길로 나와야 한다.

14. ≪정미7조약≫은 국제법상 불법무효한 사기협잡문건[30]

림동춘

[72]일제가 강도적인 방법으로 ≪정미7조약≫을 날조하여 우리나라의 내정권을 강탈한 때로부터 100년이 지나갔다. 일제는 날강도적인 ≪정미7조약≫의 강요로 우리나라의 시정권, 법제정권, 행정상의 처분권, 고등관리의 임명 및 해임권 등 조선의 내정권을 송두리째 강탈하였으며 이에 기초하여 1910년에는 조선을 강제로 합병하고 악독한 식민지통치를 실시하였다. 왜나라 반동들은 ≪정미7조약≫을 비롯하여 제놈들이 날강도적으로 날조해낸 이른바 ≪조약≫들이 ≪국제적승인≫을 받았고 조선사람들의 ≪청원≫에 의한 것이기 때문에 국제법상 ≪합법≫적인 것이라고 떠들어대고 있다. 왜나라 반동들은 오늘도 조선에는 사죄도 보상도 할 수 없다고 앙탈을 부리면서 과거를 성근히 청산할 데 대한 국제사회의 요구에 도전해 나서고 있으며 저들의 과거범죄를 ≪정당화≫해보려고 교활하게 책동하고 있다.

위대한 수령 김일성동지께서는 다음과 같이 교적하시였다. ≪조선에 대한 일본의 강점이 후안무치한 강도행위였다는 것은 온 세상이 다 알고 있는 사실이다. 그네들은 처음부터 그 강점을 합법적이며 정당한 것이라고 묘사하였지만 〈합방〉은 어디까지나 철저한 강도행위였다.≫(≪김일성저작집≫제49권, 88페지)

세상이 공인하는 바와 같이 ≪정미7조약≫은 일제가 국제조약체결에 관한 국제법적 규범을 란폭하게 위반하고 사기와 협잡, 기만과 회유, 강박과 폭압의 련속으로 날조해낸 불법무효한 사기협잡문서이다. 국제조약은 국가들 사이의 합의에 의하여 성립되기 때문에 유효한 조약으로 되자면 일정한 조건을 충족시키고 적법적으로 체결되여야 한다. 과거나 현재를 막론하고 세계 모든 나라들이 공인하고 있는 국제조약의 성립조건은 첫째로, 국가가 조약체결능

---

30) 출처: 김일성종합대학출판사, 『김일성종합대학학보: 력사법학』, 제53권 제3호(2007), 72~78쪽.

력이 있어야 하며 둘째로, 조약체결당사자들이 국가로부터 전권위임을 받아야 하며 셋째로, 조약체결에서 자유로운 의사합의가 보장되여야 하며 넷째로, 조약내용이 적법적이어야 하며 다섯째로, 조약에 비준이 있어야 한다는 것이다. 국제조약 성립조건은 ≪정미7조약≫이 날조될 당시의≪만국공법≫이나 현대국제법에서 공인하는 ≪국가들 사이의 조약법에 관한 원협약≫에도 정확히 규정되여 있다. 그러나 ≪정미7조약≫은 국제법상 공인된 ≪국제조약 성립조건≫을 그 어느 조항 하나도 충족시키지 못한 불법무효한 사기협잡문건이다.

≪정미7조약≫이 국제법상 불법무효한 사기협잡문건으로 되는 것은 첫째로, 이≪조약≫이 국제조약체결능력이 없는 당사자들에 의하여 날조된 ≪조약≫이기 때문이다. 조약체결능력은 국제조약성립의 가장 중요한 조건이다. 조약체결능력이 없는 국가는 국제조약체결에 나설 수 없으며 조약체결능력이 없는 국가가 체결한 조약은 그 어떤 경우에도 효력을 가지지 못한다. 국가의 조약체결능력이란 조약체결에 참가한 국가가 그 어떤 외세의 간섭을 받음이 없이 조약체결과 관련한 행위를 독자적으로 수행하며 조약에서 규정된 권리의무를 책임적으로 리행할 수 있는 능력을 말한다. 조약체결에 참가한 국가는 조약체결과 관련한 체약타방의 요구를 자기 나라의 구체적 실정과 민족의 리익에 맞게 자주적으로 처리하며 조약에서 합의된 권리의무를 국제법의 기본원칙과 체약국들의 리익에 부합되게 처리해나갈 수 있는 능력을 가져야 한다. 이러한 능력을 가진 국가만이 자주독립국가로 인정될 수 있으며 국제관계에서 자기의 권리를 당당히 행사하고 의무를 책임적으로 리행할 수 있다.

그러나 ≪정미7조약≫은 일제가 국제조약체결능력이 없는 리완용 친일정부를 대상으로 날조한 ≪조약≫이다. [73]≪정미7조약≫ 날조 당시 일제가 체약일방으로 내세운 리완용 친일내각은 국제조약체결능력이 없는 정부였다. 일제가 저들의 요구에 복종하도록 만들어놓은 리완용 친일내각은 ≪을사5조약≫에 의하여 외교권을 일본에 빼앗긴 허수아비 ≪정권≫이였다. 1905년에 일제가 총칼을 휘둘러 강압 날조한≪을사5조약≫은 제2조에서 ≪일본국정부는 조선과 다른 나라 사이에 존재하는 조약의 실행을 완전히 책임지며 조선정부는 금후에 일본국정부의 중개를 거치지 않고는 국제적 성격을 띤 어떠한 조약이나 약속을 하지 않을 것을 약정한다.≫고 규정하였다. ≪을사5조약≫에 의하여 리완용 친일내각은 일본정부의 중개를 거치지 않고서는 국제적 성격을 띠는 그 어떤 조약이나 협정을 다른 나라와 체결할 수 없게 되여 있었다. 실제상 ≪정미7조약≫이 날조될 당시 리완용 친일내각에는 내부, 학부, 군부, 탁지부, 법부, 농상공부만이 있었고 다른 나라와 외교사업을 맡아보는 외부는 없었다. 한마디로 다른 나라와 조약을 체결할 수 있는 권한이 없었다. 일제는 ≪을사5조약≫이 날조된 직후인 1906년 1월 17일 리완용 친일내각의 외부를 외교문서나 공문서, 조약의 원문이나 보관하는 외사국으로 개편하고 외교기능을 없애버렸다. 따라서 리완용 친일내각은 일제에게 외교권을 강탈당하였기 때문에 자주독립국가로서 대외관계무대에 나설 수 없게 되였으며 국제법상 다른 나라들과 국제조약을 체결할 수 있는 당사자의 자격이 없었다. 이처럼 ≪정미7조약≫은 국제조약성립의 가장 중요한 조건인 조약체결능력이 없는 리완용 친일내각을 내세워 날조한 불법무효한 사기협잡문건이다.

　≪정미7조약≫이 국제법상 불법무효한 사기협잡문건으로 되는 것은 둘째로, 이≪조약≫이 국가의 전권위임을 받지 못한 자들에 의하여 날조된 ≪조약≫이기 때문이다. 조약체결에 참가하는 대표가 국가로부터 전권위임을 받았는가 받지 못하였는가 하는 것은 전권위임장에 의하여 확인된다. 전권위임장은 국제조약과 관련한 행위를 수행하기 위하여 파견되는 사람이나 대표단이 해당 국가를 대표한다는 것을 확인하는 주권국가의 증표이다. 그 어떤 나라의 대표들이나 다 전권위임장이 있어야 공식적인 국가대표로 인정될 수 있으며 조약의 체결과 수정, 변경과 보류 등 조약과 관련한 회담에 참가할 수 있고 부여받은 권한의 범위 내에서 국제법상의 행위를 수행할 수 있다. 전권위임장이 없는 대표나 대표단은 자기 나라를 대표하여 국제조약체결과 관련한 국제법상의 행위를 수행할 수 없으며 설사 그러한 대표가 회담에 참가하여 조약을 체결한다고 하여도 그 행위는 자기 국가를 대표할 수 없다. 따라서 그러한 조약은 국제법상 그 어떠한 효력도 가질 수 없다.

　≪정미7조약≫은 국가로부터 전권위임을 받은 공식대표들에 의하여 체결된 조약이 아니다. 조선 측을 대표하여 ≪정미7조약≫에 서명한 리완용은 리

왕조의 최고주권자인 황제로부터 전권위임을 받지 못한 대표 아닌 ≪대표≫
였다. 당시 리왕조는 일제의 간악한 책동으로 하여 황제 고종이 강제로 퇴위
당하고 순종이 림시로 황제를 대리하고 있었다. 따라서 국가의 내정권을 송두
리 채 다른 나라에 넘기는 것과 같은 중요한 조약체결은 마땅히 대리황제인
순종의 위임이 있어야 하였으며 태황제인 고종의 승인을 받아야 하였다. 그러
나 당시 고종이나 순종은 왜나라와의 조약체결은 안중에도 없었다. 고종이나
순종황제는 저들이 왕권을 넘겨주어야 할 망국적인 조약을 체결할 의사는 전
혀 없었으며 따라서 그러한 조약체결을 위한 대표를 위임하려고도 하지 않았
다. 리완용도 황제나 그 측근들이 왜나라와의 조약체결을 반대한다는 것을 알
고 있었기 때문에 황제의 주권을 왜나라에 넘기는 것과 같은 조약의 체결을
고종이나 순종에게 제기할 수 없었다. 때문에 리완용은 통감인 이또의 강박을
받은 후 황제에게 알리지도 않고 제놈이 ≪주관≫하여 이또의 요구대로 서명
하였던 것이다.[74]

　왜나라 측을 대표하여 서명한 통감 이또 히로부미도 전권위임을 받지 못한 아
무러한 권한도 없는 자였다. 이또 히로부미가 통감의 이름으로 ≪정미7조약≫에
서명하였지만 통감에 대해서는 리왕조도 인정하지 않았고 일제가 ≪합법≫이라
고 떠들어대는 ≪을사5조약≫의 조항에 의하더라도 통감은 국제조약에 서명
할 권한이 없었다. ≪을사5조약≫제3조에는 ≪통감은 전적으로 외교에 관한
사항을 관리하기 위하여 경성에 주재하며 직접 조선황제폐하를 만날 권리를
가진다.≫라고 규정되여 있다. 이 조항을 해석하면 통감은 리왕조의 황제를
보좌하며 조선과 다른 나라들 사이의 외교에 관한 사무관리를 임무로 하는 일
개 관리에 불과하다. 따라서 통감은 리왕조 측에 서서 조선이 다른 다라와 체
결하는 국제조약에 참여할 수 있을지 몰라도 왜나라를 대표하여 그것도 왜나
라 왕의 위임도 받지 못한 상태에서 ≪정미7조약≫과 같이 우리나라의 내정
권을 강탈하는 문건에는 서명할 수 없다.

　최고주권자나 최고주권기관의 위임을 받지 못한 자들이 국제조약을 체결할
수 없다는 데 대하여서는 ≪정미7조약≫ 날조 당시의 만국공법과 리왕조의
법 그리고 왜나라법에 명확히 밝혀져 있었으며 현대국제법에도 조문화되여

있다. 만국공법 제10장 108절에는 ≪국제조약이 유효한 조약으로 되자면 반드시 최고주권자의 위임이 있어야 한다.≫고 규정되여 있으며 리왕조의 ≪대한국국제≫(법) 제9조에는 황제가 직접 ≪제반조약을 체결≫한다는 것이 규정되여 있었고 당시의 왜나라 명치헌법 제4조와 13조에도 왜나라 왕이 ≪국가의 원수로서 통치권을 총람≫하며 ≪제반조약을 체결≫한다고 규정되여 있었다. 1969년에 채택된 ≪국가들 사이의 조약법에 관한 원협약≫제8조에는 ≪조약체결을 위한 국가대표로 전권을 위임받지 못한 사람이 수행한 조약체결에 관한 행위는 차후에 그 국가가 확인하지 않는 한 법적효력을 가지지 못한다.≫고 규정되여 있다. 이것은 1907년 당시 조선과 왜나라에서는 최고주권자인 조선황제와 왜나라 왕 그리고 그들이 임명한 전권대표가 아니고서는 그 누구도 국제조약을 체결할 수 없었으며 설사 조약을 체결한다고 하여도 당연히 무효로 된다는 것을 말해준다.

그런데 ≪정미7조약≫은 조선황제나 왜나라 왕이 전권을 위임한 대표자에 의해서가 아니라 량 국가의 최고주권자나 최고주권기관으로부터 그 어떤 위임도 받지 못한 자들이 서명하였다. 국가로부터 아무러한 전권위임도 받지 못한 친일괴뢰정부의 리완용과 통감 이또의 서명으로 날조된 조약이 국제법상 그 어떤 효력도 가질 수 없다는 것은 더 론의할 여지도 없이 명백하다. 하기에 일본인 변호사 도쯔까 에쯔로도 이또 히로부미가 왕의 위임도 없이 통감의 명의로 ≪내정권이양≫에 관한 ≪문서≫에 서명한 것은 ≪조약사에 있어 본 적이 없는 일≫이라고 비난하지 않을 수 없었다.

≪정미7조약≫이 국제법상 불법무효한 사기협잡문건으로 되는 것은 셋째로, 이 조약이 자유로운 의사합의를 완전히 무시하고 일제의 일방적인 요구를 폭력과 강제에 의하여 충족시킨 문건이기 때문이다. 합의는 조약문에 대한 체약당사국들의 동의로서 국제조약성립의 가장 중요한 조건이다. 조약참가자들 사이에 합의가 이루어지지 않으면 그 어떤 경우에도 국제조약은 성립할 수 없으며 유효한 조약으로 될 수 없다. 합의가 국제법상요구에 부합되는 것으로 되자면 체약당사자들 호상 간에 조약문 초안을 놓고 충분한 의견교환이 이루어져야 하며 조약체결에 관여한 모든 대표자들과 최고주권자에 이르기까지

그 내용에 대한 명확한 동의가 있어야 한다. 이러한 토의과정을 거쳐 체약국들 사이에 조약문 초안에 대한 의견이 완전히 일치될 때 비로소 그 초안을 완성된 조약문이라고 할 수 있으며 조인에 들어갈 수 있다. 그러나 ≪정미7조약≫은 합의에 대한 국제법적 절차를 완전히 무시하고 일제의 무력적 위협과 강제에 의하여 날조되었다.[75] 일제는 1907년 1월 12일 조선의 내정권을 장악할 데 대한 ≪대한정책의 극비의 훈령≫을 이또에게 내리었으며 리완용친일정부로 하여금 내정에 관한 사항은 모두 통감의 동의를 얻어 시행하며 군부대신과 법무대신을 왜인으로 임명할 데 대한 문제 등을 내용으로 하는 ≪처리요강안≫이라는 것을 하달하였다. 이에 따라 왜나라 외상 하야시와 통감 이또는 우리나라의 내정권을 송두리째 강탈하기 위한 조약 초안이라는 것을 꾸며내고 그것을 리완용친일내각에 강요하였다. 통감 이또는 1907년 7월 23일 밤 친일매국노 리완용과 송병준을 제놈의 숙소에 불러다 놓고 제놈들이 작성한 조약문을 그대로 받아 물 것을 강요하였으며 그 다음날에는 조약 초안을 리완용친일정부에 정식 ≪제출≫하여 토의하게 하였다. 리완용친일내각의 여러 대신들이 반대하였음에도 불구하고 통감 이또는 제놈과 리완용의 도장을 조약문에 찍는 파렴치한 방법으로 ≪정미7조약≫을 날조하였다. 이와 같은 사실은 ≪정미7조약≫이 체결쌍방 당사자들 사이의 자유로운 의사합의에 의해서가 아니라 왜나라의 일방적인 요구에 의해 날조되었다는 것을 말해준다.

일제는 ≪정미7조약≫ 날조에서 합의의 자유보장에 대한 국제법적 요구를 란폭하게 위반하였을 뿐 아니라 조약 날조 준비로부터 체결에 이르는 전 과정에 무력적 위협과 강제적 방법을 적용하였다. 일제는 조약체결 준비로 황제 고종을 강제로 퇴위시키고 궁내부대신과 시위대장교들의 연금 등으로 반일세력을 거의 다 제거하였으며 조선에 주둔한 전체 일본군을 비상동원태세를 갖추고 대기하게 하였다. 일제는 7월 21일 내각회의를 열고 조약 날조를 보장할 조선주둔일본군을 지원하기 위하여 조선에 한 개의 혼성려단을 파견할 데 대하여 결정하였다. 이에 따라 일본군 한 개 혼성려단이 조약 날조 직전에 서울에 입성하여 이미 주둔하고 있던 일본군과 합세하여 경계태세를 갖추었으며 황궁과 내각을 비롯한 주요관청을 포위하고 위협하였다. 서울의 여러 지점들에는 완전무장한 일본군을 배치하고 오가는 행인들까지 검색하면서 살벌한 분위기를 조성하였다. 이것은 체약일방이 체약타방에 직접적인 무력적 위협과 공갈을 가한 것으로서 모든 조약을 자유로운 의사합의로 보장할 데 대한 국제조약법상의 요구를 란폭하게 유린한 것이다.

당시의 ≪만국공법≫제409장에는 ≪만일 다른 사람의 협박을 받아서 자유가 없이 한 것이면 그 조약은 다 페지할 수 있다.≫고 규정되여 있으며 일본 국제법학자가 1916년에 쓴 ≪국제공법론≫제6장 제1항에는 국제조약이란 국가 간의 ≪합의≫이기 때문에 ≪일방적인 의사표시≫는 절대로 조약이 아니라고 밝혀져 있다. ≪국가들 사이의 조약법에 관한 윈협약≫제52조에서는 ≪조약이 유엔헌장에 구현된 국제법적 원칙에 위반되게 힘을 사용함으로써 체결되였다면 그러한 조약은 무효이다.≫라고 규정하고 있다. 그러나 ≪정미7조약≫은 날조 당시의 국제법과 현대국제법, 유엔헌장의 기본원칙에 완전히 배치되는 무력적 위협과 강제, 일방의 강압적인 요구, 조약문에 대한 합의란 전혀 없는 상태에서 날조되였다.

이또는 조약 날조 다음 날인 7월 25일에 ≪정부 안에 다소의 소란이 발생할 수 있다는 것을 예견하지 않을 수 없다. 이에 대해서는 본국으로부터 군대를 초청하여 십분 진압할 수단을 강구할 각오이다.≫라고 조약날조를 무력으로 받침하고 강행할 강도로서의 본색을 드러내었다. 이처럼 ≪정미7조약≫은 합의에 관한 국제법적 원칙과 규범들을 란폭하게 위반하고 일제의 폭력과 강제에 의하여 날조된 사기협잡문건이다.

≪정미7조약≫이 국제법상 불법무효한 사기협잡문건으로 되는 것은 넷째로, 이 조약의 내용이 국제법과 국내법에 완전히 저촉되는 내용으로 일관되여 있기 때문이다. 국제조약의 내용은 국제법과 국내법에 부합되는 것이어야 효력을 가진다. 국제조약의 내용이 국제법과 국내법에 부합되여야 한다는 것은 체결된 조약내용이 국제법의 기본원칙과 국제법규범 그리고 체약국들의 국내법에 저촉되지 말아야 하며 체약국들의 국가적 리익을 도모하고 전반적인 국제관계발전에 이바지하여야 한다는 것을 말한다.[76] 국제법과 국내법에 부합되지 않는 조약은 체결될 수 없으며 설사 체결된다 하여도 그 어떤 효력도 체

약국들에 법적구속력도 가질 수 없다. 왜냐하면 이러한 조약은 나라와 민족들의 리익을 해치고 정상적인 국제관계발전을 저해하기 때문이다. 그러나 ≪정미7조약≫은 우리나라의 내정권을 송두리째 강탈함으로써 우리나라의 자주적 발전을 가로막고 우리 인민의 민족적 자치권을 말살하며 조선을 저들의 완전한 식민지로 만들기 위한 침략적이며 강도적인 조항으로 되여 있다. 일제는 이 조약 제1조~제3조에서 조선정부가 ≪통감≫의 ≪지도와 승인≫ 밑에서만 시정개선과 법령개정, 주요행정상 처분과 사법사무를 진행할 수 있게 하였으며 제4조~제7조에서는 ≪통감≫의 동의와 추천하에서만 고등관리를 임명하고 왜인을 조선관리로 쓸 수 있으며 ≪통감≫의 동의 없이는 그 어떤 외국인도 쓸 수 없게 하였다.

≪정미7조약≫은 본문내용이 강도적일 뿐만 아니라 부속문이 더욱더 강도적인 내용으로 되여 있다. 부속문에서는 본문에서 언급하지 않은 조선의 군대해산을 비롯하여 사법 분야와 경찰부문에 왜인을 채용하게 하는 등 사실상 사법권 및 경찰권을 왜인이 행사하도록 규정하였다. 일제는 부속문 제3조에 자금문제를 고려하여 조선군대를 정리해야 한다는 구실 밑에 황실을 호위하는 한 개 대대를 제외한 모든 조선군대를 해산한다고 규정함으로써 조선군대해산의 ≪법적기초≫를 마련하였다.≪정미7조약≫이 날조된 결과 우리나라는 립법권과 행정권, 사법권을 완전히 강탈당하고 일제의 식민지로 굴러떨어질 비참한 운명에 놓이게 되였다. ≪만국공법≫제415장에는 ≪약정한 사항이 나라를 망하게 하거나 압제하여 쇠약하게 하고 발전하지 못하게 하는 것이라면 폐기해도 된다.≫고 규정되여 있으며 1916년에 일본 국제법학자 나까무라 싱고가 쓴 ≪국제공법론≫제16장 제5절에도 ≪조약내용이 국제공법에 위반될 때에는 그 조약은 무효이다.≫고 되여 있고 일본에서 1902년에 출판된≪국제공법≫제10장 108절에도 ≪한 나라의 멸망 또는 분할을 목적으로 한 것과 같은 조약은 효력을 가지지 못한다.≫라고 밝혀져 있다. ≪국가들 사이의 조약법에 관한 윈협약≫에도 국제조약은 ≪나라와 민족들 사이의 평화적 협조를 발전시키기 위하여 체결한다.≫고 그 목적을 명백히 규정하고 있다.

국제법과 국내법에 배치되는 국제조약이 효력을 가질 수 없다는 것은 과거나 현재나 세계 모든 나라들이 공인하고 있는 국제법의 원칙이며 규범이다. 그러나 일제는 이에는 아랑곳하지 않고 국제조약체결 사상 있어 본 적이 없는 강도적 내용으로 일관된 조약문을 날조하여 우리나라를 망하게 만들었다. 이에 대해 ≪대한매일신보≫ 1907년 7월 27일부는 ≪신협약≫이라는 제목으로 ≪한국의 독립은 그 흔적마저 가버렸다. 이 나라는 이름만 있고 실제는 일본에 얽매인 것≫이라고 론평하였다. 이처럼 ≪정미7조약≫은 조선의 모든 주권을 완전히 강탈하는 내용으로 일관된 침략적인 ≪조약≫으로서 국제법상 도저히 성립될 수 없는 불법무효한 사기협잡문건이다.

≪정미7조약≫이 국제법상 불법무효한 사기협잡문건으로 되는 것은 다섯째로, 이 조약이 국가의 최고주권자나 최고주권기관의 비준을 받지 못한 불량날조품이기 때문이다. 조약의 비준은 국가주권을 대표하는 기관이 자기의 전권대표에 의하여 조인된 국제조약을 다시 확인하고 그 법적효력을 인정하는 주권국가의 법률행위로서 국제조약체결의 마지막 공정이다. 국제조약체결권을 위임받은 전권대표는 비록 국가를 대표하여 조약을 체결하지만 이러저러한 요인으로 하여 조약내용이 국가적 요구에 맞지 않게 설정될 수도 있다.[77] 때문에 국가는 전권대표가 체결한 조약내용이 국가의 요구와 리익을 정확히 담고 있는가 하는 것을 반드시 확인해야 한다. 바로 이러한 필요성으로부터 최고주권기관이나 최고주권자의 비준은 국제조약이 효력을 발생하게 하는 결정적 조건으로 된다. 중요한 국제조약은 비준이 있어야 비로소 효력을 발생하게 된다. 그러나 일제가 날조한 ≪정미7조약≫에는 당시 우리나라의 최고주권자인 황제의 비준과 왜나라의 최고주권자인 왜나라 왕의 비준이 없었다. 조약체결 당시 군주국이였던 우리나라와 왜나라 사이에 체결한 국제조약들이 효력을 발생하자면 반드시 량국 최고주권자들의 비준이 있어야만 하였다. 그러므로 일제가 리완용과 같은 친일매국노들을 내세워 강압적으로 조약을 날조하였다 하더라도 황제의 비준을 받지 않는 한 그 어떤 조약도 결코 법적효력을 가질 수 없었다.

≪정미7조약≫은 고종황제가 비준을 하지 않은 것이였다. 1907년 7월 19일 일제의 강요에 못 이겨 고종은 ≪군국의 대사를 황태자에게 대리≫시킨다는

≪양위조칙≫을 발표하였다. 그러나 고종은 황제권을 완전히 넘겨주지 않았을 뿐 아니라 황제대리로 하여금 중요한 문제에 대하여서는 자기의 결론을 받아 처리하도록 하였다. 이에 대하여 통감 이또는 1907년 7월 19일 본국에 보내는 ≪황제양위조칙에 관한 통보≫에서 당시 관례에 의하면 왕위를 넘겨주는 국왕이 살아 있는 한 신임왕은 별도로 즉위식을 할 때까지 대리의 이름으로 국가정사를 처리하게 되여 있으며 고종은 ≪양위조칙≫에 왕위를 넘겨주는 것을 관례에 따라 한다는 것을 명백히 밝히었다고 보고하였다. 결국 순종은 즉위식을 할 때까지는 황제대리로서 정식국왕으로서의 왕권을 행사할 수 없는 지위에 있었다. 일제도 이를 알고 있었기 때문에 리완용을 비롯한 친일매국노들로 하여금 고종에게 ≪정미7조약≫의 비준을 강요하도록 하였던것이다. 일제가 ≪정미7조약≫을 날조하고 공포한 것은 1907년 7월 4일이고 순종이 즉위식을 진행한 날은 8월 27일이였으므로 조약에는 마땅히 고종의 비준이 있어야 하였다.

그러나 최근 왜나라 외무성 산하의 외교사료관에 보관되여 있는 ≪강화도조약≫, ≪한일의정서≫, ≪한일맹약≫, ≪을사5조약≫, ≪정미7조약≫ 등 5개의 조약과 그와 관련된 문건들 중에서 ≪강화도조약≫에만 량국황제들의 비준서가 있고 ≪정미7조약≫을 비롯한 다른 문서들에는 그것이 없다는 것이 밝혀졌다. 이것은 ≪정미7조약≫이 황제의 비준도 받지 못한 국제법상 그 어떤 법적효력도 가질 수 없는 날조품이라는 것을 말해준다. ≪만국공법≫제405장과 제406장에는 조약은 ≪반드시 국왕의 승인≫이 있어야 실행할 수 있으며 국가가 ≪비준하지 않으면 그 조약은 곧 휴지로 된다.≫고 규정되여 있다. 1904년에 일본의 바쯔마라 가쯔오가 쓴 책 ≪국제공법론≫제2장 제5절에서는 ≪조약에 군주의 비준이 없으면 유효하게 성립되지 않는다.≫고 규정되여 있으며 1916년의 ≪만국공법≫제16장 5절에서는 ≪조약은 반드시 비준이 필요하며 또 비준 없는 조약은 조약이 아니다.≫라고 하였다. 리조봉건정부에서 1894년 11월 21일 ≪칙령≫제1호로 공포실시된 공문식(법) 제18조에는 ≪국서와 조약비준은 황제가 서명한 다음 국새를 찍는다.≫고 규정되여 있다. 모든 사실들은 일제가 날조한 ≪정미7조약≫이 국제조약법상 효력발생의 가장 중요한 조건인 최고주권자의 비준을 받지 못한 ≪조약≫이며 따라서 국제법상 그 어떤 법적효력도 가질 수 없는 불법무효한 사기협잡문건이라는 것을 보여 준다. 일제는 바로 이러한 사기협잡문건을 날조해내고 그것을 ≪법적기초≫ 로 하여 조선의 내정권을 깡그리 강탈하였으며 우리나라를 제놈들의 식민지 로 만들고 40여 년간이나 우리 인민에게 온갖 불행과 고통을 다 들씌웠다.

≪정미7조약≫이 국제법상 불법무효한 사기협잡문건이라는 것은 일제의 조선내정권강탈이 철저한 강도행위였으며 따라서 그에 기초한 조선강제합병 과 식민지통치가 완전히 비법적이였다는 것을 더욱 명백히 증명하여 준다. 그 럼에도 불구하고 오늘 왜나라의 극우익반동들은 날조된 ≪을사5조약≫, ≪정 미7조약≫, ≪한일합병조약≫의 ≪합법성≫을 운운하면서 과거 조선인민 앞 에 저지른 저들의 극악한 범죄를 인정도 사죄도 보상도 하지 않고 있다. 우리 인민은 일제가 40여 년간 저지른 범죄를 철저히 계산하고 그 대가를 반드시 받아낼 것이다.

제6장 개인: 국제인권법, 범죄인인도법, 국제형사법

15. 인권보장과 관련한 국제법적제도에 대한 리해[31)

한영서

[132]위대한 령도자 김정일동지께서는 다음과 같이 지적하시였다. ≪인권은 자주적으로, 창조적으로 살며 발전하려는 사회적 인간의 신성한 권리입니다.≫ (≪김정일선집≫제13권, 275페지)

인권은 사람들로 하여금 사회와 자기운명의 주인으로 되며 사람답게 살아가는 데서 없어서는 안 될 절대적인 권리이다. 따라서 인권은 자주적으로, 창조적으로 살며 발전하려는 사회적 인간의 신성한 권리인 것이다. 국제협약들에 의하면 인권에는 기본적으로 사람의 생존권, 존엄권, 언론권, 로동권, 보수권, 자결권, 교육권 등 인간의 생활과 관련되는 모든 권리들이 속한다. 이 권리는 그 누구도 침해, 유린, 훼손할 수 없는 확고부동한 권리이다.

인권의 국제보장문제가 전면에 나서게 된 것은 제2차 세계대전 시기부터이다. 물론 제2차 세계대전 이전시기에도 인권보호문제가 많이 제기되였으나 그것이 세계적인 문제로는 론의되지 못하였으며 인권과 관련한 포괄적인 협약들도 체결되지 못하였다. 제2차 세계대전 기간 도이췰란드, 일본 등 파쑈국가들에 의한 유태인집단살해, 조선인, 중국인을 비롯한 여러 민족들에 대한 집단살해, 억압, 착취 등의 만행을 통하여 세계 진보적 인류는 국제적인 인권보장의 필요성을 강하게 인식하게 되였으며 인권의 존중은 민주주의의 옹호와 함께 반파쑈 련합국들의 전쟁목적의 하나로 상정되게 되였다. 그리고 전후에는 인권의 국제적보장문제가 세계평화와 안전을 유지하는 데서 불가결의 중

---

31) 출처: 김일성종합대학출판사, 『김일성종합대학학보: 력사법학』, 제56권 제4호(2010), 132~136쪽.

요과제로 국제정치에 상정되게 되었다.

인권의 국제적보장과 관련한 국제법적 제도들에 대한 리해에서 중요한 것은 무엇보다 먼저 국제기구의 역할과 관련된 문제이다. 유엔은 국제기구에서 인권보장과 관련하여 중심적인 역할을 한다. 유엔은 우선 헌장에서 국제적 인권보장을 자기 목적의 하나로 규정하였다. 유엔헌장 전문에서는 ≪인간의 기본적 권리, 인간의 존엄과 가치, 남녀평등권≫ 등을 존중하고 그를 위한 국제적 협력을 이룩할 데 대하여 강조하였으며 1조 3항에서는 ≪경제, 사회, 문화 및 인도적≫ 문제를 해결함에 있어서 인종, 성별, 언어, 종교의 차별 없이 ≪모든 사람의 인권과 기본적 자유≫를 존중하는 데서 국제적 협조를 실시할 데 대하여 규정하였다. 그리고 제15조, 제55조, 제62조, 제76조 등에서 인권보장이 유엔의 중요목적의 하나이라는 데 대하여 규정하였다. 그러나 유엔헌장에서 언급한 여러 인권규정들은 유엔의 일반적인 활동목표를 규정한 데 그치고 있으며 인권의 구체적인 내용에 대하여서는 명확하게 규정하지 못하였다. 유엔은 또한 유엔인권위원회를 통하여 국제적 인권 보장 규정을 보다 구체화하였다. 유엔은 유엔헌장에서 규정한 인권과 관련한 내용들을 보다 구체화하기 위하여 1948년 유엔총회에서 ≪세계인권선언≫(결의 127)을 채택하였다. 이 결의는 헌장 제68조에 기초하여 경제사회리사회 산하에 설치된 인권위원회가 작성한 초안에 기초한 것이었다.

≪세계인권선언≫은 인권의 촉진과 그 점차적 발전을 위하여 세계 여러 나라가 ≪달성할 수 있는 공통의 기준≫을 규정한 것으로서 법적구속력을 가지지 못하였다. 그러나 세계인권선언의 내용들은 각국의 국내법이나 인권과 관련한 여러 국제조약들의 기초로, 인권활동의 근거로 국제인권보장의 발전에서 무시할 수 없는 영향력을 가지게 되었다.[133]

유엔인권위원회는 국제적인 여러 인권규약을 작성하여 총회에 제출함으로써 그것을 법화하였다. 유엔인권위원회는 1966년에 국제인권규약을 작성하여 유엔총회에 제출하였다. 국제인권규약은 ≪경제적, 사회적, 문화적 권리에 관한 국제규약≫(A규약 또는 사회권규약이라고도 함), ≪시민적 및 정치적 권리에 관한 국제규약≫(B규약 또는 자유권규약이라고도 함) 그리고 B규약의 선택의정서로 되여 있다. 국제인권규약은 1978년에 효력이 발생하였다. 유엔인권위원회는 1989년 ≪사형의 페지를 목적으로 한 시민적 및 정치적 권리에 관한 국제규약 제2선택의정서≫를 작성하여 유엔총회에 제출하였다. 이 조약은 1991년에 효력이 발생하였다. 유엔인권위원회는 이 외에도 ≪집단살해죄방지 및 처벌에 관한 조약≫(1951년), ≪모든 형태의 인종차별에 관한 조약≫(1965년), ≪인종차별금지조약≫(1973년), ≪녀성차별철페조약≫(1979년), ≪고문금지조약≫(1984년), ≪아동의 권리조약≫(1989년) 등을 유엔총회에 작성 제출하여 효력을 발생하게 하였다.

일부 유엔전문기구 및 지역적 국제기구 등도 국제인권보장에서 중요한 문제를 제기하는 역할을 담당하고 있다. 국제로동기구는 ≪결사의 자유와 단결권보호조약≫(1948년), ≪단결권 및 단체교섭권조약≫(1949년), ≪토착민(원주민)의 권리일반에 관한조약≫(1989년) 등 인권과 관련한 여러 조약을 채택하였으며 유엔교육과학문화기구는 ≪교육에서 차별을 금지할 데 대한 조약≫(1960) 등을 작성 채택하였다. 지역적 국제기구인 유럽동맹에서는 ≪인권 및 기본적 자유 보호를 위한 조약≫(유럽인권조약, 1960년)과 11개의 의정서(제1, 4, 6, 7 의정서는 실체법상권리를 보충한 것이며 다른 7개의 의정서는 수속적, 제도적 규칙을 규제한 것이다.)를 작성 채택하였으며 아메리카국가기구에서는 ≪아메리카인권조약≫(1961년), 아프리카동맹에서는 ≪사람 및 인민의 권리에 관한 아프리카헌장≫(1981년) 등을 작성 채택하였다.

이와 같이 유엔과 유엔전문기구 및 지역적 국제기구들에서 국제적인권보장과 관련한 중요조약들과 규약들을 작성 채택하여 효력을 발생시킴으로써 그에 근거하여 국제적인 인권보장제도내용들이 비로소 법화되게 되었다.

인권의 국제적보장과 관련한 국제법적제도들에 대한 리해에서 중요한 것은 다음으로 국제적으로 보장될 수 있는 인권의 내용이 무엇인가를 정확히 인식하는 것이다. 중요한 것은 우선 자유권과 사회권에 대하여 옳바로 인식하는 것이다. 국제인권규약의 A규약과 B규약에서는 각각 사회권과 자유권에 대하여 규정하고 있다. A규약에서는 로동과 사회보장의 권리, 생존권, 교육권 등을 규제하였으며 B규약에서는 생명과 신체의 자유, 고문과 노예의 금지, 아동의 자유, 사생활의 보호, 사상, 량심, 종교의 자유, 집회, 결사의 자유 등을 규제하였다. 이와 함께 이 두 규약에서는 소수민족, 아동의 권리, 전쟁선전금지 등 세계인권선언에서 언급되지 않은 새로운 내용들을 규정하였다. B규약에서 규정한 권리에 대하여 체약권은 ≪존중 및 확보할 것을 약속한다.≫(2조 1항)라고 규정해놓음으로써 매개 국가가 직접적으로 우의 권리보장실시를 책임지고 집행할 의무를 지우고 있으며 A규약에서 규정한 권리에 대하여 체약국은 그 ≪완전한 실현을 점차적으로 달성하기 위하여 리용가능한 수단들을 최대한으로 적용하여 행동할 것을 약속한다.≫(2조 1항)라고 규정함으로써 그러한 권리를 국가들에 직접적으로 실현할 데 대한 법적의무는 지우지 않았다.[134]

A규약과 B규약에서는 규약상의 권리를 모든 사람들에게 그 어떤 차별이 없이 동등하게 보장한다고 규정(A규약 2조 2항, B규약 2조 1항)하였으며 특히 B규약에서는 규약상의 권리 측면에서뿐 아니라 보다 광범한 범위에서 일반적으로 법 앞에서 모든 사람들의 평등을 보장하여야 한다고 규정하였다(26조). 특히 인종차별철폐조약에서는 ≪인종, 피부색, 세계 또는 민족적 및 종족적 출신에 기초한≫ 일체의 차별의 철폐(1조)를 규정함과 함께 체약국들은 국가 또는 공적기관과 법률에 의하여 인종차별과 관련한 사상의 류포 및 선동, 폭력행위 등을 금지 처벌하도록 규정하였다.

남녀평등권과 관련하여서는 참정권, 국적, 혼인, 고용, 직업 등 분야의 개별적인 조약들이 체결되고 이 조약들에서 성별의 차이를 리유로 하는 차별 그 자체를 철폐할 것을 규정하였으며 사회나 가정의 모든 분야에서 남녀차별의 철폐를 규정하였다.

아동의 권리와 관련한 조약들에서는 18살 미만의 어린이들에게 어른과 동등한 형식의 인권을 향유할 수 있는 지위를 보장하도록 하였으며 마약과 기타 환각제, 성적유린학대로부터 보호하는 것 등 아동들에게 특별히 필요한 보호 규정을 수많이 설정하였다. 특히 미성년들을 전투행동에 참가시키거나 강제로 징병하는 것을 금지한 ≪아동의 무력분쟁에로의 참가에 관한 아동권리조약 선택의정서≫, 아동을 성적유린학대로부터 보호하며 아동의 유괴, 매매를 방지하고 그 위반자들을 엄격히 처벌할 데 대한 ≪아동의 매매, 아동매춘 및 아동매춘부에 관한 선택의정서≫가 채택되였다.

모든 이주로동자 및 그 가족에 대한 차별을 금지할 목적 밑에 1990년 유엔 총회에서는 ≪모든 이주로동자 및 그 가족구성원의 권리보호에 관한 조약≫을 채택하고 체약국이 이 조약상권리를 의무적으로 보장할 데 대하여 결정하였다.

중요한 것은 또한 인권보장에서 중요한 문제인 자결권에 대한 문제를 옳게 인식하는 것이다. 국제인권 A규약, B규약에서는 각각 제1조에서 인민들의 자결권을 규정하였다. 이 규약들에서는 권리로서의 인민들의 자결권을 승인하고 자결권에 기초하여 ≪인민들은 그 정치적 지위를 자유로 결정하며 동시에 경제적, 사회적, 문화적 발전을 자유로 선택한다.≫는 것을 인정하면서 동시에 인민들의 정치적 독립뿐만 아니라 경제적 자립과 발전을 촉진할 데 대하여 규정하였다.

≪발전도상나라들에서의 발전의 권리≫에서는 경제, 사회, 문화, 정치적 분야의 권리를 규제하면서 이것을 인권과 결부하여 고찰하였으며 1986년 유엔 총회에서 채택한 ≪발전의 권리에 관한 선언≫(결의 128)에서는 발전의 권리는 모든 인민들이 발전에 참가하여 공헌할 수 있는 권리라고 규정하고 이것은 ≪인민의 자결권을 완전히 실현≫하는 것을 의미한다고 규정하였다.

인권의 국제적보장과 관련한 국제법적 제도들에 대한 리해에서 중요한 것은 다음으로 국제적인 인권보장수속규칙과 수단을 정확히 인식하는 것이다. 인권보장을 어떻게 하는가 하는 데서 기본은 매개 국가들이 인권규약들에 규제된 내용들을 어떤 수단과 방법을 적용하여 보장하는가 하는 문제이다.

[135]인권의 국제적 보장은 그 수속규칙과 수단에 의하여 진행된다. 국제인권조약들에서 규제된 내용들을 실현하기 위하여 그에 필요한 국제기구들이 설치되고 국제적 수속규칙들이 제정되였다. 그 대표적인 수속규칙들에는 국가보고제도, 국가통보제도, 개인통보제도가 있다. 국가보고(정부보고)제도는 국제인권규약 체약국들이 조약상 의무리행정형을 국제기구에 보고하면 이 보고를 국제기구에서 심사하는 수속제도이다. 국가통보제도는 체약국이 다른 체약국의 조약의무위반에 대하여 국제기구에 통보하면 그것을 국제기구가 심

사하고 조정, 권고하는 수속제도이다. 개인통보제도는 인권침해의 피해자인 개인이나 단체가 피해받은 정형을 직접 국제기구에 통보하는 수속제도이다. A규약과 B규약에서는 체약국들이 국가보고를 의무적으로 하도록 규정하였다. A규약에서 체약국들은 인권보장을 위한 조치나 그 집행에서 자기 나라에서의 인권의 보장과 발전의 현 실태에 대하여 유엔사무총장에게 보고를 제출하면 경제사회리사회는 이것을 심의한다. 〔이를 위하여 1995년 경제사회리사회는 결의 17을 채택하고 자기 산하에 국가보고심사를 맡아하는 보조기관인 ≪경제적, 사회적, 문화적 권리위원회≫(A규약위원회)를 설치하였다.〕 경제사회리사회는 체약국의 보고를 유엔인권리사회에서 심의하게 한 후 일반적 성격을 띤 권고보고를 유엔총회에 제출한다. 이때 어떤 특정한 나라를 지명하여 비난하거나 그 어떤 조치를 취할 데 대하여 결정할 수 없다. B규약에서는 A규약에서와 같이 체약국들이 인권에 관한 국가보고를 사무총장에게 보고하면 이 보고를 규약인권위원회가 상세하게 검토심사한 후 일반적 성격의 권고를 체약국에 발송하며 체약국은 이러한 일반적 권고에 대한 자기의 견해를 규약인권위원회에 제기할 수 있다고 규정하였다.

규약에는 체약국들의 국가통보제도에 대하여서도 규정하였다. B규약에서는 어떤 체약국이 다른 체약국의 규약위반에 대하여 통보하면 그것을 심사, 알선, 조정할 데 대하여 규정하였다. 이때 원칙상 먼저 관계체약국 호상 간의 협의조정을 진행한 다음 그것이 제대로 해결되지 못하는 경우 그 문제를 어느 체약국이든지 관계없이 규약인권위원회에 제기할 수 있다. 규약인권위원회는 관계국의 동의를 얻은 후 위원회가 설치한 특별조정위원회의 조정에 제기한다. 국가통보수속을 진행하기 위한 전제조건은 관계당사국들이 규약인권위원회가 해당 문제를 심사, 검토, 알선할 것을 요구하는 선언을 한 경우이다. 그러나 ≪유럽인권조약≫(신조약 33조), ≪인종차별철폐조약≫(2조), ≪국제로동기구헌장≫(26조) 등에서는 이와 같은 승인선언을 전제조건으로 하지 않고 모든 체약국들이 국가통보권리를 가지게 하였다.

규약에서는 개인통보제도에 대하여서도 규정하였다. 개인통보제도는 B규약선택의정서에 규정되여 있다. 개인통보는 B규약선택의정서 체약국으로 된

나라의 관할하에 있는 개인만이 할 수 있다. B규약선택의정서의 체약국내에서 B규약위반의 피해자인 개인(외국인도 포함됨)은 그 나라에서 리용할 수 있는 국내적 구제수단을 다 적용한 후 그것으로써도 해결되지 않았을 때 규약인권위원회에 통보할 수 있다. 규약인권위원회가 정부조건이 충분히 갖추어진 개인통보를 접수심사하고 해당체약국에 주의를 환기시키면 주의를 받은 체약국은 해당 통보와 관련한 설명서를 비롯한 기타 관련문서들을 규약인권위원회에 제출하여야 한다.[136] 위원회는 제출된 자료에 기초하여 해당 통보를 심사 검토한 다음 위원회의 의견을 관계체약국과 개인에게 통지하여야 한다. 이와 같은 개인통보수속제도는 인종차별철폐조약, 고문금지조약, 국제로동기구헌장, 유럽, 아프리카, 아메리카 등 지역적 국제기구의 인권조약에서도 규정하고 있다. 현재 B규약선택의정서의 당사국 수는 얼마 안 되며 대다수 나라들이 가입하지 않은 상태에 있다.

개인통보수속제도는 유엔에도 있다. 1970년 유엔경제사회리사회 결의(1503)에 의하여 개인통보수속제도를 설정하였다. 이 수속제도에서는 개인이나 민간단체로부터 기탁된 통보 내에 ≪인권과 기본적 자유에 대한 중대, 신뢰할 수 있는 증거가 있는 형태의 침해(대규모증대침해)≫로 인정되는 통보를 유엔인권위원회 및 그 산하기관인 인권의 촉진 및 보호위원회(인권소위원회)가 비공개로 심사검토하고 필요한 경우 특정한 형식의 조사와 경제사회리사회의 권고를 진행한다. 개인이나 단체는 신뢰할 수 있는 인권침해정보에 대하여 통보할 수 있으나 이 통보에 대하여서는 접수요건에 따라 엄격히 검열하게 되여 있다. 이런 의미에서 1503수속제도에서의 개인통보는 인권침해의 사태에 관한 정보원천으로 취급되는 것일 뿐 인권침해의 개별적 피해자를 구제하기 위한 수속은 아니다. 이 외에도 개개의 인권침해에 따르는 수속들도 있다.

오늘 미제국주의자들은 국제인권재판관으로 행사하면서 인권문제에 대한 국가보고, 국가통보를 악용하여 쩍하면 반제자주적립장이 강한 나라들, 자기들의 비위에 거슬리는 나라들을 비방중상하고 모해하며 내정에까지 후안무치하게 간섭하는 내용의 ≪인권보고서≫라는 것을 제출하고 있다. 인권의 국제적 보장을 위한 수속질서는 결코 미국을 위하여 설정된 것이 아니다. 미국 땅

전체를 인권의 불모지로 만들고 인민들에게 초보적인 정치적 권리와 자유도 주지 않으며 극단한 인간증오사상을 퍼뜨리면서 침략과 전쟁, 테러와 학살을 일삼는 미제국주의자들은 인권에 대하여 말할 자격도 없다.

인권보장과 관련한 국제법적제도에 대한 리해에서 특별히 중요한 문제는 그것을 옳바른 립장과 관점에서 대하는 것이다. 인권보장과 관련한 국제법적 규범과 규정에는 일부 강제적 성격을 가지고 집행되는 것도 있지만 거의 모든 규범과 규정들은 건의적, 권고적 성격을 가지고 인권보장에서 중요하다고 보는 보편적인 문제들에 대한 기준을 주는 데 그치고 있다. 인권보장의 주체는 철저히 매개 나라들의 정권이다. 이런 의미에서 인권은 곧 국권이라고 하며 그것을 해당 국가의 정책과 결부시키게 되는 것이다. 인민대중이 모든 것의 주인으로 되고 모든 것이 인민대중을 위하여 복무하는 인민대중 중심의 사회주의사회에서만이 인간의 존엄과 가치를 가장 귀중히 여기고 자주적으로 살며 발전하려는 사회적인간의 요구를 가장 원만히 실현해준다.

위대한 수령 김일성동지께서 마련하여 주시고 경애하는 김정일장군님께서 끊임없이 빛내어 주시는 인민대중 중심의 우리나라 사회주의는 사람, 인민대중의 인권을 최상의 경지에서 옹호 보장해주는 가장 우월한 사회이다. 인민대중 중심의 우리식 사회주의를 더욱 빛내어 나가는 것은 결국 인권보장과 관련한 국제법적제도를 진실로 존중하는 실천적 모범으로 된다.

16. 녀성권리에 관한 국제법의 형성발전[32)

최정심

[41]위대한 령도자 김정일동지께서는 다음과 같이 지적하시였다. ≪인류사회의 발전력사는 자주성을 옹호하고 실현하기 위한 인민대중의 투쟁의 력사입니다.≫ (≪김정일선집≫ 7권, 159페지)

인민대중의 자주성을 옹호하고 실현하기 위한 투쟁의 력사에는 녀성들이 자기의 자주성을 실현하기 위한 투쟁도 적지 않은 비중을 차지하고 있다. 녀성권리는 녀성들이 자기의 자주성을 사회정치적, 법률적 개념으로 제기한 용어이다. 녀성권리의 형성발전은 녀성에 대한 견해의 확립을 전제로 한다. 그것은 녀성에 대한 견해가 어떠한가에 따라서 녀성권리의 내용과 성격이 규정되기 때문이다. 사람들의 사상문화수준이 매우 낮고 창조적 힘이 미약하였던 원시사회에서 녀성들은 사회적인 생산활동에서 주되는 역할을 담당하였던 것만큼 씨족 내에서 남자들보다 높은 사회적 지위를 차지하였으나 부권시대에 들어서면서 점차 녀성들은 농업과 수공업을 비롯한 물질적인 생활자료생산부문에서 밀려나 가정의 울타리에 갇히게 되였다. 모계사회로부터 부계사회로 넘어가면서 남자들의 역할이 녀자들에 비하여 높아지고 그들이 생산물의 소유자로 등장한 사정은 사적소유와 그에 의하여 산생되는 리기주의로 하여 남녀 사이의 관계를 불평등한 관계로, 남자의 지위에 유리한 관계로 전환시켜놓을 수 있는 사회적 조건으로 되였다. 이러한 남녀불평등은 계급사회의 발생과정에 지배계급에 의하여 제도적으로 고착되게 되였다.

녀성들은 오랜 력사적 기간 참혹한 불평등을 강요당하면서도 그것을 신이 지어준 숙명적인 것으로 인정하였다. 원시사회 말기에 착취계급의 출현과 함께 제도적으로 공고화된 남녀불평등은 녀성에 대한 견해들에서 더욱 뚜렷이 나타났다. 녀성은 리성이 없고 자치력이 없으며 남자에게 의탁하는 존재이기

---

32) 출처: 과학백과사전출판사, 『정치법률연구』, 2008년 제4호(누계 제24호), 41~42쪽.

때문에 완전한 사람의 체모를 갖추지 못한 ≪미성년≫에 불과하며 남자들과의 평등은 론의될 수 없다는 것이 녀성에 대한 지배적인 관념이였다. 이러한 남성 위주의 가부장제관념은 녀성들이 녀성으로서의 초보적인 권리마저 가질 수 없게 하였다. 즉 ≪자유≫와 ≪평등≫은 리성을 가진 남자들에게만 필요한 것이며 남녀의 선천적 불평등사상은 정당한 것으로 인정되여왔다. 이로부터 녀성은 사회적으로 별로 큰 관심의 대상이 되지 못하였고 결과 녀성을 죽이고 버리며 학대하고 팔고 사는 것 등과 같은 행위가 아무런 거리낌 없이 마구 감행되였으며 합법화되기까지 하였다. B.C. 2세기에 나온 인디아의 ≪마누법전≫은 불명예의 근원도, 불화의 근원도, 루습이 존재하는 근원도 다 녀성 때문이라고 선포하면서 ≪녀자는 밤낮을 가림 없이 집의 남자들에게 종속하는 것이 필요하다. 유년기에는 아버지의 보호를 받고 중년기에는 남편이 보호하고 로년기에는 아들의 보호를 받아야 하며 녀자는 독립 자주할 수 없다.≫라고 규정하였다. 이 밖에도 고대 로마의 ≪로마법≫, 이슬람교의 ≪구란경≫, 프랑스 혁명 시기의 ≪나뽈레옹법전≫, ≪프랑스민법전≫ 등은 모두 조문형식으로 녀성은 반드시 남편에게 절대복종해야 한다고 규정함으로써 녀성들의 불평등한 법률적 지위를 법적으로 제도화하였다.

녀성들이 자신들의 무권리상태를 깨닫고 남자들과 꼭 같은 평등한 권리를 제기하고 권리를 쟁취하기 위하여 투쟁을 시작한 것은 근대유럽에서부터였다. 중세기 이후부터 영국, 프랑스를 비롯한 서유럽 나라들에서는 '자본주의 생산방식의 확립으로 공업이 대대적으로 발전하기 시작하면서 많아지는 일감을 녀성들이 담당하게 되였다. 1790년 프랑스 방직공업부문에서 녀성 로동자들은 45.6%, 남성 로동자들은 19.3%를 차지하였으며 아동은 35%를 차지하게 됨으로써 공업의 많은 비중을 연약한 녀성들과 아동들이 차지하게 되였다. 이것은 녀성들도 하나의 사회단체를 형성할 수 있으며 자기 권리를 쟁취하기 위한 투쟁을 벌일 수 있는 전제조건으로 되였다. 1791년 프랑스의 녀성운동가 꾸찌에는 ≪녀성과 공민권리선언≫을 발표하였는데 이것은 인류력사상에서 처음으로 되는 녀성권리선언이였으며 녀성들이 사회에 녀성권리의 정치적 요구를 공개적으로 선언한 것으로 되였다.

19세기 80년대에는 유럽에서 ≪녀권주의≫ 밑에 녀성권리운동을 벌였다. ≪녀권주의≫는 녀성권리와 남녀평등을 쟁취하기 위한 정치적 주장으로서 그 기원과 추구하는 목적에서 녀성을 차별하는 부권제와 구습관념과 투쟁하는 것이였다. 녀성권리쟁취를 위한 ≪녀권주의≫에 의하여 많은 유럽의 녀성운동가들이 인권쟁취를 위한 줄기찬 투쟁을 벌였다. 대표적으로 18세기 프랑스 녀성들의 투쟁과 19세기 영국, 미국에서 일어난 녀성권리쟁취투쟁을 들 수 있다. 이들의 투쟁은 모두 녀성들의 참정권실현을 위한 참으로 간고한 투쟁이였다.

[42]자본주의 시기 세계 진보적 녀성들은 부르죠아지들의 기만적인 ≪남녀평등≫을 반대하고 진정한 남녀평등권을 실현하기 위한 투쟁을 끊임없이 벌여왔으며 정치 분야에서 일정한 승리를 이룩할 수 있게 되였다. 1909년 3월 8일 미국의 시카고 녀성로동자들은 독점자본가들의 가혹한 착취와 압박을 반대하여 남녀평등권 보장과 녀성들의 존엄과 자유의 보장을 요구하여 과감한 투쟁을 벌였다. 이날을 기념하여 그다음 해에 열린 국제사회주의자녀성대회에서는 3월 8일을 전 세계 진보적 녀성들의 전통적인 련대성의 날로 선포하고 녀성들의 권리옹호를 위한 투쟁을 세계적 범위에서 진행하도록 결정하였다. 이것은 녀성들의 권리보장에서 중요한 의의를 가지였다.

특히 우리나라에서 남녀평등권을 법적으로 선포한 것은 국제적인 녀성들의 평등권보장제도의 형성발전에 결정적 영향을 주었다. 1945년 12월 빠리에서는 녀성들의 사회정치적, 경제문화적 권리옹호와 어린이보호, 각국 녀성들 사이의 친선단결과 국제적인 평화옹호를 위하여 투쟁하는 조직체로서 ≪국제민주녀성련맹≫이 결성되였다.

녀성들의 권리옹호를 위한 세계인민들의 투쟁이 확대강화됨에 따라 국제공동체는 녀성들의 권리보장을 국제적으로 실현하기 위한 전문적인 상설기구를 조직하며 녀성권리보장을 위한 부문별 협약을 체결하기 위한 활동을 적극 벌여나갔다. 국제공동체의 적극적인 노력에 의하여 유엔경제사회리사회 안에 녀성들의 지위에 관한 위원회가 창설되였다. 이 위원회는 유엔의 하나의 기능위원회로서 정부대표들로 구성되여 남녀평등과 정치적 및 경제, 사회, 문화, 교육 분야에서 녀성들의 권리를 확대보장하기 위한 권고를 연구 작성하여 유

엔과 관계기구와 나라들에 권고하는 기능을 수행한다. 이 위원회가 발족하여
활동한 결과 녀성들의 권리보장을 위한 여러 국제협약이 체결되였다. 1950년
에 ≪인간매매, 녀성들을 기생으로 하는 업체와의 투쟁에 관한 협약≫이 체결
되였다. 협약에서는 녀성들을 기생으로 전락시키는 행위, 기생업체의 경영, 그
러한 기업을 하도록 건물과 설비를 임대하는 행위, 그러한 행위의 기도와 공
모는 다 범죄로 되며 이러한 범죄자들을 직접 처벌하거나 당사국에 인도하여
처벌하는 것을 국가의 의무로 선언하였다. 1951년에는 녀성들의 취업과 로동보
호에서 남자들과 차별하지 말 데 대한 협약이 채택되였으며 1952년에는 ≪녀성
들의 정치적 권리에 관한 협약≫이 체결되였다. 1952년 ≪녀성들의 정치적 권
리에 관한 협약≫은 사회정치생활에서 녀성들도 남자들과 동등한 사회정치적
권리를 행사한다는 것을 선언한 첫 협약이였다. 그 외에도 출가한 녀성들의
국적문제취급에서 본인의 의사에 관계없이 남편의 국적을 따르는 제도를 없
앨 데 대한 1957년 협약, 강제결혼을 금지하며 결혼동의, 결혼 최저나이에 관
한 1962년 협약 등이 채택되였다.

이와 같이 국제조약들이 채택되였음에도 불구하고 일련의 자본주의 나라들
에서 남녀평등권이 실천적으로 보장되지 않는 것과 관련하여 1967년 유엔에
서는 녀성들에 대한 차별을 금지할 데 대한 선언을 발표하여 세계 모든 국가
들이 녀성들에 대한 차별을 금지할 것을 다시금 호소하였다. 1967년 선언에
따라서 유엔은 녀성들의 지위에 관한 위원회를 주최로 하여 녀성들의 평등한
권리보장을 포괄적으로 규정한 새로운 국제협약을 준비하는 한편 녀성들의
법적지위를 높이기 위한 국제적인 조치들을 강구할 것을 요구하는 수많은 국
제행사들이 조직 진행되였다. 특히 유엔총회 제29차 회의에서는 1975년을 ≪
국제녀성의 해≫로 선포하고 남녀평등권을 보장하기 위한 국제적 깜빠니야33)
를 벌일 것을 결정하였다. ≪국제녀성의 해≫와 관련하여 여러 지역에서 국가
적 및 지역적 행사들이 조직되였으며 메히꼬34)에서는 세계녀성대회가 소집되

---

33) 편집자 주: 캠페인을 말한다.
34) 편집자 주: 멕시코

였다. 메히꼬 세계녀성대회 이후 녀성들의 권리보장을 위한 각종 회의와 토론회, 강습들이 지역적, 국제적 범위에서 활발히 진행되였으며 녀성들의 지위향상과 권리보장을 위한 수많은 권고들이 채택되였다. 각국 녀성들과 세계 진보적 인민들의 적극적인 투쟁의 결과 1967년 녀성들에 대한 온갖 차별을 금지할 데 대한 유엔선언이 완전히 법전화되여 1981년 9월 3일 ≪녀성들에 대한 차별을 금지할 데 대한 협약≫으로 고착되였다. 1981년 협약은 종전의 부분별 협약들의 내용을 포괄적으로 담고 있는 협약으로서 녀성들에 대한 권리를 보장하기 위한 국제적 의무를 전면적으로 규제하고 있다.

이와 같이 녀성권리보호 분야에 남아 있는 력사적인 낡은 악습을 철폐하는 국제법의 채택과 그 실시는 공정하고 정의로운 새 세계를 건설하기 위한 인류 활동에서 하나의 변혁이라고 볼 수 있다. 그러나 오늘도 녀성들에 대한 차별대우는 일련의 자본주의 나라들에서 좀처럼 근절되지 못하고 있다. 이와 관련하여 유엔기구에서는 녀성들을 기생으로 만들거나 매춘행위를 하게 하는 데 대한 문제들을 토의하고 이와 같은 행위를 묵인 장려하는 국가들에 대하여 규탄하는 결의들이 계속 채택되고 있으며 녀성들의 차별을 금지하며 녀성들의 존엄을 옹호하기 위한 국제기구들도 협약의 리행을 위한 활동을 더욱 강화하고 있다. 녀성들이 사회생활에서 차지하는 지위와 사회활동에서 노는 역할에서 완전히 남녀평등을 이룩하려면 착취사회가 폐절되여야 하며 나아가서 가정과 부엌일의 무거운 부담에서까지 해방되여야 한다.

17. 범죄자 인도의 거절조건에 대한 국제법적 고찰[35)]

김원

[39]범죄자인도는 다른 국가의 요청에 따라 자기 나라 령역 안에 있는 범죄자를 넘겨주는 국가의 행위이다. 위대한 령도자 김정일동지께서는 다음과 같이 지적하시였다. ≪정치에서 자주성을 보장하기 위하여서는 대외관계에서 완전한 자주권과 평등권을 행사하여야 합니다. 당과 국가의 자주성은 결국 대외관계에서 표현됩니다.≫(≪김정일선집≫7권, 180페지)

자주권을 행사하는 국가는 대외관계에서 자기의 의사와 요구에 맞게 모든 문제를 처리하며 국가의 자주권과 리익을 침해하는 것을 허용하지 않는다. 범죄자 인도는 다른 국가의 요청에 따라 진행되는 대외적인 문제이지만 그 요청에 국가의 자주권과 리익을 침해하는 조건이 있다고 인정되는 경우 국가는 범죄자 인도를 거절할 수 있다.

국가는 무엇보다도 범죄자가 자기 나라 공민이면 인도를 거절할 수 있다. 국가가 자기 나라 공민에 대하여 범죄자 인도를 거절할 수 있는 것은 우선 해당 국가가 자기 나라 공민의 범죄행위에 대한 관할권을 행사하기 때문이다. 일반적으로 공민이라고 할 때에는 일정한 국가의 국적을 가지고 있는 사람을 말한다. 국적은 사람이 어느 국가에 소속되여 있는가를 밝혀주는 법률적 징표로서 다른 나라에 가서도 자기 국적에 대한 법적 소속관계를 유지하게 된다. 이로부터 국가는 다른 나라에서 감행한 자기 공민의 범죄행위를 포함한 모든 행위들에 대하여 관할권을 행사한다.또한 인권을 포함한 공민의 모든 권리를 보호하는 것이 국가의 임무로 되기 때문이다. 국가는 자기 존재와 발전의 기초로 되는 공민에 대한 법적 보호권을 행사한다. 그런데 외국에서 범죄를 감행한 공민을 다른 나라에 인도하는 경우 그의 인권이 침해될 수 있는 조건들이 있게 된다. 나라들마다 정치, 경제, 문화와 민속전통의 차이와 종교적 대립

---

35) 출처: 과학백과사전출판사, 『정치법률연구』, 2008년 제2호(누계 제22호), 39쪽, 41쪽.

은 해당 국가가 외국인 범죄자에 대하여 자국공민인 범죄자보다 엄격하고 비법적인 대우를 할 수 있는 조건으로 된다. 이로부터 국가는 자기 공민의 인권을 비롯한 법적권리를 보장하기 위해 인도를 거절할 수 있다.

국가는 다음으로 범죄자에 대한 확정판결, 판정이 있으면 인도를 거절할 수 있다. 확정판결은 유죄판결, 무죄판결, 형의 면제판결을 포함하며 확정판정은 소송종결을 결정하거나 기소를 기각하는 판정, 의료처분판정을 포함한다. 그리고 범죄자를 인도하여야 할 국가나 제3국에서 범죄자가 받은 판결, 판정이 포함된다. 국가가 확정판결, 판정을 받은 범죄자에 대한 인도를 거절할 수 있는 것은 우선 국가가 법적용에서 공정성을 보장하며 범죄자를 개조하여 다시 범죄를 감행하지 않도록 하는 것을 중요한 법적요구로 내세우고 있기 때문이다. 일반적으로 국가가 공정하게 형사책임을 지우자면 동일한 범죄에 대하여 같은 량의 형벌을 적용해야 한다. 만일 범죄자가 확정판결, 판정을 받은 후 인도되게 된다면 새로운 판결에 따라 형사책임을 2중으로 지게 되며 같은 범죄를 감행한 다른 범죄자에 비해 더 무거운 형사책임을 지는 것으로 하여 국가는 법적용에서 공정성을 보장할 수 없게 된다. 이와 함께 과중한 형사책임으로 하여 범죄자에 대한 교양과 범죄예방에 지장을 주게 된다.

또한 국가가 범죄사건에 대한 판결, 판정에서 다른 국가의 간섭을 배제하기 때문이다. 일반적으로 판결, 판정은 권한 있는 국가기관이 하며 국가의 이름으로 내려진다. 국가의 이름으로 진행되는 국가기관들의 활동은 국가의 주권행사로서 그 어떤 다른 국가의 간섭을 받을 수 없다. 그런데 이미 확정판결, 판정을 받은 자를 인도하게 되면 동일한 범죄행위에 대하여 인도받은 국가에 의해 새로운 판결이 내려지게 되며 종국적으로 국가의 주권행사가 다른 국가에 의해 간섭당하게 된다.

국가는 다음으로 범죄자를 인도하기 전에 그에 대한 기소가 제기되었다면 범죄자인도를 거절할 수 있다. 범죄자를 인도하기 전에 그에 대한 기소가 제기되었다는 것은 국가에 인도의 근거로 되는 범죄 또는 인도의 근거로 되지 않는 다른 범죄에 대하여 기소가 제기되였다는 것을 의미한다. 국가가 범죄자를 인도하기 전에 그에 대한 기소가 제기된 경우 인도를 거절하는 것은 범죄자 인도의 궁극적인 목적이 바로 국가주권과 법질서를 범죄의 침해로부터 보호하자는 데 있기 때문이다.

범죄자가 인도되기 전에 이미 기소되였다는 것은 범죄자가 인도하려는 국가의 주권과 법질서를 침해하였다는 것을 의미한다. 국가가 이미 기소가 제기된 범죄자를 다른 국가에 인도한다면 범죄자에 대한 처벌을 포기하는 것으로 되며 결국에는 국가주권과 법질서를 보호하지 못하게 된다. 국가주권과 법질서를 보호하지 못하는 범죄자 인도는 그 존재가치를 상실하게 된다. 따라서 국가는 범죄자를 인도하기 전에 그에 대한 기소가 제기되면 범죄자 인도를 거절할 수 있다.

[41]국가는 다음으로 범죄자의 범죄행위가 자기 령역에서 감행된 것이라면 범죄자인도를 거절할 수 있다. 국가가 범죄자의 범죄행위가 자기의 령역에서 감행된 경우 범죄자 인도를 거절하는 것은 그 범죄행위가 해당 국가의 형사 관할에 속하는 행위이기 때문이다. 형사 관할은 범죄사건을 취급 처리할 수 있는 권한의 범위이다. 모든 국가는 국내형법에 자기 령역에서 감행되는 모든 범죄를 취급 처리하기 위하여 형사 관할에서 령역 원칙을 규제하고 실천에서 견지하고 있다.

국가가 범죄자 인도에서 령역 원칙을 견지하는 것은 우선 자기 령역 내에서 절대적인 자주권을 행사하기 때문이다. 국가는 자기 령역에서 감행되는 모든 범죄행위들에 대하여 범죄자의 국적, 피해자의 국적에 관계없이 모두 취급, 처리할 수 있다. 또한 범죄행위로 직접적이며 현실적인 위협을 받는 것이 바로 범죄행위지국가의 국가주권과 법질서이기 때문이다. 일반적으로 범죄가 직접 침해하는 것은 해당 범죄지국가가 법으로 규제하고 보호하는 국가주권과 법질서이며 구체적으로 국가사회재산과 사람의 건가오가 생명, 재산이다. 범죄행위와 일정한 련관이 있는 다른 국가들도 간접적으로 침해와 위협을 받는다. 만일 국가가 자기 령역 안에서 범죄행위를 감행한 범죄자를 넘겨주게 된다면 다른 나라의 청구에 따라 형사 관할권을 포기하는 것으로 된다. 이렇게 되면 국가는 다른 나라에 의해 자주권행사에서 제한을 받게 되며 국가주권과 법질서를 철저히 보호해나갈 수 없게 된다.

국가는 다음으로 범죄자가 정치범이면 범죄자 인도를 거절할 수 있다. 국가가 정치범을 인도하지 않는 것을 정치범 불인도라고도 부른다. 범죄자가 정치범으로 될 수 있는 경우는 두 가지로 구분해볼 수 있다. 하나는 범죄자가 정치범죄를 감행한 것으로 하여 판결을 받았거나 정치적 박해를 받은 경우이고 다른 하나는 특정한 정치 및 종교조직에 가입한 것으로 하여 인도되여 정치범으로 취급될 수 있는 경우이다. 오늘 국제사회는 정치범 불인도 원칙을 보편적으로 인정하고 있다. 국가가 정치범인 경우 인도하지 않는 것은 정치범에 대한 비호권을 행사하는 것과 관련된다. 비호권은 다른 나라에서 정치적 박해를 피하여 피난처를 제공해줄 것을 요구하는 외국인망명자를 보호하여 주는 국가의 합법적 권리인 것으로 하여 비호권행사에서 다른 국가의 간섭을 받지 않는다. 만일 다른 국가가 정치범을 인도할 것을 요구한다면 그것은 국가의 비호권에 대한 침해로 되게 되며 반대로 정치범을 다른 나라의 요구에 따라 인도한다면 국가의 비호권에 대한 침해를 허용하는 것으로 되게 된다.

우리는 범죄자 인도문제가 국가의 자주권과 리익, 대외정책실현과 밀접히 련관되여 있는 것만큼 범죄자 인도의 거절조건을 옳바로 인식하고 우리 공화국의 자주권과 리익을 수호해나가야 할 것이다.

18. 범죄자 인도 순위에 대한 국제법적 고찰[36)]

김원

[31]위대한 령도자 김정일동지께서는 다음과 같이 지적하시였다. ≪······ 범죄와 위법현상을 미리 막을 데 대한 당의 방침을 철저히 관철하여야 하겠습니다.≫(≪김정일선집≫7권, 316페지)

범죄를 미리 막는 것은 우리 당과 국가가 견지하고 있는 중요한 형사정책의

---

36) 출처: 과학백과사전출판사, 『정치법률연구』, 2008년 제3호(누계 제23호), 31~32쪽.

하나이다. 국가는 범죄와의 투쟁을 진행하는 과정에 범죄자가 범죄를 감행하고 다른 나라로 도주하는 경우에 부닥칠 때도 있다. 그때에 국가가 범죄자를 처벌하자면 해당 국가로부터 범죄자를 넘겨받기 위한 범죄자 인도 제도가 있어야 한다.

　범죄자 인도는 다른 국가의 청구에 따라 범죄자를 넘겨주는 국가의 행위이다. 범죄자 인도를 진행함에 있어서 국가는 동일한 범죄사건과 관련하여 여러 국가들로부터 동시에 범죄자 인도청구를 받을 수 있다. 범죄자가 여러 나라에서 범죄를 감행한 경우 해당 범죄와 관련된 범죄행위지국, 범죄자의 국적국, 범죄로 인하여 피해를 입은 국가 등이 동시에 범죄자 인도를 청구할 수 있다. 이 경우에 범죄자를 어느 국가에 넘겨줄 것인가 하는 범죄자 인도 순위문제가 제기된다. 범죄자 인도 순위 결정문제를 옳바로 해결하는 것은 국가의 범죄자 처벌에서 중요한 의의를 가진다. 국가가 범죄자를 어느 국가에 넘겨주는가에 따라 범죄사실, 사정을 정확히 밝히고 해당한 범죄자에 대한 처벌에서 공정성과 신속성을 보장할 수 있다.

　국가는 무엇보다 먼저 범죄자 인도 순위를 국제조약에 기초하여 결정할 수 있다. 국가가 범죄자 인도 순위를 국제조약에 기초하여 결정하는 것은 그것이 국가들의 의무를 규제하고 있기 때문이다. 국제조약은 모든 국가들의 자원적인 의사합의에 의해 체결되며 당사국들의 권리와 의무를 규제하고 있다. 범죄자 인도에 관한 다방조약에 범죄자 인도 순위를 어떻게 결정할 것인가 하는 것을 규제하였다면 체약국들은 그에 기초하여 범죄자 인도 순위를 결정할 의무를 지니게 된다. 국가는 범죄자 인도에 관한 다방조약에 가입한 경우 그 조약에 따라 범죄자 인도 순위를 결정하여야 한다. 그러나 범죄자 인도에 관한 조약이 쌍방조약인 경우에는 체결당사국이 쌍방의 두 개 국가이기 때문에 범죄자 인도 순위 자체가 제기되지 않으며 그것을 규정하지 않는다. 국제조약에 규제되여 있는 범죄자 인도의 순위결정 방법은 첫째로 국가가 범죄행위지국, 범죄자의 국적국, 범죄로 피해를 입은 국가들의 순서로 범죄자를 인도하는 것이다. 여기에서 언급되는 국가들은 해당범죄로 인하여 법질서를 침해당한 나라들이다. 국가는 우선 범죄행위지국에 범죄자를 우선적으로 인도할 수 있다.

국가가 범죄행위지국에 범죄자를 우선적으로 인도하는 것은 그것이 범죄사건을 정확히 밝혀 공정하고 신속하게 처리하는 데서 유리하기 때문이다. 범죄사건을 법적요구에 맞게 공정하게 취급, 처리하자면 범죄사실 사정을 정확히 밝히는 것이 매우 중요하다. 범죄행위지에는 범죄피해자, 범죄목격자와 같은 증인들이 있고 범죄준비 및 수행 시에 사용된 범죄도구와 수단들, 범죄 피해품들과 같은 증거들이 많이 남아 있게 된다. 범죄행위지국에 증거들이 많이 존재하는 것은 범죄사건을 취급하는 데서 유리한 조건으로 된다. 범죄사건을 법적요구에 맞게 취급, 처리하자면 범죄사실 사정을 정확히 밝히는 것과 함께 형사소송을 신속하게 진행하는 것이 중요하다. 범죄행위지에서 범죄사건을 취급, 처리하면 형사소송 과정에 여러 가지 증거들을 수집하고 제시하는 데서 아무러한 제한도 없기 때문에 시간과 노력의 소모를 줄일 수 있게 된다.

국가는 또한 범죄행위지국의 인도청구가 없는 경우 그다음 순서로 범죄자의 국적국에 범죄자를 인도할 수 있다. 국가가 이 경우에 범죄자의 국적국에 범죄자를 인도하는 것은 그것이 범죄자의 인권을 보장하는 데 유리하기 때문이다. 일반적으로 범죄자가 그의 국적국이 아닌 다른 나라에서 취급되는 경우 그 나라에는 범죄자의 인권을 침해하는 여러 가지 조건들이 있게 된다. 나라들마다 정치, 경제, 문화제도와 종교적 특성, 언어가 서로 다르며 또 민족적, 종교적인 대립이 사람들 속에 존재할 수도 있다. 이러한 차이와 대립은 범죄자가 다른 나라에서 취급받는 경우 그 나라 국적의 다른 범죄자에 비하여 차별적인 대우와 무거운 형사책임을 받게 하는 조건으로 될 수 있다. 만일 범죄자가 자기의 국적국에 인도되어 처벌을 받는 경우에는 이러한 조건들이 없어지게 되며 범죄자의 인권을 보장하는 데 유리하게 된다.

국가가 범죄자의 국적국에 범죄자를 인도하는 것은 범죄자에 대한 처벌을 하는 데서 불리한 결함들을 내포하고 있다. 범죄자의 국적국은 범죄행위지국에 비하여 증거들이 많지 못하다. 그러므로 범죄자의 국적국은 증거들을 법정에 제시하기 위하여 범죄행위지국에 그것을 수집하여 넘겨줄 것을 요청하여야 하며 많은 시간과 로력, 자금이 소비되여야 한다.[32] 이러한 결함으로 하여 국제조약들에서는 범죄행위지국에 범죄자를 인도하는 것을 범죄자의 국적국에 범죄자를 인도하는 것보다 앞서 규제하고 있다.

국가는 또한 범죄행위지국, 범죄자의 국적국이 범죄자 인도 청구를 하지 않는 경우 범죄로 피해를 입은 국가에 범죄자를 인도할 수 있다. 범죄로 피해를 입은 국가가 인도 순위의 마지막 자리를 차지하는 것은 범죄행위지국이나 범죄자의 국적국에 비하여 범죄자를 취급 처리하는 데서 불리하기 때문이다. 범죄로 피해를 입은 국가는 범죄행위지국에 비해볼 때 증거를 수집하고 제시하는 형사소송활동의 측면에서 불리하며 범죄자의 국적국에 비해볼 때에는 범죄자의 인권보호에서 불리하다. 이러한 조건으로부터 국제조약에서는 범죄로 피해를 입은 국가를 범죄자 인도순위의 마지막 자리에 놓고 있다.

국제조약에 규제되어 있는 범죄자 인도순위의 결정방법은 둘째로 국가가 범죄자인도청구순서에 따라 범죄자를 인도하는 것이다. 범죄자 인도청구 순위에 따라 인도순위를 결정하는 것은 국가가 다른 국가들과 대외관계를 맺는 데서 모든 나라들을 평등하게 대하는 것과 관련된다. 국제실무에서는 범죄행위지국, 범죄자의 국적국, 범죄로 인하여 피해를 입은 국가들을 구분하기 힘든 경우에 이 방법을 적용한다.

국제조약에 규제되어 있는 범죄자 인도순위의 결정방법은 셋째로 국가가 국제기구에 범죄자 인도를 우선적으로 하는 것이다. 이 방법은 국가가 국제범죄를 처벌하기 위하여 설정된 국제기구에 가입하고 있는 경우에 적용하는 방법이다. 국제기구에 범죄자 인도의 우선권을 주는 것은 국제기구의 설립목적과 관련된다. 국제형사재판소와 같은 국제기구들은 전쟁범죄, 집단 살해죄와 같은 국제범죄들을 처벌할 것을 목적으로 설립되었다. 국제사회는 국제범죄들에 대하여 국가들의 의사합의에 기초하여 설립된 국제기구에서 엄격히 취급, 처리하도록 하고 있다. 국제범죄를 처벌하는 국제기구의 헌장에서는 체약국들이 범죄자 인도의 우선권을 체약국들에 부여하도록 규제하고 있다. 그러므로 이러한 기구에 가입한 국가들은 헌장에 규제된 의무에 따라 범죄자를 국제기구에 우선적으로 인도하게 된다. 현재 국제범죄를 처리하기 위하여 설립된 상설적인 국제기구로서는 국제형사재판소가 있다.

국가는 다음으로 범죄자 인도 순위를 그의 자주적 의사에 따라 결정할 수

있다. 국가가 범죄자 인도 순위를 그의 자주적 의사에 따라 결정하는 경우를
두 가지로 나누어볼 수 있다. 하나는 국제조약에 따라 범죄자 인도 순위를 결
정하였지만 동일한 순위에 놓이는 국가들이 둘 이상 되는 경우이다. 국제조약
들에서는 이 경우에 국가가 자주적 의사에 따라 범죄자를 인도하도록 규제하
고 있다. 다른 하나는 범죄자를 인도하는 국가와 범죄자 인도를 청구하는 국
가들 사이에 다방조약이 존재하지 않는 경우이다. 국가가 범죄자 인도 순위를
그의 자주적 의사에 따라 결정하는 것은 범죄자 인도가 인도하는 국가의 자주
적 행위이기 때문이다. 국가가 다른 나라의 범죄자 인도 청구에 따라 범죄자
를 넘겨주는 것은 자기 령역에서 그 나라의 요구에 따라 활동한다는 것을 의
미한다. 그런데 국가가 자기 령역에서 다른 나라의 요구에 따라 활동하는 것
은 반대로 자기의 자주권이 침해당할 수 있는 조건으로 된다. 모든 국가는 대
외관계에서 자주권이 침해당하는 것을 허용하지 않는 것만큼 범죄자 인도가
주권침해를 초래한다고 인정되면 그것을 거절할 수 있다.

국가는 범죄자 인도 순위를 국내법에 의거하여 결정한다. 대부분의 국가들
은 범죄자 인도에 관한 국내법들에서 범죄행위지국, 범죄자의 국적국, 범죄로
피해를 입은 국가들이 둘 이상인 경우에 국가는 다음과 같은 조건을 고려하게
된다. 국가가 고려할 수 있는 조건은 우선 범죄자가 어느 국가에서 보다 엄중
한 범죄를 감행하였는가 하는 것이다. 그것은 범죄자에 대한 처벌권이 같은
조건에서 범죄로 인하여 피해를 많이 입은 국가가 그를 처벌하는 것이 합리적
이기 때문이다. 범죄행위의 경중에 따라 보다 엄중한 범죄행위를 감행한 국가
나 피해를 보다 많이 입은 국가에 범죄자를 인도할 때에 해당 국가는 범죄자
를 엄격하게 처벌할 수 있다.

국가가 고려할 수 있는 조건은 또한 어느 국가에서 범죄자를 처벌하는 것이
유리한가 하는 것이다. 그것은 범죄자를 처벌하는 데 유리한 조건을 가진 국
가에서 범죄사건을 취급하여야 그것을 신속하게 처리할 수 있기 때문이다. 국
가는 범죄사건을 신속하게 취급, 처리하여야 새롭게 발생하는 범죄들에 능동
적으로 대처할 수 있으며 범죄자를 신속하게 재판함으로써 그의 인권을 보장
할 데 대한 국제인권법상의 요구도 실현할 수 있게 된다.

국가가 고려할 수 있는 조건은 또한 범죄자 인도를 청구한 순위이다. 이것은 범죄행위의 엄중성이나 범죄자 취급에서 유리한 점을 구별하기 힘든 경우에 고려되는 조건이다. 국가는 이 경우에 범죄자 인도를 청구하는 모든 국가들과 평등하게 관계를 맺는 것만큼 범죄자 인도 순위를 범죄자 인도 청구의 순서에 따라 결정할 수 있다.

우리는 국제법상 공인된 범죄자 인도의 결정방법을 옳바로 리해하고 실천에 구현해나감으로써 국가의 대외정책을 원만히 실현하고 범죄와의 투쟁에서 국제적 협조를 더욱 발전시켜 나가야 할 것이다.

19. 국제형사재판 설립에 대한 력사적 고찰[37]

김성범

[48]위대한 령도자 김정일동지께서는 다음과 같이 지적하시였다. **범죄자들을 법적으로 엄격히 다스려야 하겠습니다.**≫(≪김정일선집≫제7권, 318페지)

범죄자에 대한 처벌문제는 사회적으로 범죄현상을 줄이고 범죄와의 투쟁을 강화하기 위한 필수적 요구이다. 국제범죄와의 투쟁에서도 국제범죄를 감행한 자들에 대한 엄격한 처벌제도를 수립하여야 전쟁범죄를 비롯한 엄중한 국제범죄를 막고 공정하고 평화로운 국가관계를 수립할 수 있으며 세계적 범위에서 범죄와의 투쟁을 더욱 활발히 벌일 수 있다.

국제형사재판은 국제범죄를 처벌하기 위한 가장 효과적인 방법인 것으로 하여 국제범죄자처벌은 대체로 이 방법에 의거하여 진행하여 왔다. 처음에는 전쟁과정에 나타난 반인륜적인 현상에 대하여서만 취급하였다. 1474년에 로마제국의 동맹국 28명의 법관들로 조직된 재판소는 피터 본 하겐브스의 허락하에 그의 군인들이 군사점령기간에 감행한 강간, 살인, 주민재산략탈행위를

---

37) 출처: 과학백과사전출판사,『정치법률연구』, 2011년 제1호(누계 제33호), 48~49쪽, 53쪽.

심사하고 행위가 ≪황제와 인간의 법≫에 위반되기 때문에 유죄로 판결하였으며 그의 기사칭호를 박탈하고 사형에 처하였다. 이것이 처음으로 되는 국제형사재판이였다. 이때로부터 국제형사재판활동의 서막은 열리었으나 제1차 세계대전 당시까지 채택된 국제범죄와 관련한 협약들에서는 국제범죄에 대한 책임문제, 국제범죄를 감행한 자들에 대한 처벌문제가 규제되지 않았다.

제1차 세계대전 이후부터 국제형사재판의 규모와 내용에서 일정한 발전이 있었으며 1919년부터 상설국제형사재판소가 설립되기 전까지는 일정한 시기마다 해당한 림시국제형사재판소를 설치하고 범죄자들을 처벌하곤 하였는데 그때마다 전범자처벌을 위한 조사위원회가 수립되여 국제형사범죄를 조사확증하고 일정한 형식의 재판소를 설립하여 국제형사사건을 취급하는 식으로 진행하여 왔다. 상설국제형사재판소가 설립될 때까지 림시국제형사재판소는 다섯 번 설치되였는데 매번 전범자처벌을 위한 조사위원회가 설립되고 그에 기초하여 전범자들을 처벌하곤 하였다.

처음으로 설립된 조사위원회는 제1차 세계대전 이후 1919년 빠리에 조직된 전쟁도발자책임문제에 관한 형벌위원회이다. 프랑스, 영국, 미국, 이딸리아, 일본 등 5개 나라가 베르사이유 궁전에서 평화회의를 진행하고 전승국들이 여러 차례의 협상을 거쳐 베르사이유조약을 체결한 것 외에 전승국동맹에 의하여 전쟁도발자 책임문제에 관한 형벌위원회가 조직되였다. 위원회는 5개 주요전승국이 파견한 대표들을 기본으로 하여 구성되고 기타 성원들로는 그리스, 로므니아 등의 나라들이 소속되였다.

위원회의 임무는 전쟁도발 및 전쟁법규와 관습에 위반되는 행위들을 조사하여 전승국군사법정에 보고서를 제출하는 것이였다. 보고서의 내용에는 전쟁도발자의 책임, 전쟁법규와 관습에 위반되는 행위, 개인책임 정도, 재판 절차와 규칙 등이 속하였다. 위원회는 1920년에 조사보고를 완성하고 동맹국군사법정에서 재판 처리하여야 할 895명의 전범자 명단 1부를 발표하였다. 이 위원회가 추구한 전범자(군사원수, 자연인)의 반인도주의적 전쟁죄행의 형사책임에 관한 제의와 주장 및 국제형사재판 절차와 규정에 관한 초보적인 구상은 상설국제형사재판소 창립의 리론적 기초로 되였다. 전쟁도발자 책임문제에 관한 형벌위원회의 활동에 의하여 라히프찌히 국제재판소가 설립되고 전범자처리를 위한 군사재판이 진행되었다.

두 번째로 설립된 조사위원회는 제2차 세계대전 시기에 설립된 유엔전쟁죄행위원회이다. 제2차 세계대전 시기에 파쑈 도이췰란드를 비롯한 파쑈 국가들이 감행한 야수적 만행과 관련하여 1942년 련합국이 런던에서 서명한 젬스선언에 의하여 유엔전쟁죄행위원회가 조직되었다. 이 위원회는 17개 국가들의 대표들로 구성되였는데 그 임무는 파쑈 국가들의 전쟁범죄행위에 대하여 조사하는 것이였다. 유엔전쟁죄행위원회는 전쟁범죄행위와 관련된 증거를 수집조사하면서 각국에 여러 가지 자료와 정보를 제공함으로써 각국 호상 간 정보교류의 중심지로 되였으며 위원회의 적극적인 노력에 의하여 8,178건의 전쟁범죄안건이 작성되고 공포되였다.[49] 그러나 미제와 그 추종세력들은 저들의 정치, 군사적 목적 밑에 1942∼1945년까지의 전쟁과정과 도이췰란드 점령기간 전범자들에 대한 소송(기소)활동을 벌리던 시기에 유엔전쟁죄행위원회의 역할을 약화시키었다. 그로부터 위원회와 각국 사이에 전범자체포와 인도 및 소송 측면에서의 합작을 비롯한 전범자문제 처리에서 많은 제한을 받게 되였다. 유엔전쟁죄행위원회가 조건이 매우 불리한 상태에서 진행한 많은 사업들은 전쟁범죄를 엄격히 처벌할 데 대한 국제사회의 강렬한 념원을 보여주는 동시에 뉘른베르그국제군사법정설립의 유리한 법률적 기초로 되였다. 뉘른베르그국제군사재판에서 기소전범자 24명 중 12명에게 교수형을, 3명에게 종신징역형을, 4명에게 10∼20년까지의 징역형을 언도하였다.

세 번째로 설립된 조사위원회는 제2차 세계대전 이후에 조직된 극동위원회이다. 3개의 련합국(쏘련, 미국, 영국)은 1945년 12월 모스크바 3국 외무상회의 결정에 따라 전후 일본에 대한 점령정책을 결정하며 그 집행정형을 감독할 목적 밑에 극동위원회를 조직하였다. 극동위원회의 성원국들은 주로 일본과 교전한 련합국들로 구성되였는데 초기에 쏘련, 미국, 영국, 프랑스 등 11개 나라로 구성되였다. 1946년 4월 3일 극동위원회는 포로처리 및 전쟁범죄처벌에 관한 결정을 발표하였는데 이 결의 제6조에 따라 련합군총사령관이 위임을 받아 전쟁범죄행위에 대하여 조사하는 기구를 조직하게 되였다. 이 기구는 련합국총사령관의 지시에 따라 전쟁죄행에 관한 자료의 수집, 분석에 종사하였다. 1946년 초 극동위원회는 모든 련합국들에 일본전범자들에 대한 재판을 1949년 9월 30일을 넘기지 않겠다는 통지를 발표하고 전범자처리 결정권을 련합군총사령관에게 주었다. 그러나 전후 일본군국주의를 재생재무장시키려는 미제의 악랄한 책동으로 위원회는 전쟁범죄에 대한 조사사업을 순조롭게 진행할 수 없었으며 결과 위원회결정의 초기목적을 원만히 달성하지 못하였다. 그렇지만 위원회는 전범자들에 대한 기소와 재판, 형벌집행, 감독을 리행하는 과정에 중요한 역할을 하였으며 도꾜국제군사재판소설립에 유리한 조건을 지어주었다. 도꾜국제군사재판에서는 도죠를 비롯한 7명에게 교수형, 16명에게 종신징역형, 2명에게 20년과 7년형을 언도하였다.

네 번째로 설립된 조사위원회는 1992년 10월 유엔안보리사회 제780호 결의에 의하여 조직된 유고슬라비아전쟁죄행조사전문가위원회이다. 유엔은 유고슬라비아 경내에서의 충돌과정에 나타난 국제인도주의법에 엄중히 위반되는 행위에 대처하여 전쟁기간의 죄행을 조사 수집할 의무를 지닌 유고슬라비아전쟁죄행조사전문가위원회를 조직하였다. 이 위원회는 사업기간 국제인도주의법에 위반되는 전쟁죄행에 대하여 전면적 조사를 진행하였는데 기본은 대규모시체발굴과 세계중대 강간사건에 대한 조사였다. 1993년 2월 이 위원회가 첫 림시보고를 제출한 후에 채택된 안보리사회 제808호 결의에서는 ≪국제형사재판소를 내와 1991년부터 유고슬라비아 경내에서 실시된 국제인도주의법에 엄중히 위반된 행위에 책임 있는 자들을 기소한다.≫라고 명백히 규정하였다. 그 후 유엔사무총장은 안보리사회 제808호 결의의 요구에 따라 보고를 제출하였는데 여기에는 유고슬라비아국제형사재판소규약 초안 및 초안내용에 대한 계통적인 해석들이 속해 있었다. 이러한 내용들은 안보리사회 제827호 결의에서 인정되였으며 하여 1993년 5월 유고슬라비아국제형사재판소가 정식 설립되였다.

다섯 번째로 설립된 조사위원회는 1994년 7월 유엔안보리사회 제935호 결의에 따라 조직된 르완다전문가위원회이다. 유엔안보리사회는 르완다전쟁 시기 종족말살 및 국제인도주의법에 엄중히 위반되는 행위를 조사하기 위하여 르완다전문가위원회를 조직하고 위원회가 3개월 안에 조사임무를 완성하여 유엔사무총장에게 조사결과를 보고하도록 하였다. 르완다전문가위원회의 보고에는 비록 부족한 점이 있었지만 유엔안보리사회가 르완다국제형사재판소를 창설하는 데 기초를 마련하였다. 유엔헌장 제7장과 유엔안보리사회 제995호 결의에 근거하여 설립된 르완다국제형사재판소는 1994년 1월 1일부터 1994년 12월 31일까지 르완다 경내에서 일어난 종족말살 및 국제인도주의법에 엄중히 위반되는 행위를 한 책임 있는 자 및 린접국가 경내에서 종족말살과 기타 위법행위를 한 르완다공민들을 기소할 책임을 지니었다. [53]이 재판소는 국제적성격의 무장충돌 시에 감행된 범죄에 대한 처벌을 위하여 조직되였던 지난 시기의 국제형사재판소들과는 달리 비국제적 무장충돌 중에 감행된 범죄행위들에 대해서도 기소, 심리, 처벌할 권한을 가지고 있었다.

조사위원회들의 설립은 해당 시기마다 국제형사범죄를 국제적으로 인정하게 하고 그 처리를 위한 비상설적인 국제형사재판기구들을 설치하게 하였으며 종국적으로는 상설국제형사재판소를 설립하게 하였다. 1998년 이딸리아의 로마에서는 국제형사재판소설립을 위한 국제회의가 소집되고 여기에서 국제형사재판소에 관한 로마규정이 채택되였으며 이에 기초하여 2002년 국제형사재판소가 설립되였다. 상설적인 국제형사재판소가 설립됨으로써 국제범죄를 처벌하기 위한 통일적인 기구체계가 완비되게 되였으며 국제무대에서 감행되는 국제범죄들을 하나의 유일적인 처벌체계에 다라 처리할 수 있는 법적토대가 갖추어지게 되였다.

제7장 국제경제법

20. 국제경제법은 국제경제관계를 규제하는 법규범의 총체[38]

손정화

[39]위대한 령도자 김정일동지의 선군혁명령도를 높이 받들고 오늘 우리나라에서는 사회주의경제강국건설이 힘차게 벌어지고 있으며 그에 따라 다른 나라들과의 경제적 련계를 더욱 넓혀 나가야 할 문제가 제기되고 있다. 위대한 령도자 김정일동지께서는 다음과 같이 지적하시였다. ≪우리는 나라의 경제가 빨리 발전하는 데 따라 다른 나라들과의 경제적 련계를 넓혀 나가야 합니다.≫

오늘 나라들 사이의 경제적 련계는 국제경제법에 기초하여 맺어지고 구체화되게 된다. 이것은 국제경제법에 대한 옳바른 리해가 나라의 경제발전속도에 맞게 세계 여러 나라들과의 경제적 련계를 확대발전시켜 나가는 데서 중요한 문제로 제기된다는 것을 말하여 준다.

국제경제법은 국제경제관계를 규제하는 법규범의 총체이다. 다시 말하여 국제경제활동에 참가하는 당사자들이 지니게 되는 권리와 의무에 대하여 규제한 법규범들을 총칭하여 국제경제법이라고 한다. 이것은 두 가지 측면에서 고찰한 국제경제법의 개념에 대한 정의이다. 하나는 국제경제법의 규제대상 측면이며 다른 하나는 국제경제법의 원천 측면이다. 국제경제법은 국제경제관계를 규제한다. 국제경제관계란 국제경제활동에 참가하는 당사자들 사이의 권리의무관계를 말한다. 다시 말하여 한 나라의 령역을 벗어나면서 진행되는 경제활동과 관련하여 당사자들 사이에 맺어지는 권리의무관계를 총칭하여 국

---

38) 출처: 과학백과사전출판사, 『정치법률연구』, 2007년 제3호(누계 제19호), 39~40쪽, 45쪽.

제경제관계라고 한다.

국제경제활동은 한 나라의 령역을 벗어나면서 진행되는 경제활동이다. 즉 무역, 투자, 금융, 수송, 보험 등의 경제활동이 한 나라의 령역을 벗어나면서 진행되는 것을 국제경제활동이라고 한다. 국제경제활동에 참가하는 당사자들 사이에는 일련의 권리의무관계가 설정된다. 여기서 권리는 국제경제와 관련하여 국가로부터 부여받고 국가권력에 의하여 보호되는 행위수행의 가능성이며 의무는 국제경제와 관련하여 일정한 행위를 수행하거나 수행하지 말 데 대한 국가적 요구에 기초하고 있는 책임이다. 일반적으로 의무는 ≪할 수 있다≫로 표현되며 권리는 ≪하여야 한다≫또는 ≪한다≫로 표현된다. 이것을 가리켜 국제경제활동과 관련하여 당사자들 사이에 맺어지는 권리의무관계 즉, 국제경제관계라고 한다. 국제경제관계에는 국제경제와 관련한 국제적인 횡적관계, 국내적인 종적관계, 국가 간의 경제관계가 속한다.

국제경제관계는 첫째로, 국제경제와 관련한 국제적인 횡적관계가 속한다. 국제적인 횡적관계란 국제경제와 관련한 민사법률관계를 말한다. 국제적인 민사법률관계인 것으로 하여 이 관계는 많은 경우 국제거래계약법에 기초하여 발생하게 된다. 여기서 특징적인 것은 이 관계가 동등한 법적지위를 가진 당사자들 사이의 국제경제관계라는 것이다. 그것으로 하여 이 관계는 평등과 호혜에 기초한 관계, 등가유상을 내용으로 하는 관계로 된다. 여기에는 국제매매계약에 따라 상품인도 및 대금지불관계가 설정되는 것, 국제투자계약에 따라 자본투자 및 세금납부관계가 설정되는 것, 국제금융계약에 따라 은행대부 및 리자지불관계가 설정되는 것, 국제수송계약에 따라 화물수송 및 운임지불관계가 설정되는 것 등이 있다. 동등한 법적지위를 가진 당사자들 사이의 국제경제관계라는 측면에서 이 관계를 국제적인 횡적관계라고도 한다.

국제경제관계에는 둘째로, 국제경제와 관련한 국내적인 종적관계가 속한다. 국내적인 종적관계란 국가가 국제경제활동을 장악하고 통제하는 것과 관련하여 설정되는 권리의무관계를 말한다. 특징적인 것은 이 관계가 법적지위가 서로 다른 당사자들 사이의 국제경제관계라는 것이다. 그것으로 하여 이 관계는 국가의 일방적인 요구와 그에 대한 당사자들의 무조건적인 복종을 내용으로 하는 관계로 된다. 국제무역활동에서 일정한 대상에 대한 거래는 반드시 국가의 허가를 받도록 하는 것이라든가 국제투자활동에서 외국투자가들이 자본수입국이 승인한 대상에만 투자하도록 하는 것, 국제금융활동에서 외화반출 및 반입을 국가의 승인하에서만 하도록 하는 것 등이 그 실례로 된다. 법적지위가 다른 당사자들 사이의 국제경제관계라는 의미에서 이 관계를 국제경제와 관련한 국내적인 행정법률관계라고도 한다.

[40]국제경제관계에는 셋째로, 국가 간의 경제관계가 속한다. 국가 간의 경제관계란 각국 간의 경제협력 및 교류관계를 말한다. 다시 말하여 북남관계, 남남관계, 북북관계와 같은 지역들 사이의 경제협력 및 교류관계라든가 쌍방 또는 다방조약에 의하여 설정된 나라들 사이의 경제협력 및 교류관계와 같은 것을 국가 간의 경제관계라고 한다.

이처럼 국제경제법의 규제대상으로 되는 국제경제관계에는 국제경제와 관련한 국제적인 횡적관계, 국내적인 종적관계, 각국 간의 경제관계가 속한다. 여기에서 국제적인 횡적관계는 동등한 법적지위를 가진 당사자들 사이의 권리의무관계(자연인, 법인들 사이 관계)이며 국내적인 종적관계는 법적지위가 서로 다른 당사자들 사이의 권리의무관계(국가와 자연인, 법인들 사이의 관계)이다. 동등한 법적지위를 가진 당사자들 사이의 권리의무관계라는 측면에서 국제적인 횡적관계와 국가호상 간의 경제관계는 공통점을 가지지만 량자는 엄연히 구별된다. 차이점은 국제적인 횡적관계는 계약에 기초하여 이루어지지만 국가 간의 경제관계는 조약에 기초하여 이루어진다는 것이다.

국제경제관계를 규제하는 법규범은 국내법규범과 국제법규범의 형식으로 존재한다. 국제경제관계를 규제하는 법규범은 첫째로, 국내법규범의 형식으로 존재한다. 국제경제관계를 규제하는 국내법적 규범에는 규범적 문건과 일부 나라들에서 인정하고 있는 판례법규범이 속한다.

우선 규범적 문건들이 있다. 국내법적 규범에서 기본은 규범적 문건이다. 그것은 규범적 문건이 국가로부터 권한을 부여받은 국가기관이 낸 문건이기 때문이다. 우리나라에서 규범적 문건들로는 사회주의헌법, 최고인민회의 법령, 국방위원회 명령, 최고인민회의 상임위원회 정령, 결정, 지시, 내각의 결정,

지시, 위원회, 성의 지시, 지방인민위원회의 결정, 지시 등이 있다. 최고인민회의 법령으로 공포된 ≪조선민주주의인민공화국 라선경제무역지대법≫, 최고인민회의 상임위원회 정령으로 공포된≪조선민주주의인민공화국 무역법≫, 내각결정으로 공포된 ≪외화관리법시행규정≫, 무역성의 지시로 공포된 ≪무역법시행세칙≫과 같은 것이 규범적 문건에 속한다. 다른 나라들에도 국제경제법의 원천으로 되는 규범적 문건들이 있다. 중국의 ≪중외합작경영기업법≫, 미국의 ≪관세법≫, 일본의 ≪환자관리법≫, 영국의 ≪상품매매법≫, 도이췰란드의 ≪대외경제계약법≫, 메히꼬의 ≪기술양도법≫ 같은 것이 여기에 속한다.

또한 판례법이 있다. 판례법은 개별적 사건에 대한 국가기관, 특히 재판기관의 결정이나 판결에 국가가 법적효력을 부여한 것이다. 국제경제분쟁과 관련한 재판소의 판결과 각국 국제중재기관의 재결이 판례법으로 된다. 이와 같은 견해는 영미법계나라들에서 매우 강하다. 영미법계나라의 법학연구기관이나 변호사협회 등 많은 단체들이 법을 해석하는 책이나 판례집을 출판하고 그것을 같은 성질의 사건을 처리하는 데 적용하도록 하고 있다.

국제경제관계를 규제하는 법규범은 둘째로, 국제법규범의 형식으로 존재한다. 국제경제관계를 규제하는 국제법규범에는 국제경제관계조약이나 국제경제관습법, 국제기구결의 같은 것이 속한다.

여기에는 우선 국제경제관계조약이 있다. 국제경제관계조약은 경제협력 및 경제교류와 관련한 각국의 권리와 의무를 규제한 나라들 사이의 합의이다. 국제경제관계조약은 협정, 협약, 의정서, 공동성명, 공동선언, 각서 등 여러 가지 명칭으로 체결되고 있다. 국제경제관계조약에는 두 가지 형식이 있다. 하나는 쌍방경제관계조약이다. 쌍방경제관계조약은 경제협력 및 경제교류와 관련하여 두 나라 사이에 체결된 조약이다. 우리나라가 다른 나라들과 체결한 ≪무역 및 지불협정≫, ≪차관협정≫,≪투자보호 및 장려협정≫, ≪2중과세방지협정≫과 같은 것이 쌍방경제관계조약에 속한다. 다른 하나는 다방경제관계조약이다. 다방경제관계조약은 여러 나라들 사이 경제협력 및 경제교류와 관련하여 체결한 조약으로서 여기에는 세계적 성격의 다방경제관계조약과 지역적 성격의 다방경제관계조약이 있다. 이 외에도 국제금융과 관련되는 조약, 국제화물수송과 관련되는 조약, 지적소유권보호와 관련되는 조약, 국제중재와 관련되는 조약 등 수없이 많다.

여기에는 또한 국제경제관습법이 있다. 국제경제관습법은 나라들 사이 경제거래 과정에 반복 리용되면서 형성된 국제질서를 성문화한 법이다. 국제경제관계가 수송 및 통신수단, 과학기술의 발전과 함께 더욱 활성화되면서 불문법형식으로 존재하던 국제관습법은 지역적 범위를 벗어나 통일화되는 추세를 보이면서 성문법형식을 취하고 있다. 대표적인 것은 ≪국제상업회의소≫가 제정한 ≪국제무역거래조건의 해석에 관한 국제규칙≫과 ≪상업신용장에 관한 통일규칙≫, ≪국제법협회≫와 ≪국제상업회의소≫가 공동으로 제정한 ≪1932년 와르샤와-옥스포드규칙≫, ≪국제해운법협회≫(국제해운회의)가 제정한 ≪요크-안트워프규칙≫ 등이 있다.[45] 국제경제관습법이 성문법형식을 취했다고 하여 그것이 국제경제활동에 참가하는 당사자들에게 의무적으로 법적 구속력을 가지는 것은 아니다. 그것은 국제경제관습법이 국가적 또는 정부적 합의에 따라 성문화된 법이 아니기 때문이다. 다만 국제경제활동에 참가하는 당사자들이 국제관습법 중 어느 항목을 적용한다고 합의한 경우에만 그것이 해당 거래당사자들에게만 법적구속력을 미치게 된다. 이런 의미에서 국제관습법을 ≪임의적 관례법≫이라고도 한다.

여기에는 또한 규범적 성격을 띠는 국제기구결의가 있다. 국제기구는 국제적 범위에서 조직된 기구이다. 경제 분야에서 서로의 관심사로 되는 문제들을 토의결정하며 국가들 사이의 경제적 협조와 교류를 실현하기 위하여 창설된 국제기구를 국제경제기구라고 한다. 국제법에 의하면 국제기구는 립법권이 없다. 이것은 국제기구에서 채택한 결정이 당사자들에게 법적구속력을 미치지 못한다는 것을 의미한다. 이와 같은 의미에서 국제기구결정이 국가의 비준이나 승인을 거친 것으로 하여 법적구속력을 가지는 국제조약과 다르다고 하는 것이다. 그러나 국제법의 공인된 원칙에 부합되게 국제기구가 자기의 권한 범위 안에서 채택한 국제경제관계와 관련한 결정이 법적 구속력을 가지는 경우도 있다. 이러한 의미에서 국제기구의 결정도 국제경제법의 원천으로 된다고 말하는 것이다.

이처럼 국제경제법은 단일한 법전형식으로가 아니라 국제경제관계를 규제하는 국제법규범과 국내법규범의 총체로 이루어진 종합적인 법전형식으로 존재하는 법이다. 우리는 국제경제법에 대한 옳바른 리해를 가지고 그에 대한 연구를 더욱 심화시켜 나감으로써 다른 나라들과의 경제관계설정에서 국제경제법을 능숙히 활용할 수 있는 능력을 소유해야 할 것이다.

21. 국제경제법이 ≪국제법의 새로운 가지≫라는
견해와 그 제한성[39)]

손정화

[34]위대한 령도자 김정일동지께서는 다음과 같이 지적하시였다. ≪우리가 세계의 많은 나라들과 경제교류를 하자면 다른 나라 경제를 잘 알아야 합니다.≫

대외경제관계를 사회주의강성대국건설에 참답게 이바지하는 경제관계로 발전시켜나가자면 국제경제법에 대하여 잘 알아야 한다. 국제경제법에 대한 옳바른 리해에서 나서는 선차적인 문제의 하나가 국제경제법의 개념에 대한 정확한 리해이다. 오늘 현재까지 국제경제법의 개념에 대한 정의는 크게 두 가지로 대립되여 있다. 하나는 좁은 의미에서의 국제경제법에 대한 주장이며 다른 하나는 넓은 의미에서의 국제경제법에 대한 주장이다.

좁은 의미에서의 국제경제법이란 국제경제법이 국가들 사이의 관계를 규제하는≪국제법의 새로운 가지≫라는 견해를 말한다. 이와 같은 견해는 국가나 정부들 사이, 국제기구들 사이 또는 국가 또는 정부와 국제기구들 사이의 관계를 규제하는 법규범들 중에서 국제경제관계를 규제하는 법규범들의 총체가 국제경제법이라고 보는 견해이다. 전통적으로 국제법은 국가들 사이의 정치적 관계를 규제하는 데 주로 리용되여 왔다. 지금까지 일명 ≪국제공법≫이라

---

39) 출처: 과학백과사전출판사, 『정치법률연구』, 2007년 제2호(누계 제18호), 34~35쪽.

고 하는 국제법은 주로 국가 또는 정부들 사이, 국제기구들 사이, 국가 또는 정부와 국제기구들 사이의 정치적 관계를 규제하는 데 리용되였다. 다시 말하여 그들 사이의 경제관계를 규제하는 측면에서는 홀시되여 왔다. 그런데 과학기술의 급속한 발전과 함께 국가 또는 정부들 사이의 경제적 련계의 폭이 비할 바 없이 빠른 속도로 넓어지고 있다. 그에 따라 국제경제관계를 전문적으로 규제하는 새로운 법규범들이 수많이 출현하기 시작하였다. 그 과정에 국제법의 ≪새로운 가지≫로서 국제경제법규범들이 출현하기 시작하였고 그것이 점차적으로 많아져 독자적인 법체계를 형성하기 시작하였다.

국제경제법이 ≪국제법의 새로운 가지≫라는 주장의 리론적 근거는 두 가지이다. 하나는 국제경제무대에서 권리와 의무의 직접적 담당자가 국가나 정부, 국제기구이기 때문이라는 것이다. 국제경제법이 국제경제관계를 규제하는 과정에 국제경제무대에서 법적권리를 가지고 법적의무를 수행하는 당사자는 국가나 정부 또는 국제기구이다. 이것은 국제경제법관계의 당사자와 국제법관계의 당사자가 일치된다는 것을 말하여준다. 결국 국제경제법의 당사자는 국제법의 당사자로 국한되게 된다. 물론 국제경제활동이 한 나라의 범위를 벗어나면서 진행되는 것으로 하여 여기에는 국가나 정부 또는 국제기구만이 아니라 자연인이나 법인들도 참가하게 된다. 그렇다고 하여 자연인이나 법인은 국제법관계의 당사자로 되지 못한다. 그러므로 자연인이나 법인은 국제경제법관계의 당사자라고 할 수 없다. 이런 의미에서 자연인, 법인과 국가 또는 자연인, 법인들 사이의 권리의무관계가 국제법이나 국제경제법에 의하여 직접적으로 규제되지 않는다고 하는 것이다.

다른 하나는 국제경제관계를 규제하는 법규범들이 조약이나 협정, 국제관례에 속하는 국제법상 규범에 속하기 때문이라는 것이다. 국제경제법은 국제법관계 당사자들 사이의 권리의무관계를 전문적으로 규제한다. 그것으로 하여 국제경제법은 국제법의 범주에 속한다고 말할 수 있다. 이와 같은 의미에서 국제경제법을 ≪국제법의 새로운 가지≫로서 국제경제령역에 적용되는 국제법이라고도 하는 것이다. 매개 나라들에는 국제사법과 대외경제법들이 있다. 이 법들은 실제에 있어서 매개 나라의 국내법이다. 그러므로 이 법들은 국제경제법의 범주에 포함된다고 볼 수 없다.

국제경제법이 ≪국제법의 새로운 가지≫라고 주장하는 대표적 인물들은 영국의 슈와찐베거, 일본의 가나자와 요시오, 요조가와 신, 프랑스의 카리, 쥬리아 등이다. 슈와찐베거는 국제기구법과 국제항공법, 국제로동법, 국제경제법이 국제법의 한 부분이라고 주장하고 있다. 그는 ≪국제경제법의 원칙과 표준≫이라는 책에서 ≪국제경제법은 국제법의 한 부분으로서 자연부원의 점유 및 리용, 상품의 생산과 분배, 경제적 및 재정적 성질을 가진 무형의 국제계약, 신용대부와 재정, 봉사업 등에 종사하는 당사자들의 행위를 규제하는 법이다.≫라고 하면서 국내법은 국제경제법에 포함될 수 없다고 주장하였다. 이와 같이 주장하는 근거를 국내법이 다른 나라의 령역에서 적용될 수 없기 때문이라는 것이다. 가나자와 요시오는 국제경제법이 국제경제활동과정에 종합적으로 형성된 각종 조약의 총체라고 주장하고 있다. 그는≪국제경제법은 국제경제활동과정에 종합되고 형성된 각종 조약의 총체로서 여기에는 국가들 사이, 국제기구들 사이, 국가와 국제기구들 사이의 쌍방 또는 다방조약이 포함된다.[35] <관세 및 무역에 관한 일반협정>, <국제통화기금협정>, <유엔헌장>과 같은 것이 그 대표적 실례로 된다.≫고 하였다. 이처럼 슈와찐베거나 가나자와 요시오는 국제법과 국내법, ≪공법≫과 ≪사법≫의 한계를 엄수하면서 순수한 리론 및 개념으로부터 출발하여 국제경제법을 ≪경제의 국제법≫, ≪경제적 성질을 가진 국제법규범≫으로 해석하고 있다. 요조가와 신, 카리, 쥬리아의 견해도 이와 비슷하다.

국제경제법이 ≪국제법의 새로운 가지≫라는 이러한 주장은 국제경제법의 의미를 전통적인 법학구분표준에 따라 해석한 것이다. 그들은 국제법과 국내법, ≪공법≫과 ≪사법≫으로 엄격하게 구분해볼 때 국제경제법은 국제공법의 새로운 분야로 된다고 주장하고 있다. 국제경제법이라는 용어의 의미를 이처럼 해석하면 순수한 리론적 측면에서 계선이 명백하고 복잡하지 않는 우점이 있지만 극복할 수 없는 제한성들이 있다. 국제경제법이 ≪국제법의 새로운 가지≫라는 주장의 제한성을 두 가지로 구분하여 볼 수 있다.

첫째로, 국제경제관계의 력사적 측면에 부합되지 않는다는 것이다. 력사적으로 볼 때 ≪국제≫라는 용어는 두 가지 의미로 리용되였다. 그 하나는 ≪국제≫라는 용어가 국가 또는 정부들 사이 관계를 의미하는 용어로 리용되였다. ≪국제담판≫, ≪국제조약≫, ≪국제전쟁≫, ≪국제세력균형≫ 등의 용어가 그 실례로 된다. 다른 하나는 ≪국제≫라는 용어가 한 나라의 국경을 벗어나는 관계를 의미하는 용어로 리용되였다. ≪국제래왕≫, ≪국제수송≫, ≪국제려행≫ 등의 용어가 그 실례로 된다. 전자는 좁은 의미에서의 용어이며 후자는 넓은 의미에서의 용어이다. 국제경제관계에서 ≪국제경제법≫을 론할 때 ≪국제≫라는 용어의 의미가 좁은 범위에만 국한되여 있고 넓은 범위에 포함시키는 것을 절대적으로 배제한다면 이것은 어디까지나 상식으로만 될 뿐 현실에는 부합되지 않게 된다. 그러므로 일부 학자들은 넓은 의미에서의 ≪국제≫라는 용어와 좁은 의미에서의 ≪국제≫라는 용어를 구별하기 위하여 넓은 의미에서의 ≪국제≫라는 표현을 ≪초국가법≫이라는 용어로 바꾸어야 한다고 주장하고 있다. 대표적인 학자가 미국의 죠세프이다. 이처럼 정의하면 ≪국제≫라는 용어의 의미가 명백해지기는 하지만 론리적인 측면에서 보면 불합리한 측면도 있다. 실례로 ≪국제기구≫를 ≪초국가기구≫로 바꾸는 경우, ≪국제조약≫을 ≪초국가조약≫으로 바꾸는 경우이다. 이것은 ≪국제≫라는 용어의 표현을 바꾸는 것이 절대적으로 필요한 것이 아니라는 것을 말하여 준다.

둘째로, 국제경제관계의 현실적 측면에 부합되지 않는다는 것이다. 현실적으로 국제경제활동과정에 맺어지는 권리의무관계의 당사자로는 국가나 정부, 국제기구만으로 국한되여 있지 않다. 초시기부터 각이한 국적을 가진 자연인이나 법인, 특히 다국적회사를 당사자로 하는 경제관계는 국제경제활동에서 중요한 자리를 차지하였다. 일부 경우에는 그들이 국제경제활동에서 주도적 지위를 차지하였다. 이것은 자연인이나 법인 특히 다국적회사들이 국제경제법관계의 당사자로 된다는 데 대하여 인정하지 않을 수 없게 만들었다. 만일 국가나 정부, 국제기구만을 당사자로 하는 국제경제법관계에만 치우치면서 자연인이나 법인들을 당사자로 하는 국제경제법관계를 홀시한다면 현실에서 심히 리탈되게 된다. 자연인이나 법인을 당사자로 하는 국제경제관계 속에는 각이한 국적을 가진 자연인과 자연인 사이, 법인과 법인 사이, 자연인과 법인 사이, 자연인이나 법인과 다른 나라 국가 또는 정부들 사이, 자연인이나 법인과 국제기구 사이의 경제관계가 속한다. 이것은 본질상 모두 어느 한 나라 안에서의 경제관계가 아니라 국경을 벗어나면서 이루어지는 경제관계라는 것을 말하여 준다. 만일 어느 한 나라의 국경을 벗어나면서 이루어지는 경제관계들이 국제경제관계라는 범주에서 배제된다면 론리적으로도 그에 대하여 설명하기가 매우 힘들어진다.

인류사회가 계급사회로 갈라져 있고 많은 국경이나 경계선이 존재하는 것만큼 각이한 경제관계가 출현할 수 있다. 국가 또는 정부나 국제기구를 쌍방으로 하는 경제법관계, 례를 들면 국가 또는 정부들 사이 혹은 국가 또는 정부와 국제기구들 사이 투자, 무역, 신용대부, 기술양도와 같은 측면에서 이루어지는 경제관계는 응당 국제조약에 따라 규제되는 제약을 받게 된다는 것은 더 론의할 여지가 없다. 그런데 현실은 그러한 국제경제관계만이 존재하는 것이 아니다. 날을 따라 증대되는 것이 자연인이나 법인을 당사자로 하는 국제경제관계이다. 이와 같은 경제관계는 례외 없이 해당 국제조약에 따라 규제되고 제약을 받을 뿐 아니라 해당 국가의 국제사법과 민법 및 상법, 대외경제법 등의 규제와 제약을 받게 된다. 이처럼 국내법과 국제법, ≪공법≫과 ≪사법≫, 각국의 국제사법과 민법, 상법, 대외경제법들은 국제경제활동을 규제하고 제약하는 데서 동시에 적용되면서 서로의 효력을 보충해주게 된다. 그 과정에 어느 일방의 무역법, 외국투자법, 외화관리법과 같은 국내법이 주도적 지위를 차지하였다.

이상에서 보는 것처럼 국제경제법을 단순히 ≪국제법의 새로운 가지≫로만 해석한다면 력사적 측면에서는 물론 현실적 측면에서도 부합되지 않는 제한성들을 극복하기 힘들다. 우리는 국제경제법이 ≪국제법의 새로운 가지≫라는 주장과 그 제한성을 똑바로 알고 국제경제법에 대한 리해를 보다 폭넓게 가짐으로써 다른 나라들과의 경제관계설정에서 국제경제법을 능숙히 활용할 수 있는 능력을 소유해야 할 것이다.

22. ≪봉사무역에 관한 일반협정≫의 주요내용과 그 제한성[40]

최인철

[45]위대한 령도자 김정일동지께서는 다음과 같이 지적하시였다. ≪세계경제와 자본주의시장에 대한 연구 사업을 잘하여야 합니다.≫(≪김정일선집≫제14권, 167페지)

≪봉사무역에 관한 일반협정≫은 1993년 12월 15일 우루과이라운드 제8차 최종협상 끝에 1994년 4월 마로끄[41]의 마라케슈에서 채택된 세계무역기구창설협정에 포함된 봉사무역과 관련한 국제다방조약이다. ≪봉사무역에 관한 일반협정≫은 오늘 국제적으로 급속히 발전하고 있는 봉사무역에 대하여 처음으로 규제한 다방조약으로서 일명 ≪GATS≫라는 략칭으로 불리고 있다.

봉사무역은 상품무역에 비하여 그 발생시기가 오래지 않지만 현 시기 상품무역보다 더 빠른 속도로 발전하고 있으며 국제무역거래에서 중요한 자리를 차지하고 있다. 일반적으로 봉사무역이라고 할 때 그것은 나라들 사이의 국제경제거래 가운데서 상품거래와 자본거래를 제외한 거래로서 금융, 보험, 통신, 수송, 건설, 보건, 교육, 관광 등의 분야에서 봉사자(봉사 제공자)와 피봉사자(봉사 소비자)사이에 이루어지는 상업적 활동을 말한다.

≪봉사무역에 관한 일반협정≫에서는 봉사무역을 4가지 형태의 봉사제공으로 규정하고 있다. 즉 봉사무역을 한 성원국의 령토로부터 다른 성원국의 령토에로의 봉사제공(봉사의 국경이동), 한 성원국의 령토 내에서 다른 성원국의 봉사소비자들을 위한 봉사의 제공(해외소비), 한 성원국의 봉사공급자가 다른 성원국 령토 내에서 상업적 주재를 통하여 진행하는 봉사제공(상업적주재), 다른 성원국의 령토 안에서 어느 한 성원국의 봉사공급자들이 진행하는

---

40) 출처: 과학백과사전출판사,『정치법률연구』, 2011년 제2호(누계 제34호), 45~46쪽.

41) 편집자 주: 모로코

봉사제공(자연인주재)으로 규정하고 있다.

≪봉사무역에 관한 일반협정≫은 6개 장 29개의 조와 7개의 부속서로 구성되어 있다. ≪봉사무역에 관한 일반협정≫의 중요내용에는 첫째로, 성원국들의 일반의무에 관한 규정이 있다. 여기에는 대표적으로 최혜국대우, 공정경쟁의 보장을 위한 규정이 있다.

우선 최혜국대우에 관한 규정이 있다. ≪봉사무역에 관한 일반협정≫제2조 1항에서는 각 성원국은 특정한 봉사분야에서 한 성원국에 제공한 대우와 꼭 같은 대우를 다른 성원국에 즉시에 무조건적으로 제공하여야 한다고 규정함으로써 최혜국대우원칙이 봉사무역의 중요한 원칙이라는 것을 밝히고 있다. 최혜국대우는 국제봉사무역의 당사자로 나서는 봉사자와 봉사제품에 적용된다. 일반협정에서는 이 협정에 기재된 어떤 항목에 대하여 성원국들이 어느 한 나라의 봉사자와 봉사제품에 제공하는 대우가 다른 나라의 봉사자와 피봉사자에게 제공하는 대우보다 낮아서는 안 된다고 규정하고 있다.

또한 공정경쟁보장에 관한 규정이 있다. 공정경쟁보장과 관련하여 일반협정 제3조에서는 국제봉사무역에서의 투명성보장에 대하여 규제하고 있다. 국제봉사무역에서 투명성을 보장한다는 것은 국제봉사무역에 영향을 주는 자기 나라의 모든 법규범과 그와 관련된 모든 행정적 조치에 관한 구체적인 정보들을 공개한다는 것을 말한다. 공개는 세계무역기구에 그에 대하여 통지하는 방법으로 하게 되어 있다. 통지내용에는 현행 법규범과 행정적 조치뿐만 아니라 수정 보충되는 모든 법규범과 그에 따르는 행정적 조치들까지도 포함된다. 그러나 공개되는 자료가 앞으로의 법제도확립 또는 공공의 리익에 방해로 되는 경우, 특정한 봉사부문에서의 공동경영에 손해를 줄 수 있는 경우, 개인기업의 합법적인 리익을 침해할 수 있는 경우 등은 례외로 인정된다.

≪봉사무역에 관한 일반협정≫의 중요내용에는 둘째로, 체약국들의 구체적 합의에 관한 규정이 있다. 구체적 합의란 ≪봉사무역에 관한 일반협정≫에 따라 지니는 성원국들의 의무가 아닌 문제들의 집행여부에 대한 해당 나라의 동의를 말한다. 구체적 합의에 관한 규정들은 모든 성원국들에게 의무적으로 적용되는 것이 아니라 해당 나라의 동의 여하에 따라 적용되게 된다. 협정에서

해당 나라의 구체적 합의를 받아야 한다고 규제한 문제들은 다음과 같다.

우선 시장진입에 관한 규정이 있다. 시장진입은 봉사나 봉사공급자들에 대하여 시장개방을 허용하는 것을 말한다. [46]《봉사무역에 관한 일반협정》에서는 시장진입허용기준과 관련하여 성원국들이 설정하는 기준이 《GATS》에서 설정한 기준보다 높이 설정해서는 안 된다고 규정하고 있다. 시장에 들어가는 여부에 대한 동의는 대체로 외국의 봉사제공자가 제출한 신청문건을 심사비준하는 방법으로 한다.

또한 자국인대우에 관한 규정이 있다. 국제봉사무역에서의 자국인대우문제는 국제상품매매나 지적소유권에서의 자국인대우문제와는 다르다. 국제봉사무역에서의 자국인대우문제는 국제상품매매나 지적소유권에서의 자국인대우문제와는 달리 쌍방국가에서 동시에 제기되지 않는다. 그것은 봉사의 다양화와 무형성으로 말미암아 서로 같은 것을 확정하기가 매우 힘든 것과 관련된다. 국제봉사무역에서는 자국인대우가 어느 한 나라의 구체적인 동의를 통하여 그것도 례외가 허용되는 조건하에서 적용된다. 즉 어느 한 나라에서 구체적인 동의를 통하여 외국의 봉사자(외국회사)에게 국내에서의 봉사를 허용하면 봉사활동에서 외국회사와 본국회사를 차별하지 말아야 한다.

《봉사무역에 관한 일반협정》의 중요내용에는 셋째로, 점차적자유화에 관한 규정이 있다. 《봉사무역에 관한 일반협정》은 봉사무역의 조속한 자유화 실현을 목표로 하여 체결되였지만 국제봉사무역부문의 전면적인 자유화는 실현하지 못하였다. 일반협정에서는 우선 성원국들이 점차적으로 보다 높은 봉사무역자유화를 실현하기 위하여 세계무역기구협정이 효력을 발생한 날로부터 5년 안에 협상을 진행해야 한다고 규제하였다. 또한 각 성원국의 정책목표와 각국의 발전수준을 고려해야 한다고 규제하였다. 또한 구체적 합의에 따른 성원국들의 합의목록에 대하여 4년이 지난 다음부터는 임의로 수정하거나 철회할 수 있다고 규제하였다.

《봉사무역에 관한 일반협정》에서는 봉사무역 분야에서 하나의 통일적인 원칙 즉 최혜국대우원칙을 확립하고 다각적인 봉사무역체계를 수립하는 것을 당면목적으로, 체약국들의 경제발전에서 《고도성장》을 이룩하며 특히 발전도상나라들의 경제발전을 촉진시키는 것을 전망목적으로 규제하였다. ≪봉사무역에 관한 일반협정≫은 이와 같이 긍정적인 측면이 있는 반면에 일련의 제한성도 가지고 있다.

제한성은 첫째로, 발전도상나라들의 요구와 리익을 공정하게 반영하지 못하고 있는 것이다. 발전도상나라들은 세계적인 봉사무역경쟁에서 뒤떨어진 상태에 있으므로 시장을 개방하면 자국의 봉사업 특히는 자국 내 인민들의 경제생활에 엄중한 영향이 미치게 된다. 따라서 거의 모든 발전도상나라들에서는 시장개방을 바라지 않으며 봉사무역에 대한 자유화를 배척하는 방향으로 나가고 있다. 반대로 발전된 자본주의 나라들의 봉사업은 경쟁력이 강하고 봉사무역에서 주도적인 지위에 있으므로 발전도상나라들에서 봉사무역시장을 개방하도록 요구함으로써 봉사무역에서 보다 큰 리익을 얻으려고 하고 있다. 봉사무역을 자유화할 데 대한 내용을 담은 ≪봉사무역에 관한 일반협정≫이 채택되였으나 이것은 발전된 자본주의 나라들의 강압적인 주장에 의하여 체결된 불공평한 협정이다. 물론 협정에서 발전도상나라들의 리익을 고려한다고는 하지만 실천적으로 세계봉사무역시장에서 발전된 자본주의 나라들은 여전히 뒤떨어진 발전도상나라들에 도전하고 있으며 최대의 리윤을 짜내고 있다.

제한성은 둘째로, 많은 규칙들이 명확하지 못한 것이다. ≪봉사무역에 관한 일반협정≫은 국제봉사무역에 대하여 규제한 다방조약이라고는 하지만 그의 체계와 내용에서 불비한 측면들이 적지 않다. 봉사와 봉사무역의 개념에 대한 정확한 정의를 내리지 못하고 봉사의 범위, 봉사무역의 형태에 대해서만 밝힌 것, 봉사무역에 관한 일반협정이라고는 하지만 협정의 적용범위가 매우 제한적인 것 등을 실례로 들 수 있다.

협정이 이와 같은 제한성을 가지게 된 것은 각국의 봉사무역관리제도가 서로 다르고 개방성 정도가 일치하지 않으며 각 성원국이 협정을 대하는 태도가 서로 다른 데 있다. ≪봉사무역에 관한 일반협정≫이 모든 성원국들의 경제의 ≪고도성장≫을 이룩하며 특히 발전도상나라들의 경제발전을 촉진시키는 것을 전망목적으로 규정하고 있지만 이것은 하나의 빈 구호에 지나지 않는다. 그것은 협정의 내용을 통하여 잘 알 수 있다. 협정의 대부분 내용은 봉사자에 대한 대우문제, 봉사의 제공과 관련한 문제들이다. 봉사자로 누가 더 많이 나설 수 있는가, 봉사조건은 누가 보장해야 하며 누가 보장받게 되는가 하는 것을 고찰해보면 그것이 경제적으로 발전된 나라들에 더 유리하리라는 것은 불보듯 명백한 것이다. 미제를 비롯한 소위 발전된 나라들에서 국제적인 봉사무역제도를 확립하고 ≪봉사무역의 자유화≫ 구호를 들고 나온 것은 저들의 발전된 경제력을 리용하여 발전도상나라들을 경제적으로 략탈하기 위한 제도적 장치를 합법화하자는 데 있다. 오늘 발전도상나라들은 자주시대의 요구에 맞게 봉사무역 분야에 대한 제국주의자들의 전횡을 막고 민족경제의 자립적 발전을 이룩하기 위해 적극 노력하고 있다.

23. 국제무역에서 비관세장벽제도의 특징[42)

리광일

[55]위대한 령도자 김정일동지께서는 다음과 같이 지적하시였다. ≪우리가 자본주의시장을 대상하여 무역을 하는 조건에서 자본주의시장과 세계경제에 대한 파악이 없이는 무역을 잘할 수 없습니다.≫(≪김정일선집≫제14권, 168페지)

현실발전의 요구에 맞게 세계 여러 나라들과의 무역거래를 확대하기 위해서는 국제무역에서 널리 적용되고 있는 비관세장벽제도의 특징에 대하여서도 잘 알아야 한다. 비관세장벽제도는 해당 나라가 자기 나라에 들어오는 다른 나라의 상품수입을 억제하기 위하여 관세 이외의 다른 여러 가지 경제적 및 법적조치들을 취하는 것을 말한다. 실례로 비관세장벽제도에는 수입수량제한, 수입상품의 규격, 위생조건, 안전규정 등을 엄격히 설정하고 수입을 제한하는 방법, 국경조정세, 공급조달에 의한 국산품우선수입, 수입부가금의 설정 등이 있다. 이 외에 관세수속을 까다롭게 하여 수입할 수 없게 하는 방법, 수출을

---

42) 출처: 과학백과사전출판사, 『정치법률연구』, 2011년 제1호(누계 제33호), 55~56쪽.

촉진시키기 위한 수출보조금 또는 장려금의 적용도 비관세장벽제도의 내용으로 된다. 비관세장벽제도는 상품수입을 억제한다는 측면에서는 관세제도와 공통점을 가지지만 일련의 측면에서 자기의 고유한 특징을 가지고 있다.

특징은 첫째로, 관세제도에 비하여 수입제한을 규제하는 법률적 조치들이 매우 다양하다는 것이다. 관세제도가 상품의 가격 또는 수량에 일정한 비률의 세금을 부과하여 수입을 억제하는 국가의 조치라면 비관세제도는 수입품의 품질조건, 기술조건, 위생조건, 검사조건 등 복잡하고 까다로운 규정들을 규제하여 수입을 억제하는 국가의 조치이다. 우선 상품의 량적 기준을 정하여 수입을 억제하는 조치이다. 상품의 량적 기준을 정하여 수입을 억제하는 비관세 조치에는 수입할당제, 수입허가제, 환자제한제와 같은 것들이 포함된다. 또한 상품의 질적 기준을 규정하여 수입을 억제하는 조치이다. 상품의 질적 기준을 규정해놓은 조치에는 상품 자체의 기술적 특성이나 위생학적 조건, 포장과 표식 조건, 원산지 조건 등에 대한 까다롭고 복잡한 규정을 만들어놓고 수입을 억제하는 것들이 포함된다. 또한 낮게 정해진 수입상품의 가격을 인위적으로 올리는 조치이다. 수입상품의 가격을 인위적으로 올리는 조치들에는 최대한 도가격제, 국경세조정이나 화폐가치의 인하 등이 포함된다. 이 외에도 일부 나라들이 일정한 수입품에 물품세나 도로세와 같은 세금을 부과하여 소비자들이 다른 나라의 상품을 살 수 없게 하는 조치들과 상품수입에서 적용되고 있는 세관 절차 및 검열규정(식료품위생법, 식물위생법, 집짐승전염병예방법)들도 있다.

특징은 둘째로, 그 공정이 복잡하고 여러 가지 비관세장벽들이 호상 결합되여 적용된다는 것이다. 우선 이전 시기에 비하여 그 공정이 보다 복잡하게 진행되고 있다. 수입할당제만 놓고 보더라도 할당된 상품의 수입액이나 수입량의 최고한도를 규정해놓고 그것을 초과하면 수입을 제한하며 수입상품의 일정한 한도액에 대해서는 제한을 하지 않거나 또는 일정한 기간 안에 할당된 상품의 량이나 상품수입액 안에서 수입하는 상품에 대해서는 낮은 관세를 적용하고 있다.

또한 여러 가지 비관세장벽들이 호상 결합되여 적용되고 있다. 수입허가증제도만 보아도 보통 수입할당제와 외화통제제도 등과 결합되여 적용되고 있다. 종전의 수입허가증제도는 수입할당제나 외화통제제도와 구별되는 하나의 독자적인 비관세장벽으로 분류되여 있었다. 그러나 오늘에 와서는 대부분의 비관세장벽들이 호상 결합되여 적용되면서 수입억제효과를 높이는 데 리용되고 있다.

특징은 셋째로, 비관세장벽을 적용하고 있는 나라들이 많아지고 있는 것이다. 지난 시기 국제무역에서의 비관세장벽은 주로 자본주의 나라들만이 적용하는 것으로 인식되여왔다. 그러나 오늘날에는 발전된 자본주의 나라들 뿐만 아니라 발전도상나라들도 상품무역이 발전함에 따라 이 분야에서 비관세장벽제도를 적용하고 있다.[56] 발전된 자본주의 나라들뿐만 아니라 적지 않은 발전도상 나라들이 비관세장벽제도를 적용하고 있는 것은 이 나라들에서 경제가 급속히 발전하면서 공업품생산이 늘어난 사정과 관련된다. 발전도상 나라들은 공업상품에서 지난 시기에 발전된 나라들만이 생산하는 것으로 되여 있던 화학제품, 제약제품, 식물성기름, 세멘트, 공업용가스, 합성수지제품, 전자기계설비들도 생산하면서 발전된 나라들에서 들어오는 이러한 상품들로부터 자국 내 기업을 보호하기 위한 여러 가지 비관세장벽을 적용하고 있다. 발전도상 나라들에서는 수입상품을 량적으로 규제하는 수입할당제, 수입허가제, 수입금지제, 수입할당금의 설정, 국가수입독점 등을 비관세장벽으로 적용하고 있다.

국제무역에서 적용되고 있는 비관세장벽제도의 특징은 넷째로, 비관세장벽에 대한 국제적 규제가 전례 없이 강화되고 있는 것이다. 세계무역기구 창설 이전에 비관세장벽에 대한 국제적 규제는 나라들 사이의 협정에 따라 진행되였으며 그 적용대상도 농산물과 직물 및 피복거래에만 국한되여 있었고 그 리행도 주로 발전된 자본주의 나라들 사이에만 호상 진행되였다. 세계무역기구 출현 이후 비관세장벽에 대한 국제적 규제는 그 협정내용이 더욱 구체화되였을 뿐 아니라 적용품목도 더욱 늘어났다. 비관세장벽에 대한 세계무역기구의 협정내용을 보면 관세 및 기타 무역장벽들에 관한 협정, 원산지규제에 관한 협정, 수입허가 절차에 관한협정, 반투매조치에 관한 협정, 보조금 및 상쇄관세에 관한 협정, 비상수입제한조치에 관한 협정, 무역관련투자조치에 관한 협정, 무역기술장벽에 관한 협정, 위생 및 식물위생적용에 관한 협정, 적선전검사에 관한 협정 등이 있다.

모든 무역일군들은 비관세장벽제도의 특징을 바로 알고 대외무역을 계획적으로 발전시키며 제국주의자들의 경제적 침투로부터 자립적 민족경제를 철저히 보호하기 위하여 적극 노력하여야 한다.

24. 비관세장벽의 본질과 법적 성격[43]

김철수

[46]위대한 령도자 김정일동지께서는 다음과 같이 지적하시였다. ≪무역일군들이 당의 무역정책을 잘 모르고 무역실무에 밝지 못하면 무역활동을 제대로 할 수 없으며 당의 무역정책을 옳게 관철할 수 없습니다.≫

오늘 국제적으로 관세장벽이 상당히 제거된 반면에 각종 비관세조치가 급격히 늘어나 국제무역발전에 커다란 영향을 미치고 있는 조건에서 대외무역일군들이 비관세장벽에 대하여 깊은 리해를 가지는 것이 실천적으로 매우 중요한 요구로 나선다. 비관세장벽은 상품수입을 억제하기 위하여 해당 나라 정부에서 실시하는 관세 이외의 경제적 수단들과 법적 및 행정적 조치를 말한다. 다시 말하여 해당 나라 정부가 일정한 상품의 수입을 억제할 목적으로 여러 가지 복잡한 조건이나 수속 절차 등을 설정하여 해당 상품의 수입을 제한하도록 하는 관세 밖의 모든 조치들을 비관세장벽이라고 한다. 실례로 어떤 나라가 자기 나라 국내시장에 부정적 영향을 주거나 혹은 그러한 위험을 줄 수 있는 상품의 수입량을 제한하거나 그러한 수입품에 대한 기술규격, 위생조건이나 안전규정 등 여러 가지 엄격한 요구조건들을 설정하는 것, 관세수속을

---

43) 출처: 과학백과사전출판사, 『정치법률연구』, 2011년 제3호(누계 제35호), 46~47쪽.

까다롭게 하여 수입을 할 수 없게 하거나 수출을 촉진시키기 위한 수출보조금 또는 장려금을 적용하는 것과 같이 해당 나라에서 취하는 관세 밖의 모든 조치들은 다 비관세장벽으로 된다.

비관세라고 할 때 그것은 관세에 대응하는 개념이라고 볼 수 있다. 관세란 해당 나라의 국경선을 통과하는 무역품 또는 비무역품들에 대하여 부과하는 일종의 세금이다. 매개 나라들은 자기 나라가 설정한 관세경계선을 통과하는 물자들에 대하여 관세대상과 관세률을 규정하고 그에 기초하여 관세를 부과함으로써 일정한 재정적 리윤을 획득하고 자기 나라의 민족경제와 다른 나라들과의 대외관계를 확대 발전시켜 나가고 있다. 오늘 많은 나라들에서는 관세장벽보다 비관세장벽이 수입제한을 위한 기본수단으로 리용되고 있다. 물론 수입품의 관세률을 높이는 방법으로도 관세장벽을 조성하여 해당 수입품에 제한을 가할 수도 있다. 하지만 많은 나라들이 관세장벽보다도 비관세장벽에 많이 의존하고 있는 것은 세계무역기구(WTO)에 의하여 성원국들이 제멋대로 관세률을 올리기가 어려워진 것과 관련된다. 현 시기 발전된 자본주의 나라들이 저마다 경쟁적으로 비관세조치를 취하면서 관세의 대폭적인 인하로 초래된 불리한 영향을 해소하는 과정에 국내산업보호수단으로서의 관세장벽은 보조적인 것으로 되고 비관세장벽이 기본수단으로 리용되고 있다.

비관세장벽은 관세장벽과 다른 고유한 법적성격도 가지고 있다. 비관세장벽의 법적성격은 우선 수입제한의 범위에 있어서 그 폭이 매우 넓은 데 있다. 관세장벽은 수입품의 가격이나 수량에 대하여 일정한 비률의 세금을 적용하는 방법으로 수입을 제한한다. 이것은 관세장벽이 수입품의 가격과 수량 이외의 다른 조건들에 대하여서는 적용할 수 없다는 것을 의미한다. 그러나 비관세조치는 수입품의 가격이나 수량은 물론 품질조건이나 기술조건, 위생조건, 검사조건 등에 이르기까지 복잡하고 까다로운 수속검사조건들을 규정하여 해당 상품수입이 순조롭게 이루어질 수 없게 한다.[47]

비관세장벽의 법적 성격은 또한 실시대상의 견지에서 볼 때 그 범위가 매우 넓은데 있다. 해당 국가가 관세를 적용할 때 보통 자기 나라와 비우호적이거나 적대적인 관계에 있는 나라들인 경우에는 차별적인 관세를 적용한다. 그러나 같은 국제경제기구의 성원국이거나 동일한 지역경제통합협정을 체결한 나라인 경우 해당 기구의 결의나 협정에 의하여 차별적인 관세를 적용하는 것은 곤란하게 된다. 그것은 세계무역기구나 지역경제기구들의 경우 해당 협정이나 결의에 따라 그 가입국들에 한하여서는 공통적인 관세률이 적용되고 있기 때문에 만일 이런 나라들에 대하여 높은 관세를 적용한다면 그것은 해당 기구의 결의나 협정을 위반하는 것으로서 그에 따르는 제재가 뒤따르게 된다. 결국 관세장벽의 실시에서는 그 실시대상에 있어서 일정한 제한을 받게 된다. 하지만 비관세장벽은 그러한 제한이 없다. 현재까지 비관세장벽의 제거나 실시에 관한 국제법적 기초가 미약한 것으로 하여 비관세조치를 실시하여 해당 나라의 상품수입을 제한하였다고 하여도 두 나라 사이에는 그 어떤 불신임이나 대립관계가 있을 수는 있지만 그 밖의 다른 제재는 없다. 세계무역기구 가입국이라고 하여도 해당 나라는 갖은 수단과 방법으로라도 저들이 취하는 해당 상품의 수입제한조치를 협정문의 긴급수입제한조치에 명목을 걸게 되면 그것은 세계무역기구협정문의 정신을 위반하는 것으로 되지 않는다.

비관세장벽의 법적 성격은 또한 비관세조치의 범위에 대한 명확한 기준이 없다는데 있다. 관세장벽에 대해서는 ≪관세 및 무역에 관한 일반협정≫이나 지역경제기구들의 결의, 나라들 사이의 호상 체결한 협정들에 따라 일정한 기준이 갖추어져 있다. 그러나 비관세장벽의 제거나 실시의 기준에 관한 명백한 그 어떤 협정이나 조약은 아직까지 존재하지 않고 있다. 비관세장벽에 관한 부속협정들을 포함하는 세계무역기구협정문에서도 ≪무역에 대한 기술 장벽에 관한 협정≫, ≪반투매협정≫, ≪관세평가에 관한 협정≫, ≪수입허가 절차에 관한 협정≫, ≪위생 및 식물검역조치실시에 관한 협정≫, ≪무역관련 투자조치에 관한 협정≫ 등 많은 비관세장벽제거에 관한 내용들을 규제하고 있다. 그러나 협정문에서는 개별적 나라들의 긴급수입제한조치의 실시에 대해 금지하지 않은 것으로 하여 오늘날 어느 나라나 자국 내 시장을 보호하는 데 조금이라도 도움이 된다면 긴급수입제한조치들을 람발하여 다른 나라로부터의 상품수입을 막고 국내산업을 보호하고 있다. 현재까지 세계적으로 리용되고 있는 비관세조치의 종류는 무려 천여 가지에 달한다. 이렇게 비관세장벽의 실시범위에 대한 국제적인 구분이 명확히 되여 있지 않는 것으로 하여 비관세조치들은 끊임없이 산생되고 있다.

비관세장벽의 법적 성격은 또한 그 실시 절차가 간편하다는 데 있다. 관세률은 대부분 다른 나라들과의 조약이나 협정, 기구의 결의 등에 의하여 결정되는 것만큼 개별적인 나라가 관세률을 변동시키려는 경우 일정한 법적 절차를 밟아야 한다. 때문에 시기적으로 긴급히 수입을 제한하여야 할 필요성이 제기되는 경우 해당 상품에 부과하는 관세률을 높여 그 상품의 수입을 막자면 일정한 제한을 받게 된다. 그러나 비관세조치의 실시는 그 어떤 기구의 승인이나 다른 나라들과의 호상 합의를 전제로 하는 것이 아니라 해당 나라 정부의 자체의사에 따라 결정하고 실시하는 것만큼 그 절차가 관세조치에 비하여 매우 간편하다. 물론 세계무역기구성원국인 경우 기구의 부속협정문인 《긴급수입제한조치에 관한 협정》의 요구에 근거하여 비관세조치를 실시해야 하지만 이 협정문에서도 긴급수입제한조치의 실시범위나 그 경우 등에 대하여 명백한 규정을 주지 않은 것으로 하여 해당 국가는 수입하려고 하는 상품이 자국의 시장이나 경제발전에 위험을 줄 수 있다고 인정되면 임의의 시기에 큰 제한이 없이도 수입품에 대하여 제때에 수입제한을 가할 수 있다.

비관세장벽이 국제무역관계에 미치는 영향은 매우 크다. 모든 나라들이 저마다 비관세조치를 취하면서 장벽을 높이 쌓아올리면 나라들 사이의 무역거래가 순조롭게 진행될 수 없는 것으로 하여 국제무역발전이 건전하게 이루어질 수 없으며 반대로 무턱대고 비관세장벽을 제거한다면 제국주의렬강들의 침략과 략탈로부터 자기 나라의 민족경제발전과 국내시장을 보호할 수 없게 된다. 대외무역일군들은 국제경제관계에 대한 깊은 지식을 소유하고 실천에 널리 활용함으로써 사회주의경제강국을 건설해나가는 데서 자신들의 본분을 다해 나가야 할 것이다.

제8장 국제금융·투자·지적재산권법

25. 국제금융법률관계의 구분과 그 당사자[44]

김성호

[84]위대한 수령 김정일동지께서는 다음과 같이 지적하시였다. ≪법률관계는 법규범에 의하여 규제되는 사람들 사이의 관계이라면 도덕관계는 도덕규범에 의하여 규제되는 사람들 사이의 관계입니다.≫

일반적으로 법률관계는 법규범에 의하여 규제되는 사람들 사이의 관계, 당사자들 사이의 권리의무관계이다. 국제금융법률관계는 국제금융법에 의하여 규제되는 국제금융관계 당사자들 사이의 권리의무관계이다. 이러한 국제금융법률관계를 당사자들의 법적 능력 및 권리의무관계의 대등성 여부에 따라 일정하게 구분하여 보는 것은 국제금융법리론과 실천에서 중요한 의의를 가진다. 국제금융관계를 일정하게 구분하고 거기에 나서는 당사자들의 능력에 대하여 고찰할 때 국제금융법리론과 실천이 요구하는 국제금융법의 분류 및 존재형식, 그 성격 등에 대한 리해를 보다 명확히 할 수 있다.

국제금융법률관계는 당사자들 사이에 대등한 관계로 맺어질 수도 있고 행정법률관계로 맺어질 수도 있다. 그리고 국제금융법률관계에는 화폐자금을 국경을 넘어 융통시킬 수 있는 권리능력과 행위능력을 가진 국가, 국제기구, 법인, 자연인들이 다 당사자로 될 수 있지만 그들은 일정하게 구분되는 국제금융법률관계에 다 같이 같은 자격으로 들어설 수 있는 것이 아니다. 어떤 당사자들이 권리와 의무를 어떻게 지니고 어떤 국제금융법률관계에 들어서는가 하는 것이 여기서 론하게 되는 기본문제이다. 국제금융법률관계는 이러한 각

---

44) 출처: 김일성종합대학출판사, 『김일성종합대학학보: 력사법학』, 제53권 제3호(2007), 84~89쪽.

도에서 볼 때 크게 3가지로 구분할 수 있다.

첫째로, 국가 간의 국제금융법률관계이다. 국가 간의 국제금융법률관계는 국가들이 서로 대응되는 권리와 의무를 지니고 당사자로 나서는 국제금융법률관계이다. 국가 간의 국제금융법률관계는 법인이나 자연인들이 참가할 수 없고 국가(특정지역이나 특정된 국제금융기구 포함)만이 당사자로 되는 국제금융법률관계로서 국제화폐법률관계와 정부 간 대부법률관계 같은 것을 포괄한다.

국가 간의 국제금융법률관계를 대표하는 것은 국제화폐법률관계라고 말할 수 있다. 국제화폐법률관계가 국가 간의 국제금융법률관계를 대표하게 되는 것은 국제화폐법률관계에서의 권리의무의 내용과 그것을 감당할 수 있는 당사자의 자격과 관련된다. 국제화폐법률관계에서 당사자들이 지니게 되는 권리와 의무는 국제수지 및 환율조정, 국제준비금의 확정 및 공급, 금 및 외화관리 등과 관련한 권리와 의무이다. 이와 같은 권리와 의무는 화폐주권행사와 관련한 권리와 의무로서 국내에서 화폐를 발행하고 관리할 최고권한과 대외화폐정책을 독자적으로 세우고 집행하며 국제화폐관계에 평등하게 참가할 능력과 자격이 있어야만 지닐 수 있다. 국제화폐법률관계의 당사자로 나설 수 있는 절대적인 능력과 자격은 국가(특정된 지역포함)만이 지니고 있으며 경우에 따라 특정된 정부적 국제금융기구들이 성원국들에 의하여 부여된 권능에 따라 당사자의 일정한 자격을 지닐 수 있다.

일반적으로 국가는 정치, 경제, 군사, 문화의 모든 분야에서 국제법규범에 의하여 발생되는 권리와 의무를 감당할 수 있는 완전한 자격을 가진 국제법률관계의 당사자이다. 자주권과 일정한 령토와 주민을 가진 주권국가는 국제화폐 분야에서의 자주권인 화폐주권을 가지고 있는 것으로 하여 마땅히 국제화폐법률관계의 당사자로 나설 수 있다. 특정된 지역(례; 홍콩)도 상대적으로 독립적인 화폐금융제도를 수립하고 국제화폐금융사업에 평등하게 참가할 권리를 가지고 있는 것으로 하여 국제화폐법률관계의 당사자로 나설 수 있다. [85] 국제통화기금(IMF)과 같은 정부적국제금융기구도 성원국들에 의하여 부여된 권능에 따라 조약에서 규정된 범위 안에서 국제법상의 권리와 의무를 담당 수행할 수 있는 능력을 가지고 있는 것으로 하여 국제화폐법률관계의 당사자로 나설 수 있다. 그러나 법인이나 자연인들은 국제화폐법률관계의 당사자로 나설 수 없다. 법인은 일정한 조직기구와 독자적으로 처분할 수 있는 재산을 가지고 있으면서 민사상 권리와 의무의 담당자로 될 수 있는 일정한 조직체이며 자연인은 민사상권리와 의무의 담당자로 나설 수 있는 개별적인 사람이다. 법인이나 자연인에게는 민사상의 국제금융법률관계에 당사자로 들어설 수 있는 능력과 자격은 있지만 화폐주권행사와 관련한 권리와 의무를 담당할 능력과 자격은 없다.

국제화폐법률관계는 원칙적으로 법인이나 자연인이 참가할 수 없고 주권국가(특정지역 포함), 특정된 정부적국제금융기구들만이 당사자로 나서는 국가 간의 평등한 국제금융법률관계이다. 국제화폐법률관계는 국제화폐관계를 규제하는 국제화폐제도에 의하여 맺어지며 국제화폐제도는 원칙상 국제법규범으로 이루어진다. 물론 넓은 의미에서 국제화폐제도에는 국제수지 및 환률조정, 국제준비금의 확정과 공급, 외화관리와 관련한 매개 나라의 국내법이 포괄되기도 한다. 그것은 국제화폐제도가 국제화폐관계에서 매개 국가의 자주권을 존중하는 것을 원칙으로 하고 있으며 자주권행사로 제정된 국제화폐관계와 관련한 매개국가의 립법이 구체적인 실정에 부합되는 국제화폐관계에 일정한 영향을 주기 때문이다. 그러나 국제화폐제도에 국내법규범이 포함된다고 하여도 그 국내법규범은 일반적으로 해당 나라에서의 국제수지 및 환률조정, 국제준비금 확정 및 관리, 외화관리와 관련한 행정법적규범을 기본으로 한다. 그러므로 법인이나 자연인이 국내법규범에 의하여 규제되는 대외적 성격의 화폐금융관계에 들어선다고 하여도 그들은 국가와 평등한 관계가 아니라 국가의 행정적 요구에 복종할 의무를 지니는 종적관계의 당사자로 되게 된다. 국제화폐법률관계에는 화폐주권을 가진 국가만이 평등한 권리의무관계의 당사자로 나설 수 있다.

국가들 사이에는 정부 간 국제대부법률관계와 같은 국제화폐법률관계 이외의 평등한 국제금융법률관계도 맺어진다. 이와 달리 국제대부법률관계에는 ≪정부 간 국제대부법률관계≫와 함께 평등한 ≪민간급 국제대부법률관계≫

도 있으며 사실상 국제대부법률관계나 기타 국제금융법률관계들은 많은 경우 법인이나 자연인들이 참가하는 민간급 국제금융법률관계들이다. 국제화폐법률관계에는 법인이나 자연인이 평등한 당사자로 나설 수 있는 ≪민간급 화폐법률관계≫가 없으며 ≪국가 간의 평등한 화폐법률관계≫가 있을 뿐이다. 이로부터 국제화폐법률관계는 국가 간의 평등한 국제금융법률관계를 절대적으로 대표한다고 말할 수 있다.

국가 간의 국제금융법률관계는 국제금융사법이 아니라 국제금융공법에 의하여 규제되는 법률관계이다. 이 법률관계에서는 제기되는 분쟁이 어느 한 개별적인 국가의 재판소에 의하여 접수 처리되는 것이 아니라 국가들 사이의 협상이나 국제재판소, 기타 외교경로를 통하여 해결되게 되며 여기에는 어느 한 국가의 법이 아니라 원칙적으로 국제법이 적용되게 된다. 분쟁발생 시 그것을 어느 한 국가의 법으로, 어느 한 국가의 재판소에 소송하여 해결할 수 있는가, 없는가 하는 것도 해당 법률관계의 당사자가 국가인가 아닌가, 그 관계를 규제한 법이 공법인가 사법인가 하는 것을 규정하는 하나의 기준으로 된다고 말할 수 있다.

둘째로, 국가가 국제금융활동을 제약하는 종적인 국제금융법률관계이다. 종적인 국제금융법률관계는 국가의 금융감독기관과 국제금융활동을 진행하는 기타 당사자사이의 행정적 법률관계이다. 종적인 국제화폐법률관계는 당사자들 사이의 의사합의에 기초하여 이루어지는 대등한 관계가 아니라 명령하고 지시하는 관계와 복종하고 집행하는 관계이다.[86] 다시 말하면 이 관계는 한편 당사자인 국가금융감독관리기관의 행정적 요구와 그에 대한 기타 당사자들의 무조건적인 집행을 내용으로 하는 감독관리관계이다. 종적인 국제화폐법률관계는 국제은행들의 설립과 경영에 대한 감독관리관계, 국제증권의 발행 및 거래에 대한 감독관리관계, 기타 국제금융에 대한 감독관리관계들을 포괄한다.

종적인 국제화폐법률관계에서 행정적 요구를 제시하고 감독관리하는 당사자는 국가의 금융감독관리기관이다. 국가는 국제금융활동에 참가하는 국내외의 법인과 자연인들, 국제기구들에 대하여 령토주권에 의한 속지적 관할권을 가진다. 국가는 국가금융감독관리기관으로 하여금 자기 령역에서 이들이 진행하는 국제금융활동 전반에 대하여 규제하고 감독 통제하도록 한다. 국가는 속지적관할권과 함께 국적에 의한 속인적 관할권을 가지며 이에 따라 국가금융감독관리기관은 자기 나라의 법인이나 자연인들이 국내외에서 진행하는 국제금융활동에 대하여서도 감독 통제한다.

종적인 국제화폐법률관계에서 국가의 행정적 요구에 대한 무조건적인 복종과 집행의 의무를 지는 당사자로는 국제금융활동에 종사하는 모든 법인과 자연인, 국제기구 및 단체들이 될 수 있다. 국제금융활동은 일정한 나라의 령토에서 진행되게 되며 이때 거기에 참가하는 법인이나 자연인, 국제기구는 해당 국가의 금융감독 관리를 받게 된다. 법인이나 자연인은 민사법률관계의 당사자로서 일반적으로 국제금융활동에 대한 해당 국가의 감독관리에 절대적으로 복종하여야 할 의무를 지닌다. 만약 국제금융기구(례; 국제투자담보기구)협정에 따라 국제금융기구의 성원국 민간기업이 다른 성원국 정부에 대한 융자활동을 진행할 경우에 그 법인 해당 성원국 정부로부터 일정한 특혜와 보호를 받을 수 있다.

국제기구도 어느 한 나라에서 민간급 국제금융활동을 진행할 때 그에 대한 해당 국가의 감독 관리적 요구에 복종하여야 할 의무를 지닌다. 국제기구는 설사 해당 국가가 그 성원국인 경우에도 국제기구설립협정에서 규정된 일정한 특권과 면제권은 가지지만 해당국가의 금융감독관리에서 절대적으로 벗어날 수 없다. 례를 들어 ≪세계은행≫ 그룹의 국제금융기구들이 성원국 정부나 민간기업에 대한 국제융자활동을 진행할 때 그들은 해당국가에서 국제금융기구협정에 따르는 특권과 면제권은 행사할 수 있지만 해당 국가의 국내법질서에 의한 감독 관리에서 완전히 벗어나 제멋대로 금융활동을 전개할 수 없다.

종적인 국제금융법률관계는 일반적으로 해당 국가의 국내법에 의하여 규제되는 국제금융법률관계이며 해당 국가의 국제금융 및 국제금융감독관리조약 참가 여부에 따라 그것은 국내법과 국제조약에 의하여 규제되는 법률관계로도 된다. 종적인 국제금융법률관계는 행정법적 성질의 국제금융법에 의하여 규제되는 법률관계로서 여기에서는 일반적으로 분쟁이 아니라 위법현상과 같은 문제가 발생되며 그것은 형사적 및 행정적 처분으로 해결된다.

셋째로, 횡적인 국제금융법률관계이다. 횡적인 국제금융법률관계는 국가, 국제기구, 법인, 자연인들 호상 간의 의사합의에 기초한 대등한 국제금융법률관계이다. 이 법률관계는 평등과 호혜에 기초하여 등가보상을 내용으로 하는 민간급 국제금융법률관계이다. 횡적인 국제금융법률관계는 법인과 자연인들 사이의 의사합의에 기초한 대등한 권리의무관계를 고유한 내용으로 하면서 법인과 법인 사이, 법인과 자연인 사이, 자연인과 자연인 사이뿐만 아니라 국가와 법인 또는 자연인 사이, 국제기구와 법인 또는 자연인 사이의 모든 민간급 국제금융법률관계를 포괄한다. 그러므로 이 법률관계에는 국가 간 또는 국가와 국제기구 사이의 법률관계를 제외하고 당사자들이 대등한 지위에서 서로의 의사합의에 기초하여 맺는 국제대부 및 담보관계, 국제결제관계, 국제증권관계, 국제보험관계, 국제환자거래관계 등이 다 포괄된다.[87]

횡적인 국제금융법률관계는 민간급 국제금융법률관계로서 법인과 자연인을 고유한 당사자로 한다. 법인은 법적으로 일반적인 권리능력과 행위능력이 있는 이상 모든 민간급 국제금융법률관계의 당사자로 나설 수 있다. 법인의 일반적인 권리능력과 행위능력은 대체로 그가 법적으로 소속되어 있는 국가의 법이나 그의 소재지국가의 법에 따라 확인된다. 법인설립의 필수적 조건, 법인이 종사할 수 있는 업종과 거기에서의 권리를 내용으로 하는 권리능력 및 행위능력문제, 법인대표와 대표권의 범위, 법인과 그 구성원들 사이의 관계, 법인 성원들의 권리와 의무를 내용으로 하는 법인의 내부체계 및 대외관계문제를 규정하고 있는 해당 국가의 법에 따라 그에 부합되는 권리능력과 행위능력을 가진 법인은 여러 형태의 민간급 국제금융업무에 종사할 수 있으며 해당한 법률관계의 당사자로 되게 된다.

국제금융법률관계 당사자로서의 법인에는 은행을 비롯한 금융기관들뿐 아니라 일정한 조직기구와 독자적인 재산을 가지고 민사상 권리와 의무의 담당자로 되는 기타 조직체들도 다 속할 수 있다. 현실적으로 전문적인 금융기관으로서의 법인들은 국제적인 예금, 대부, 결제, 증권업 등과 관련한 법률관계의 당사자로 나서고 있으며 기타 일반 법인들도 국제적인 예금 및 차입, 결제,

증권매매 등과 관련한 법률관계의 당사자로 나서고 있다. 법인의 권리능력과 행위능력을 규정하고 있는 매개 국가의 법규정의 내용은 일치하지 않지만 일반적으로 국제금융업무를 전문으로 하는 은행이나 금융기구들의 권리능력과 행위능력에 대한 요구는 일반 법인들에 대한 요구에 비하여 매우 높다. 그것은 은행을 비롯한 금융기구들이 부채경영기관이며 그들의 업무가 가상성과 허위성을 내포하고 있는 위험적인 업무이기 때문이다. 국제금융법이 은행과 국제금융기구들에 대한 감독관리를 목적으로 한 국제은행제도를 자기의 중요한 구성부문으로 하고 있는 것도 이와 관련된다고 볼 수 있다. 그리고 국제금융업자체의 위험적 특성으로부터 국제금융법률관계에 들어서는 일반법인의 능력에 대한 법적 요구도 그들이 다른 국제경제관계에 들어설 때에 비하여 일반적으로 높다.

자연인도 민간급 국제금융관계의 당사자로 나설 수 있다. 자연인은 자본주의 나라들에서 법인과 구별하여 부르는 민법상의 개인을 말한다. 자연인은 일반적인 권리능력과 행위능력이 있고 일정한 화폐자금을 지출하고 접수, 처리할 수 있는 법적 능력이 있으면 민간급 국제금융법률관계의 당사자로 나설 수 있다. 민간급 국제금융법률관계의 당사자로 나설 수 있는 자연인의 법적능력과 자격에 대한 매개 국가의 법 규정도 일치하지 않다. 자연인들은 주로 국제적인 예금거래와 그를 통한 결제, 국제채권 및 주식매매거래 등과 관련한 민간급 국제금융법률관계의 당사자로 나서고 있다.

국가나 국제기구도 민간급 국제금융법률관계의 당사자로 나설 수 있다. 국가는 정치, 경제, 군사, 문화의 모든 분야에서 국제법규범에 의하여 발생되는 권리와 의무의 담당자로서 마땅히 국가들 사이의 국제금융법률관계는 물론 민간급 국제금융법률관계의 당사자로 나설 수 있는 법적 능력과 자격을 가진다. 국가가 당사자로 되는 국제금융법률관계는 매우 포괄적이며 국가는 어떤 국제금융법률관계에도 당사자로 나설 수 있다. 국가가 국제금융시장에서 다른 나라의 법인이나 자연인을 대상으로 국가채권을 발행하거나 다른 나라의 민간기업들로부터 융자를 받는 민간급 국제금융거래가 적지 않게 진행되고 있는 것은 국가가 민간급 국제금융법률관계의 당사자로도 나서고 있다는 것

을 현실적으로 보여주고 있다.[88]

국가가 민간급 국제금융법률관계의 당사자로 나서는 데서 문제는 국가의 법적 능력과 자격이 아니라 국가가 민간급 법률관계에 법인이나 자연인들과 동등한 지위에 있는가 아니면 특수한 지위에 있는가 하는 것이다. 다시 말하면 민간급 국제금융법률관계에서 국가 및 그의 재산에 대한 면제권이 인정되는가 인정되지 않는가 하는 것이다. 국가 및 그의 재산에 대한 면제권이란 국가는 공법상 및 사법상의 어떤 행위와 관련하여서도 다른 나라의 재판소에 기소되지 않으며 국가재산은 다른 나라의 재판소에 의하여 차압될 수 없다는 주권국가의 권리이다. 국가 및 그의 재산에 대한 면제권은 20세기 초까지 거의 절대적으로 인정되여왔지만 1970년대에 들어와 국제상업은행들의 각이한 국제금융거래가 대폭 활발해지면서 일정한 제한을 받기 시작하였다. 프랑스나 미국을 비롯하여 경제적으로 발전된 나라들에서는 국가의 면제권이 그의 사법상의 활동, 민간급 국제금융활동과 관련하여서는 제한되도록 하고 있다. 다시 말하면 국가가 민간급 국제금융법률관계에 들어서면 그의 면제권은 상실되여야 하며 국가는 법인과 동등한 당사자로 되여야 한다는 것이다. 그러나 중국을 비롯한 적지 않은 나라들에서는 여전히 절대적인 국가면제권을 주장하고 있다.

국제기구도 민간급 국제금융법률관계의 당사자로 나설 수 있다. 국제기구는 둘 또는 그 이상의 국가나 국적이 다른 민간급 단체들이 공동의 목적을 달성하기 위하여 체결한 조약이나 협정에 의하여 설립된 일정한 직능을 가진 상설적인 기구이다. 국제기구는 좁은 의미에서는 둘 또는 그 이상의 국가정부가 공동으로 체결한 조약에 의하여 설립된 정부적 국제기구를 말한다. 그러나 넓은 의미에서 국제기구에는 각종 민간급비정부적국제기구들이 다 포괄된다.

국제기구는 그의 금융직능의 유무에 따라 국제금융기구와 기타 국제기구로 구분할 수 있다. 국제금융기구는 물론 기타 국제기구들도 기구협정에서 규정된 범위에서 민간급 국제금융법률관계의 당사자로 나설 수 있다. 성원국의 민간기업에 대한 국제금융기구의 투자, 국제금융시장에서의 국제기구채권발행 등과 같은 것은 국제기구들이 당사자로 나선 민간급 국제금융법률관계라고 말할 수 있다. 물론 여기에서도 국제기구의 협정에 따른 해당 기구의 면제권이나 특권이 절대적으로 인정되는가 제한되는가 하는 문제가 나서게 된다. 이 문제는 민간급 국제금융거래가 진행되는 지역이 그 국제기구성원국의 령역인가 아닌가 그 기구가 정부적국제기구인가 비정부적국제기구인가 하는 데 따라 결정되게 된다.

법인이나 자연인들이 대등한 권리와 의무를 지니고 국제민사법률관계의 당사자로 나서는 것을 기본의미로 하는 횡적인 국제금융법률관계는 국제금융에 관한 공법이 아니라 금융에 관한 국제법적규범과 국내법규범으로 구성되는 국제금융사법에 의하여 규제되는 법률관계이다. 횡적인 국제금융법률관계에서 제기되는 분쟁은 어느 한 국가의 재판소에 의하여 접수 처리될 수 있으며 어느 한 국가의 법에 따라 해결될 수 있다.

국가나 국제기구가 한 당사자로 되는 횡적인 국제금융법률관계도 원칙상 민간급의 국제금융법률관계로서 그것은 일반적으로 국제금융에 관한 국제금융사법에 의하여 규제되는 법률관계이다. 그러나 그 관계는 공법의 규제도 받으며 여기에서 발생되는 분쟁을 해결하는 법적 수단과 방법도 일치하지 못하다. 그것은 국가 및 그 재산에 대한 절대적 면제권을 주장하는 국가도 있고 제한적 면제권을 주장하는 국가도 있으며 국제기구의 법적 지위에 관한 조약의 내용과 그 성원국 구성에서도 차이가 있기 때문이다. 이로부터 국가나 국제기구가 한 당사자로 되는 횡적인 국제금융법률관계에서 발생되는 분쟁은 어느 한 국가의 재판소에 의하여 어느 한 국가의 법에 따라 해결될 수도 있으며 유관국가들 사이의 합의나 기타의 외교경로를 통하여 해결될 수도 있다.[89]

국제금융법률관계는 당사자들의 법적 능력과 그들이 지니는 권리와 의무의 대응정도에 따라 분류되는 이상과 같은 법률관계 즉, 국가 간의 국제금융법률관계, 종적인 국제금융법률관계, 횡적인 국제금융법률관계를 포괄하고 있으며 그를 규제하는 국제금융법은 공법과 사법, 국제법과 국내법으로 구분되는 국제금융에 관한 법규범들의 총체로 이루어진다. 우리는 국제금융법률관계에 대하여 깊이 연구하고 대외경제사업에서 나서는 모든 문제를 당과 혁명, 조국과 인민의 리익의 견지에서 풀어나가야 한다.

26. ≪투자장려 및 보호협정≫에서의 투자가에 대한 대우조건[45]

김혁준

[44]위대한 령도자 김정일동지께서는 다음과 같이 지적하시였다. ≪무역관계조약과 협정이 어떤 내용을 담고 있는가 하는 데 따라 쌍방무역대상국의 리해관계가 좌우됩니다.≫

국제투자를 보호하고 장려하자면 각국의 국내법 하나만으로는 불가능하다. 때문에 나라들 사이에는 국제투자조건보장을 위한 협정을 체결하게 된다. 이런 협정을 ≪투자장려 및 보호협정≫이라고 한다. ≪투자장려 및 보호협정≫이 어떤 내용을 담고 있는가 하는 데 따라 체약국들 사이의 리해관계가 좌우된다. 그러므로 ≪투자장려 및 보호협정≫을 구성하는 조항들을 정확히 설정하고 내용을 옳바로 규정하여야 한다. 투자가에 대한 대우조항도 ≪투자장려 및 보호협정≫에서 주요한 조항으로 설정되고 있다. ≪투자장려 및 보호협정≫에서 투자가에 대한 대우조항을 설정하는 것은 무엇보다도 그것이 투자가의 투자활동조건보장에 대한 국제법적 담보로 되기 때문이다.

자본수입국에서 체약상대방 측 투자가들에게 어떤 대우를 주는가 하는 것은 실천적으로 매우 중요한 문제로 제기된다. 일정한 리윤을 목적으로 하는 국제투자활동의 대부분은 자본수입국에서 자본수입국의 정부나 자연인 또는 법인을 상대로 공동 또는 단독으로 진행된다. 이러한 활동은 체약상대방 측 투자가들만이 진행하는 것이 아니다. 이것은 체약상대방 측 투자가들에게 자기 나라에서 투자활동을 하는 제3국 투자가들과 동등한 조건을 보장해주지 않고서는 국제투자활동이 원만히 진행될 수 없다는 것을 말하여 준다. 문제는 체약상대방 측 투자가들에게 어떤 대우를 주는가 하는 것이 체약국 일방의 주관적인 욕망에 따라 해결될 수 없다는 것이다.

---

45) 출처: 과학백과사전출판사, 『정치법률연구』, 2010년 제2호(누계 제30호), 44~45쪽.

하여 체약쌍방은 ≪투자장려 및 보호협정≫에서 외국 측 투자가들에게 주는 대우문제를 규정하게 된다. 우리나라와 타이왕국정부 사이에 체결된 ≪투자장려 및 보호협정≫제4조 1항에 ≪체약일방은 자기의 령역에서 체약상대방 투자가들의 투자와 수익에 대하여 공정하고 평등하며 자기 나라투자가들이나 제3국 투자가들의 투자와 수익에 주는 것보다 못하지 않고 그중에서 더 유리한 대우를 제공한다.≫라고, 2항에 ≪체약일방은 자기의 령역에서 체약상대방 투자가들에게 투자의 관리, 유지, 리용, 점유, 처분에 대하여 공정하고 평등하며 자기 나라 투자가나 제3국 투자가들에게 주는 것보다 못하지 않고 그중에서 더 유리한 대우를 제공한다.≫라고 규정한 것이 그 실례로 된다. 이러한 조항이 체약쌍방의 합의로 이루어진 것만큼 체약상대방 측 투자가들은 자본수입국에서 차별을 받음이 없이 제3국의 투자가들과 동등한 조건 또는 그보다 더 유리한 조건에서 투자활동을 벌릴 수 있는 국제법적 담보를 가지게 되는 것이다.

≪투자장려 및 보호협정≫에서 투자가에 대한 대우조항을 설정하는 것은 다음으로 그것이 투자가에 대한 대우적용에서 해석상 차이를 없애기 위한 국제법적기초로 되기 때문이다. 투자가에 대한 대우조건이 투자목적인 리윤의 크기결정에 직접적인 영향을 주는 것으로 하여 그에 대한 해석에서는 복잡한 문제들이 산생될 수 있다. 일반적으로 대우를 받는 투자가들은 그 범위를 넓게 해석하려고 하고 대우를 주는 자본수입국 측에서는 그 범위를 좁게 해석하려고 한다. 이러한 리해관계의 차이로 하여 투자가에게 주는 대우의 적용범위에 대한 해석상 차이가 생겨날 수 있다. 그러므로 ≪투자장려 및 보호협정≫에서는 투자가에게 주는 대우의 적용범위에 대한 해석기준을 명백하게 설정하고 있다.

우리나라와 타이왕국정부 사이에 체결된 ≪투자장려 및 보호협정≫제4조 3항에 ≪제4조의 1항과 2항의 규정은 체약일방이 아래의 경우에 주게 되는 대우, 특혜, 특권의 혜택을 체약상대방의 투자가들에게 제공하여야 할 의무를 지니는 것으로 해석되지 않는다. 그 어떤 관세동맹, 자유무역지대, 화폐동맹 혹은 그러한 동맹을 지향하는 그와 류사한 국제협약, 체약일방이 가입하였거나 혹은 가입하게 되는 지역적 경제협조형태들, 전적으로 혹은 기본적으로 과세와 관련한 국제협약이나 국제기구 혹은 국내법≫이라고 규정한 것이 그것을 말하여 주고 있다. [45]이러한 조항이 체약쌍방의 합의로 이루어진 것만큼 체약상대방 측 투자가들은 자기가 자본수입국으로부터 받는 대우의 범위를 확장할 수 없게 되고 자본수입국은 체약상대방 측 투자가들에게 주는 대우의 범위를 좁힐 수 없는 국제법적 기초를 가지게 되는 것이다.

≪투자장려 및 보호협정≫에서 투자가에게 주는 대우는 여러 가지로 규정할 수 있다. 현재 협정체결 시 널리 리용되고 있는 것은 ≪자국민대우≫, ≪최혜국대우≫,≪자국민대우와 최혜국대우를 결합한 대우≫ 등이다.

첫째로, 투자가에게 주는 대우를 ≪자국민대우≫로 규정할 수도 있다. ≪자국민대우≫란 체약쌍방이 각각 자기 나라에 들어오는 대방투자가들에게 자기 나라 공민에게 주고 있는 권리를 그대로 주도록 하는 대우를 말한다. ≪투자장려 및 보호협정≫에서 ≪자국민대우≫를 규정하면 외국투자가는 그 나라 공민과 동등한 경제적 환경에서 경쟁을 하며 리익을 얻게 된다. ≪자국민대우≫의 이러한 특징과 역할로 하여 다국적회사들은 다른 나라에 투자할 때 이 대우를 받기 위하여 노력한다. 세계의 거의 모든 나라들에서는 경제발전수준과 목적이 다른 것을 전제로 ≪자국민대우≫에 대하여 각이한 태도를 취하고 있다.

대부분의 발전된 나라들은 ≪자국민대우≫문제를 국제투자에서 중요한 원칙으로 내세우면서 다른 나라들과 체결한 ≪투자장려 및 보호협정≫에 ≪자국민대우≫조항을 설정하고 있다. 이와 달리 발전도상나라들에서는 자국민대우에 대하여 보류적인 태도를 취하면서 ≪투자장려 및 보호협정≫을 체결할 때 자국민대우조항에 일부제한을 가하고 있다. 즉 나라의 안전과 공공질서의 유지를 위하여 필요한 제한조치를 취하든가 외국투자가와 국내투자가의 지위가 비슷할 때만 자국민대우를 적용하도록 하고 있다.

둘째로, 투자가에게 주는 대우를 ≪최혜국대우≫로 규정할 수도 있다. ≪최혜국대우≫란 국제투자와 관련하여 체약쌍방이 대방 나라의 투자가들에게 제3국 투자가들에게 부여한 권리를 그대로 부여하는 대우를 말한다. 대부분의 나라들에서 ≪투자장려 및 보호협정≫에서 최혜국대우문제를 규정하고 있는 데 그 목적은 체약쌍방이 자기 나라에 들어와 투자활동을 하는 상대 측 투자가들에게 제3국 측 투자가들과 동등한 대우를 받도록 하자는 데 있다. 최혜국대우에 대하여 협정에서는 대체로 ≪체약쌍방은 자기 나라에 투자하는 상대 측 투자가들에게 자기 나라에서 투자활동을 하고 있는 제3국 측 투자가들에게 주고 있는 대우를 주어야 한다.≫라는 식으로 규정하고 있다.

　≪투자장려 및 보호협정≫에서 ≪최혜국대우≫조항을 설정하는 데 대하여 좋아하지 않는 나라들도 있다. 이 나라들은 다른 나라들과 ≪투자장려 및 보호협정≫체결 시 ≪외국 측 투자가는 반드시 본국 공민과 동등한 대우를 받아야 한다.≫고 주장하고 있다. 이것은 외국의 자본을 받아들이는 데서는 ≪최혜국대우≫보다 자국민대우가 더 효과적이기 때문이라는 것이다. 물론 외국 측 투자가들에게 자국민대우를 부여하면 그는 자본수입국에서 그 나라 공민과 동등한 조건에서 경쟁을 할 수 있는 것으로 되기 때문에 더 많은 자본을 들이밀려고 하는 것은 사실이다. 그러나 외국 측 투자가에게 자국민대우를 부여하면 그의 상대방으로 되는 본국의 자연인과 법인은 그만큼 힘들어지게 된다. 그것은 외국 측 투자가의 투자활동이 대부분 앞선 기술과 경험에 기초한 활동이기 때문이다. 그러므로 대부분의 발전도상나라들에서는≪투자장려 및 보호협정≫에서 자국민대우가 아니라 ≪최혜국대우≫를 주도록 규제하고 있다.

　셋째로, 투자가에게 주는 대우를 ≪공정한 대우≫와 ≪최혜국대우≫를 결합한 대우로 규정할 수도 있다. ≪투자장려 및 보호협정≫에서 투자가에게 주는 대우를≪공정한 대우≫와 ≪최혜국대우≫를 결합하여 규정하는 경우도 있다. 이에 대하여서는 대체로 ≪체약쌍방이 자기 나라에서 상대 측의 투자가들에게 주는 대우는 자기 나라의 자연인이나 법인에게 주는 대우보다 낮아서는 안 된다. 동시에 투자와 관련되는 활동에 대하여서는 제3국 측 투자가들에게 주는 대우와 동일한 대우를 주어야 한다.≫라는 식으로 규정한다. 이러한 주장을 발전된 나라들에서 많이 하고 있다.

　이상에서 보는 바와 같이 투자가의 투자활동조건보장에 대한 국제법적 담보, 투자가에 대한 대우적용에서 해석상 차이를 없애기 위한 국제법적 기초를 확립할 목적으로 ≪투자장려 및 보호협정≫에 설정하는 대우조항들에는 기본적으로 ≪자국민대우≫, ≪최혜국대우≫ ≪자국민대우와 최혜국대우를 결합한 대우≫가 있다. 우리는 국제투자활동의 직접적 담당자인 투자가의 대우에 대한 ≪투자장려 및 보호협정≫의 요구를 정확히 파악하고 국제투자실천에 그것을 철저히 구현함으로써 우리 당과 국가의 외국투자정책을 정확히 집행하여야 할 것이다.

27. 국제투자법관계의 당사자인 국가에 대한 리해에서 나서는 중요한 문제[46)]

오창혁

[49]위대한 수령 김일성동지께서는 다음과 같이 교시하시였다. ≪자주성을 견지하고 완전한 평등과 호혜의 원칙에서 다른 나라들과의 경제협조관계를 확대강화하는 것은 나라의 경제와 대외관계를 발전시키는 데서 매우 중요한 의의를 가진다.≫(≪김일성전집≫제79권, 93페지)

자주성을 견지하고 완전한 평등과 호혜의 원칙에서 국제투자관계를 발전시켜 나가는 데서 국가주권과 국가의 리익을 침해당하는 일이 없도록 하자면 국제투자법관계의 당사자인 국가에 대한 리해를 바로 하여야 한다. 국제투자법관계의 당사자인 국가에 대한 리해에서 중요한 것은 무엇보다 먼저 국제투자법관계의 당사자로 나설 수 있는 국가의 능력을 정확히 인식하는 것이다.

국가는 국제투자법관계의 당사자로 나설 수 있는 능력을 가지고 있다. 국제법상 국가의 능력은 우선 국제투자와 관련한 각종 조약을 체결하는 데서 표현된다. 국제투자는 자본의 법적보호지역을 벗어나는 것을 전제로 하는 것만큼 그것을 장려하거나 보호하는 것을 목적으로 하는 국가들 사이의 합의가 없으면 진행될 수 없다. 그러므로 국제투자에 앞서 국가들 사이에는 자본의 법적

---

46) 출처: 과학백과사전출판사, 『정치법률연구』, 2011년 제2호(누계 제34호), 49~50쪽.

보호에 대한 국제법적 담보를 마련하기 위하여 ≪투자장려 및 보호협정≫과 같은 쌍방투자조약을 체결하거나 ≪투자분쟁해결에 관한 국제조약≫과 같은 다방투자조약에 가입하여야 한다.

국제법상 국가의 능력은 또한 국제투자분쟁 발생 시 국제소송을 제기하는 데서 표현된다. 국제투자의 직접적 담당자는 민간투자가이다. 민간투자가란 자본수입국에 자본을 들이민 외국의 자연인 또는 법인을 말한다. 자본수입국이 부득이한 사유의 발생으로 외국투자가의 자본을 몰수하거나 국유화하는 경우 외국투자가의 본국은 해외투자보험법에 따라 손해 본 자기 나라 투자가에게 그 손해를 보상해주고 투자가로서의 권리를 넘겨받아 자본수입국을 상대로 소송을 제기하게 된다. 결국 국가(자본수입국)와 민간인(외국투자가) 사이의 분쟁은 국가(자본수입국)와 국가(자본수출국)사이의 분쟁으로 확대되게 된다.

국제투자법관계의 당사자인 국가에 대한 리해에서 중요한 것은 다음으로 국가의 지위에서의 특수성을 정확히 인식하는 것이다. 국가가 국제투자법관계의 당사자로 나서는 경우 그의 지위에서는 일련의 특수성을 띠게 된다. 국가가 국제투자계약의 일방으로 될 때 대방은 외국의 자연인, 법인이지만 법률적으로 다 같이 동등한 지위에 놓인다. 이 경우 계약당사자라는 측면에서 량자의 지위는 같지만 계약의 일방인 국가가 국가주권의 소유자인 것으로 하여 그는 자기 나라 안에서의 국제투자활동에 대한 관리권과 국가 및 그의 재산에 대한 면제권을 가진다.

국가는 자기 나라 안에서의 국제투자활동에 대한 관리권을 가진다. 국가주권존중원칙에 따라 국가는 자기 나라 령역 안에 있는 모든 인적, 물적인 것에 대하여 관할권을 가진다.

국가는 국가 및 그의 재산에 대한 면제권을 가진다. 국가 및 그의 재산에 대한 면제권은 어느 한 나라가 다른 나라 재판소의 관할을 받는 것을 배격할 수 있는 권리이다. 다시 말하여 어떤 나라가 다른 나라를 재판소에 기소하거나 그의 재산을 차압할 수 없는 것을 국가 및 그의 재산에 대한 면제권이라고 한다.

국가 및 그의 재산에 대한 면제권은 주권존중원칙에 기초하고 있다. 모든 주권국가는 평등한 것으로 하여 호상 간의 관할이란 있을 수 없다. 19세기 초부터 일부 나라들에서는 국내립법과 사법활동을 통하여 국가 및 그의 재산에 대한 면제권을 인정하기 시작하였으며 그 과정을 통하여 이것이 하나의 국제적인 관례로 되였다. 20세기 후반기부터 국가가 국제투자활동에 참가하지 시작하고 그것이 점점 커지면서 유럽의 일부 나라들에서는 국가 및 그의 재산에 대한 면제권에 일부 제한조건들을 가하기 시작하였다. 결국 국가 및 그의 재산에 대한 면제권의 적용과 관련한 두 가지 주장이 생겨나게 되였다.

하나는 《절대적면제론》이다. 《절대적면제론》은 국가의 명의로 진행되는 모든 투자활동에 대하여서는 면제권을 가진다는 주장이다.[50] 국가의 명의로 진행되는 활동에 대하여서는 그것이 공법상 행위인가 사법상 행위인가 하는 것을 따지지 말아야 하며 해당 국가가 자기의 권리를 포기하지 않는 조건에서는 국가 및 그의 재산에 면제권을 적용해야 한다는 주장이 바로 《절대적면제론》이다. 여기서 문제로 되는 것은 국가재산을 정부회사나 국영기업의 재산과 같이 볼 수 있는가 하는 것이다. 세계적으로는 국가 및 그의 재산을 정부회사나 국영기업의 재산과 구별하고 있다. 왜냐하면 그것은 정부회사나 국영기업이 법인자격을 가진 경제적 실체이기 때문이다. 이것은 정부회사나 국영기업의 재산이 국가의 재산과 서로 구별되며 따라서 그들이 진행하는 활동은 국가행위에 속하지 않는다는 것을 의미한다. 그러므로 국영회사나 국영기업의 재산은 국가의 재산으로 될 수 없으며 따라서 거기에는 면제권이 적용될 수 없다는 것이 《절대적면제론》의 본질적 내용이다.

다른 하나는 《제한적면제론》이다. 《제한적면제론》은 국가의 공법상 행위에만 면제권을 적용하고 사법상 행위에 대하여서는 면제권을 적용하지 않는다는 주장이다. 공법상 행위는 행정법상 법률행위를 말하며 사법상 행위는 민사법상 법률행위를 말한다. 외국투자가의 재산에 대한 몰수행위 같은 것이 전자에 속하며 외국투자가와의 국제합작개발계약체결행위 같은 것이 후자에 속한다. 이렇게 주장하는 것은 국가의 공법상 행위에만 면제권을 적용하면 국가 또는 정부와 투자관계를 가지고 있는 외국투자가는 불안정한 지위에 놓이게 되고 그의 권리와 리익이 철저히 보호될 수 없기 때문이라는 것이다.

국제투자법관계의 당사자인 국가에 대한 리해에서 중요한 것은 다음으로 국가가 국제투자계약의 당사자로 나서는 경우 발전된 나라들이 취하는 립장을 정확히 인식하는 것이다. 오늘 발전도상나라들의 국가 및 국가기관들이 국제투자활동에 참가하는 현상은 많아지고 있다. 우선 발전된 나라들에서는 발전도상나라들의 국가 및 국가기관이 국제투자계약의 당사자가 되는 경우 국유화의 원칙 및 법의 일반원칙에 따라 국제투자계약문제를 처리하려고 하고 있다.

일부 발전도상나라들에서는 새로운 법을 제정하여 외국투자가의 자본을 몰수하거나 국유화하고 있다. 이에 대한 대응책으로 발전된 나라들에서는 국제투자계약문제를 국유화의 원칙 및 법의 일반원칙에 따라 해결하려고 한다. 즉 국제투자계약에 적용하는 국내법은 계약체결당시의 법으로 한정시키고 계약체결 이후의 법은 해당 계약에 적용하지 않도록 주장하고 있다. 이것을 국제투자계약에서의 ≪안정조항≫이라고 한다. 그리고 국제투자계약체결 이후 채택된 법과 규정들에서 외국투자가에게 불리한 것은 계약에 적용하지 말아야 한다고 주장하고 있다. 하지만 국제투자계약만으로 국가 또는 정부와 외국투자가 사이에 체결된 계약문제를 모두 해결할 수 없기 때문에 발전된 나라들에서는 발전도상나라 국가 및 국가기관이 취하는 계약의 일방적 파기, 몰수 및 국유화 등의 위험으로부터 자기의 투자가들을 보호하기 위하여 여러 가지 조약을 체결하려고 시도하고 있다. ≪우호통상항해조약≫에서의 투자보호에 관한 조항, ≪투자장려 및 보호협정≫ 등이 그 실례로 된다.

또한 발전된 나라들에서는 발전도상나라들의 국가 및 국가기관이 국제투자계약의 당사자가 되는 경우 발전도상나라들의 국가 및 국가기관이 ≪국가 및 그의 재산에 대한 면제권≫을 행사하지 못하게 하려고 하고 있다. 이를 위하여 발전된 나라들에서는 계약서에서 ≪주권면제권≫을 포기하는 조항을 설정하도록 요구하는 것과 동시에 외국투자가가 발전도상나라들의 국가 및 국가기관을 상대로 소송을 제기하는 것이 법률상 유효하다는 최고재판소 또는 최고재판소장의 확인서를 첨부하도록 요구하며 이것이 불가능한 경우에는 주권면제포기에 대한 자본수입국변호사의 의견서를 첨부하도록 요구하고 있다.

또한 발전된 나라들에서는 발전도상나라들의 국가 및 국가기관이 국제투자계약의 당사자가 되는 경우 앞으로의 분쟁을 예견하여 중재합의를 명백히 하려고 한다. 국가 및 국가기관을 상대로 외국기업이 자본수입국에 소송을 제기할 때에는 국가의 ≪재판면제권≫및 재판소의 공정성과 같은 여러 가지 어려운 문제들에 맞다들게 된다. 때문에 외국투자가들은 국가 및 국가기관과의 국제투자관계에서 발생한 분쟁의 대부분을 국제중재로 해결하려고 한다. 문제는 국제중재의 방법으로 분쟁을 해결하자면 당사자들 사이의 중재합의가 있어야 한다는 것이다. 중재합의가 없이는 발생한 분쟁을 국제중재에 제기할 수 없기 때문에 발전된 나라들은 국제투자계약체결 시 중재조항을 반드시 계약의 한 개 조항으로 설정하도록 요구하고 있다.

우리는 국가에 대한 리해를 바로 가지고 대외경제활동에서 국가의 리익을 철저히 옹호해야 할 것이다.

28. 상표권의 국제법적제도 수립에 관한 력사적 고찰[47)

류성민

[134]위대한 수령 김일성동지께서는 다음과 같이 교시하시였다. ≪모든 문제를 력사적인 조건과 환경에서 떼내어 추상적으로 보아서는 안 됩니다.≫(≪김일성전집≫제32권, 491페지)

상표의 국제적 보호를 위한 세계 여러 나라들 사이의 국제적조약이나 협정의 체결 및 리행을 통한 상표권의 국제법적제도화는 오랜 력사적 과정을 통하여 형성되고 발전하여 왔다. 상표권의 국제법적제도수립을 력사적 단계에 걸

---

47) 출처: 김일성종합대학출판사, 『김일성종합대학학보: 력사법학』, 제57권 제2호(2011), 134~138쪽.

쳐 구체적으로 고찰하는 것은 국제상표제도발전의 합법칙성과 방향을 고찰하는 데서 매우 중요한 의의를 가진다. 국제법적제도 수립은 일반적으로 나라들 사이에 체결되는 조약을 통하여 형성되고 발전된다. 상표권에 관한 국제법적제도의 수립과정은 크게 세계의 거의 모든 나라들이 참가하는 세계적인 조약과 서로 린접한 나라들 사이에 이루어지는 지역조약으로 구분하여 고찰할 수 있다.

무엇보다 먼저 세계적 성격을 가지는 상표권의 국제법적제도가 확립되였다. 상표권에 관한 국제법적제도는 19세기 말부터 형성되기 시작하였다. 당시 자본주의의 급속한 경제장성에 비한 상표제도의 불비성과 불합리성, 그로부터 초래된 국제상품류통의 지장은 상표권보호를 위한 국제법적제도수립을 절박하게 요구하였다. 16~17세기부터 시작된 산업혁명은 자본주의경제발전에서 전환적인 계기로 되였다. 이때로부터 자본주의 나라들에서는 국내 산업이 비약적으로 발전한 것으로 하여 자본의 집적과 집중이 강화되였으며 시장에서의 독점이 형성되기 시작하였다. 국내시장을 독점하여 비대해진 독점기업들은 잉여상품과 자본들을 해외에로 진출시켜 국제시장을 쟁탈하기 위한 경쟁을 치열하게 벌였다. 발전 초기 자본주의 나라들에서는 외국의 선진기업들이 자국 내에서 경영활동을 진행할 수 있도록 적극적인 완화정책을 실시하였다. 해외에 진출한 외국기업들이 합법적인 영업활동을 하자면 상호와 함께 상표를 해당 나라에 등록하여야 하였다. 그러나 당시 상표권의 등록과 행사에서 외국인에게 부여되는 권리는 등록국공민에 비하여 매우 차별적이였다. 동시에 당시의 상표제도는 본국에 등록한 상표만을 법적으로 보호해주었고 상표권 취득에서도 ≪선신청원칙≫만을 인정하였다. 외국인에 대한 차별대우와 ≪선신청원칙≫을 일률적으로 적용한 결과 식별성이 강하고 이름이 난 것으로 하여 국내시장에서 신용이 확립된 상표들이 권리침해자들에 의하여 국외에 먼저 등록되는 것은 보편적인 현상으로 되였다. 그런 것으로 하여 국제경제거래에서 상표권의 충돌은 더욱 표면화되고 그것은 심각한 국가 간 분쟁에로 이어졌다.

국제사회계의 커다란 관심과 기대 속에 수년간에 걸쳐 상표의 국제적 보호제도 수립에 관한 연구가 심화된 결과 ≪공업소유권보호에 관한 조약≫(빠리조약)과 ≪상표의 국제적 등록에 관한 협정≫(마드리드협정)이 체결되였다.

1883년 3월 20일 프랑스, 네데를란드, 브라질, 뜌니지 등의 발기에 의하여 프랑스의 빠리에서는 ≪공업소유권보호에 관한 조약≫(빠리조약)이 체결되였다. ≪빠리조약≫은 력사상 처음으로 상표권의 국제적 보호문제를 제기하고 그에 관한 법적 틀거리를 제공하였다는 데서 큰 의의를 가진다. [135]≪빠리조약≫에 의하여 확립된 ≪자국민대우원칙≫에 의하여 상표등록을 희망하는 자는 매 체약국의 상표법에 따라 해당 나라들에서 상표등록을 신청하고 그 나라의 공민과 동등한 법적 보호를 받게 되였다. ≪빠리조약≫에 의하여 ≪우선권원칙≫과 그에 따르는 림시적 보호, 권리제한시효, 유명상표에 대한 특별보호 등 현안적인 문제들이 새롭게 확인되였다. ≪빠리조약≫은 이와 함께 상표로 될 수 없는 표기조건, 매 나라들에서의 ≪상표등록효력의 독립성≫과 같은 상표제한조건들에 대해서도 규제하였다. 본 조약 제6조에서는≪둘 이상의 성원국들에서 등록한 상표는 제일 처음으로 등록한 국가의 상표를 포함하여 호상독립적≫이여야 한다는 데 대하여 명시하였다. 이 규정은 사실상 ≪상표등록효력에서의 지역원칙≫의 확립이며 상표권의 지역적 제한에 대한 공식적인 승인으로 된다. 이처럼 ≪빠리조약≫의 체결은 상표보호에 관한 국제법적제도수립의 기준과 그 완성의 토대를 마련하였다.

1891년 4월 14일 프랑스, 에스빠냐, 스웨리예 등 여러 나라들에 의하여 에스빠냐의 마드리드에서는 ≪상표의 국제적 등록에 관한 협정≫(마드리드협정)이 체결되였다. ≪마드리드협정≫이 가지는 의의는 등록을 희망하는 체약국들에서 동시에 상표를 등록할 수 있는 조건과 가능성을 마련하였다는 데 있다. ≪빠리조약≫에서 비록 모든 나라들이 상표권보호에서 협조할 것을 강조하였지만 그것이 곧 각이한 형태의 모든 상표권분쟁을 처리할 수 있는 효과적인 수단으로는 될 수 없었다. 특히 ≪빠리조약≫에서 확인된 상표등록규정만 가지고서는 각이한 나라들에서의 등록 절차와 관리에서의 충돌을 피할 수 없었다. 세계에 존재하는 200여 개의 나라와 지역이 제각기 상표등록제도를 실시하고 있는 조건에서 그에 따라 상표등록을 하자면 많은 시간과 자금이 필요되였다. ≪마드리드협정≫은 어느 한 나라에서의 신청으로 모든 체약국들에서 동시에 상표권을 취득할 수 있는 통일적이고 합리적인 등록 절차와 방법을 제공함으로써 상표권의 국제적보호제도 수립에서 커다란 전진을 이룩하였다. 이와 함께 ≪마드리드협정≫은 국제상표등록에 관한 일련의 제한조건들도 설정하였다. 협정에 의하면 국제등록은 처음으로 등록한 국가의 등록을 기초로 한다. 즉 다른 성원국들에 상표를 신청하게 되면 해당 국가들은 처음 등록한 국가의 등록효력에 대한 확인을 의뢰하고 그에 따라 본국등록을 승인한다는 것이다. 협정에서는 국제등록의 유효기간을 20년으로 정하고 등록신청문건은 프랑스어로 작성하며 등록비용은 스위스 프랑으로 납부하고 처음 등록한 국가의 해당 기관이 통일적으로 등록신청을 처리하도록 규제하였다. 이러한 규제는 여러 나라들에서의 등록을 절실하게 요구하는 신청인의 견지에서 볼 때 일정하게 불리한 점을 가지고 있었다.

상표권에 관한 국제법적제도는 20세기 중엽에 이르러 비약적인 발전을 이룩하였다. 1957년 6월 15일 프랑스의 니스에서 수많은 나라들의 참가하에 ≪등록상표를 사용하는 상품 및 봉사의 국제적 분류에 관한협정≫(니스협정)이 체결됨으로써 상표의 국제적 등록에서 상품 및 봉사분류의 통일적인 기준이 마련되였다. 1957년 이전까지 상표의 국제적 등록에서 통일적인 상품 및 봉사분류의 표준이 없었고 매 나라들은 제각기 규정한 분류목록을 상표등록에 적용하였다. 이것은 국제상표등록에서 혼란을 조성하고 신청속도가 매우 완만한 문제점들을 가지고 있었다. 이러한 부족점은 ≪니스협정≫이 체결되여 상품을 32개의 큰 류형으로, 봉사항목은 8개의 큰 류형으로 구분하게 됨으로써 해소되였다.[136] 협정에 참가하지 않은 나라들도 여기서 규정한 분류목록을 사용하고 있는 것으로 하여 상표의 국내등록과 국제등록에서 통일적인 수단이 마련되고 상표등록신청검색사업이 보다 편리하게 되였다. 세계적으로 ≪니스협정≫의 체약국들은 물론 120여 개 나라와 지역들이 ≪니스분류목록≫에 의거하여 상표검색을 진행하고 있다.

1973년 6월 12일 영국, 미국, 스웨리예, 이딸리아, 쏘련과 동유럽사회주의나라들은 ≪상표등록조약≫을 체결하고 새로운 국제상표련맹을 결성하였다. ≪상

표등록조약≫이 가지는 의의는 ≪빠리조약≫과 ≪마드리드협정≫이 규제한 제
한조건들을 극력 줄이고 국제상표등록 절차를 보다 합리적인 것으로 되게 하
였다는 데 있다.

　1989년 6월 27일 ≪국제상표등록마드리드협정에 관한 의정서≫가 채택되
고 ≪마드리드협정≫의 내용들 가운데서 환영을 받지 못하던 제한적인 규정
들이 대폭 수정되었다. 여기에는 원 협정의 가맹국들은 물론 종전의 수많은
비체약국들이 가입함으로써 ≪마드리드협정≫및 ≪의정서≫는 현재 공고한
≪마드리드체계≫를 형성하고 세계적으로 제일 큰 국제상표등록조직으로 발
전하였다. 우리나라는 1996년 10월에 ≪마드리드의정서≫에 정식 가입하였다.

　상표권에 관한 국제법적 제도는 20세기 말에 이르러 보다 완비되었다. ≪세
계무역기구≫(WTO)설립(1994년 4월 15일)에 관한 ≪우루과이라운드협상≫에
서는　1993년에　≪무역관련지적소유권협정≫(TRIPs협정)이　채택되었다.　≪
TRIPs협정≫의 체결은 상표의 국제적보호제도 확립에서 결정적인 전환을 가
져왔다. 협정에서는 상표등록에서의 제한적 조건들을 적극적으로 제거하고
상표권의 대상과 그 보호의 범위를 확대하였다. 협정에서는 ≪사용을 거쳐 식
별성을 가진 데 근거≫하여 상표로 인정하는 조건을 설정함으로써 상표대상
의 제한범위를 완화하였으며 식별성에 의한 상표등록제한을 인정하였다. 그
리고 유명상표에 대한 특별보호를 확립하였다. 협정에서는 ≪빠리조약≫이
승인한 상표의 특별보호를 봉사상표에도 적용하도록 하였으며 그 보호범위를
류사하지 않은 상품 및 봉사에까지 확대하였다. 뿐만 아니라 유명상표에 대한
일련의 인정조건들도 설정하였다. 이와 함께 상표권제한과 관련한 원칙적 문
제들에 대해서도 지적하였다. 여기에는 합리적사용과 평행사용원칙에 의한
상표권제한규정들과 상표사용허가계약에서의 상표권 람용에 대한 관리통제
에 관한 규정들이 담겨져 있다. 협정에서는 이 외에도 상표권침해에 대한 구
체적인 구제 절차를 확립하였다. 협정에 따라 성원국들은 상표권침해와 관련
하여 민사, 행정, 형사의 세 가지 구제수단을 제공하여야 하며 여기서 민사적
구제를 기본으로 하여야 한다.

　1994년 10월 27일 ≪세계지적소유권기구≫(WIPO)의 발기에 의하여 스위스

의 제네바에서 ≪상표법조약≫이 체결되었다. 상표등록 절차를 간소화하고 상표등록사업의 효률을 제고하는 것을 목적으로 체결된 이 조약은 국제상표등록제도의 발전에서 새로운 리정표로 되었다. 조약이 가지는 중요한 의의는 상표등록수속 절차를 개혁하였다는 것이다. 즉 한 부의 신청서를 통하여 여러 품목에 따르는 상표등록신청을 할 수 있도록 함으로써 이미 전에 존재하던 ≪상품종류에 따르는 개별적 신청≫방법을 갱신하였다. 이와 함께 조약에서는 또한 신청문건의 형식과 내용을 대폭 간소화하였다.

[137]다음으로 지역적 성격을 가진 상표권에 관한 국제법적제도가 수립되였다. 세계적 규모에서 상표보호에 관한 조약, 협정들이 체결되는 속에서 일련의 지역기구들 역시 상표권의 지역적 보호에 관한 유효한 방법들을 모색하여 상표의 국제적보호제도 수립에 일정한 기여를 하였다.

우선 유럽과 아프리카지역의 일부 나라들 사이에 상표관련조약이 체결되였다. 1962년 9월 가봉의 수도 리브르빌에서 프랑스어 사용국들 사이에 ≪아프리카주-마다가스까르 공업소유권국가건립협정≫이 체결되였다. 그 후 1963년에 ≪리브르빌협정≫성원국들에 의하여 ≪통일상표법≫이 제정 실시되였다. 조약에 의하여 취득한 상표권을 비롯한 기타 지적소유권들은 한 나라의 국경을 벗어나 국제적 효력을 가지며 체약국들은 ≪통일상표법≫의 규제내용에 모순되는 지적소유권 및 상표권과 관련된 국내법을 그대로 유지하지 말아야 하였다.

1971년에 벨지끄, 네데를란드, 룩셈부르그가 ≪베네룩스통일상표법≫을 체결하였다. ≪통일상표법≫은 유럽공동체의 통일적인 상표제도수립에서 일정한 공헌을 하였다. 그때로부터 20년이 지난 1992년 12월 2일 법을 개정하였으며 그것은 1996년 1월 1일부터 발효되였다. ≪통일상표법≫제정이 가지는 의의는 새로운 상표리론을 제시하였다는 것이다. 본 법에서는 상표권침해의 인정조건으로서 ≪련상적인 가능성≫이라는 전혀 새로운 기준을 도입하였다. 이 기준에 따라 3자에 의하여 사용되는 상업적 표식이 사람들에게 등록상표로 오인할 수 있는 ≪련상≫을 일으키면 그것은 등록상표에 대한 침해로 인정된다. 이것은 20세기에 들어와 가장 새로우면서도 론의를 불러일으키는 문제점으로 되고 있다.

또한 아메리카지역에서도 상표관련조약들이 체결되었다. 라틴아메리카에서는 인디안국가련합체인 ≪안데스동맹≫ 성원국들에 의하여 1974년 5월 ≪공업소유권규칙에 관한 통일조례≫가 체결되었다. 본 조약에서 규정된 상표등록유효기간과 전속기간은 5년으로서 세계적으로 볼 때 그 기한이 제일 짧은 것이 특징이다. 1993년에 진행된 조약에 대한 수정에서는 상표허가계약에 ≪제한적인 조항≫들이 포함되여서는 안 된다는 것을 특별히 강조하였다. 이것은 권리행사에서의 상표권제한리론을 세계에서 처음으로 확립한 것으로서 큰 의의를 가진다. 이와 함께 조약은 유명상표에 대한 인정기준에 대해서도 제일 먼저 확립하였다.

1992년 8월 미국, 카나다, 메히꼬가 ≪북아메리카자유무역협정≫(NAFTA협정)을 체결하였다. 본 조약에는 자유무역지대에서의 상표보호에 관한 내용도 포함되여 있다. 조약에서 가장 대표적인 의의를 가지는 것은 상표의 실제적인 사용을 상표권취득의 근거로 제시함과 동시에 상표를 등록하기 이전의 실제적인 사용을 등록신청의 전제조건으로 하지 않는다는 것을 명문화한 것이다. 이와 함께 설명식상표의 사용을 가장 합리적인 것으로 인정하였다. 모든 나라들의 상표법과 상표관련조약들에 아직까지 그러한 규정을 두지 않았던 상태에서 처음으로 합리적인 제한의 표준을 설정한 것으로 하여 그것은 그 후에 체결된 ≪무역관련지적소유권협정≫(TRIPs협정)에 흡수되고 그 성원국들이 보편적으로 접수하게 되였다.

또한 1988년 12월 21일 유럽공동체리사회가 ≪상표법협조리사회 1호지령≫을 통과시킴으로써 유럽지역에서 상표법통일의 첫걸음을 내짚었다. 유럽공동체(EC)는 세계에서 처음으로 성원국들 사이의 상표법을 통일시키기 위한 운동을 시작한 지역이다.[138] 현재 유럽동맹(EU)의 통일상표법은 상표보호수준에서 세계적으로 제일 앞선 지위에 있다고 볼 수 있다. 1993년 12월 유럽공동체위원회는 ≪유럽공동체상표조례≫를 정식 통과시켰으며 그것은 1995년 3월 15일부터 효력을 발생하였다. ≪상표조례≫에서는 첫째로, 상표인정조건을 크게 완화시켰다. 조례에서는 표기의 서면성과 식별성에 근거하여 상표를 인정함과 동시에 상품과 그 포장도 역시 상표표기로 인정함으로써 립체상표의 법적근거를 마련하였다. 이러한 규정들로 하여 상표등록에서의 제한조건들이 제거되고 상표보호의 범위가 확대되였다. ≪상표조례≫에서는 둘째로, 상표권제한에 대하여 비교적 전면적으로 규제하였다. 조례에서 특징적인 것은 등록을 상표전용권 취득의 필수적조건으로 규정하였다는 것이다. 이 밖에도 ≪상표조례≫는 등록할 수 없는 표기, 상표등록에서 ≪우선권≫에 의한 제한, 상표권의 례외 범위 등에 대해서도 비교적 명확한 규정들을 주고 있다.

이상에서 본바와 같이 상표의 국제적보호제도의 발전과정은 상표의 등록과 보호에서 국제적 합작을 강화하고 상표보호표준의 세계적 및 지역적 통일화를 실현하며 상표등록을 제한하는 요소들을 제거하여 상표보호의 범위를 부단히 확대하는 과정으로 일관되여 있다. 이와 함께 상표의 국제적 보호제도의 발전에 의하여 상표권의 제한도 역시 부단히 변화되여왔다. 즉 단순히 상표등록조건만으로 제한을 가하던 것이 상표전용권에 대한 제한으로, 나아가서 상표권행사에 대한 제한으로 그 범위가 확대되였고 제한내용들도 많이 개선되고 있다. 국제경제거래의 발전과 더불어 상표권과 그 보호에 관한 국제법제도는 보다 완비되여가고 있다. 이것은 지식경제시대의 필연적 요구이다. 우리는 상표권에 대한 연구를 더욱 심화시켜 다른 나라들과의 경제관계에서 제기되는 리론실천적 문제들을 원만히 해결함으로써 사회주의경제강국건설의 물질기술적 토대를 더욱 공고히 하는 데 적극 이바지하여야 한다.

제9장 국제환경법

29. 환경보호법을 철저히 구현하는 것은 우리나라를 사회주의 금수강산으로 빛내이기 위한 중요한 요구[48]

안천훈

[36]올해는 조선민주주의인민공화국 환경보호법이 채택된 지 20돌이 되는 뜻 깊은 해이다.[49] 지금으로부터 스무 해 전 최고인민회의 제7기 제5차 회의에서는 우리 인민들에게 보다 살기 좋고 문명한 자연환경을 보장해주시려는 위대한 수령 김일성동지와 경애하는 김정일동지의 원대한 뜻과 숭고한 인민관을 구현하여 주체적인 환경보호법이 채택되였다. 공화국환경보호법은 우리 당과 국가의 환경보호정책을 철저히 옹호 관철하여 인민들에게 자주적이며 창조적인 생활환경을 마련해주며 후대들에게 아름다운 조국강산을 물려줄 수 있게 하는 가장 선진적이며 인민적인 법이다.

위대한 장군님의 현명한 령도 밑에 우리나라에는 토지정리와 대자연물길공사를 비롯한 거창한 대자연개조사업이 힘 있게 벌어짐으로써 이르는 곳마다 사회주의전경이 펼쳐지고 조국강산이 사회주의 맛이 나게 새롭게 변모되였다. 오늘 우리 앞에는 환경보호 분야에서 새로운 전환을 이룩하여야 할 중요한 요구가 제기되고 있다. 위대한 령도자 김정일동지께서는 다음과 같이 지적하시였다. ≪사람들을 자연의 구속에서 해방하고 그들에게 자주적이며 창조적인 생활조건을 보장해주자면 자연을 정복하여 풍부한 물질적 부를 만들어내야 하며 아름답고 문화적인 생활환경을 마련해놓아야 합니다.≫(≪김정일선집≫8권, 147페지)

---

48) 출처: 과학백과사전출판사, 『정치법률연구』, 2006년 제3호(누계 제15호), 36∼37쪽.

49) 편집자 주: 북한 환경보호법은 1986년 4월 9일 채택되었으며, 이후 1999년 3월 4일, 2000년 7월 24일, 2005년 4월 19일 각각 부분 개정되었다.

환경보호사업은 인간생활의 물질적 원천인 자연과 사람이 살며 활동하는 생활환경을 보호하고 관리하는 사업이다. 자연과 생활환경은 인간의 존재와 발전에서 없어서는 안 될 기본조건이다. 사람은 자기의 생존과 활동에서 일정한 사회적 조건과 함께 자연적 환경의 영향도 받게 된다. 그러므로 사람은 자연을 대상으로 하여 창조적 활동을 줄기차게 전개하여 자연과 생활환경을 목적의식적으로 꾸리고 보호할 때만이 자기의 생존과 발전에 필요한 물질적 부를 만들어낼 수 있으며 자기의 운명과 생활을 성과적으로 개척할 수 있다.

오늘 환경오염을 방지하고 자연과 생태환경을 보호하는 것은 미국을 비롯한 일부 공업국가들에서 공해산업을 리윤추구 수단으로 계속 유지 확대하는 것과 함께 핵무기시험과 화학탄시험 등을 중단 없이 벌이고 있는 것과 관련하여 보다 심각한 문제로 제기되고 있다. 환경오염을 막고 생태환경을 보호하기 위해서는 그와 관련한 법적수단을 마련하고 그것을 철저히 구현하는 것이 중요하다. 공화국환경보호법을 철저히 구현하는 것은 우리나라를 사회주의금수강산으로 빛내이는 데서 필수적인 문제로, 중요한 요구로 나선다.

환경보호법을 철저히 구현하는 것이 우리나라를 사회주의금수강산으로 빛내이기 위한 중요한 요구로 되는 것은 무엇보다 먼저 환경보호법에 자연환경을 잘 보존하며 조성하는 데서 나서는 제반문제들이 전면적으로 규제되여 있기 때문이다. 우리나라를 사회주의 금수강산으로 빛내이는 데서 선차적으로 나서는 문제는 인민대중의 지향과 념원에 맞게 살기 좋고 문명한 자연환경, 생활환경을 보존하고 조성하는 것이다. 예로부터 산 좋고 물 좋은 금수강산으로 불리우는 우리나라 사회주의를 더 잘 꾸리고 빛내이자면 우선 자연환경, 생활환경부터 잘 꾸려야 한다.

공화국환경보호법에는 자연환경을 잘 보존하며 조성하는 데서 나서는 제반문제들이 전면적으로 규제되여 있다. 우선 도시와 마을, 도로와 철길주변, 호숫가와 강변의 풍치림을 명승지와 바다기슭의 솔밭, 해수욕장, 기암절벽, 우아하게 기묘한 산새, 풍치 좋은 섬을 비롯한 자연풍치를 손상, 파괴하지 말며 명승지와 관광지, 휴양지에 탄광, 광산을 개발하거나 환경보호에 지장을 주는 건물, 시설물을 짓는 것과 같은 행위를 하지 말 데 대하여서와 동굴, 폭포, 옛

성터를 비롯한 천연기념물과 명승고적을 원상대로 보존할 데 대하여 규제하고 있다. 또한 지하자원을 개발하거나 지하건설을 할 때에 땅이 꺼져 환경이 파괴되지 않게 미리 해당한 대책을 세우며 환경을 조성하기 위하여 기르는 날짐승과 길짐승들, 우리나라에만 있는 리로운 야생동물과 수중생물들을 잡거나 뜯는 현상, 그들의 서식환경을 못쓰게 만들거나 희귀한 생물들을 마구 채취하여 생물계의 균형을 변화시키는 현상들을 철저히 없앨 데 대하여 규제하고 있다.

환경보호법에는 자연환경보호에서 나서는 이러한 요구와 함께 환경조성사업을 강화하기 위하여 공원과 유원지를 비롯한 문화휴식터를 곳곳에 꾸리고 도로, 철길, 건물주변과 구획안의 빈 땅이나 공동리용장소에 나무나 잔디를 심어 록지면적을 늘이며 도시와 그 주변에 환경조성에 지장을 주는 나무를 심을 수 없다는 것을 규정하고 있다. 이와 함께 기관, 기업소와 공민들이 향토를 꾸리는 사업에 정상적으로 참가하며 이 사업을 식수월간, 도시미화월간을 계기로 집중적으로 벌일 데 대하여 지적하였다. 환경보호법의 이러한 규제는 자연과 생활환경을 보존, 조성하는 데 전 국가적, 전 인민적 관심을 돌릴 수 있게 함으로써 우리나라를 살기 좋은 사회주의 금수강산으로 빛내이는 데 적극 이바지하게 한다.[37]

환경보호법을 철저히 구현하는 것이 우리나라를 사회주의금수강산으로 빛내이기 위한 중요한 요구로 되는 것은 다음으로 그것이 환경오염방지대책을 옳게 세워 공해현상을 미리 막을 수 있게 하기 때문이다. 살기 좋은 사회주의금수강산의 중요표징의 하나는 공해현상이 없는 것이다. 아무리 자연환경, 생활환경을 잘 조성하여도 공해현상을 막지 못하면 인민들의 생명과 건강에 해를 줄 수 있으며 사회주의금수강산으로서의 나라의 면모를 갖출 수 없게 된다.

환경보호법은 우선 환경오염을 막자면 대기오염을 막기 위한 가스, 먼지잡이장치와 건물과 시설물들에서 나는 냄새를 제거하기 위한 공기려과장치를 갖추며 로와 탕크, 배관을 비롯한 시설들을 계획적으로 보수정비하며 공장, 기업소와 주민지구 사이에 위생보호구역을 정하고 거기에 원림을 조성하여야 한다고 규제하고 있다. 또한 환경오염을 막자면 가스, 연기를 기준보다 더 내

보내는 륜전기재와 포장하지 않은 물자를 실어 먼지를 일으킬 수 있거나 어지러워진 륜전기재, 규정된 기준을 초과하여 소음과 진동을 일으키는 기계설비를 가동시키지 않으며 배출되는 가스, 먼지, 연기가 특수한 기상조건의 영향으로 대기를 심히 오염시켜 사람 또는 짐승에게 해를 줄 수 있을 때에는 그 배출량을 줄이고 륜전기재의 운행을 조절하거나 중지하며 오물을 도시주민구역과 주요도로 주변에서 불태우지 말고 정해진 곳에 모아 처리해야 한다고 규제하고 있다. 공화국환경보호법은 공해현상을 막기 위한 이러한 요구와 함께 물 오염을 막기 위한 침전지와 정화시설을 갖추고 생활오수와 여러 가지 버림물을 정화하며 상수도시설을 정상적으로 보수정비하고 먹는 물을 잘 려과소독하여 공급하며 취수구와 배수구 주변에는 공장, 기업소와 건물, 시설물을 건설하지 않으며 살초제, 살충제를 비롯한 해로운 화학물질을 치지 말 데 대하여 규제하고 있다. 환경보호법은 이와 함께 바다환경을 오염시키지 말고 대기, 물, 토양을 오염시키거나 인체에 영향을 줄 수 있는 국가적으로 금지된 농약을 생산하거나 수입하지 말아야 하며 방사선물질에 의한 환경오염을 방지하여야 한다는 데 대하여 규제하고 있다. 환경보호법은 이처럼 인민들에게 문화위생적인 생활조건을 충분히 보장하며 질병발생의 요소를 없애고 인민들의 생명과 건강을 더욱 보호 증진시켜 나갈 수 있는 온갖 법적요구들을 전면적으로 규제함으로써 우리나라를 공해가 없는 살기 좋은 사회주의금수강산으로 빛내어 나가는 데 적극 이바지하고 있다.

환경보호법을 철저히 구현하는 것이 우리나라를 사회주의금수강산으로 빛내이기 위한 중요한 요구로 나서는 것은 다음으로 그것이 환경보호사업에 대한 국가의 통일적 지도를 보장하고 이 사업에 인민대중을 적극 참가시킬 수 있도록 담보하고 있기 때문이다. 모든 사업이 그러하듯이 자연을 대상으로 하는 방대한 사업인 환경보호사업도 국가의 통일적 지도와 인민대중의 적극적인 참가 없이 성과적으로 수행될 수 없다. 생산수단과 자연부원이 극소수 자본가들의 손에 쥐어져 있는 자본주의사회와는 달리 나라의 모든 중요한 물질적 재부들이 국가적, 협동적 소유로 되고 있는 사회주의사회에서 자연환경을 조성하고 보존하며 그것을 관리하는 사업은 국가의 통일적인 지도와 인민대중의 적극적인 참가를 전제로 한다.

환경보호법에는 우선 국가가 환경보호대상을 정확히 설정하고 전망계획과 당면한 계획을 세워 자연환경을 개조 변혁하는 데 필요한 방대한 자재와 자금, 로력을 동원할 데 대한 문제, 중앙환경보호기관과 지방 각급 환경보호기관의 임무와 권한, 활동원칙과 방법에 대한 문제들이 규제되여 있다. 환경보호법에는 또한 환경보호사업에서 위법현상을 없애기 위한 국가의 통제적 기능을 높일 데 대한 문제가 법화되여 있다. 환경보호법은 환경보호질서의 위반과 관련하여 규제하고 있는 일련의 제재조치들을 통하여 모든 기관, 기업소, 단체와 공민들이 국가의 통일적 지도 밑에 법적요구에 맞게 환경보호사업에 적극 참가할 수 있게 하고 있다.

환경보호법은 자연환경조성과 보존사업에서 근로자들의 창조적 지혜와 힘을 높이 발양시킬 수 있도록 하고 있다. 주체사상의 요구를 전면적으로 구현하고 있는 공화국환경보호법은 그의 근본사명과 목적, 규제내용에 있어서 인민대중의 의사와 요구를 집대성한 것들이며 그들의 생명과 건강을 보호 증진시키기 위한 데 지향되여 있다. 이로부터 우리 인민은 환경보호법의 요구를 실현하는 사업에 자기의 힘과 지혜를 다 바쳐 자각적으로 적극 참가하고 있다. 모든 일군들과 근로자들은 환경보호법에 담겨진 기본사상과 중요내용을 깊이 연구체득하고 그것을 구현하기 위한 투쟁에 한결같이 떨쳐나섬으로써 우리나라를 살기 좋은 사회주의금수강산으로 빛내이는 데 적극 이바지하여야 할 것이다.

30. 생물다양성과 그 보호를 위한 국제법규범[50]

리수영

[43]환경문제에 대한 세계적 관심이 더욱 높아가고 있는 속에 생물다양성도 지구환경의 근본문제의 하나로 등장하였다. 지구상의 모든 생명체의 다양성으로 특징지어지는 생물다양성은 지구생태계를 유지 보전하는 것으로 하여 그 개념이 정립된 지는 오래지 않지만 세계적으로 관심이 있는 분야로 사람들의 이목을 집중시키고 있다.

위대한 령도자 김정일동지께서는 다음과 같이 지적하시였다. ≪나라의 자원은 오늘뿐 아니라 먼 후날에도 대를 물려가며 조국의 륭성번영과 인민의 행복을 위한 귀중한 재부이므로 그에 대한 감독사업을 잘하여야 합니다.≫(≪김정일선집≫ 11권, 290페지)

생물다양성이란 지구상에 있는 모든 생물체의 다양성이다. 즉 생명체의 수와 서식지, 유기체에서 일어나는 유전자조합의 다양성을 말한다. 이런 의미에서 생물다양성을 생태적 다양성, 종 다양성, 유전적 다양성으로 구분한다. 생태적 다양성은 생태계와 서식지, 생물군집의 다양성으로서 식물과 동물, 미생물의 호상관계, 그들이 정상적으로 살며 번식하는 장소와 그에 영향을 주는 자연환경조건의 복합체로 나타나는 다양성이다. 종 다양성은 지구상에 살고 있는 생물종들의 수와 그 다양성으로서 유기체의 일정한 집단과 그들 사이의 호상관계에 대한 다양성이다. 유전적 다양성은 각이한 유기체에서 일어나는 유전자조합의 다양성으로서 같은 종 무리 안의 작은 규모에서뿐 아니라 같은 종 내에서 각이한 종 무리, 그 이상의 각이한 종 무리에 속한 유기체들 간의 큰 규모로 나타나는 다양성이다.

현재 생물다양성은 사람의 생존을 위한 자연환경조건을 마련해주는 것으로 하여 환경보호령역에서 중요한 분야로 주목되어 세계 많은 나라들에서 생물

---

50) 출처: 과학백과사전출판사, 『정치법률연구』, 2008년 제4호(누계 제24호), 43쪽, 45쪽.

다양성의 감소를 막고 그를 보호하기 위한 국가 간, 지역 간의 협조를 강화하고 있으며 그 과정에 일정한 법제도들을 수립하였다.

생물다양성보호를 위한 국제법규범으로서는 무엇보다 먼저 ≪생물다양성협약≫이 있다. 이 협약은 1987년 6월 국제자연보호련맹(IUCM)의 건의에 따라 1988년 11월부터 1990년 7월까지 3차에 걸친 협약제정을 위한 특별실무위원회를 통하여 생물다양성보전을 위한 국제협약의 필요성을 확인한 데 기초하여 1992년 5월 23일 채택하게 되였다. 2003년 12월 현재 그 성원국은 188개국이다. 협약의 목적은 유전자원을 보호하기 위한 기술을 개선하며 해당한 기술의 이전과 적절한 자금제공 등을 통하여 생물다양성을 보전하고 그것을 지속가능하게 리용하며 그로부터 얻어지는 리익을 공정하고 공평하게 소유하는 것이다. 협약의 원칙은 유엔헌장과 국제법의 원칙에 의거한 국가의 환경정책에 따라 자기의 자원을 개발할 수 있는 주권적 권리를 가지며 자기의 관할지역 안에서의 모든 활동이 다른 지역에 환경피해가 되지 않도록 보장할 책임을 지는 것이다.

협약은 성원국들의 생물다양성 보전의무와 생물다양성 보전을 위한 협약집행부문으로 구성되여 있다. 생물다양성 보전의무는 첫째로, 각국의 생물자원에 대한 주권적 권리를 인정하는 것 둘째로, 생물다양성의 보전과 합리적리용을 위한 국가전략을 수립하는 것 셋째로, 생물다양성 보전을 고려한 환경영향평가를 진행하는 것 넷째로, 유전자원제공국과 생명공학선진국과의 호상 리익을 공정하게 분배하는 것 다섯째로, 유전적으로 변형된 생물체의 안전관리를 진행하는 것이다.

생물다양성 보전을 위한 협약집행을 위하여 총회와 사무국, 과학기술자문보조기구를 두었다. 총회에서는 산림, 연안, 해양, 농업건조지역 등 보전대상류형별로 보전계획을 작성하고 유전자원의 접근과 리익의 공정한 분배에 대하여 토의 결정한다. 사무국은 총회회의를 준비하고 보고서를 작성하며 총회가 내린 결정을 집행한다. 과학기술자문보조기구는 생물다양성의 현실에 관한 과학적, 기술적 평가를 제공하고 생물다양성의 보전 및 지속가능한 리용과 관련한 효률적인 최신기술의 개발 및 이전을 촉진시키며 이와 관련한 국제협력에 관한 자문을 제공한다. ≪생물다양성협약≫은 생물다양성의 감소를 방지하는 현재까지 유일한 포괄적인 국제협약이다.

　생물다양성보호를 위한 국제법규범으로서는 다음으로 ≪람사협약≫이 있다. ≪람사협약≫은 1971년 2월 이란 람사에서 채택되었으며 1975년 12월에 효력이 발생되었다. 정식 명칭은 ≪물새서식지로서 특히 국제적으로 중요한 습지에 관한 협약≫이며 2003년 12월 현재 성원국 수는 138개국이다. 협약목적은 세계적으로 중요한 습지의 상실을 억제하여 물새서식습지대를 질적으로 보호하기 위한 것이다. 현재까지 세계적으로 1267개소에 1억ha의 습지가 국제적으로 중요한 습지목록에 등록되어 보호되고 있다. 협약은 성원국이 협약가입 시에 1개 이상의 국내습지를 람사 습지목록에 등록하여 습지목록에 포함되어 있는 습지의 보전 및 적합한 리행계획을 수립 리행하며 필요한 경우 람사 습지목록에 관계없이 습지보호를 위하여 자연보호구를 설치하고 습지와 물새의 보전감시를 위한 조치를 실시하여야 한다고 규정하였다.[45]

　생물다양성보호를 위한 국제법규범으로서는 다음으로 ≪멸종위기에 처한 야생동식물종의 국제거래에 관한 협약≫이 있다. 협약은 1973년 2월 미국의 워싱톤에서 81개국의 전원회의에서 채택되고 1975년 7월 효력이 발생하였다. 2004년 7월 현재 성원국은 166개국이다. 협약의 목적은 불법거래 혹은 과도한 국제거래로부터 멸종위기에 처한 야생동식물을 보호하기 위하여 야생동식물을 수출, 수입하는 국가들이 호상 협력하여 국제거래를 진행함으로써 서식지로부터의 무질서한 채취 및 포획을 억제하기 위한 것이다. 협약은 본문(25개조)과 24개 부속서로 구성되어 있으며 거래통제의 례외규정, 성원국들의 의무, 비성원국과의 거래, 협약불리행에 따른 감시 및 규제조치 등을 주요내용으로 하고 있다. 협약은 멸종위기 정도에 따라 규제대상 동식물을 부속서 1, 2, 3으로 구분하여 수출과 수입 시 관리당국의 수출과 수입허가를 받도록 규정하고 있다. 원칙적으로 상업목적의 거래가 금지되는 부속서 1에서는 코끼리, 코뿔소, 범, 나일악어, 곰들이 등록되어 있고 상업목적의 수출이 가능하나 관리당국의 승인이 필요한 부속서 2에는 천산갑, 산삼, 아메리카곰 등의 동식물들이 등록되어 있으며 자국의 특정 종을 보호하기 위하여 지정된 부속서 3에는 인디아의 북방살모사 등 5천 종의 동물과 2만 5천 종의 식물이 등록되여 있다.
생물다양성보호를 위한 국제법규범은 세계의 많은 나라들의 관심 밑에 이밖에도 여러 분야에서 채택되였다. 우리는 생물다양성보호를 위한 국제법규범을 잘 알고 이를 위한 국가적 체계를 끊임없이 개선하고 그 관리능력을 빨리 높여나가야 할 것이다.

제10장 분쟁의 평화적 해결

31. 국제분쟁의 평화적 해결과 관련한 국제재판소의 판결과 권고적 의견에 대한 리해[51]

한영서

[126]위대한 령도자 김정일동지께서는 다음과 같이 지적하시였다. ≪법에 대한 학습을 강화하여 거기에 정통하여야 하겠습니다.≫(≪김정일선집≫제7권, 325페지)

국가들 사이에 발생한 분쟁이 국제재판소에 제소되면 국제재판소는 필요한 재판심리수속을 거쳐 사건을 심의한 후 최종적으로 판결(결정) 혹은 권고적 의견을 내려 사건을 결속 짓게 된다. 국제재판소가 내린 판결과 권고적 의견은 일정한 법률적 성격을 띠게 된다. 국제재판소가 내린 판결과 권고적 의견에 대하여 옳바로 리해하는 것은 분쟁문제처리에서 중요한 문제의 하나로 제기되고 있다. 무엇보다도 국제분쟁의 평화적 해결을 위하여 국제재판소가 내린 판결(결정)에 대하여 정확한 리해를 가지는 것이 중요하다.

분쟁사건에 대한 국제재판소의 판결에서 우선 재판소 표결원칙에 대하여 잘 아는 것이 중요하다. 국제재판소의 기본임무의 하나는 제기된 국제분쟁사건들을 심리한 다음 그에 적합한 판결(결정)을 내리는 것이다. 국제재판소에서의 판결(일체 결정을 포함함)은 특별히 규정한 것이 없는 한 재판에 참가한 재판관의 다수결의(단순다수결의)에 의하여 하게 되여 있다. 이에 대하여 국제분쟁의 평화적 해결조약 제78조 2항에서 일체 결정은 재판관의 다수결의에

---

51) 출처: 김일성종합대학출판사, 『김일성종합대학학보: 력사법학』, 제54권 제4호(2008), 126~131쪽.

의하여 한다고 규정하였으며 국제사법재판소규정 제55조 1항에서도 ≪모든 문제는 출석한 재판관의 과반수로 결정한다.≫라고 규정하였다. 그런데 여기에서 문제로 되는 것은 제기된 사건에 대한 재판소의 표결에서 찬성과 반대 수가 서로 동수일 때 그것을 어떻게 처리하겠는가 하는 것이다. 그에 대하여 국제사법재판소규정 제55조 2항에서는 사건에 대한 재판소의 표결에서 ≪가부동수일 때에는 재판소장 또는 그 대리재판관이 결정투표권을 가진다.≫라고 규정하였다. 이 규정에 따라 그 어떤 사건에 대한 재판소의 판결에서 찬성과 반대 수가 같을 때에는 재판소장 또는 그 대리재판관의 결심에 따라서 사건을 결속 짓게 된다. 결국 재판소장 또는 그 대리 재판관은 두 번에 걸쳐 투표할 수 있는 권한을 가지고 있다고 할 수 있다.

투표가 진행된 후 판결문을 작성한다. 분쟁사건에 대한 국제재판소의 판결에서 또한 판결문내용작성에 대하여 잘 아는 것이 중요하다. 판결문에는 다음과 같은 내용들이 기재되여야 한다. 상설중재재판소나 국제사법재판소의 판결문에는 판결의 기초로 되는 리유를 쓰고 그 재판에 참가한 재판관들의 이름을 밝혀야 한다. 그리고 판결문에는 국제사법재판소규칙 제95조에 따라서 판결이 어느 재판소 또는 재판부에 의하여 선고되는가를 쓰고 판결이 랑독된 날자, 판결에 참가한 재판관들의 이름, 분쟁당사자 나라명, 재판비용에 대한 결정이 있는 경우 그에 대한 결정내용, 재판회수와 이름, 판결문에 대한 진술내용 등이 기재되여야 한다.

판결에서 반대한 재판관들은 그에 대한 자기 의견을 공포할 수 있는 권리를 가지게 되여 있다. 이에 대하여 국제사법재판소규정 제57조에는 판결문의 전부 또는 그 일부에 대하여 재판관들의 전원일치의 의견을 얻지 못하였을 때 개별적 재판관들은 자기의 의견을 표명할 권리를 가진다고 규정하였으며 재판소규칙 제107조 3항에서는 재판소의 권고적 의견에 대하여서도 같은 형식으로 재판관의 개별적 의견을 표명할 권리를 인정하고 있다.[127] 위에서 언급된 ≪개별적 의견≫은 판결문 전체에 대하여 재판관이 반대한다는 것이 아니라 판결의 주문이나 결론에는 찬성하지만 그 리유에서 차이 나는 의견에 대하여 말하는 것으로 해석된다. 이러한 재판관의 ≪개별적 의견≫도 판결문에 첨부되여 동시에 공포되게 된다.

분쟁사건에 대한 국제재판소의 판결에서 또한 그 법적효력에 대하여 잘 아는 것이 중요하다. 국제재판소에서 내린 판결은 분쟁당사국을 법률적으로 구속하게 되여 있으며 분쟁당사국들은 그것을 리행하여야 할 법적 의무를 지니고 있다. 이것은 국제적으로 승인된 국제법상의 일반원칙이며 국제분쟁의 평화적 해결 조약과 유엔헌장에서 강조되고 확인된 원칙이다. 국제분쟁의 평화적 해결 조약 제37조 2항에는 ≪중재재판에 의뢰한 것은 그 판결에 당사자들이 성실하게 복종한다는 약속이 포함된다.≫라고 규정하였으며 유엔헌장 제94조에서도 ≪각 유엔성원국은 자기 나라가 당사자로 된 어떤 사건에 대한 국제사법재판소의 결정(decision)에 따르는 것을 약속한다.≫라고 규정하였다. 위에서 지적한 규정에 따라서 분쟁당사국들은 국제재판소의 판결에 복종하게 되여 있으며 그것을 리행해야 할 법적 의무를 지니고 있다.

국제재판소의 판결은 원칙적으로 분쟁당사국들에만 법률적 구속력을 가지는 것으로 되여 있다. 이에 대하여서는 국제분쟁의 평화적 해결 조약 제84조 1항과 국제사법재판소규정 제59조에서 명백히 확정하였다. 따라서 국제재판소의 판결은 분쟁당사국 이외의 제3국과 기타를 법률적으로 구속하는 효력은 가지고 있지 않다고 할 수 있다. 그러나 제3국이 가입하고 있는 조약의 해석이 문제로 되는 분쟁사건에서 제3국이 해당 소송에 참가하고 있는 경우 그 3국은 판결 중에 포함된 조약의 해석에 구속되게 되여 있다. 이에 대하여 국제분쟁의 평화적 해결 조약 제84조 2항과 국제사법재판소규정 제63조 2항에 명백히 규정되여 있다. 국제재판소에서의 ≪재판은 당사자들에게 그리고 그 특정한 사건에 관하여서만 구속력을 가지게≫되여 있으며 판결은 공개재판정에서 랑독한 날로부터 당사자를 구속하게 되여 있다.

분쟁사건에 대한 국제재판소의 판결에서 또한 재심에 대하여 잘 아는 것이 중요하다. 국제재판소의 판결은 최종적이며 원칙상 그에 대한 상소는 인정되지 않고 있다. 그러나 다음과 같은 경우 사건에 대한 재심청구는 인정되고 있다. 판결을 내린 해당 사건과 관련하여 그 어떤 새로운 사실이 발견되였을 때 그 사건에 대한 재심(revision)을 인정하고 있다. 이러한 재심은 상소와 같이 본 재판소의 판결에 불복하여 상급재판소에 법 또는 사실 측면에서의 재평가를 하도록 요구하는 것이 아니라 재판을 진행할 때 알지 못하였던 새로운 사실의 발견을 리유로 하여 본 재판소 또는 특별히 합의된 재판소에서 다시 심의하도록 요구하는 것이다. 재심청구에 대하여 국제분쟁의 평화적 해결 조약 제83조에서는 중재계약에서 특별히 반대규정이 없는 한 판결을 진행한 재판부에 재심청구를 하도록 규정하였으며 국제사법재판소규정 제81조에는 ≪재판소 또는 재심청구당사자가 알지 못하였던 새로운 사실의 발견을 리유로 하였을 때≫ 판결의 재심청구를 할 수 있다고 규정되어 있다.[128] 그런데 이때에도 새로운 사실을 알지 못한 것이 반드시 과실에 의한 것이 아니라는 것이 확증되여야 재심청구를 할 수 있다. 재심청구기한은 새로운 사실의 발견 후 6개월 이내에 그리고 판결이 진행된 날로부터 10년 이내에 하도록 한정하였다. 이때의 재심은 상설중재재판소나 국제사법재판소가 당사국의 청구에 기초하여 해당한 판결을 내린 재판부 또는 재판소가 그에 대한 해석을 진행하는 형식의 재심이다.

국제사법재판소에서는 판결의 의미 또는 범위와 관련하여 분쟁이 발생하였을 때 당사자들의 특별한 합의의 통지나 개별적 당사자들의 청구에 관계없이 어느 당사자도 판결의 해석(재심)을 요구하는 청구를 진행하게 되여 있다. 그리고 당사자들의 특별한 합의의 통지나 개별적 당사자들의 청구의 어느 경우에도 재심청구당사자들은 판결에 대한 견해상 차이점을 정확히 밝혀야 한다. 국제사법재판소에 판결의 의미나 범위의 해석을 요청하는 기한은 특별히 규정한 것이 없다. 판결의 의미나 범위에 대한 해석이 요청되면 재판소는 필요한 경우 당사자들에게 서면 또는 구두로써 그에 대한 설명을 진행할 수 있도록 기회를 줄 수 있다. 재심을 요구하는 청구에 대한 재판소의 결정 또는 판결의 해석을 요청한 데 대한 재판소의 결정은 판결의 형식으로 하게 되여 있다.

이상에서 보는 바와 같이 상설중재재판소와 국제사법재판소에서 판결의 해석을 요구하는 제도는 인정되여 있으나 판결에 대하여 의견 있는 당사자가 다른 재판소에 판결에 대한 재평가를 요구하는 상소제도는 인정되여 있지 않다. 그러나 국제실무실천에서는 재판소가 자기에게 부여된 권한을 초월한 것으로 하여 당사자들 호상 간 분쟁이 발생하고 그것을 원인으로 하여 재판소에서 판결한 문제가 리행되지 않는 경우 그것을 방지하기 위하여 상소제도가 필요하게 제기될 수도 있다.

중재재판소에서는 재판소의 재결에 불복종이 있는 경우 사법적인 해결에 제기하도록 한 실례들이 있었다. 그리고 유엔국제법위원회가 1958년에 채택한 ≪중재수속에 관한 표본규칙≫(model rules on arbitral procedure)에도 그와 같이 규정하였다. ≪중재소속에 관한 표본규칙≫ 초안에는 1. 재판소가 권한을 초월한 경우, 2. 재판관들 중 어느 재판관의 부정이 있었을 경우, 3. 판결에 리유를 부치지 않았든지 또는 수속에 관한 기본원칙에서 중대한 위반이 있는 경우, 4. 중재재판에 대한 약속 또는 부탁합의가 무효로 된 경우 당사국이 판결의 효력을 부인하는 것을 인정하게 되여 있으며 어느 일방 당사국의 제소에 기초하여 국제사법재판소는 판결의 무효를 선언할 수 있다. 이때 분쟁당사국 호상 합의하여 새롭게 조직된 재판소에서 분쟁을 다시 심리하도록 할 수 있다고 규정하였다. 이러한 상소제도는 고정적인 것이 되지 못하고 있다.

분쟁사건에 대한 국제재판소의 판결에서 또한 그 리행에 대하여 잘 아는 것이 중요하다. 국제재판소의 판결은 앞에서 언급한 바와 같이 당사국들을 법적으로 구속하고 있으며 당사국들은 그것을 리행할 법적 의무를 지니고 있다. 그러나 일부 실례로 1831년 영국과 미국 사이의 국경확정사건에 대한 재판소의 판결리행을 미국이 거부한 사건, 1948년 10월 뻬루와 꼴롬비아 사이의 분쟁사건에 대한 국제사법재판소의 판결의 리행을 꼴롬비아가 거부한 사건 등 실천에서는 국제재판소가 내린 판결의 리행을 거부당한 것들이 있었다. 따라서 국제재판소의 판결을 리행하도록 하기 위한 일련의 조치를 취해야 할 필요성이 제기되고 있다.[129]

국제실천에서는 첫째로, 원고국가 스스로가 피고국가로 하여금 판결을 리행하도록 경제적 보복조치를 비롯한 일련의 직접적인 조치를 취하는 방식이 있다. 이 경우 문제로 되는 것은 원고국가가 피고국가로 하여금 판결을 리행하도록 무력으로 위협하거나 그것을 행사하는 것이 적당한가 하는 것이다. 일반적으로 제1차 세계대전까지는 무력행사가 합법적인 것으로 인정되였다. 그러나 그 이후 이것이 전쟁의 위법화문제와 직접 련관되여 있는 것으로 하여 유엔헌장 제2조 4항의 취지로부터 무력에 의한 위협이나 그의 행사는 절대로 허용되지 말아야 한다. 재판소의 판결을 리행시키기 위한 조치로서의 경제적 보복을 비롯한 여러 조치들은 실천에서 충분히 실효적인 것으로 인정되지 못하고 있다.

국제실천에서는 둘째로, 국제기구에 의하여 판결의 리행을 추진하도록 하는 방식을 취하고 있다. 유엔헌장 제94조에서는 ≪사건의 일방 당사자가 재판소에서 부여한 판결(judgement)에 기초하여 자국이 지는 의무를 리행하지 않을 때 타방의 당사자는 안전보장리사회에 소송을 제기할 수 있다.≫라고 규정하고 ≪리사회는 필요하다고 인정될 때에는 판결을 집행하기 위하여 당사국 혹은 성원국에 필요한 권고를 주며 혹은 취할 수 있는 조치를 결정한다.≫라고 규정하고 있다. 이 규정에 기초하여 판결을 집행하도록 하기 위하여 어떠한 조치를 취하는가 하는 것은 그 정황에 따라서 안전보장리사회가 결정하게 되여 있다. 안전보장리사회가 ≪판결을 집행하도록 하기 위하여≫ 필요하다고 인정되는 조치를 결정하게 된다면 제7장에 예견되여 있는 강제적 조치를 결정할 수 있는 것으로 리해할 수도 있다. 그러나 ≪판결을 집행하도록 하기 위하여≫ 필요하다고 인정되는 조치를 안전보장리사회가 취하는 것은 헌장 제94조 2항에서 규정한 권한에 기초하여 취하는 조치이며 결코 제39조에서 규정한 ≪평화에 대한 위협, 평화의 파괴 또는 침략행위≫의 존재를 인정하고 취하는 조치는 아니다. 따라서 안전보장리사회가 ≪판결을 집행하도록 하기 위하여≫ 필요하다고 인정되는 조치를 결정하는 것은 평화에 대한 위협이나 평화의 파괴 및 침략행위의 존재와는 아무런 련관도 없는 것이라고 보아야 할 것이다.

다음으로 국제분쟁의 평화적 해결을 위하여 국제재판소의 권고적 의견에 대하여 옳바른 인식을 가지는 것이 중요하다. 국제재판소의 다른 하나의 중요한 임무는 국제기구로부터의 자문에 응하여 법률적 문제에 대하여 권고적 의견(advisory opinion, avis comsultatif)을 주는 것이다. 권고적 의견은 판결과는 달리 법적 구속력은 없으나 국제적으로 최고급의 사법기관이 주는 법률적 의

견으로서의 권위를 가지고 있다. 지금까지 일반적으로 국제기구의 조직운영과 관련하여 진행한 권고적 의견은 존중시되고 있다.

국제사법재판소에 자문의견을 줄 것을 요구할 권한을 가진 당사자는 다음과 같다. 유엔헌장 제96조에는 ≪총회 또는 안전보장리사회는 어떤 법률적 문제에 대하여 권고적 의견을 주도록 국제사법재판소에 요청할 수 있다.≫라고 규정하고 계속하여 ≪유엔의 기타 기관 및 전문 기구는 어느 때든지 총회의 승인을 얻은 후 그 활동의 범위 내에서 발생한 법률적 문제에 대하여 재판소에 권고적 의견을 줄 것을 요청할 수 있다.≫라고 규정하고 있다. 이 규정에 따라서 국제사법재판소에 권고적 의견을 줄 것을 요청할 수 있는 권한을 가진 당사자는 국제기구와 그 내부기관이며 국가나 개인은 그러한 권한이 없는 것으로 되어 있다.[130] 그리고 유엔총회나 안전보장리사회 이외의 유엔의 다른 기관이나 유엔전문기구가 국제사법재판소에 권고적 의견을 줄 것을 요청하려면 반드시 유엔총회의 승인을 얻게 되여 있다. 실천에서는 유엔의 다른 기관이나 유엔전문기구들이 국제사법재판소에 권고적 의견을 줄 것을 요청할 수 있는 권한에 대하여 문제가 제기될 때마다 총회의 승인을 각각 얻는 것이 아니라 일반적으로 사전에 미리 그러한 권한을 부여받는 형식을 취하기도 한다. 이와 관련하여 유엔총회 제1차 회의 이후 총회 제6 위원회에서 그 문제를 명확히 규정하도록 하였으며 특히 경제사회리사회는 1946년 12월 11일 유엔총회결의에 따라서, 위탁통치리사회는 1947년 11월 14일 유엔총회결의에 따라서 각각 ≪그 활동범위 내에서 발생한 법률문제≫에 대하여 일반적으로 국제사법재판소의 권고적 의견을 요구할 수 있도록 규정하여 놓았다. 그리고 유엔전문기구들은 유엔과 유엔전문기구들 호상 간에 체결된 련계협정들에서 ≪그 활동의 범위 내에서 발생한 법률적 문제≫에 대하여 국제사법재판소에 권고적 의견을 요구할 수 있는 권한을 미리 인정하였다. (다만 만국우편동맹만이 이러한 권능을 협정에서 인정하여 놓지 않았다.)

이상에서 보는 바와 같이 국제사법재판소에 권고적 의견을 요구할 수 있는 권한은 유엔의 기관이나 유엔전문기구들에만 부여되어 있으며 국가들에는 부여되어 있지 않다. 그러나 국가는 다음과 같은 형식으로 국제사법재판소의 권고적 의견을 결정하는 수속에 참가할 권한이 있다.

국제사법재판소규정 제65조의 여러 조항들에서는 권고적 의견을 줄 데 대한 요청이 제기되었을 경우 재판소 서기는 그 문제와 관련하여 재판소에서 재판을 받을 수 있는 모든 나라들에 그것을 즉시 통지하게 되어 있으며 통지를 받은 나라들은 ≪국제기구에 해당 문제와 관련한 자료를 제공할 수 있다.≫라고 규정하였다. 그리고 재판소 또는 재판이 진행되지 않을 때 재판소장은 일정한 기간 내에 이 문제에 대한 진술서를 접수하거나 공개재판정에서 청취할 용의가 있다는 것을 해당 나라들에 통지한다. 재판소에서 재판에 참가할 통지를 받은 나라는 재판소가 결정한 데 따라서 서면 또는 구두진술을 할 수 있다고 규정하였다. 그리고 계속하여 서면 혹은 구두진술을 하게 되여 있는 나라 및 기관은 일정한 수속에 따라서 다른 나라 또는 기관이 진행한 진술에 대한 의견을 표명하는 것을 허용한다고 규정하였다.

위의 규정에 따라서 국가는 재판소의 재판참가통지에 의하여 재판정에서 서면 또는 구두진술을 진행하는 형식으로 권고적 의견을 결정하는 재판수속에 참가하게 되여 있다.

국제사법재판소의 권고적 의견을 결정하는 수속에서도 국제재판관제도가 적용되는 경우가 있다. 원칙상 권고적 의견에 관한 수속에는 분쟁사건과 관련한 수속과 같은 재판관제도가 적용되지 않는다. 그러나 2개국 이상의 나라들 사이에 미해결의 법률적 문제와 관련한 권고적 의견이 요구된 경우에는 재판관에 대하여 규정한 국제사법재판소규정 제31조 및 그 적용에 관한 재판소규칙의 여러 규정이 적용되게 되여 있으며 자기 나라의 국적을 가진 재판관이 존재하지 않는 경우 그 국가는 림시재판관을 임명하게 되여 있다.

권고적 의견은 판결과 같이 공개재판정에서 랑독되며 유엔사무총장 또는 필요한 경우 권고적 의견을 요청한 기관의 행정책임자, 직접 관계있는 유엔성원국 및 기타 나라, 유엔전문기구 책임자 등에게 공개재판정의 권고적 의견 결정 날자와 시간을 통지하여야 한다.

국제사법재판소는 오직 ≪법률적 문제≫에만 권고적 의견을 주게 되여 있다. [131]이에 대하여 국제사법재판소규정 제65조 1항에서는 오직 그 어떤 ≪법률적 문제에 대하여서는 권고적 의견을 줄 수 있다.≫라고 규정하였다. 이 규정을 해석하면 국제사법재판소가 제기된 사건이 ≪법률적 문제≫에 속하는 것이 아니라고 판단하는 경우 그에 대한 권고적 의견을 주는 것을 거부하여야 한다고 할 수 있다.

그러면 위의 규정에 따라 국제사법재판소가 모든 ≪법률적 문제≫에 반드시 마땅히 권고적 의견을 주어야 하는가 하는 문제가 제기된다. 국제사법재판소규정 제63조 1항에서는 법률적 문제에 대하여 권고적 의견을 ≪줄 수 있다.≫(may)는 뜻으로 규정하였다. 따라서 국제사법재판소가 모든 법률적 문제에 대하여 마땅히 권고적 의견을 주어야 할 의무를 가지고 있다고는 말할 수 없다. 그러나 국제사법재판소가 유엔의 주요기관의 하나이기 때문에 유엔의 다른 기관이나 유엔전문기구가 권고적 의견을 청구하여 온 데 대하여 그 어떤 리유가 없는 한 거부할 수 없는 것이다. 실례로 국제사법재판소는 ≪유네스코에 대한 국제로동기구 행정재판소의 판결≫에 관한 권고적 의견에서 국제사법재판소의 권고적 의견에 관한 권한은 임의적인 것이지만 ≪할 수 없는 리유≫가 있을 때에만 재판소는 요구되는 권고적 의견을 주는 것을 거부할 수 있다고 하면서 이 사건은 ≪권고적 의견을 주어서는 안 되는 할 수 없는 리유가 발견되지 않았다.≫라고 하였다.

권고적 의견은 분쟁사건에 대한 판결과는 달리 그 자체로서는 자문을 요구한 국제기구나 관계있는 국가를 법적으로 구속하는 효력은 가지고 있지 않는다. 그러나 국제기구나 국가가 권고적 의견을 구속적인 것으로 인정하고 동의하는 경우에는 권고적 의견도 법적 구속력을 가지게 되여 있다. 실례로 유엔총회에서 채택한 ≪유엔특권 및 면제권 공약≫의 제30조와 ≪유엔전문기구의 특권 및 면제권 공약≫제32조에서는 각각 유엔과 그 성원국 혹은 유엔전문기구와 그 성원국 사이에 분쟁이 발생한 경우 국제사법재판소의 권고적 의견을 요청하여야 하며 이때 재판소의 권고적 의견은 당사자들이 ≪결정적인 것≫(decisive)으로서 받아들여야 한다고 규정하였다. 그리고 유엔총회에서 채택 승인된 유엔과 미국정부 사이에 체결한 유엔본부협정에서는 협정의 해석 또는 적용에서 발생한 분쟁은 중재재판소에 제기하여 해결하게 되여 있으며 그

심리과정에 생긴 어떤 법률적 문제는 유엔사무총장 혹은 미국정부가 국제사
법재판소의 권고적 의견을 요청하도록 총회에 제기하여야 하며 그에 대한 재
판소의 권고적 의견이 결정되면 중재재판소는 그것을 고려하여 최종판결을
내려야 한다고 규정하였다.

　위의 실례에서 보는 바와 같이 국제기구나 국가가 국제재판소의 권고적 의
견에 대하여 그 어떤 협정이나 조약을 통하여 사전에 법적 구속력이 있는 것
으로 인정하고 동의한 경우에는 그것이 법적 구속력을 가지게 되여 있다. 우
리는 국제재판에서의 판결과 권고적 의견에 대한 여러 법률적 문제들을 정확
히 인식함으로써 제기되는 국제문제들을 우리 혁명의 요구와 리익에 맞게 해
결하여 나가야 할 것이다.

32. 국제분쟁의 평화적 해결과 관련한
국제재판의 발전에 대한 고찰[52]

한영서

　[86]정치적 및 경제적 지배권을 확립하기 위한 제국주의, 지배주의자들의
각축전과 식민지통치후과에 그 근원을 두고 있는 국제적 분쟁은 오늘 지구상
의 여러 지역에서 각이한 형태와 규모로 지속화되고 있으며 그것이 더욱 악화
되여 무장충돌과 전쟁에로까지 확대되여 가고 있다. 현 시기 심각하고 복잡한
국제적 분쟁문제들을 어떤 방법으로 어떻게 해결하는가 하는 것은 세계의 평
화와 안전을 수호하고 국가들 사이의 우호관계를 정상화하며 발전시켜 나가
는 데서 매우 중요한 문제로 제기되고 있다. 오늘 신흥세력나라들을 비롯한 세
계 여러 나라와 민족들 사이의 분쟁문제를 평화적 방법으로 해결하는 것은 세

---

52) 출처: 김일성종합대학출판사, 『김일성종합대학학보: 력사법학』, 제53권 제1호(2007), 8
　　6∼91쪽.

계평화애호인민들과 민족, 국가들의 일치한 요구와 념원이며 제기된 국제분쟁문제들을 가장 공명정대하고 합리적으로 해결하기 위한 현실적인 방도이다.

위대한 수령 김일성동지께서는 다음과 같이 교시하시였다. ≪현 시기 세계의 평화와 안전을 수호하는 데서 나서는 중요한 문제의 하나는 신흥세력나라들 사이의 분쟁문제를 평화적으로 해결하는 것입니다.≫(≪김일성저작집≫제35권, 368페지)

원래 국재분쟁문제들을 평화적으로 해결하기 위한 가장 합리적이며 기본적인 방법은 분쟁당사자들 사이의 협상과 담판이다. 협상과 담판의 방법으로 분쟁해결이 잘 진척되지 않을 때 기타 보조적 수단으로서 화해와 중재, 조정의 방법을 적용하게 된다. 만약 화해와 조정, 중재의 방법을 널리 적용해도 분쟁해결에서 전진이 없고 서로의 주장에서 차이가 날 때 국제재판소에서의 재판을 통하여 해결하는 방법도 선택하게 된다. 국재재판의 궁극적 목적은 전쟁을 방지하고 평화를 유지하며 국가들 사이의 우호관계를 보장하자는 데 있다.

국제재판이란 국제법에 기초하여 설치된 국제재판기관에서 제기된 국제분쟁문제를 국제법을 기준으로 하여 심의, 판결하고 그 판결의 구속력에 의하여 분쟁문제를 처리하는 수속을 말한다. 원칙적으로 법을 근거로, 기준으로 하여 재판을 진행하고 판결하며 이 판결에 따라서 분쟁당사자들이 의무적으로 분쟁해결을 위한 행위를 한다는 점에서는 국제재판과 국내재판은 차이가 없다. 그러나 국제재판과 국내재판은 그가 의거하고 있는 사회적 기초, 재판에로의 제기수속, 그 판결에 대한 집행에서 일정한 차이가 있다.

국제재판의 경우에는 국제사회에 그 기초를 두고 있으며 분쟁당사국들의 호상 동의가 있어야만 국제재판소가 해당 분쟁의 관할권을 가지고 재판을 진행할 수 있다. 그리고 국제재판소에서 내린 판결의 집행에서 강제적인 방법이 적용될 수 없다. 그러나 국내재판의 경우에는 그것이 국내사회에 그 기초를 두고 있으며 분쟁당사자들의 의사에는 관계없이 국가권력에 의하여 재판소가 분쟁을 관할하며 재판을 진행하게 된다. 그리고 국내재판소에서 내린 판결에 대해서는 강제적 집행력이 발동되게 된다. 물론 최근에 와서 국제조약을 통하여 국가들 사이에 발생한 분쟁을 국제재판에 제기하도록 의무화하고 상설적인 국제재판소를 설치한 다음부터 당사국들의 주관적인 요구가 어느 정도 제한되기도 한다. 그렇지만 이것 역시 당사국들 호상 간 사전에 국제조약으로서 동의, 합의하여야 실현될 수 있는 것이다. 실례로 국제사법재판소규정 제36조 2항의 선택조항에 따라서 어느 한 국가의 일방적인 승인 선언에 의하여 의무적 재판이 설정될 수 있게 되어 있다.[87] 그러나 이것은 재판소 규정이라는 국제조약에 의하여 의무적 재판이 설정된다는 것을 국가들이 사전에 인정한 것이기 때문에 결국 그것이 국가의 동의를 전제로 한 것이라고밖에 달리 볼 수 없는 것이다. 그리고 상설적인 국제재판소가 설치되어 있으나 이 재판소는 역시 분쟁당사국들의 사전 또는 사후 동의에 따라서만 분쟁재판관할권을 가지고 재판을 시작할 수 있는 것이다. 이와 같이 오늘까지도 여전히 국제재판은 국가들 사이의 동의를 전제로 하고 있는 합의적 성격의 재판인 것이다.

국가들 호상 간의 분쟁을 당사국들의 동의에 따라서 제3자의 법률적 구속력이 있는 결정(판결)에 의하여 해결하는 국제재판은 이미 오래전부터 발생 발전하여 왔다. 력사기록에 의하면 고대그리스에는 도시국가들 호상 간에 제기된 분쟁을 국제재판을 통하여 해결하였으며 분쟁을 국제재판에 제기하는 것을 의무화한 조약들도 체결되어 있었다는 것이 전해지고 있다. 중세에 들어와서도 봉건군주들 호상 간 또는 자유도시국가들 호상 간의 분쟁을 국제재판을 통하여 해결하여 왔으며 초기 여러 국제법학자들도 분쟁해결수단으로서의 국제재판의 효과성에 대하여 상당한 정도로 평가하고 인정하였다. 그러나 16~18세기 사이에는 국제분쟁을 국제재판에 제기하는 것이 거의나 정지 상태에 있었다. 그 원인은 우선 당시 국가들에서 전제군주제의 출현으로 하여 재판은 국왕의 특권으로 되어 있었으며 재판에 국가가 복종한다는 것이 맞지 않는 것이라고 고찰되어 있었기 때문이다. 그 원인은 또한 국가권력을 떠나서 국민들 호상 간의 접촉에 의하여 발생되는 비정치적 분쟁은 거의나 제기되지도 않았기 때문이다.

국제재판을 통하여 분쟁을 해결하는 데서 새로운 발전을 가져온 동기는 1794년 영국과 미국 사이에 체결된 ≪제이조약≫(≪우호통상항해일반조약≫)에 의하여 량국 간에 발생한 분쟁을 해결한 때부터이다. 이 조약에 따라서 영국과 미국 사이에 발생한 분쟁사건을 처리 해결하기 위한 혼합위원회가 설치되었다. 이 혼합위원회는 영국과 미국이 각각 임명하는 같은 수의 제3국의 재판관과 량국의 합의 또는 추첨에 의하여 선정되는 제3국의 재판관으로 구성되여 있었다. 혼합위원회에서는 재판에 의하여 량국 간의 중대한 분쟁문제들이 상정되고 해결되였다. 이것을 계기 점으로 하여 다른 나라들도 국제분쟁을 해결하는 데서 국제재판이 노는 역할과 효과성을 더욱 인식하게 되였으며 19세기부터는 나라들 사이에 제기되는 분쟁을 국제재판을 통하여 해결하는 횟수가 점차 많아지기 시작하였다. 특히 1872년 영국과 미국 사이에 발생한 분쟁인 ≪아라바마≫호 사건을 국제재판을 통하여 해결한 것이 국제재판의 발전에 큰 영향을 주었다. ≪아라바마≫호 사건은 대략 다음과 같다.

선박 ≪아라바마≫호는 미국에서의 남북전쟁 시기 영국의 리버플조선소에서 건조된 영국선박이였다. 이 선박이 건조되여 리버플 항구를 출항할 당시까지는 그 어떤 무장장비도 갖추어져 있지 않은 상태였다. 그런데 아조레스 무리 섬에 당도한 이 선박은 영국으로부터 무기, 탄약, 승원들을 공급받은 후 군사작전에 참가하여 미국의 북군선박에 공격을 단행하였다. 이 과정에 ≪아라바마≫호는 미국의 북군이 이끄는 선박 70여 척을 격상, 격침시킴으로써 북군에 막대한 손해를 주었다. 미국에서의 남북전쟁이 끝난 후 영국선박의 이러한 공격행위가 중립국의 지위에 있는 영국이 자기의 의무를 위반한 행위로서 상정되여 영국과 미국 사이에 분쟁이 일어나게 되였다.[88] 1871년 5월 3일 영국과 미국은 ≪아라바마≫호의 행위와 관련한 분쟁사건을 해결하기 위하여 호상 간 워싱톤조약을 체결하였다. 이 조약에서 쌍방은 해당 분쟁사건을 중재재판에 제기하기로 약속하였으며 중재재판에서 적용할 수 있는 재판규칙(일명 ≪워싱톤 규칙≫이라고도 부름)을 제정하였다. 조약에 기초하여 영국, 미국, 스위스, 이딸리아, 브라질에서 선정된 5명을 재판관으로 하는 중재재판소가 설치되였다. 중재재판소는 약 1년간 사건을 심리한 후 1872년 9월 14일 다음과 같은 판결을 내리었다. 그 내용은 영국이 미국의 남북전쟁에서 중립국으로서의 자기의 의무를 위반하고 미국 북군선박에 공격을 가하여 막대한 손해를 입혔다는 것을 인정하고 미국에 해당한 손해배상금을 지불하여야 한다는 것이였다. 이 사건의 취급과 관련한 재판소의 구성과 사건심리수속과 그 판결 등은 국제재판의 발전에서 중요한 경험으로, 계기 점으로 되였으며 이 사건을 계기로 ≪해전에서의 중립국의 의무와 권리에 관한 조약≫을 작성 체결할 수 있는 기초가 마련되게 되였다. 그 후 국제적으로 19세기 중반기에만도 약 200 여 건의 분쟁사건들이 국제재판을 통하여 처리 해결되였다.

국제재판은 일정한 단계와 형식을 거쳐서 점차적으로 발전하였다. 국제재 판의 초기단계에서는 사법적인 재판에 비해 중재재판이 기본 위주로 되여 있 었다. 중재재판이 위주로 되여 있은 것은 우선 이때까지 미리 설치된 상설적 인 국제재판소가 없었기 때문이다. 따라서 국가들은 분쟁이 발생하였을 때마 다 분쟁당사국들 사이의 합의에 의하여 재판기관을 림시로 설치하고 중재재 판의 형식으로 분쟁을 처리하곤 하였다. 중재재판이 위주로 되여 있은 것은 또한 분쟁을 재판에 제기하여야 한다는 의무성이 그때까지는 인정되여 있지 않았기 때문이다. 따라서 분쟁이 발생하였을 때마다 분쟁당사국들은 분쟁을 재판에 제기하여 해결한다는 것을 합의하고 동의한 조건에서만 재판소를 구 성하고 재판을 진행하곤 하였다.

중재재판은 반드시 분쟁당사국들 사이의 합의와 동의를 전제조건으로 한다 는 데 그 제한성이 있었다. 중재재판에서는 분쟁당사국들이 해당 분쟁을 재판 에 제기할 것을 호상 합의하였다고 하더라도 누구를 재판관으로 할 것인가에 대하여 합의가 이루어지지 못하면 재판을 진행할 수 없게 되여 있었다. 그리 고 제기된 분쟁이 객관적으로 볼 때 중재재판에 제기하여 해결할 수 있는 성 격의 분쟁이라고 할지라도 분쟁당사국 쌍방 사이에 동의가 없으면 중재재판 에 의한 분쟁해결을 기대할 수도 없게 되여 있었다. 이것으로 하여 초기 중재 재판은 원만히 진행될 수 없었다.

국제재판은 다음단계에서 상설적인 재판기관에 의한 의무적인 재판으로 발 전하였다. 상설적인 재판기관에 의한 의무적인 재판은 앞에서 지적한 임의적 인 중재재판의 제한성을 극복하기 위하여 취해진 조치이다. 우선 국가들은 상 설적인 국제재판기관을 설치할 데 대한 조약을 체결하고 재판기관을 설치한 다음 분쟁당사국들이 제기된 분쟁을 재판기관에 제기하여 해결하도록 한다.

또한 국가들은 조약을 체결하여 발생되는 분쟁을 국제재판소에 제기하여 해결할 것을 의무적인 것으로 약속하고 일단 분쟁이 발생하면 분쟁당사국들 호상 간 사전합의가 없어도 그것을 국제재판소에 상정할 수 있게 하였다. 이와 같이 국제재판은 재판기관에 의한 사법적 해결형식으로 발전하였다.

[89]국제재판은 일정한 형식으로 발전하여 왔다. 국제재판은 먼저 임의적인 재판형식으로부터 의무적인 재판형식으로 발전하였다. 의무적인 재판에서는 다음과 같은 방법을 도입하였다. 하나는 국가들 호상 간의 통상조약이나 범죄인 인도조약, 평화조약과 같은 국제조약을 체결하고 그 조약 가운데서 재판조항을 규제하고 조약의 해석과 적용에서 발생한 분쟁(특별재판조항이라고 함)과 일반적으로 발생한 분쟁(일반재판조항이라고 함)을 재판에 제기한다는 것을 미리 약속하는 방식이다. 실례로 1822년 꼴롬비아와 뻬루, 꼴롬비아와 칠레 사이에 각각 체결한 조약을 비롯하여 1913년까지 145여 개나 되는 국가들 호상 간 조약에 재판조항들을 규제하고 분쟁사건들을 재판에 제기한다는 것을 의무화하였다.

다른 하나는 여러 국가들이 국제재판을 위한 독자적인 조약(재판조약)을 체결하고 거기에서 발생한 임의의 분쟁들에 대하여 국제재판에 제기할 것을 미리 약속하는 방식이다. 국제재판조약에는 재판소의 구성방식, 분쟁을 재판소에 제기하기 위한 수속방법 등 재판과 관계되는 여러 가지 내용들이 상세하게 규제되여 있다. 실례로 19세기 후반기에 아메리카대륙의 여러 나라들 사이에 체결된 재판조약 그리고 유럽의 영국, 프랑스를 비롯한 26개 나라들 사이에 체결된 재판조약들에서 발생한 임의의 분쟁들을 국제재판에 제기한다는 것을 국가들이 미리 약속하고 재판하도록 하였다. 이와 같은 재판조약의 수는 1913년까지 무려 132개나 있었다.

그런데 이상의 재판조약에서는 분쟁을 국제재판에 제기한다는 것을 의무화하기는 하였으나 제기할 수 있는 분쟁의 범위에 대하여서는 일정하게 한정시켜 놓았다. 특히 국가의 중대 리익, 독립과 명예, 제3국의 리익과 관계되는 분쟁들은 당사국들의 주관적인 의사에 의하여 보류할 수 있게 되여 있었다. 따라서 분쟁당사국들은 이러한 내용을 구실로 재판을 회피할 수 있는 가능성이 얼마든지 있었다. 이러한 현상을 극복하기 위하여 여러 국가들은 제1차 세계 대전 후 여러 조치들을 취하였다. 그 조치로서는 우선 여러 재판조약들에서 보류할 수 있는 분쟁의 범위를 규제해놓고 분쟁당사국들이 주관적 의사를 내세우지 못하게 한 것이다. 재판조약들에서는 ≪재판조약체결 전의 사실에 의하여 발생한 분쟁≫, ≪령토문제와 관련한 분쟁≫, ≪국제법에 의하여 배타적인 권한으로 위임된 문제와 관련한 분쟁≫ 등의 내용과 관련한 분쟁들에 대해서만 보류할 수 있다고 규정하였다. 재판조약들에서는 재판소의 분쟁관할과 관련하여 분쟁당사국들 사이에 분쟁이 발생한 경우 그것을 재판을 통하여 결정한다고 규제해놓음으로써 될수록 분쟁관할에서 당사국들의 주관적인 주장을 내세우지 못하도록 하였다.

그 조치로서는 또한 1928년 ≪국제분쟁의 평화적 해결 일반의정서≫, 1929년 아메리카 여러 나라들 사이에 체결된 중재재판소 일반조약 등 재판조정조약을 체결하고 거기에 국가들의 재판의무를 규정하여 놓은 것이다.

그 조치는 또한 국제사법재판소규정에 선택조항을 설정해놓고 그 조항에 대하여 승인 선언을 한 나라에 재판의무가 지워지게 한 것이다. 국제사법재판소 규정 제36조 2항에는 조약의 해석과 관련하여 발생한 분쟁, 국제법상의 문제로 하여 발생한 분쟁, 국제의무의 위반으로 되는 사실의 존재와 관련하여 발생한 분쟁, 국제의무의 위반과 관련한 배상의 성질 또는 범위와 관련하여 발생한 분쟁들을 선택조항으로 규정하였다. 그리고 이 선택조항과 관련하여 발생한 분쟁들이 재판소의 관할권에 들어간다는 것을 사전에 승인 선언한 당사국들은 호상 다른 합의가 없어도 어느 일방의 요구에 의하여 해당 분쟁을 재판소가 관할할 수 있다고 규정하였다.[90]

국제재판은 또한 개별 중재재판의 형식을 그대로 유지하면서 한편 상설적인 국제재판소를 설치하고 거기에서 분쟁을 처리하는 사법적 재판형식으로 발전하여 왔다. 제1차 세계대전 후 상설국제사법재판소가 설치되기 전까지는 국가들 호상 간에 발생한 분쟁을 재판처리하기 위한 국제적 상설재판기구가 따로 없었다. 물론 1899년 로씨야 황제의 발기에 의하여 헤그에서 열린 제1차 세계평화회의에서 국제분쟁 평화적 처리에 관한 조약이 체결되고 그에 따라 상설중재재판소가 설치되기는 하였으나 그것은 고유한 의미에서의 상설재판소는 아니었다. 이 재판소는 중재재판을 조직 지휘할 수 있는 상설평의회가 설치되여 사업하였을 뿐이며 재판관은 따로 없고 각 체약국이 4명씩 지정한 중재재판관명부만을 가지고 있었다. 만약 분쟁당사국들이 발생한 분쟁을 재판소의 심리에 제기하려고 할 때에는 이 재판관 명부 가운데서 적합한 재판관을 선거하여 림시중재재판부를 구성하고 재판하게 되여 있었다. 이와 같이 분쟁당사국들의 합의에 의하여 재판관을 선정하여 림시재판부를 구성하고 재판할 수 있다는 점에서는 개별 중재재판소와 별로 차이가 없었다.

20세기에 들어서면서부터 고유한 의미에서의 국제적인 상설재판소가 설치되기 시작하였다. 1908년 중앙아메리카 여러 나라들에만 한정되여 설치된 중앙아메리카사법재판소가 있었으나 1918년에 페지되였다. 그 후 국제적인 상설재판소로서 등장한 것이 국제련맹과 함께 설치된 상설국제사법재판소(Permanent Court of International Justice)였다. 이 재판소의 재판관은 나라별 재판관 명부에서 지명된 법관들 가운데서 국제련맹 총회와 련맹 리사회의 선거를 통하여 당선된(임기는 9년) 법관들로써 구성되며 그들은 본부에 상시 주재하고 있다. 재판소는 조건에 따라 재판관의 전부 또는 일부로써 재판부를 설치하고 제기된 분쟁사건을 심리 처리하게 된다. 이 재판소는 제2차 세계대전의 종결과 함께 해산되였다. 제2차 세계대전 후 유엔의 주요한 기관으로서 국제사법재판소(International Court of Justice)가 국제적인 상설재판소로서 설치되여 지금까지 자기 사업을 진행하고 있다. 이 재판소의 구성(나라별 재판관 명부 가운데서 지명된 성원으로서 유엔 총회 및 안전보장리사회의 선거에서 당선된 15명의 재판관으로 구성)과 수속절차규칙 등은 상설국제사법재판소의 형식을 거의 그대로 모방하고 있다. 이 외에도 유럽동맹재판소를 비롯한 주요 지역적인 상설국제재판소들이 설치되여 자기 활동을 진행하고 있다.

이상과 같이 국제재판은 일정한 단계와 재판형식을 비롯하여 여러 측면에서 점차적으로 발전하였다. 그리고 국제재판이 국제분쟁의 평화적 해결 특히 법률적인 분쟁해결에서 어느 정도 효과적이라는 것이 인정되게 되였다. 그러나 지금까지 국제재판은 분쟁당사국들의 동의를 전제로 하고 있기 때문에 많은 제한성을 가지고 있다. 그리고 오늘 많은 국가들이 의무적인 재판형식을 인정하지 않고 있으며 국제사법재판소규정 제36조 2항의 선택조항에 대한 재판소의 의무적 관할을 승인 선언한 나라도 얼마 되지 않는다. 따라서 현 시기 국제재판이 실용화되지 못한 상태에 있는 것이다. 오늘까지 국제적으로 의무적 재판이 일반화되지 못하고 있는 것은 법률적 분쟁이라고 할지라도 여기에 정치적 및 경제적 요인이 수많이 작용하고 있기 때문에 분쟁당사국들은 분쟁을 국제재판에 제기하는 데 대하여 주저하고 있다는 데 있다.[91] 그리고 국제사법재판소를 구성하고 있는 재판관들의 대다수가 서유럽나라 출신들이거나 서유럽식 법의식을 가지고 있는 조건에서 재판이 공정하게 진행되지 못하는 측면들이 많이 나타나고 국제재판에서 적용되고 있는 준거법 가운데는 서유럽나라들의 립장을 반영하여 제정된 것들이 많은 것으로 하여 법의 견해들도 서로 차이나고 있기 때문이다. 이러한 문제점들은 오늘 국제사회와 국제법에서 해결하여야 할 주요과제의 하나로 제기되고 있다.

제11장 무력충돌법 및 군축

33. 전쟁의 금지 및 방지와 관련한
국제법적 제도와 그 제한성[53]

한영서

[136]21세기에 들어선 오늘까지도 세계 여러 지역에서 국제적 분쟁은 그칠 새 없이 일어나고 있으며 그것이 그대로 전쟁으로 번지는 현상이 없어지지 않고 있다.

위대한 수령 김일성동지께서는 다음과 같이 교시하시였다. ≪새로운 세계전쟁, 열핵전쟁을 막고 평화와 안전을 수호하는 것은 시대의 엄숙한 요구이며 인류의 한결같은 지향입니다.≫(≪김일성저작집≫제40권, 132페지)

전쟁과 평화에 관한 문제는 현 시기 인류의 운명과 관련되는 중요한 문제로서 전쟁을 막고 평화와 안전을 수호하는 것은 세계평화애호인민들의 한결같은 지향이며 시대의 엄숙한 요구이다. 세계평화와 안전을 수호하고 보장하기 위해서는 반드시 무력을 행사하는 것을 금지 또는 방지하고 억제하는 국제법적 제도를 수립하는 것이 필요하다. 다시 말하여 무력행사의 중요한 구실로 되고 있는 국제분쟁을 평화적으로 해결하는 데 필요한 효과적인 국제적 안전보장조치를 취하는 것이 현실적 요구로 제기된다.

안전보장이란 한마디로 국가의 안전이 다른 국가의 무력에 의한 위협을 받지 않도록 한다는 것이다. 안전보장문제가 국제사회에서 전면적으로 제기되기 시작한 것은 제1차 세계대전 후부터였다. 안전보장조치가 충분히 세워지자

---

53) 출처: 김일성종합대학출판사, 『김일성종합대학학보: 력사법학』, 제55권 제1호(2009), 136~142쪽.

면 먼저 국제분쟁해결을 위한 무력행사 혹은 침략을 위한 무력행사를 위법으로 규정하고 그것을 금지하는 국제법적 제도를 수립 및 정비하여야 하며 그에 기초하여 무력행사가 감행되고 확대되는 것을 방지 또는 억제하기 위한 국제법적 제도를 완성하여야 한다. 원래 제1차 세계대전 전부터 전쟁수단으로 국제분쟁을 해결하는 것을 제한하려는 시도들이 있었으나 그것이 실현되지 못하였다. 제1차 세계대전 후 국제련맹이 창설된 때로부터 전쟁의 금지 및 방지 문제는 국제법상 중요한 문제로 상정되어 취급되기 시작하였다.

전쟁의 금지 및 방지와 관련한 국제법적 제도는 무엇보다도 국제련맹규약이다. 국제련맹규약 제12조 1항에 의하면 련맹성원국들은 만약 성원국들 사이에 ≪국교단절에 이를 우려가 있는≫ 분쟁이 발생하였을 경우 이 분쟁을 국제중재재판에 제기하거나 사법적 기관에 의하여 해결하며 또 련맹리사회의 심사에 제기하여야 한다고 규정하였다. 그리고 련맹성원국들은 어떤 일이 있더라도 국제중재의 재결 또는 상설국제사법재판소의 판결, 련맹리사회의 보고가 있은 후 3개월 이내에 전쟁을 일으킬 수 없다고 규정하였다. 국제련맹규약 제12조 1항의 하단에서 보는 바와 같이 상설국제사법재판소의 판결이나 련맹리사회의 보고가 있은 후 3개월이 경과할 때까지 분쟁당사국들은 어떤 경우에도 전쟁을 일으켜서는 안 되게 되어 있다. 국제련맹규약 제13조 4항에서는 련맹성원국들이 재판소의 ≪재결 또는 판결을 준수하고 있는≫ 분쟁당사국을 상대로 전쟁을 일으켜서는 안 된다고 규정하였다. 이 조항은 국제재판소의 재결 또는 판결을 성의 있게 접수하고 집행하는 분쟁당사국을 상대로 하여 전쟁을 일으키지 말아야 한다는 것을 규제한 것이다. 국제련맹규약 제15조 6항에서는 련맹리사회의 보고서를 분쟁의 일방 또는 그 일부의 대표를 제외하고 련맹리사회의 리사들이 일치되게 찬성하면 련맹성원국들은 리사회 보고서의 건설적 의견에 따르는 일방을 상대로 전쟁을 선포해서는 안 된다는 것을 약속한다고 규정하고 있다.[137]

이상과 같이 국제련맹규약의 여러 조항들에서는 일정한 조건과 형식으로 국제분쟁해결에서 전쟁수단과 방법을 적용하는 것을 금지하고 있었다. 그러나 국제련맹규약에서 분쟁해결을 위한 전쟁수단과 방법의 적용금지에 대하여 규제했지만 그것은 단순히 수속상 문제에 국한되는 등 매우 불철저한 것이였다. 다시 말하여 국제련맹규약은 국제분쟁을 평화적으로 해결하기 위한 수단과 방법만을 규제하고 전쟁을 일으키는 그 자체에 대하여 일반적으로 금지하지 못하였다는 데 문제점이 있다. 그것을 구체적으로 분석하여 보면 다음과 같다.

우선 국제련맹규약 제12조 1항에서 련맹리사회의 권고가 있은 후 3개월 이내에는 전쟁을 일으키지 못하도록 규제하였기 때문에 그 기간이 경과한 후 분쟁해결을 위하여 전쟁을 일으키는 것은 크게 위법으로 되지 않는다고 해석될 수 있다. 따라서 련맹리사회의 권고가 제기된 후 3개월 지나서 분쟁당사국들이 전쟁을 일으켜도 그것은 위법으로 되지 않는다. 또한 국제련맹규약 제13조 4항에서 상설국제사법재판소가 내린 판결 또는 재결에 따른 국가에만 전쟁을 일으켜서는 안 된다고 하였기 때문에 거기에 따르지 않는 국가를 상대로 전쟁을 일으키는 것은 위법으로 되지 않는다. 또한 국제련맹규약 제15조 6항에서 리사회의 권고결의가 분쟁당사국을 제외한 다른 전체 리사국의 동의를 얻어야 한다고 규정하였기 때문에 만약 과반수의 동의만을 얻었을 때 전쟁을 일으키는 것은 국제법에 위반되지 않는다고 주장할 수 있는 근거를 주게 되여 있다. 이상과 같이 국제련맹규약은 전쟁의 금지 및 방지와 관련하여 구체적으로 규제하지 못하였으며 오히려 여러 조항들에서 국제분쟁을 전쟁을 통하여 해결하는 것이 합법적인 것이라고 주장할 수 있는 법적 근거를 주고 있다는 데 그 제한성이 있다.

전쟁의 금지 및 방지와 관련한 국제법적 제도는 다음으로 부전조약 즉, ≪전쟁의 포기에 관한 조약≫(General Treaty for Renunciation of war as an Instrument of National policy)이다. 이 조약은 1928년 8월 27일 당시 프랑스 외무상 부리앙과 미 국무장관 케록크가 제안하고 프랑스 빠리에서 체결되였으며 1929년 7월 24일부터 효력을 발생하였다. 이 조약(일명 이 조약을 빠리조약 혹은 부리앙-케록크조약이라고 부름)의 체약국은 미국, 프랑스, 영국, 도이췰란드, 이딸리아, 일본 등 제국주의나라들을 포함한 15개국 나라이며 제2차 세계대전 전까지 이 조약에 63개 나라가 가입하였다. 조약은 서문과 본문 두 개 조 그리고 마감조문으로 구성되어 있다. 이 조약은 오늘까지도 국제법적으로 타당한 현행법으로 인정되고 있다. 조약의 제1조에서는 체약국이 국제분쟁해결을 위하여 전쟁을 제기하는 것을 배제하며 또한 그 호상관계에서 국가정책의 수단으로서의 전쟁을 포기하는 것을 그 각자 인민의 이름으로 엄숙히 선포한다고 규정하였으며 제2조에서는 체약국이 ≪그 성격 또는 원인 여하를 불문하고≫ 호상 간에 발생하는 모든 분쟁 또는 의견 상이를 ≪평화적 수단 외의 다른 방법으로 해결할 것을 요구할 수 없다는 것을 약속한다.≫라고 규정하였다.

부전조약은 국가정책의 실현수단으로서의 전쟁을 금지한다고 규정함으로써 전쟁에 대한 전면적인 금지를 선언하였다는 데 그 중요성과 의의가 있다.[138] 그러나 부전조약의 일련의 조항들을 따져보면 일부 전쟁에 대해서는 허용하고 있는 것이다. 조약에서는 우선 분쟁을 평화적으로 해결할 데 대해서만 규제하고 그 실행 절차와 방법에 대하여 구체적으로 규제하지 않았으며 특히 침략국가에 대한 제재조치에 대하여 규제하지 않았다. 따라서 조약은 현실적 의의가 없다. ≪국가정책의 수단으로서의 전쟁≫을 금지하고 국제분쟁의 평화적 해결에 대하여 규제할 뿐만 아니라 그것을 어떻게 집행하겠는가 하는 구체적인 절차와 방법을 규제해야 그것이 조약으로서의 현실적 의의를 가진다. 그런데 부전조약은 그에 대한 조문들을 규제하지 않았다.

조약에서는 또한 전쟁을 금지한다고 규정하였으나 모든 무력행사를 위법적인 것으로 규제하지 않았을 뿐만 아니라 심지어 일정한 경우 무력행사를 합법적인 것으로 인정할 수 있게 하였다. 조약에서는 국제적인 안전보장조치로서의 무력행사는 위법으로 보지 않았다. 국제적인 안전보장조치로서의 무력행사는 부전조약에서 언급한 ≪국가정책의 수단으로서≫의 전쟁에 해당되지 않는다. 국제련맹규약 제16조에 의한 제재조치로서의 군사적 행동이나 로카루노조약에서 규정된 안전보장의무에 기초한 무력행사 등 어느 한 나라의 국가정책수단으로서의 전쟁 이외의 모든 무력행사는 부전조약의 규정에 해당되지 않는 것으로 여러 나라들이 주장할 수 있게 되여 있다. 이것은 제국주의자들이 제놈들의 추종 국가들을 동원하여 집단적으로 다른 나라에 대한 무력행사를 감행하면서 이것을 소위 안전보장조치로서의 무력행사로 둔갑시켜 ≪합법화≫하는 공간으로 리용하자는 음흉한 속심에서 출발된 것이다.

조약에서는 또한 전쟁을 통하여 국가의 리익을 높이려고 한 나라의 무력행사를 위법으로 보지 않았다. 부전조약 서문에서는 전쟁을 통하여 국가의 리익을 높이려고 하는 서명국은 본 조약이 추구하는 리익을 거부하는 것으로 된다고 규정하였다. 이 규정을 해석하면 자기 국가의 리익을 위하여 전쟁을 한 체약국은 이 조약의 구속을 받지 않게 되여 있다. 이것은 사실상 제국주의자들이 제놈들의 소위 ≪국가의 리익≫을 운운하면서 다른 나라에 대한 무력행사를 감행하는 것을 ≪합법화≫하기 위한 것이였다.

결국 부전조약은 평화유지의 견지에서 볼 때 다음과 같은 약점과 제한성을 가지고 있다. 첫째로, 부전조약은 전쟁의 금지에 대해서는 규제하였으나 전쟁금지의 전제로 되는 분쟁의 평화적 해결 의무에 대하여 전혀 규정하지 않았다는 데 그 제한성이 있다. 국제분쟁해결에서 무력사용을 금지하도록 하자면 마땅히 모든 국가들이 분쟁의 평화적 해결 의무를 정확히 지키도록 법적으로 의무화하고 그에 대한 구체적인 수속규정을 규제해놓아야 한다. 그러나 부전조약에서는 이 문제에 대하여 전혀 언급도 하지 않았다. 둘째로, 부전조약은 해당 조약을 위반한 국가에 대한 어떠한 제재에 대해서도 규제하지 않았다는 데 그 제한성이 있다. 부전조약에는 전쟁일반의 금지에 대하여 규제한 데 그치고 이러저러한 구실을 붙여 전쟁을 일으킨 나라에 대하여 국제적으로 어떤 제재를 가한다는 것을 규제해놓지 않았으므로 조약으로서의 법적 효력 특히 그 구속성이 전혀 없었다. 셋째로, 제국주의 특히 미제국주의자들이 여러 가지 구실을 대고 전쟁을 일으키는 것을 위법으로 보지 않았다는데 그 제한성과 약점이 있다.[139] 부전조약에서는 제국주의자들이 ≪안전보장조치≫, ≪국가의 리익≫, ≪자위권의 행사≫ 등의 구실로 전쟁을 일으키는 것을 합법적인 것으로 주장할 수 있는 조건과 공간을 지어주고 있다.

전쟁의 금지 및 방지와 관련한 국제법적 제도는 다음으로 유엔헌장이다. 유엔헌장에서는 전쟁의 금지 및 방지와 관련한 국제법적 제도를 어느 정도 구체화하여 규정하였다. 유엔헌장 제2조 3항에서는 ≪모든 성원국은 국제분쟁을 평화적 수단에 의하여 세계평화 및 안전, 정의를 위협하지 않도록 해결하여야 한다.≫라고 규정하고 4항에서는 ≪모든 성원국들은 국제관계에서 어떤 나라의 령역불가침이나 정치적 독립을 반대하며 또는 유엔의 목적과 량립될 수 없는 기타 어떠한 방법에 의거하여 힘으로 위협하거나 또는 힘(무력)을 행사하는 것을 삼가하여야 한다.≫라고 규정하였다.

유엔헌장에서는 국제련맹규약이나 부전조약에서 표현하고 있던 ≪전쟁≫이라는 단어를 ≪무력에 의한 위협 또는 무력행사≫(threat or use of force)라는 단어로 바꾸어 쓰고 있다. 이와 같이 표현을 바꾼 것은 국제련맹규약이나 부전조약에서 쓴≪전쟁≫이라는 단어를 학술적으로 전쟁만을 금지하는 것으로 해석할 수 있는 편향을 피하기 위해서였으며 ≪무력행사≫뿐만 아니라 ≪무력에 의한 위협≫도 금지함으로써 전쟁금지의 범위를 보다 확대하기 위해서였다고 말할 수 있다. 유엔헌장 제12조에서 ≪무력행사≫, ≪무력에 의한 위협≫을 금지한다고 규정하였으나 그 후 헌장의 여러 조항들에서는 무력이 행사되는 것을 합법적인 것으로 규제하였다는 데 그 제한성이 있다.

유엔헌장 제7장에서는 평화에 대한 위협이나 평화의 파괴에 대하여 유엔이 무력에 의한 강제조치를 발동하고 거기에 참가하는 국가들의 무력행사를 인정하였으며 헌장 제51조에서는 개별적 또는 집단적 자위권에 기초하여 무력이 행사되는 것을, 제53조에서 지역적 결정 또는 지역적 기구에 의하여 강제조치를 취하는 형식의 무력이 행사되는 것을 인정하였다.

유엔헌장에서 전쟁의 금지 및 방지와 관련하여 제기되는 문제는 우선 유엔헌장 제51조와 제53조에 기초하여 취하는 무력행사를 합법화한 것이다. 유엔헌장 제51조에서는 성원국에 대한 ≪무장공격이 발생하였을 때≫ 개별적 자위권(right of individual self-defence)과 집단적 자위권(right of collective self-defence) 행사의 권리를 인정하고 있다. 여기에서 말하는 자위권이란 외부의 비법적인 침략(무장공격)으로부터 자기 나라와 민족의 리익과 안전을 지키기 위하여 필요한 모든 조치를 취하여 그것을 배격할 권리이다. 자위권은 국가의 기본권리이며 합법적인 권리이다.

자위권은 필요한도를 넘지 않는 한 국제법상 합법적인 권리이며 국가가 자체로 행사할 수 있는 기본권리이다. 집단적 자위권은 자기 나라가 직접 침략을 받지 않았다고 하더라도 자기 나라와 련대관계에 있는 다른 나라가 침략을 받는 경우 그것을 자기 나라에 대한 공격으로 인정하고 집단적 반격을 가하는 권리이다. 그런데 여기에서 문제로 되는 것은 어떤 조건에서 자위권을 발동하는 것이 합법적인 것으로 되는가 하는 것이다. 유엔헌장 제51조에서는 ≪유엔 성원국에 대한 무장공격이 발생한 경우≫를 자위권의 발동조건으로 규정하였다. 이 규정에 대하여 세계 여러 나라들이 서로 다르게 해석하고 있는데 그중에서 가장 우세한 것은 ≪무장공격이 발생한 경우≫를 현실적인 무력침략만이 아니라 그 위협이 존재하고 있는 경우까지 연장하여 놓고 ≪선제적인 자위≫의 형식으로 자위권을 발동하는 것은 배제할 수 없다는 것이다.[140] 그것은 지금까지 국제관습법상 현실적으로 침략행위가 감행된 경우만이 아니라 침략의 위협이 박두하고 있는 경우에도 자위권을 행사하는 것이 가능한 것으로 되여 있다는 것을 그 근거로 들었다. 사실상 국제법 실천에서 볼 때에도 ≪무장공격이 발생한 경우≫만이 아니라 무장공격위협이 박두한 경우를 리유로 하여 자위권을 행사한 실례들이 있다. 그러므로 유엔헌장에서 규정한 ≪무장공격이 발생한 경우≫란 공격을 단행하기 위한 행동이 개시된 경우까지 포함하는 것이라고 해석하는 것이 옳은 것이다.

자위권의 행사가 합법적인 것으로 되려면 그것이 그 어떤 다른 조치를 취하여 효과를 보지 못한 상태의 긴급하고 부득이한 경우여야 하며 자위권행사가 무장공격을 제거하는 데 필요한 한도를 벗어나지 말고 무장공격과 자위권행사의 균형이 맞아야 한다. 따라서 무장공격이 극히 가벼운 것임에도 불구하고 대규모적인 군사행동을 감행하는 것은 균형을 잃은 과도방위로서 위법으로 될 것이다. 이와 같이 자위권행사는 필요한 정도로 한정되여 있으나 실천에서는 그 한도를 넘어서 람용될 위험이 매우 크며 이것을 해결하는 것은 매우 어려운 문제이다. 유엔헌장에서는 이 문제를 풀기 위하여 제51조에서 자위권의 행사는 ≪안전보장리사회가 세계평화와 안전을 유지하기 위하여 필요한 조치를 취할 때까지≫로 그 기간을 한정시켜 규정하였다. 이 규정은 안전보장리사회가 침략을 감행한 나라에 대한 강제조치의 실시를 결정하고 그것이 집행되는 경우에는 자위권을 행사한 나라도 마땅히 그것을 정지해야 한다는 것으로 해석된다. 유엔헌장 제51조에서 규정한 안전보장리사회가 ≪필요한 조치를 취할 때까지≫라는 문구를 해석하면 유엔이 필요한 조치를 취할 때까지 침략을 받은 나라가 행사는 자위권은 합법적인 것으로 보아야 한다는 결론에 떨어지게 된다. 따라서 유엔헌장 제51조의 내용에는 다음과 같은 문제점이 있다.

그것은 첫째로, 만약 상임리사국의 거부권에 의하여 안전보장리사회의 평화유지기능이 마비된다면 리사회가 ≪필요한 조치≫를 취할 수 없게 될 것이다. 이렇게 되면 결국 안전보장리사회는 각 당사국들이 자위권으로서의 요건을 갖추고 있는가 없는가를 심사할 수 없으며 그들의 자위권행사를 중지시킬 수도 없게 된다.

그것은 둘째로, 안전보장리사회가 심사를 진행한다고 하더라도 일반국제법상 자위권행사의 요건을 둘러싸고 복잡한 문제들이 제기되고 있는 것이다. 국제법상 자위권의 발동요건에는 여러 가지가 있는데 그중에서도 ≪위협이 박두하였을 때≫의 자위권의 발동요건에 대한 문제가 첨예하게 제기되고 있다. 다른 나라로부터 침략을 받을 위협이 존재한다고 판단한 데 기초하여 자위권을 행사할 수 있는 요건이 구비되었다고 한다면 결국 위협을 느낀 나라가 자위권의 이름으로 위협을 준 나라를 공격하는 것이 허용되는 것으로 된다. 이렇게 되면 침략국과 자위권 행사국을 외관상으로는 식별하기 어렵게 된다. 이것은 오직 정치적 판단에 의해서만 가를 수 있는 문제이다.

유엔헌장에서 자위권의 행사요건을 ≪무장공격이 발생한 경우≫로 한정시켜 놓은 것은 침략국과 자위국의 식별을 어느 정도 명확하게 하기 위해서였다고 볼 수 있다.[141] 그러나 이것도 현 시기 핵무기의 출현으로 하여 새로운 도전에 직면하게 되었다. 무력침략을 받은 때로부터 자위권을 행사한다고 하더라도 일반적으로 자위권을 행사한 나라의 국방력이 침략국의 군사력보다 훨씬 강대한 경우에만 자위권의 행사가 효과적인 것으로 될 것이다. 특히 핵미싸일에 의하여 침략이 감행된 경우 헌장의 규정에 따른다면 자위권을 행사하기도 전에 침략을 받은 나라는 괴멸의 처지에 놓일 수 있다. 이러한 문제에 대하여 일부 나라들에서는 ≪공격의 발생≫과≪손해의 발생≫을 구분하고 ≪자기 나라에로의 핵미싸일이 발사된 것을 확인한 경우 이미 공격이 있었다고 판정하고 그것이 자기 나라에 도달하여 폭발하기 전에 자위행동을 취할 수 있다.≫라고 주장하고 있다.

이상과 같이 현 시기 유엔헌장 제51조에서 규정한 ≪무장공격이 발생한 경우≫에만 자위권을 적용할 수 있다는 문구를 해석하는 데서는 여러 가지 난점들이 제기되고 있다. 오늘 국제법적으로 전쟁이 전면적으로 금지되고 있는 이상 자위권의 행사라는 명목으로 ≪전쟁≫이 진행되는 것도 금지되여야 할 것이다.

유엔헌장에서 전쟁의 금지 및 방지와 관련하여 제기되는 문제는 또한 유엔헌장 제51조와 제53조 1항의 호상관계에 대한 것이다. 유엔헌장 제51조와 제53조 1항을 대비하여 분석해볼 때 일정한 모순점이 있다. 원래 유엔헌장 제51조에서 언급한 ≪집단적 자위권≫은 미제국주의를 비롯한 제국주의련합세력의 요구를 반영하여 나온 것이다. 미제국주의자들은 전후 유엔을 ≪세계적인 정부≫ 기구로 만들려는 야망을 실현하기 위하여 제놈들의 요구를 반영한 제51조를 삽입하였다. 유엔헌장 제51조에서는 ≪본 헌장의 어떠한 규정도 집단적인 자위의 고유한 권리를 침해하지 않는다. 자위권을 행사하기 위하여 기구 성원국이 취한 조치는 지체 없이 안전보장리사회에 통보되여야 한다.≫라고 규정하였다. 이 규정에 의하면 안전보장리사회의 사전승인이 없이도 자위권을 행사하는 것을 합법적인 것으로 인정할 수 있게 되여 있다. 유엔헌장 제53조 1항에서는 ≪어떠한 강제적 행동도 안전보장리사회의 위임이 없이는 지역적 협정에 기초하여 또는 지역적 기구에 의하여 취하여질 수 없다.≫라고 규정하였다. 이 규정에 의하면 안전보장리사회의 승인이 없이는 어떠한 자위권도 행사할 수 없다는 것이다. 결국 미제국주의자들은 소위 자위권 행사로서의 다른 나라에 대한 제놈들의 무력침략이 안전보장리사회의 구속을 받는 데서 벗어나도록 하기 위하여 유엔헌장 제51조를 삽입하여 놓았다는 것을 보여주고 있다.

이상에서 보는 바와 같이 유엔헌장 자체도 전쟁의 금지 및 방지에 대하여 규제하였으나 오히려 여러 가지 명목으로 무력행사를 감행하는 것을 합법적인 것으로 인정한 조항들이 많다. 따라서 유엔헌장을 가지고서는 전쟁의 금지 및 방지를 확고히 담보할 수 없다는 것을 알 수 있다. 유엔헌장의 이러한 약점과 제한성은 전쟁을 생존방식으로 하는 미제국주의를 비롯한 제국주의세력들이 헌장초안을 작성하여 창립대회에서 일부의 문구수정으로 통과시켰기 때문에 초래된 것이다. 그리하여 유엔헌장의 일부 주요내용들에는 제국주의침략세력들의 요구가 많이 담겨지게 되었다.

오늘 미제국주의자들을 비롯한 제국주의 전쟁세력들은 유엔헌장의 여러 가지 모순과 약점을 악용하여 세계도처에서 무력으로 다른 나라를 위협하거나 전쟁을 일으키면서도 소위 ≪테로방지≫요 ≪안전보장≫이요 하면서 그것을 ≪합리화≫하고 있다.[142] 유엔에는 지구상의 거의 모든 나라들이 가입하고 있다. 따라서 헌장에서 규제된 무력행사의 금지 및 방지에 대한 제도는 광범한 국제사회의 승인을 받은 것으로 된다. 특히 미제를 비롯한 전쟁세력들도 다 유엔성원국인 것만큼 례외 없이 무력행사의 금지 및 방지의무를 지켜야 한다.

무력행사의 제한과 전쟁금지문제는 유엔헌장에서만이 아니라 제2차 세계대전 후 여러 국제회의나 국제조약들에서도 수십 차례나 확인되고 규제되였다. 따라서 그 어떤 경우에도 무력으로 다른 나라를 위협하거나 무력을 행사할 수 없다는 것은 이미 국제사회에서 일반적으로 승인된 국제법상의 원칙이다. 그러나 앞에서 고찰한 바와 같이 전쟁의 금지 및 방지와 관련한 국제법적 제도의 제한성을 악용하여 제국주의전쟁세력들은 세계 여러 지역에서 끊임없이 전쟁을 일으키고 있으며 그로 하여 인류는 어느 하루도 피를 흘리지 않는 날이 없다. 침략과 전쟁은 제국주의의 생존방식이며 본성이다. 따라서 제국주의가 있는 한 침략전쟁이 없어질 수 없다는 것은 자명한 일이다. 특히 오늘 침략과 전쟁의 주 되는 세력은 미제국주의이다. 21세기에 들어선 오늘 미제국주의자들은 이라크를 비롯한 세계 여러 지역에서 직접 전쟁을 일으키고 그것을 집행하고 있으며 조선반도를 비롯한 세계의 주요전략지대들에서 다른 나라에 대한 침략전쟁위협을 항시적으로 가하고 있다.

력사적 교훈은 국제법적으로 아무리 전쟁의 금지 및 방지에 대하여 제도화하여도 침략과 전쟁을 생존방식으로 하는 제국주의 특히 미제국주의가 있는 한 그것은 실현될 수 없다는 것을 보여주고 있다. 물론 전쟁의 금지와 방지에 대한 국제법적 제도를 보다 현실화, 구체화하는 것도 필요하다. 그러나 그와 함께 전쟁의 근원으로 되는 제국주의 특히 미제국주의자들이 있는 한 침략과 전쟁이 없어질 수 없다는 것을 똑똑히 알고 반제반미투쟁을 힘 있게 벌여 그 근원부터 없애버려야 할 것이다.

우리는 자기의 튼튼한 자위적 국방력을 가지지 않고서는 미제침략자들을 비롯한 전쟁세력들이 일으키는 전쟁을 막을 수 없으며 끊임없는 전쟁위협에서 벗어날 수도 없다는 것을 깊이 자각하고 인민대중 중심의 우리식 사회주의 제도를 튼튼히 보위하기 위하여 경애하는 장군님의 선군정치를 높이 받들어 나가야 한다.

34. 국제전쟁법에 대한 일반적 리해[54]

장경철

[43]위대한 령도자 김정일동지께서는 다음과 같이 지적하시였다. ≪전쟁은 계급이나 민족, 국가가 특별한 폭력수단에 의거하여 자기의 요구를 실현하기 위하여 진행하는 조직적인 무장투쟁입니다.≫

전쟁은 일정한 계급이나 민족, 국가의 요구를 실현하기 위한 투쟁이며 특별한 폭력수단에 의거하여 조직적으로 진행되는 무장투쟁이다. 국제전쟁법이란 전쟁이 개시된 때로부터 종결될 때까지 교전당사국 사이 또는 교전당사국과 중립국들 사이의 권리의무관계를 규제하는 국제법규범의 총체를 말한다.

국제전쟁법에 대한 리해에서 중요한 것은 첫째로 국제전쟁법의 적용 범위와 당사자문제를 옳바로 인식하는 것이다. 국제전쟁법을 국제적인 무장충돌이나 전쟁에만 국한되는 법으로, 국제전쟁법의 당사자들을 국가만으로 한정하여 리해한다면 개별적인 나라와 지역에서 각이한 정치세력과 무장집단들

---

54) 출처: 과학백과사전출판사, 『정치법률연구』, 2008년 제2호(누계 제22호), 43~44쪽.

사이에 벌어지는 무장충돌과 유엔을 비롯한 국제기구의 외피 속에 감행되는 제국주의자들의 침략행위에 효과적으로 대처할 수 없게 된다. 지난 시기에는 전쟁이 국제분쟁문제를 해결하기 위한 합법적 수단으로, 국제전쟁법은 순수 전쟁에만 적용되는 규범으로 인정되였다. 그러나 전쟁이 국제법적으로 금지 되여 있는 오늘의 국제사회에서 국제전쟁법을 전쟁 이외의 무장충돌과 국내 무장세력들 사이에 발생되는 내란의 경우에도 적용할 수 있도록 함으로써 내 란을 사촉하는 제국주의반동들의 책동을 저지시키는 데서 일정한 의의를 가 진다. 1949년의 제네바협약들에서는 인도주의적 전쟁법규는 전쟁은 물론 국 제적 성격을 띠지 않는 일체 무장충돌의 경우에도 다 적용된다는 것을 명문화 하여 규정하고 있다.

국제전쟁법의 당사자로는 우선 국가가 된다. 국가는 국제적 무력충돌의 직 접적 당사자이다. 제국주의국가들은 다른 나라와 민족을 지배하기 위하여 침 략전쟁을 도발하며 진보적인 나라와 인민들은 자주권을 고수하기 위하여 제 국주의침략에 무력으로 맞서 싸우게 된다. 이리하여 침략국가와 피침략국가 사이에 전쟁과 같은 국제적 무력충돌이 일어나고 그들은 국제전쟁법의 적용 을 받게 된다.

국제전쟁법의 당사자로는 또한 국가의 독립과 자주권을 확립하기 위하여 투쟁하는 인민과 민족, 그들을 대표하는 민족해방투쟁조직이 된다. 민족해방 투쟁조직은 민족해방전쟁에서 국제법의 당사자로 되며 따라서 국제전쟁법의 적용대상으로 된다. 전 민족적인 해방투쟁조직을 가지고 있지 못한 인민, 민 족인 경우에도 민족해방투쟁에서 국제전쟁법의 적용대상으로 된다. 그것은 국제전쟁법이 바로 사람들을 각종 형태의 무력충돌로 인한 참화와 불행, 고통 으로부터 구원하는 데 목적을 두고 있기 때문이다.

국제전쟁법의 당사자로는 또한 개별국가의 교전단체들이 된다. 교전단체가 국제법적으로 승인되면 중앙정부와 교전단체 사이의 전투행위는 전쟁으로 전 환되며 그들 사이에서는 국내법의 적용이 중지되고 국제전쟁법이 적용되게 된다. 교전단체를 국제전쟁법의 당사자로 인정하는 것은 전쟁법규의 준수자 와 위반자를 구분하고 해당한 책임을 추궁하며 내란에 의하여 초래되는 무모

한 희생과 파괴를 줄이는 데 일정하게 도움을 준다.

국제전쟁법의 당사자로는 또한 국제기구들이 된다. 유엔을 비롯한 일부 국제기구들은 ≪세계의 평화와 안전을 수호≫한다는 미명하에 일정한 지역에 자기의 무장력을 파견하여 무력행사를 진행하게 한다. 국제기구에 의하여 파견된 무장력이 전쟁이나 무력행사에 개입하는 경우 해당 국제기구는 전쟁피해자 보호에 관한 협약들과 그의 보충의정서 등 국제전쟁법을 준수하여야 할 국제법적 의무를 지닌다.

국제전쟁법의 당사자로는 또한 개인이 될 수 있다. 그것은 국제전쟁법을 위반하는 행위가 많은 경우 구체적인 사람에 의하여 감행되는 것과 관련된다. 국제법 실천에서는 전범자들을 비롯한 개별적 인물들을 국제전쟁법의 당사자로 보고 처벌하는 것을 인정하고 있다.

국제전쟁법에 대한 리해에서 중요한 것은 둘째로 국제전쟁법의 원천에 대한 과학적인 인식을 가지는 것이다. 국제전쟁법의 원천을 파악하는 것은 미제를 비롯한 제국주의자들의 무분별한 전쟁법위반행위들을 명확한 법적 근거를 가지고 규탄배격하고 전쟁으로 인한 재난과 고통으로부터 인류를 구원하는 데 도움을 주는 효과적인 법적 장치들을 보다 완비해나가도록 하는 데서 중요한 의의를 가진다.

국제전쟁법의 원천으로는 우선 국제조약이 있다. 국제조약에는 전쟁과정에 교전당사자들이 준수하여야 할 준칙과 무력충돌 시 인권보호규범 같은 것들이 포괄적으로 규정된다. 국제조약들은 체결당사국들과 가입국들이 조약에 규제된 항목들을 의무적으로 준수하며 그에 구속되는 것을 법화한 국제전쟁법의 기본원천이다. 1856년 력사상 첫 전쟁법규인 ≪해전에 관한 빠리선언≫이 채택된 데 이어 제네바에서 상병자대우개선에 관한 국제협약과 파렬성 및 방화성 총탄의 사용을 금지할 데 대한 뻬쩨르부르그선언이 채택되였으며 1899년과 1907년에 열린 만국평화회의에서는 국제적 충돌의 평화적 해결에 관한 협약을 비롯한 수십 개의 협약들이 채택되였다.[44] 제1차 세계대전을 계기로 파괴력과 살상력이 강한 전투기술기재들과 화학무기, 세균무기가 전쟁에 전면적으로 사용되는 것과 관련하여 국제무대에서는 이러한 전투수단들의 사용을 제한하기 위하여 여러 국제조약들이 채택되였다. 제2차 세계대전 후 1949년부터 1990년대 말까지의 기간에 전쟁피해자보호에 관한 4개의 협약, 전시문화재보호에 관한 국제협약, 핵 및 열핵무기사용금지선언, 세균무기와 일부 개별적 종류의 상용무기들을 금지할 데 대한 협약, 화학무기연구, 제조, 생산, 사용, 판매금지협약과 핵시험 금지에 관한 협약 등 수많은 국제전쟁조약들이 채택되였다.

국제전쟁법의 원천으로는 또한 국제관습이 있다. 국제관습은 국제조약으로서는 해결할 수 없는 일련의 전쟁법규들을 보충하며 그 적용범위를 모든 교전당사국에로 확대할 수 있는 유리성을 가지고 있는 국제전쟁법의 중요한 원천이다. 원래 국제전쟁법은 중세후반기 교전당사국들의 전쟁관습으로부터 형성되였다. 잔인성이 극도에 달하였던 중세의 전쟁방법을 일부 완화시킨 여러 나라들의 전쟁관습은 18세기, 19세기에 이르러 국제관습법으로 발전하였으며 이러한 국제관습은 다시 국제조약들에 성문화되였다. 그러나 모든 전쟁관습이 다 조약화되지 못한 조건에서 국제관습을 국제전쟁법의 원천으로 인정하는 것은 전쟁에서 교전당사자들의 권리와 의무를 포괄적으로 규제하고 그들로 하여금 전쟁규범을 준수하도록 요구하는 데서 중요한 자리를 차지한다.

국제전쟁법에 대한 리해에서 중요한 것은 셋째로 국제전쟁법의 기본원칙을 옳바로 파악하는 것이다. 국제전쟁법의 기본원칙은 전쟁법규의 형성발전과 그 해석적용의 기초이다. 국제전쟁법의 기본원칙에 립각하여야만 전쟁법에 성문화되지 않은 전쟁행위와 전투수단, 방법을 바로 평가할 수 있다.

국제전쟁법의 기본원칙으로는 우선 인도주의원칙이 있다. 인도주의원칙은 국제전쟁법의 기본원칙들 가운데서 가장 주되는 원칙이다. 그것은 국제전쟁법의 목적 자체가 전시 인도주의를 구현하자는 데 있으며 기타 원칙들은 인도주의원칙으로부터 파생되여 나오는 원칙이기 때문이다. 인도주의원칙은 적을 타승하는 데서 필요하지 않은 전투행위는 허용될 수 없다는 원칙으로서 포로, 상병자, 민간인들에게 일정한 보호를 제공하여야 한다는 것을 내용으로 하고 있다.

국제전쟁법의 기본원칙으로는 또한 전쟁수단과 방법에 제한을 가할 데 대한 원칙이 있다. 전쟁수단과 방법에 제한을 가할 데 대한 원칙은 교전당사자들은 가해수단의 선택에서 무제한한 권리를 가질 수 없다는 원칙이다. 가해수단과 전쟁방법에서 교전당사자들에게 무제한한 권리를 부여한다면 전쟁의 기본목적과 모순되는 야만적이며 비인간적인 전쟁행위를 제한할 수 없으며 인도주의원칙도 실현할 수 없게 된다.

국제전쟁법의 기본원칙으로는 또한 중립국, 중립인에 대한 불가침의 원칙이 있다. 중립국, 중립인에 대한 불가침의 원칙은 직접 전쟁에 참가하지 않는 국가와 사람들에 대한 적대행위를 금지할 데 대한 원칙이다. 적대행위의 개시는 곧 전쟁의 개시로 된다. 때문에 중립국, 중립인들에 대한 적대행위는 금지되여야 한다. 국제전쟁법은 인류를 전쟁의 참화와 고통 속에서 구원할 목적으로 형성 발전되였으나 제국주의자들은 이것을 저들의 침략행위와 야수적 행위를 비호하며 다른 나라들에 대한 침략의 구실로 리용하고 있다. 우리는 국제전쟁법을 날로 로골화되는 미제의 침략책동을 폭로규탄하기 위한 수단으로 적극 리용해나가야 할 것이다.

35. 전쟁개시와 관련한 국제전쟁법제도와 그 제한성[55]

장경철

[33]전쟁개시는 평화적인 국제법관계를 전시 국제법관계에로 전환시키는 국가의 일방적 법률행위이다. 국제전쟁법에서 인정하고 있는 합법적인 전쟁개시형식으로서는 선전포고와 최후통첩, 직접적인 군사행동이 있다.

선전포고는 국제전쟁법에서 인정하고 있는 가장 보편적인 전쟁개시형식이다. 위대한 령도자 김정일동지께서는 다음과 같이 지적하시였다. ≪국가들 사이에 전쟁을 시작할 때에는 선전포고를 하는 것이 오래전부터 하나의 관계로 되

---

55) 출처: 과학백과사전출판사, 『정치법률연구』, 2008년 제3호(누계 제23호), 33~34쪽.

여 있으며 그것이 1907년 헤그협약에 의하여 국제적으로 규범화되였습니다.≫전
쟁 개시에 관한 1907년의 스흐라벤하헤 제3협약에서는 리유를 설명하는 선전
포고의 형식으로 명시적인 사전통고를 하지 않으면 전쟁을 개시한 것으로 볼
수 없다고 규정하였다.

선전포고는 전쟁 개시에 대한 일방적이면서 국제적인 의사표시이다. 그런
것만큼 선전포고는 교전상대방 국가에 의하여 수락될 것을 요구하지 않으며
국내적인 선언으로 그칠 것이 아니라 반드시 교전상대국에 통고할 것을 요구
한다. 전보나 외교사절을 리용하여 선전포고를 진행하는 것이 국제관례로 되
고 있다. 전쟁 시작 시기는 선전포고를 한 직후이며 그때부터 교전당사자들
사이에서는 평화적 관계가 단절되고 전쟁관계가 이루어지면서 쌍방은 적대행
위를 진행할 수 있다.

선전포고가 국제전쟁법상 합법적인 것이라고 하여 그것이 전쟁의 성격을
규정하는 것은 아니다. 전쟁의 성격은 선전포고를 하였는가 하지 않았는가에
관계없이 해당 전쟁이 추구하는 목적에 의하여 규정된다. 선전포고를 했다고
하여 제국주의자들이 진행하는 부정의의 전쟁이 결코 정의의 전쟁으로 될 수
없다.

최후통첩은 국제전쟁법에서 인정하고 있는 주요한 전쟁개시형식의 하나이
다. 최후통첩은 한 국가가 다른 국가에 자기의 마지막 요구조건을 제기하면서
그 요구를 일정한 기간 내에 리행하지 않으면 즉시 전쟁에 진입한다는 것을
통보하는 행위이다. 최후통첩에는 일반적으로 24시간 내지 48시간 내에 일정
한 요구조건을 명확한 답변이나 행위로 수락할 것과 그것이 리행되지 않을 경
우 요구조건이 거절된 것으로 간주하고 그 기간이 지나는 즉시 전쟁을 개시한
다는 것이 반영된다. 최후통첩의 경우 전쟁개시 시기는 최후통첩에서 요구한
기간이 경과되는 때이며 교전상대국이나 제3국에 대한 최후통첩의 통고방법
과 법률적 효과는 선전포고와 동일하다.

직접적인 군사행동은 국제전쟁관습에 의하여 인정된 주요한 전쟁개시형식
이다. 직접적인 군사행동에 의한 전쟁개시란 명백한 전쟁의사를 가지고 진행
되는 무력행사를 말한다. 전쟁의 시작으로 되는 직접적인 군사행동이 어떠한

것인가 하는 것을 명백히 규정하기는 어렵다. 그것은 군사행동은 전쟁이 아닌 경우에도 진행될 수 있으며 어느 정도의 군사행동이어야 전쟁의사에 기초한 것이라고 정의할 수 없는 것과 관련된다. 국제관습법상에서는 적어도 외교관계를 단절하거나 제3국에 대하여 중립법규의 준수를 요구하면서 진행되는 무력행사는 직접적인 군사행동으로 인정하고 있다. 직접적인 군사행동에 의한 전쟁개시의 경우 전쟁시작 시기는 전쟁의사를 가진 첫 무력행사 시이며 군사행동을 개시한 후에 선전포고를 하는 경우에 전쟁 시작 시기는 첫 무력행사시까지로 소급된다. 침략과 략탈을 생리로 하는 제국주의자들은 다른 나라에 대한 직접적인 군사행동, 불의의 배신적 공격으로 력대 침략전쟁을 도발하였다.

전쟁개시로 하여 국가들 사이에서는 일련의 법률적 효과가 발생한다. 전쟁의 개시는 우선 교전당사국들 사이에서 외교, 령사관계의 단절을 초래한다. 전쟁의 개시로 교전당사국 사이의 외교, 령사관계는 단절되며 해당 성원들은 본국으로 돌아가야 한다. 이 경우 해당 성원들은 국경을 넘을 때가지 특권과 특전을 보장받을 권리를 가진다. 전쟁개시와 함께 외교, 령사관계가 단절되여도 교전당사국들은 제3국을 통하여 수시로 외교교섭을 진행할 수 있으며 포로교환이나 자국공민의 송환 등과 관련하여 교전당사국들이 직접 전권대표를 파견할 수도 있다.

전쟁의 개시는 또한 교전당사국들 사이의 조약관계도 변화시킨다. 방위조약, 동맹조약과 같이 정치적 성격을 띠는 일련의 조약은 효력이 소멸되지만 국경조약과 같은 것은 전시에도 효력이 소멸되지 않고 유효하다. 교전당사국 사이의 쌍방조약은 전쟁개시로 효력이 소멸되지만 교전당사국들이 가입한 다방조약은 교전당사국 사이에서만 효력이 정지되였다가 전후에 다시 효력이 발생한다. 교전당사국들 사이에는 전쟁과 관련하여 새로운 조약들이 체결될 수 있다.[34] 그러한 조약들로서는 포로의 직접송환, 일정한 지역에서 전투행동 중지에 관한 합의 등을 들 수 있다.

전쟁의 개시는 또한 교전당사국들 사이의 무역관계에도 영향을 미친다. 전쟁의 개시가 교전당사국의 공민과 법인들 사이의 무역관계에 미치는 효과에 관하여 국제법적으로 확립된 원칙은 없다. 전쟁 개시와 동시에 교전당사국들이 상대방국가에 대한 무역금지법을 제정하여 적국과의 무역을 전면적으로 금지하는 것이 관습화되여 있다. 전쟁 개시로 인하여 무역관계가 단절되는 경우 전쟁 개시 이전에 쌍방 사이에 체결된 계약은 특별한 경우를 제외하고는 전쟁이 종결될 때까지 그 리행이 정지된다.

전쟁의 개시는 또한 교전국 령역 내에 있는 교전상대국공민들의 법적 지위에도 영향을 미친다. 1949년 제네바 제4호 협약에 의하면 전쟁 개시와 함께 교전상대국 공민들에게 특별한 경우를 제외하고는 외국인대우에 관한 규정이 그대로 적용된다. 전시에 자국 내에 있는 교전상대방 국가의 일반주민들을 탄압하는 행위는 불법행위로 간주된다. 전쟁 개시와 관련하여 교전상대국 공민들의 법적 지위는 일부 제한된다. 거주지 선택과 이주의 자유가 제한되고 해당 기관의 엄격한 감시하에 놓이게 되며 자기 본국과의 서신거래를 포함한 일체 거래가 금지된다.

전쟁 개시와 관련한 국제전쟁법제도는 일련의 제한성을 가진다. 제한성은 첫째로, 그것이 제국주의자들의 불의의 침공을 구속하지 못하고 제국주의침략전쟁을 미화하는 수단으로 리용되는 제도라는 데 있다. 근대 이후의 수많은 전쟁과정에서 선전포고나 최후통첩제도는 제국주의자들의 불의의 침략을 전혀 구속하지 못한 것은 물론 오히려 제국주의침략전쟁을 미화하는 데 리용되여왔다. 제국주의자들은 숱한 전쟁을 도발하였지만 선전포고나 최후통첩이 아니라 불의의 배신적 공격으로 침략전쟁을 도발하곤 하였다. 선전포고를 하는 경우에는 불의적인 타격으로 유리한 정세를 마련하거나 교전상태가 완전히 이루어진 후에야 저들이 침략을 당했다고 하면서 뒤늦게 선전포고를 하는 방법으로 전쟁의 침략적 성격을 은폐하고 있다. 이것은 선전포고나 최후통첩제도가 제국주의자들의 침략적이고 불의적인 전쟁 개시를 구속할 수 없으며 그것을 미화하는 한에서만 의의를 가진다는 것을 말해준다.

제한성은 둘째로, 그것이 전쟁 개시국가와 그에 대응하는 국가, 침략국가와 침략을 받은 국가를 구분하는 옳은 기준으로 되지 못한다는 데 있다. 전쟁이 국제법적으로 허용되던 시기에는 선전포고나 최후통첩, 직접적인 군사행동에 의하여 전쟁을 합법적으로 개시할 수 있었으며 그것을 기준으로 전쟁도발국가와 침략국가, 침략을 당한 국가를 구분할 수 있었다. 그러나 국제법적으로 전쟁 개시 자체를 금지할 데 대하여 규제하고 있고 전쟁들에서 불의적인 공격이 가장 효과적인 수단으로 리용되는 현대에 와서는 선전포고나 최후통첩 같은 전쟁선언의 의의는 심히 약화되였다. 제국주의자들이 다른 나라를 침략하면서 불의의 공격에 전적으로 매어달리고 있는 조건에서 다른 나라들도 자기식의 선제타격으로 제국주의침략을 물리칠 당당한 권리를 가지게 된다. 제국주의자들에 의한 불의적인 기습공격은 전쟁 개시규범에 위반되는 침략행위이라면 제국주의침략을 받는 나라들이 진행하는 주동적인 대응타격, 선제타격은 국제전쟁법상 적법적인 것으로 된다. 그것은 제국주의자들이 감행하는 불의적인 기습공격이 다른 나라와 민족의 자주권을 유린하기 위한 배신적인 공격행위라면 다른 나라들에 의한 직접적인 군사행동의 개시는 유린당한 자주권을 회복하고 빼앗긴 령토를 되찾기 위한 정당한 자위적 조치라는 것과 관련된다. 이것은 누가 먼저 공격을 개시하였는가 하는 것만을 가지고서는 전쟁개시국가와 그에 대응하는 국가, 침략국가와 침략을 당한 국가를 바로 구분할 수 없다는 것을 보여준다.

제한성은 셋째로, 그것이 엄격하고 명백한 제재규범에 의하여 담보되지 못한다는 데 있다. 선전포고나 최후통첩 등 합법적인 형식에 의해서만 전쟁을 개시하여야 한다는 것이 구속력 있는 규범이라면 그것을 위반한 국가와 개인에 대해서는 엄격한 책임을 추궁하여야 한다. 그러나 국제전쟁법규범들은 이에 대하여 명백히 규정하지 않고 있다. 물론 사회주의나라들이 주동이 되여 채택한 ≪침략의 정의에 관한 조약≫을 비롯한 일부 국제조약들에서 선전포고 없이 다른 나라를 무력으로 침입하는 행위는 범죄로 된다고 규정하였으나 미제를 비롯한 제국주의자들의 반대로 하여 그것들은 실질적인 의의를 가지지 못하였다. 전쟁과 침략에 관한 대부분의 국제법규범들에서는 침략전쟁은 범죄라고 규정하였을 뿐 전쟁 개시형식의 위반에 대한 구체적인 제재조치는 예견하지 않고 있다. 때문에 제국주의자들은 선전포고나 최후통첩과 같은 전쟁 개시방법의 구속을 전혀 받지 않고 진보적 인류를 반대하는 침략전쟁을 세계 이르는 곳마다에서 거리낌 없이 도발하고 있다.

제국주의자들이 전쟁 개시법규에 구속되지 않는 조건에서 제국주의침략과 위협을 받는 나라들만이 그에 구속될 필요는 없다. 나라와 민족의 자주권을 침해하고 유린하는 제국주의자들과의 투쟁에서 양보란 있을 수 없으며 필요한 경우에는 군사적 자위권을 주저 없이 행사하여 제국주의의 침략책동을 짓부셔 버려야만 자주권을 고수하고 참답게 실현할 수 있다. 우리는 선군의 위력으로 튼튼히 다져진 인민군대의 필승불패의 위력을 천백 배로 강화하여 미제의 불의적인 침략으로부터 인민대중 중심의 우리식 사회주의제도를 보위하기 위한 정치 사상적, 군사적 준비를 백방으로 강화해나가야 할 것이다.

36. 류전에 관한 국제전쟁법제도와 그 제한성[56)]

장경철

[45]위대한 수령 김일성동지께서는 다음과 같이 교시하시였다. ≪미제국주의야말로 력사상 가장 흉악하고 파렴치한 략탈자이다.≫(≪김일성전집≫39권, 245페지)

침략과 략탈을 생존수단으로 하고 있는 미제국주의자들은 오늘 전쟁과 관련한 국제법규범들을 저들의 침략정책을 실현하기 위한 수단으로 리용하고 있다. 그 대표적 실례의 하나가 바로 류전에 관한 국제전쟁법제도이다. 류전에 관한 국제전쟁법제도는 1907년의 류전법규와 관례에 관한 협약을 비롯한 여러 전쟁조약들과 국제관습에 의하여 확립되였다.

류전에 관한 국제전쟁법제도에서 중요한 것은 무엇보다도 교전자에 관한 제도이다. 국제전쟁법상 교전자는 정규군과 비정규군으로 구분하여 볼 수 있다. 정규군은 교전국들의 기본전투부대로서 국가의 중앙집권적인 군사조직체계와 통일적인 군사규범에 의하여 조직된 엄격한 군사규률을 가진 상비적인

---

56) 출처: 과학백과사전출판사, 『정치법률연구』, 2009년 제1호(누계 제25호), 45쪽, 49쪽.

군대이다. 정규군은 국가의 법령에 의하여 조직 편성되고 엄격한 군사규범과 지휘체계에 따라 국가가 직접 통솔하며 외부와 구별되는 통일적인 제복을 착용하는 것을 중요한 특징으로 한다. 비정규군은 정규군 이외의 교전자로서 전시에 림시로 군사행동에 참가하는 성원들이다. 비정규군에는 기본전투부대에 속하지 않는 민병, 의용병 등 무장성원들과 유격대성원들이 포함되며 그들은 체포되는 경우 정규군과 마찬가지로 전쟁법규에 의한 포로대우를 받는다. 일반주민은 군사인원으로 되지 않는다. 따라서 전쟁에서 일반주민을 공격대상으로 삼고 살육하는 것은 공인된 전쟁법규를 위반하는 국제법적범죄로 된다.

륙전에 관한 국제전쟁법제도에서 중요한 것은 다음으로 전투수단과 공격대상의 제한과 관련한 제도이다. 전투수단과 공격대상을 법적으로 엄격히 제한하는 것은 국제전쟁법의 사명으로부터 흘러나오는 필수적 요구이다. 제네바협약에 대한 보충의정서 1에서는 ≪모든 무장충돌 시에 충돌 측들에게 전쟁진행방법과 수단을 무제한으로 선택할 권리는 부여되지 않는다.≫(35조)라고 규정하고 있다. 륙전에 관한 국제전쟁제도에 의하면 불필요한 고통이나 과도한 고통을 주는 무기, 무차별적 무기, 자연환경에 장기적으로 심한 손상을 주는 무기 등은 제한하거나 금지하게 되여 있다.

국제전쟁법은 교전자라고 하여 무차별적으로 살상하는 것을 금지하고 있다. 교전자 가운데서 전투원은 직접 공격 살해할 수 있지만 비전투원은 직접 공격 살해할 수 없다. 전투원인 경우에도 전투능력상실자는 공격의 대상으로 되지 않는다. 민간인 특히 긴급사태와 무력충돌 시 녀성들과 아동들은 특별한 보호를 받으며 그들에 대한 공격이나 폭격은 금지된다. 무방비의 평화적 도시, 농촌, 주택, 건물은 어떠한 수단으로도 공격 또는 폭격할 수 없다. 과학문화시설물, 력사적 기념물, 병원, 상병자 수용소 등 비전투 대상물에 대한 파괴와 공격행위도 금지된다. 방비된 지역이라고 하여도 무차별적인 공격이나 파괴가 허용되는 것은 아니다. 전쟁법에 의하면 방비된 지역에 대한 공격 시 그에 앞서 통고하기 위한 모든 수단을 다하여야 한다.

륙전에 관한 국제전쟁법제도는 일련의 제한성을 가진다. 제한성은 첫째로, 그것이 제국주의자들의 무차별적이며 야만적인 전쟁행위, 전투행위들을 제약할 수 없다는 데 있다. 륙전에 관한 국제전쟁법제도는 전투수단과 공격대상의 제한 등 여러 문제를 애매하게 규제함으로써 제국주의자들에게 무차별적이며 야만적인 전투행위들을 로골적으로 감행할 수 있는 공간을 조성해주고 있다. 특히 군사과학기술이 발전함에 따라 상용무기들도 대량살륙을 가져올 수 있는 무기로 갱신되고 있는 조건에서 현재의 전쟁법규로서는 무기를 비롯한 전투수단의 무차별적 사용과 그로 인한 혹심한 참화를 막을 수 없게 되여 있다. 전쟁과정에서는 평화적 도시나 농촌주민지대, 건물이나 기념물 등도 전쟁으로 인한 피해를 면하거나 줄이기 위한 자체방위수단들을 가지게 된다. 무기나 자체방위수단들이 없는 조건에서만 공격을 금지한다는 전쟁법규는 결국 제국주의자들에게 공격대상에서 제한을 두지 않아도 무방하다는 구실을 주게 된다.

제한성은 둘째로, 그것이 현대전쟁의 요구에 부합되지 않는다는 데 있다. 국제전쟁법은 공개적으로 무기를 휴대하고 멀리서도 알아볼 수 있는 표식을 갖추는 것을 유격전의 전제조건으로 규정함으로써 현대유격전쟁의 고유한 전투방식을 무시하고 있다.[49] 유격전쟁 그 자체는 은폐된 방법과 면밀한 위장을 필요로 한다. 때문에 유격대가 식별표식을 하지 않거나 공개적으로 무기를 휴대하지 않았다고 하여 전쟁법상의 합법적 지위와 권리를 상실하는 것으로 될 수는 없다. 이와 함께 현대전쟁에서 제국주의자들은 지난 시기 전쟁에서 리용된 음모와 모략의 도수를 훨씬 넘어 현대과학기술과 밀접히 결합된 심리전에 집요하게 매어달리고 있다. 이러한 심리전은 마땅히 금지되여야 할 배신적인 전투행위의 범주에 포함되여야 한다. 그러나 국제전쟁법은 심리전에 대한 사소한 규정도 하지 않은 것으로 하여 제국주의자들의 심리전을 제한하기 위한 법적 담보로 되지 않는다. 국제전쟁법은 이 외에도 새롭게 출현하는 각종 전투수단과 방법에 대한 규제를 전혀 하지 않음으로써 현대전의 요구를 외면하고 있다.

제한성은 셋째로, 그것이 전쟁 실천과의 일치를 보장하지 못하고 있다는 데 있다. 국제전쟁법은 배신행위를 금지하여야 할 전투방법으로 규정하면서 전쟁과정에 얼마든지 있을 수 있는 전법, 기만전술까지도 배신행위로 인정하고 있다. 이것은 전쟁실천에 대한 불합리한 규제이다. 전쟁과정에서는 군인들이 불가피하거나 필요한 경우 투항하려는 체하다가 유리한 기회를 보아 위기를 모면하거나 혹은 적을 타격하는 경우가 얼마든지 있다. 따라서 이러한 행위는 전쟁법규에서 허용된 기만전술로 보는 것이 리론과 실천의 일치를 보장하는 것으로 된다. 적의 제복이나 표식을 사용하는 것은 적을 기만하면서 전투행동을 하자는 데 목적이 있다. 전쟁실천에서는 교전 측들이 적의 제복이나 군사표식을 사용하면서 정보를 수집하거나 습격전과 같은 전투행동을 하는 것이 보편화되고 있다. 이것을 국제전쟁법상 위법이라고 하는 것은 현실적인 전쟁실천을 외면하는 불합리한 규정이다.

오늘 륙전법규를 비롯한 국제전쟁법규가 가지고 있는 제한성들을 리용하여 저들의 야만적인 전쟁행위를 적법적인 것으로 묘사하면서 무분별하게 날뛰는 제국주의자들의 침략행위, 야만적인 전쟁행위를 규탄배격하고 그것을 제한하는 데서 전투진행과 관련한 국제전쟁법규를 보다 완성해나가는 것은 매우 중요한 문제로 나선다.

제12장 국가책임

37. 국제법상 국가책임의 면제[57]

김정국

[37]≪매개 국가는 자기의 국제법 위반행위에 대하여 응당 국제책임을 져야한다.≫이것은 국제법상 공인된 하나의 원칙이다. 그러나 이것은 모든 국제법 위반행위에 대하여 그 당사국이 다 책임져야 한다는 것을 의미하는 것은 결코 아니다. 때문에 국제법상 국가책임리론에서는 이를 반영하여 국제법상 국가책임의 면제사유와 조건에 대해 예견하고 있다.

위대한 수령 김일성동지께서는 다음과 같이 교시하시였다. ≪우리는 앞으로도 국제문제들을 주체적인 립장에서 판단하고 우리 혁명에 유리하게 처리해나가도록 하여야 할 것입니다.≫(≪김일성전집≫48권, 30페지)

국제법상 국가책임의 면제사유는 크게 두 가지 측면에서 고찰할 수 있다. 우선 국제법상 국가책임의 면제사유는 국제법상 국가책임의 조건을 구비하지 못한 경우이다(책임조건 결여의 경우 페지) 어떠한 국가의 국제법상책임이 성립하기 위하여서는 반드시 두 개의 조건을 구비하여야 한다. 하나는 해당 행위가 그 국가가 지고 있는 국제법을 위반하는 국제법상의 위법행위이어야 하는 조건이며 다른 하나는 해당 행위가 국제법상 행위능력을 가지는 국제법 당사자로서의 국가가 수행한 행위로 되여야 한다는 조건이다. 그러나 어떠한 행위가 얼핏 보건대 국제의무를 위반한 것으로서 국제법 위반행위에 속하는 것처럼 보이지만 보다 구체적으로 분석하면 해당 행위가 앞에서 서술한 두 가지 책임조건을 동시에 구비하지 못하였거나 그 어떤 조건이 결여되여 그 행위가

---

57) 출처: 과학백과사전출판사, 『정치법률연구』, 2006년 제4호(누계 제16호), 37~38쪽, 48쪽.

위법성을 구성할 수 없으면 이 행위에 대해서는 국가책임을 추궁할 수 없다. 실례로 불가항력은 비록 해로운 후과를 조성했지만 주관적 요소가 결여되였기 때문에 위법행위를 구성할 수 없다는 것이다.

다음으로 국제법상 국가책임의 면제사유는 국제법적으로 위법성을 배제한 경우이다(법률적 배제의 경우). 즉 국제법이 ≪어떠한 상황에서 어떤 당사자의 손해를 조성하는 행위는 위법성을 배제한다.≫고 명백히 규정하고 있는 경우이다. 이러한 경우의 대표적인 것은 표면적으로는 행위당사자에게 귀속되여 위법적 후과를 조성하므로 위법행위에 대한 책임을 일으킨다 할지라도 국제법 혹은 국제조약이 어떠한 행위의 책임을 면제한다고 명백히 규정하였을 때를 말한다. 실례로 합법적인 대항조치, 긴급피난 등이 여기에 속한다. 다시 말하여 국제관계에서 어떠한 행위는 때로 겉으로 보기에 이미 국제법 위반행위의 주관적 요소와 객관적 요소를 이미 구비하고 있지만 어떠한 특수사항의 발생으로 유관국제의무가 림시적으로 효력을 잃었다면 이 행위는 국제의무의 위반에 속하지 않는다는 것이다. 그리하여 이 행위의 위법성은 배제되고 이로하여 산생되는 국가책임은 면제되는 것이다.

국제관계실천에서 대체로 론의되는 국가책임의 면제조건은 다음과 같다.

1. 동의

동의는 국가책임면제조건의 하나이다. 어떠한 국가가 자신이 지고 있는 국제의무에 부합되지 않는 특정한 행위가 그와 관련된 다른 국가의 유효한 방식에 기초한 동의에 따른 것이라면 그 국가행위의 위법성은 배제되고 그에 따른 법률책임은 면제된다. 다시 말하여 피해자 일방이 유효한 방식으로 가해자에게 그가 지고 있는 의무에 부합되지 않는 특정한 행위를 하는 데 대하여 동의를 표시했다면 가해자의 국가책임은 면제된다는 것이다.

물론 이러한 동의에 기초한 행위는 원칙적으로 동의를 준 범위를 초월해서는 안 된다. 실례로 그 어떤 국제조약에 의하면 한 상류국이 일정한 기간에 제방을 건설한 의무를 지고 있는데 이러한 의무로 해서 하류국의 수해방지가 담보되게 된다. 그런데 후에 재정 곤난과 기타 원인으로부터 상류국이 예정된 기간 내에 조약이 규정하고 있는 공정계획을 완수하기 어렵게 되였을 때 상류국은 하류국의 명시적인 동의를 얻어 공정기일을 뒤로 미루었다. 이 경우 상류국은 자기의 공정기일 연기로 인하여 하류국이 받은 손해에 대한 책임이 면제된다. 또 다른 하나의 실례는 외국군함은 마음대로 그 어떤 나라의 령해에 들어올 수 없다는 것은 국제법의 하나의 원칙이다. 그러나 연안국의 명시적인 동의가 있다면 외국군함도 동의를 준 국가의 령해에 들어올 수 있으며 그것은 령토주권의 침범으로 되지 않는다.

동의면책적용에서 특별히 주의할 점은 임의의 국가가 유관국가의 동의가 있다고 하여 그것을 리용하여 국제사회가 공인하는 국제법의 기본원칙-국제법의 강행법규를 위반하는 행위를 해서는 안 된다는 것이다. 만일 행위가 국제법의 강행법규를 위반했다면 상대방의 동의가 있다 하더라도 행위의 위법성은 배제된다고 볼 수 없으며 책임을 면제해서는 안 된다. 이로부터 유엔국제법위원회가 작성 편찬한 ≪국가책임조문 초안≫에는 ≪동의는 일반국제법의 강행법규로 산생되는 의무에는 적용되지 않는다.≫고 규제하고 있다. 이러한 조항의 확립목적은 일반국제법의 강행법규범은 국가들로 구성된 국제사회 모두가 접수 승인한 것이어야 하며 또 그 어떤 경우에도 그 위반을 허용하지 않으려는 데 있다. 다만 그의 변경은 같은 성질을 가지는 국제법규범으로서만 할 수 있으며 이러한 강행법규범은 피해자 국가 하나만을 보호하기 위한 것이 아니라 국제사회의 공공질서 유지에 필요하여 존재하는 것이라는 데로부터 출발한 것이다.[38]

이밖에 동의는 협박이나 사기의 요소를 가져서도 안 되며 응당 동의하는 측의 자유의사와 명백하고도 실제적인 표시여야 한다. 그러나 력사적으로 제국주의 렬강들은 ≪동의≫의 이름을 빌려 약소국에 대하여 침략과 내정간섭을 일삼아 왔다. 또한 동의는 반드시 그 적용범위와 적용기간이 한정되여야 한다. 만일 그렇지 않으면 책임은 면제될 수 없다.

2. 대항조치와 자위행위

대항조치와 자위행위는 한 국가가 다른 국가의 국제법 위반행위에 대하여 자기가 그 국가에 대하여 이미 지고 있던 국제적 의무에 부합되지 않는 그 어떠한 대응행위를 부득불 취하는 것을 말한다. 다시 말하여 다른 나라가 범한 국제법 위반행위에 대한 일종의 반응이며 피해국가가 가해국가에 대해 이미 지고 있던 국제적 의무에 부합되지 않는 일정한 행위를 부득불 취하는 것이다. 이러한 경우 일정한 조건하에서 대항조치와 자위행위는 합법적인 것으로 되며 책임은 면제된다.

국제법위원회가 작성 편찬한 ≪국가책임조문 초안≫에는 대항조치와 관련한 규제에서 한 국가가 다른 국가에 대해 이미 지고 있는 의무에 부합되지 않는 행위를 한 경우 만일 그 행위가 다른 국가의 그 어떤 국제법 위반행위에 대해 대항한 것이라면 그것은 국제법상 합법적인 조치로 되며 이 행위의 위법성은 배제되고 국가책임은 성립되지 않는다고 규제하고 있다. 일반적으로 대항조치는 상대방 국가의 국제법 위반행위로부터 일어나며 이에 대해 피해자 국가 측은 그에 따르는 비무력 조치로서 대항할 수 있다는 것을 그 내용으로 하고 있다. 실례로 경제제재나 외교관계의 단절 등이 대항조치로 된다. 자위행위는 다른 나라의 무력침략이나 무장공격을 받은 국가가 자기의 국가주권과 령토완정58)을 지키기 위하여 취하는 무력반격행위이다. 자위행위는 유엔헌장 제51조에 공식 규정되어 있다.

대항조치나 자위행위는 모두 국제법이 허용하는 합법적인 행위이며 주권국가가 가지고 있는 자체 보위권의 중요내용이다. 물론 대항조치나 자위행위는 다만 부득이한 자체 보위행위이다. 따라서 구체적인 적용과 관련하여서는 국제법상 일정한 제한을 받는다. 우선 대항조치나 자위행위는 반드시 위법행위에 대응하는 것이어야 하며 그 정도가 적당한 것이어야 한다는 것이다. 만일

---

58) 편집자 주: 완정(完整)이란 "영토를 완전히 정리하고 다스리는 것 또는 강점되었거나 분리된 영토를 다시 회복하여 나라를 완전히 통일하는 것"을 말한다. 통일부 <http://www.unikorea.go.kr>, 북한용어사전.

대항조치나 자위행위를 취하는 국가가 그것을 구실로 위법행위국에 대하여 적당하지 못한 보복을 한다면 그것은 자기의 원래의 의미를 잃게 되며 나아가서 대항조치나 자위행위가 강권행위실현에 역리용되는 수단으로 되게 된다. 물론 실천에서 대항조치나 자위행위의 ≪적당한 정도≫를 어떻게 보는가 하는 문제는 시종일관 론의되고 있다. 다음으로 대항조치나 자위행위는 위법행위에 대응한 것이어야 한다. 만일 이러한 전제가 없다면 비법으로 된다.

3. 불가항력과 우연사고

어떠한 국가가 자기가 지고 있는 국제적 의무에 부합되지 않는 행위를 불가항력이나 우연적 사고에 의하여 진행한 것이라면 이러한 행위의 위법성은 배제되고 이에 대한 국가의 국제책임은 면제된다. 불가항력이나 우연사고의 근거로서는 불가항력의 원인 즉, 그 국가가 통제할 수 없거나 예측할 수 없는 외부사건으로부터 실제상 자기가 지고 있는 국제적 의무를 리행할 수 없는 것 그리고 사실상 자기의 행위가 국제법의 유관규칙을 위반했다는 것을 모르는 것이다. 실례로 지진, 화산폭발, 수해 등 기타 재난을 당한 국가로부터 외국이나 외국인의 생명, 재산이 손해를 입는 경우와 폭풍으로 항공기가 고장을 일으켜 다른 나라 령공에 들어가는 것이다. 이로부터 발생하는 행위는 국제법상 위법으로 되지 않으며 그 책임도 면제된다. 불가항력이나 우연 사고는 반드시 예측할 수 없는 외부적 요인에 의한 것이어야 하며 이러한 외부적 요인이 의무 리행을 사실상 불가능하게 한 것으로 되여야 한다.

4. 긴급피난과 비상사태

긴급피난은 국가를 대표하여 공무를 집행하는 기관이나 개인이 극단적인 위기에 직면한 상태하에서 자기의 생명 혹은 자기가 책임지고 있는 사람의 생명을 구원하기 위하여 선택하는 유일한 행위로서 부득이하게 자기 국가가 지고 있는 국제의무를 위반하는 것이다. 비상사태는 어떠한 국가가 자국의 국가생존과 근본 리익이 엄중한 정황에 있을 때 그러한 엄중한 긴급정황을 막거나 제거하기 위하여 취하는 해당 국가가 지고 있는 국제의무를 위반하는 행위이다. 이 두 가지 특수한 정황하에서 긴급피난이나 비상사태의 행위를 한 국가의 위법성은 배제되고 국가책임도 면제된다.

불가항력의 경우 당사국은 그 무슨 의도가 있어 자기의 국제의무를 리행하지 않은 것은 아니며 사실상 이미 리행할 수 없는 것 혹은 자기의 행위가 국제법을 위반한다는 것을 도저히 알 수 없는 것이다. 비상사태의 경우 당사국은 자기의 행위가 산생할 수 있는 법률적 후과에 대해 명백한 것이지만 보다 큰 리익을 위하여 이러한 선택을 할 수밖에 없는 것이다. 긴급피난의 경우도 주관상 고의이지만 그렇게 하지 않으면 당사자의 생명과 그가 책임지고 있는 사람의 생명이 해를 받을 수 있기 때문에 취하는 행위이다.

긴급피난과 비상사태의 리해에서 긴급피난과 관련해서는 국내법에서도 류사한 규정을 주고 있기 때문에 리해하기 쉽지만 비상사태는 실천에서 론쟁이 있다. 비상사태를 적용하자면 반드시 두 개의 조건을 구비하여야 한다. [48]하나는 유관행위가 본국의 근본 리익을 수호하고 눈앞의 중대위기를 막기 위하여 취하는 것이어야 하는 조건이며 다른 하나는 유관행위가 그 의무 리행의 국가의 견지에서 볼 때 자기의 근본 리익에 해를 줄 수 없는 것이어야 하는 조건이다.

아래와 같은 경우에는 비상사태규칙을 인용할 수 없다. 첫째로 유관국제의무가 국제법의 강행규범으로서 어떠한 리유에 기초한 것이라 할지라도 위반해서는 안 되는 것일 때. 둘째로 유관국제의무를 규정한 조약이 명백히 혹은 간접적으로 비상사태를 조약의무불리행의 리유로 인용해서는 안 된다고 규정하고 있을 때. 셋째로 이른바 ≪비상사태≫를 인용하는 리유라는 것이 당사국 자신의 행위에 의하여 조성된 것일 때.

현 시기 국제무대에서 미제를 비롯한 제국주의 렬강들은 동의나 불가항력, 우연 사고 같은 국제법상 국가책임의 면제조건들을 저들의 리익에 맞게 악용하여 각종 국제범죄와 국제법 위반행위들에 대한 책임에서 벗어나보려고 책동하고 있다. 우리는 국제법상 국가책임의 면제조건에 대한 과학적인 리해에 기초하여 세계적 규모에서 악랄하게 벌어지는 미제와 제국주의자들의 강권과 전횡을 철저히 짓부셔 버려야 할 것이다.

38. 국제법상 국가책임의 형식[59)](#)

김정국

[37]위대한 령도자 김정일 동지께서는 다음과 같이 지적하시였다. ≪법규범과 규정을 모르고서는 그것을 잘 지킬 수 없고 정확히 집행할 수 없습니다.≫(≪김정일선집≫7권, 337~338페지)

국가책임의 형식은 국가책임의 성립조건, 국가책임의 면제, 국가책임의 청구 등을 포괄하는 국제법상 국가책임제도의 중요 구성내용의 하나로서 어떠한 국가가 자기의 국제법 위반행위로 하여 져야 할 국제법상책임의 리행 방식에 관한 문제이다. 국가책임의 형식을 국제법당사자가 감행한 위법행위의 본질과 그 위험성 정도에 따라 일정한 형태로 구분하는 것은 리론 실천적으로 중요한 의의를 가진다. 그것은 국가책임의 형식문제가 책임당사자들의 권리의무의 내용을 보다 정확히 확정하는 문제라는 데 기인된다. 각이한 국제관계 실천을 고려할 때 국가책임의 형식은 아래와 같이 구분하여 볼 수 있다.

1. 위법행위의 중지

위법행위의 중지는 국가책임을 산생시키는 위법행위를 즉시 그만둘 것을 가해국에 요구하는 국제법상 책임형식의 하나이다. 한 국가가 국제법 위반행위를 하였을 때 그 후과가 어떠한 것인가에는 관계없이 그 국가 앞에 선차적

---

59) 출처: 과학백과사전출판사, 『정치법률연구』, 2008년 제1호(누계 제21호), 37~38쪽, 43쪽.

으로 나서는 것은 이러한 위법행위를 중지할 데 대한 의무이다. 종래 국가책임 리론에서는 국가책임의 형식을 론할 때 주로 주권제한, 원상회복, 사죄만을 론하였다. 그러나 이것만으로는 국가책임제도가 지향하는 목적을 원만히 달성할 수 없었다. 그것은 어떠한 위법행위가 련속적이고 끊임없이 진행될 때 이러한 위법행위가 완료되기를 기다려 책임을 추궁한다면 피해국이 입는 손해는 더욱 증대되기 때문이다. 실례로 어떠한 국가가 채택한 법의 내용이 국제법 혹은 이 국가가 대외적으로 체결한 조약과 어긋나는 경우 그 국가가 그 법을 폐지하고 새로운 법을 채택하지 않는다면 그로부터 입는 손해는 무한정 계속될 수 있는 것이다. 결국 일단 개시된 위법행위를 중지하는 것은 침해당한 국제법의 원칙들과 규칙들이 계속 유효하게 준수될 수 있도록 담보하기 위한 중요한 요구이다.

2. 배상

배상의 개념은 국제관계실천에서 여러 가지로 해석된다. 배상은 하나의 집합개념으로서 손해의 후과를 청산하는 데 필요한 모든 방식을 다 포함한다. 배상에는 원상회복, 보상, 사죄, 장래의 담보 등이 있다. 이러한 여러 형식들은 배상의 명목하에 단독으로 적용될 수도 있고 종합적으로 적용될 수도 있다. 다시 말하면 국제법 위반행위를 한 국가는 자기의 행위로부터 발생하는 손해에 대하여 선차적으로 원상회복해야 하며 원상회복이 불가능한 경우 그에 해당한 보상을 하고 이밖에 사죄와 앞으로 다시는 그러한 행위를 하지 않을 데 대한 담보(장래의 담보) 등을 포괄하는 배상을 요구하게 되는 것이다.

배상의 기준과 관련한 유명한 판결이 있는데 그것이 바로 《초르죠우공장사건》(Chorzow Factory Case, 1928년 9월 13일)에 대한 상설국제사법재판소의 판결이다. 그에 의하면 《…… 배상은 반드시 가능한 범위 내에서 위법행위의 일체 후과를 제거해야 하며 최대한도 내에서 과거의 상태를 다시 건립하여 위법행위가 발생하지 않았던 것과 같이 되여야 한다.》는 것이다. 그 후의 국제실천에서 ≪위법행위의 일체 후과는 제거되여야 한다.≫는 이 원칙은 배상의 기준으로 되여왔다. 여기서 말하는 위법행위의 일체 후과라는 것은 정신적 및 물질적 손해의 총체를 다 포괄하는 것이다.

국제법리론과 실천에서는 배상의 본질과 한도에 대하여 각이한 견해들이 존재한다. 일부 견해에 의하면 배상은 ≪징벌적≫인 것이기 때문에 배상액은 실제적인 손해액의 제한을 받아서는 안 된다는 것이며 다른 한 견해에 의하면 배상은 ≪보상적≫인 것이기 때문에 배상액은 실제적인 손해액보다 낮아서는 안 된다는 것이다. 오늘날 대다수의 견해는 배상액이 실지 손해액을 초과하지 않는 것을 가장 적합한 것으로 간주하고 있다.

배상과 관련한 다른 하나의 문제는 위법행위에 의해 직접 받은 손해 즉, 직접손해만 배상해야 하는가 아니면 위법행위가 원인으로 되여 간접적으로 받은 손해 즉, 간접손해도 배상해야 하는가 하는 것이다. 일반적으로 지금까지의 판례들에서는 위법행위와의 상당한 인과관계가 명백히 증명되는 경우에는 손해에 대한 배상이 인정되였다. 따라서 배상은 직접손해뿐 아니라 간접손해도 해당된다고 보는 것이 보다 정확하다. [38]리자와 관련해서도 배상의 취지가 위법행위가 발생하지 않았더라면 존재했을 과거의 상태를 회복하는 것에 있는 것만큼 리자의 지불도 배상에 포함시켜야 한다. 결국 후과가 크면 클수록 책임도 중대하며 후과와 책임 사이에 비례의 원칙이 적용되는 것이다.

이상의 내용을 종합하면 배상의 범위에는 첫째로, 위법행위에 의해 발생한 직접손해, 둘째로, 위법행위와 상당한 인과관계가 있는 간접손해, 셋째로 보통 기대될 수 있는 리익(리자)이 포함된다. 물론 이것은 물질적 손해에 대한 배상방식을 론한 것이며 정신적 손해에 대한 배상방식으로서는 사죄, 책임자 처벌, 장래의 담보 등이 있다.

△ **원상회복**

원상회복은 국가의 책임을 성립하게 하는 국제법 위반행위가 존재하기 전의 상태를 재현시키는 배상책임의 주요형식의 하나이다. 다시 말하여 원상회복은 침해된 사물에 대해 위법행위가 그에 대해 침해되기 전의 상태를 회복시키는 것을 의미한다. 실례로 불법 점령한 령토의 반환, 불법체포, 감금된 외국인의 석방, 불법 몰수된 재산의 반환 등이다.

원상회복은 가장 보편적이며 가장 많이 인용되는 배상책임형식의 한 종류이다. 원상회복은 침해된 사물이 아직 존재하고 있거나 보존되여 있는 경우, 비록 못 쓰게 되였다 하더라도 원상회복의 방법으로 대치물을 만들 수 있는 경우에 적용된다.

원상회복과 관련하여 다음과 같은 원칙적 요구가 제기된다. 우선 원상회복은 사실상 가능한 것이어야 한다는 것이다. 만일 원상회복이 이미 불가능할 때에는 이 책임형식을 추구해서는 안 된다. 다음으로 원상회복은 일반국제법의 강행규범의 제한을 받는다는 것이다. 국제법위원회가 강조하는 것은 원상회복을 요구할 때 무력사용 혹은 무력위협의 방법으로 협박해서는 안 된다는 것이다.

력사적으로 제국주의렬강들은 소국과의 관계에서 자주 ≪포함외교≫(이른바 힘의 방식)로 유관국가에 이른바 ≪조성된 손해≫에 대해 원상회복 등의 배상을 할 것을 강박하였다. 이것은 현대 국제법에서 엄격히 금지하는 것이다. 다음으로 공평원칙에 기초하여 원상회복이 행위자로 하여금 지나치게 부담을 주거나 피해자에게 부당하게 유리한 것으로 되여서는 안 된다는 것이다. 끝으로 원상회복은 행위국의 정치적 독립과 경제적 안정을 침해하는 것으로 되여서는 안 된다는 것이다. 반대로 원상회복을 하지 않음으로 해서 피해국이 우와 동일한 영향(정치적 독립과 경제적 안전의 침해)을 받아서도 안 된다는 것이다. 이러한 경우에는 행위국과 피해국의 리익 사이에 피해국의 리익이 우선시된다.

△ **보상**

보상은 원상회복이 불가능하거나 원상회복이 그 손해를 메꾸는 데 불만족할 때 행위국이 피해국에 금전으로 주는 배상책임형식의 하나이다. 한마디로 보상은 원상회복의 보충형식이라고 할 수 있다. 실례로 무죄인의 사형집행이나 일반상선의 위법적 격침 등의 경우에 보통 보상이 제기된다.

보상은 피해국이 실제상 받은 손해에 대하여 화폐로 주는 것이다. 일반적으로 보상은 손해에 대한 것만을 의미하며 징벌적 성격은 포함하지 않는다. 이러한 취지로부터 보상은 피해국이 입은 구체적으로는 경제적으로 계산되는 임의의 손실과 리자도 포함하고 있다.

보상의 범위에 대하여 사법판례와 매개 나라의 실천은 서로 일치하지 않지만 대부분 행위와 손해 간의 인과관계가 성립하기만 하면 된다는 견해로부터 직접손해와 간접손해도 모두 보상을 받아야 하는 것으로 간주하고 있다. 이에 대하여 국제법위원회는 두 가지 의견을 제출하였는데 그에 의하면 첫째는 위법행위로부터 직접 조성된 손해에 대하여 충분한 보상을 주어야 한다는 것이며 둘째는 위법행위로 조성된 손해에 대하여 이러한 손해후과가 그 행위와 직접적인 관련이 없다 하더라도 그와 한 계렬이거나 일정한 인과관계가 있는 것이라면 응당 충분한 보상을 주어야 한다는 것이다.

△ 사죄

피해국은 국제법 위반행위를 한 국가에 자기가 입은 정신적 손해에 대하여 사죄를 요구할 권리를 가진다. 사죄 역시 배상책임형식의 하나이다. 사죄에는 여러 가지 종류가 있다. 첫째로, 행위국이 피해국에 정식으로 사죄하는 것이다. 이러한 사죄는 그 성격에 있어서 정치적인 것은 아니며 철저히 법률적인 것이다. 즉 구속력이 있는 행위이다. 사죄는 구두나 서면으로 공식적인 사죄의사를 표시하는 방식으로 하기도 하고 사죄사절을 파견하여 하기도 한다. 둘째로, 상징적인 배상금을 지불하는 것이다. 이러한 배상금지불의 형식으로 사죄를 요구하는 목적은 행위국에 자기 행위의 잘못을 인정할 것을 요구하는 것이지 그가 조성한 손해에 대한 값(대가)을 받자는 것은 아니다. 때문에 력사적으로는 일찍이 몇 푼 안 되는 돈을 명목상 지불하는 것으로 사죄를 표현한 것도 있으며 심지어 1Franc을 지불한 실례도 있는 것이다. [43]셋째로, 피해국의 명예, 위신 등의 권리를 엄중히 침해한 경우에 일정한 절차에 따라 보상을 요구하는 것이다. 이러한 경우에 요구하는 보상은 실지 손해를 기초로 한 것은 아니며 명예나 위신 등의 존엄과 권리침해에 대한 징벌적 성격이 내포되어 있다. 사죄적용 시 일정한 제한조건도 있다. 그것은 피해국이 사죄를 요구하는데서 행위국에 모욕을 주는 과도한 요구를 해서는 안 된다는 것이다.

△ **장래의 담보**(다시는 위법행위를 감행하지 않을 데 대한 담보)

장래의 담보, 이것은 행위국이 다시는 그러한 위법행위를 하지 않겠다는 것을 담보(보증)하는 것이다. 장래의 담보 역시 배상책임형식의 하나이다. 실례로 1968년 미제는 무장간첩선 ≪푸에블로≫호를 우리 공화국의 령해 깊이 침입시켜 정탐과 적대행위를 감행한 데 대하여 미국정부의 이름으로 우리 공화국 정부에 엄숙히 사죄하였으며 공화국의 엄격한 법적추궁을 받고 다시는 우리 공화국을 반대하는 범죄행위를 하지 않을 데 대하여 담보하였다. 일반적으로 장래의 담보는 보통 사죄나 기타 배상의 여러 형식에 동반하여 하는 책임형식의 하나이지만 자기의 고유한 특징을 가지고 있다. 장래의 담보는 그의 목적이 앞으로 발생할 수 있는 위법행위를 예방하는 데 있는 것만큼 이미 한 행위의 후과에 대한 구제를 기본목적으로 하는 기타 배상형식과는 엄격히 구별된다. 현재까지 이러한 장래의 담보형식은 엄중한 국제법 위반행위 즉, 국제범죄에 한하여 적용하는 것이 관례화되어 있다. 결과적으로 장래의 담보는 객관상 위법행위가 또다시 발생할 수 있는 가능성이 확실하게 존재할 때 요구하는 피해국의 권리이다.

국가책임의 형식에는 이 밖에도 주권제한과 형사제재, 외교관계 단절 등도 있다. 국가책임형식에서 주권제한과 형사제재는 일정한 특수한 경우들에 적용되는 것이다. 주권제한은 다른 나라에 대해 무력침략을 감행하고 국제평화와 안전을 파괴하는 엄중한 국제법 위반행위를 한 국가의 주권이 제한을 받도록 하는 책임형식이다. 주권제한은 전면적인 주권제한과 국부적인 주권제한을 포함한다. 형사제재도 국가책임형식의 하나로 되고 있다. 형사제재는 비록 엄중한 국제법 위반행위를 한 국가자체에는 실시가 불가능하지만 이러한 행위의 실행을 명령한 국가수반이나 기타 책임 있는 자에 대한 제재를 통하여 실현하는 국가책임형식의 하나이다. 외교관계 단절은 국제법 위반행위를 한 국가를 국제적으로 고립시키고 그 나라의 대외적 권위와 영향력을 약화시키기 위한 목적에서 해당 국가와의 외교관계를 단절하는 국가책임형식의 하나이다. 외교관계 단절은 개별적 국가에 의해 진행되기도 하고 여러 개 국가들이 집단적으로 진행하기도 한다.

우리는 국제법상 국가책임의 형식을 바로 알고 미국과 일본의 국가책임추궁에서 공화국의 리익을 철저히 수호해나가야 할 것이다.

39. 국제범죄에 관한 법규범의 존재형식[60)]

리경철

[46]위대한 수령 김일성동지께서는 다음과 같이 교시하시였다. ≪우리는 앞으로도 국제문제들을 주체적인 립장에서 판단하고 우리 혁명에 유리하게 처리해나가도록 하여야 할 것입니다.≫(≪김일성전집≫48권, 30페지)

국제범죄에 관한 법규범의 존재형식을 옳게 밝히는 것은 국제범죄리론에서뿐 아니라 실천적으로도 매우 중요한 문제의 하나이다. 국제범죄에 관한 법규범의 존재형식에 대하여서는 여러 가지 주장들이 있으나 기본적으로 국제조약만을 국제범죄에 관한 법규범의 유일한 존재형식으로 보아야 한다는 주장과 국제조약 외의 다른 형식들도 그의 존재형식으로 보아야 한다는 주장이 있다.

국제범죄에 관한 법규범의 존재형식을 국제조약만으로 보아야 한다고 주장하는 것은 우선 그것이 각국이 자원적으로 합의하여 체결한 것으로서 그 준수가 철저히 담보되기 때문이라는 것이다. 또한 만약 국제관습이나 어떤 국가가 개별적으로 만든 사법판례들을 국제범죄에 관한 법규범의 존재형식으로 보는 경우 그것이 세계 각국에 보편적 효력을 주고 국제범죄와의 투쟁에 유리한 조건을 조성한다고 해도 세계적 범위에서의 기본적 인권침해를 조성하고 지어

---

60) 출처: 과학백과사전출판사, 『정치법률연구』, 2009년 제3호(누계 제27호), 46쪽.

는61) 국가주권에 대한 부당한 간섭을 조성할 수 있는 우려가 있기 때문이라는 것이다. 국제조약만을 국제범죄에 관한 법규범의 유일한 존재형식으로 보아야 한다고 주장하는 것은 본질에 있어서 국제조약의 규제대상 밖에서 감행되는 제국주의자들의 범죄행위들에 합법성을 부여하려는 데 그 진의도가 있다.

국제범죄에 관한 법규범의 형성발전의 력사와 실천은 국제조약이 국제범죄에 관한 법규범의 주요 존재형식이지 유일한 형식은 아니며 국제조약 이외에도 국제관습 등이 있다는 것을 보여주고 있다.

국제범죄에 관한 법규범의 존재형식으로는 첫째로, 국제조약이 있다. 국제조약이 국제범죄에 관한 법규범의 존재형식으로 되는 것은 우선 국제조약이 국가들 간의 가장 합리적이고 전형적이며 보편적인 합의형식으로 되기 때문이다. 국제조약은 체약국들이 각기 자기의 의견들을 자유롭게 제기하고 호상 심중히 토의하고 합의한 데 기초하여 성립되는 국제법적 문건이다. 따라서 국제조약에는 체약국들의 의사가 반영되여 있다. 국제조약을 제외한 그 어떤 형식도 국가들의 의사를 반영할 수 있는 합리적인 형식으로 되지 못한다.

국제조약이 국제범죄에 관한 법규범의 존재형식으로 되는 것은 또한 국제조약에 국가들의 권리의무가 명백히 규제되여 있기 때문이다. 국제법규범에는 국제법률관계의 당사자들이 반드시 지켜야 할 행동기준이 권리의무형태로 규제된다. 국가들의 권리의무를 가장 명확하게 규제할 수 있는 형식은 바로 국제조약이다. 국가들은 국제조약을 통하여 어떤 행위는 수행하여야 하며 어떤 행위는 수행하지 말아야 하는가를 명확히 알게 되고 국제조약상의 의무위반에 대한 성격과 내용, 그에 대한 책임확정의 근거를 똑똑히 알게 된다. 이와 함께 국제조약이 성문화된 것으로 하여 그의 해석적용에서 일관성을 보장하고 국제법규범들의 공고성과 안정성을 보장할 수 있다.

국제범죄에 관한 법규범의 존재형식으로는 둘째로, 국제관습이 있다. 국제관습은 오랜 력사적 기간 국제관례에서 반복 적용한 결과 오늘 모든 국가들에 의무적인 것으로 된 규범이다. 다시 말하여 한 나라 또는 몇 개 나라들에서 먼

---

61) 편집자 주: '심지어는'이라는 의미이다.

저 실시되여 오던 규범을 오랜 력사적 기간 반복 적용하는 과정을 통하여 오늘 많은 나라들에 의무성이 부여된 행위규범이다.

국제관습이 국제범죄에 관한 법규범의 존재형식으로 되는 것은 우선 국제관습에 국제범죄와의 투쟁에서 지켜야 할 국가들의 행위의 표준이 설정되여 있기 때문이다. 국제관습은 국제조약과 같이 국가들의 행동기준이 구체적으로 명기되여 있지는 못하지만 국제관계에서 국가들이 지켜야 할 행위기준이 설정되여 있다.

국제관습이 국제범죄에 관한 법규범의 존재형식으로 되는 것은 또한 국제관습이 국가들에 의무성을 부여하고 있기 때문이다. 국제관습은 대다수국가들에 의하여 그의 준수가 인정되고 실지 적용되고 있는 규범이다. 국가들이 그의 준수를 인정하고 호상관계에서 실질적으로 적용되고 있는 이상 그것은 국가들에 법적구속력을 가지는 행동규범으로 되는 것이다.

국제관습을 위반한 국가가 그로 인한 국제적 책임 추궁을 받는 것은 오래전부터 인정되고 적용되여 온 하나의 국제법상 요구이다. 그러나 국제무대에 존재하는 모든 관습이 다 국제관습규범으로 되는 것은 아니다. 대다수 나라들이 인정하고 세계적 범위를 포괄하여 적용되는 국제관습규범으로 되려면 두 가지 요건을 갖추어야 한다. 하나는 각국에서 류사한 행위들이 반복적으로 나타나고 그러한 행위들에 대한 관습규범적용이 장기적인 실천과정을 통하여 부단히 반복되여야 하며 다른 하나는 각국이 그 법적 효력을 인정해야 한다는 것이다.

이처럼 국제조약과 국제관습은 국제범죄에 관한 법규범의 존재형식이다. 모든 법전문가들은 국제범죄에 관한 법규범의 존재형식에 대한 옳은 리해를 가지고 국제범죄를 업으로 일삼는 제국주의자들의 책동을 폭로 단죄하는 투쟁에 그를 효과적으로 리용하여야 할 것이다.

40. 국제법 위반에 따르는 책임성립조건의 특징[62]

리수진

[45]위대한 수령 김일성동지께서는 다음과 같이 교시하시였다. ≪우리는 앞으로도 국제문제들을 주체적인 립장에서 판단하고 우리 혁명에 유리하게 처리해 나가도록 하여야 할 것입니다.≫(≪김일성전집≫제48권, 30페지)

국제법 위반에 따르는 책임성립조건의 특징을 옳게 리해하는 것은 그에 대한 과학적 리해를 가지고 특징에 맞게 국제법 위반행위들을 처벌할 수 있게 하는 데서 중요한 의의를 가진다.

국제법 위반에 따르는 책임성립조건의 특징은 첫째로, 그것이 국내법에 규제된 책임성립조건에 비해볼 때 구체화, 세분화되지 못한 것이다. 일반적으로 법의 유지공고화가 법 위반에 대한 감독과 통제, 제재를 통하여 이루어지는 것으로 하여 법위반에 대한 책임성립조건문제는 매우 중요한 문제로 나선다. 때문에 어느 나라나 국내법의 준수를 보장하기 위하여 행위규범과 함께 그 위반에 따르는 책임성립조건을 설정하고 그것을 분야별로 구체적으로 규제하고 있다. 그러나 국내법 위반에 따르는 책임성립조건에 비추어볼 때 국제법 위반에 따르는 책임성립조건의 규제 력사는 상당히 짧다고 볼 수 있다. 지금까지 국제법률관계를 규제하는 조약들은 많은 경우 행위나 수속 절차와 관련하여 규제하였을 뿐 조약을 위반한 경우 그 책임과 관련한 규정을 찾기가 매우 힘들다. 그것은 바로 국제법 자체의 특성과 관련된다. 국제법은 국내법과는 달리 국제사회를 구성하는 모든 성원들의 의사합의에 의하여 이루어지는 규범이다. 더욱이 국제사회에 초국가적인 립법기구나 강제기구가 없는 조건에서 국제법상 책임추궁과 관련한 규범설정문제는 매개 나라들에 있어서 자기의 국가적 리익과 련결되여 있고 나라마다 그에 대한 견해일치가 각이한 것으로 하여 합의를 보기가 매우 힘들다. 지난 시기 제국주의자들은 국제법의 이러한

---

62) 출처: 과학백과사전출판사, 『정치법률연구』, 2011년 제3호(누계 제35호), 45~46쪽.

특성을 악용하여 국제법을 제정할 때마다 국제법 위반의 경우 그에 대한 책임 조항설정을 한사코 반대하여 왔다. 그것은 국제법 위반에 대한 책임추궁제도가 구체적으로 확립되는 경우 침략과 략탈을 업으로 삼는 제국주의자들이 국제재판의 피고석에 앉는 것은 명백하기 때문이다. 이로부터 국제법 위반에 따르는 책임성립조건은 립법 기술적으로 째이지 못하고 여러 가지 측면에서 어설픈 결함들이 적지 않다. 이것은 국제법 위반에 따르는 책임성립조건이 국내법에 비해볼 때 구체화, 세분화되어 있지 못하다는 것을 보여주고 있다.

국제법 위반에 따르는 책임성립조건의 특징은 둘째로, 그것의 규범적 기초가 국내법규범과는 다르다는 것이다. 국내법 위반의 경우 그에 적용하게 될 책임성립조건은 대체로 국내법 규범에 기초를 두고 있다. 그것은 우선 국내법에서 법위반행위의 성격과 엄중성, 국가사회제도에 미치는 후과 등을 고려하여 성립조건을 규제하고 있는 것을 통하여 잘 알 수 있다. 실례로 우리 공화국 형법에서는 범죄의 일반개념을 밝힌 데 기초하여 구체적인 범죄의 류형과 특성에 따라 범죄의 성립조건을 규정하고 있다. 그것은 또한 국내법 위반의 책임을 국내재판소가 추궁하는 것을 통하여서도 잘 알 수 있다. 물론 국내재판소가 외국적 요소가 있는 사건을 취급하는 경우 국제조약에 의거하지만 그 경우는 해당 국가가 이 국제조약에 가입하여 그 조약에 국내법과 같은 효력을 부여하였기 때문이다. 따라서 자기 국가가 가입한 국제조약에 기초하여 사건을 취급하는 것은 자기 나라의 국내법에 기초하여 사건을 취급하는 것과 같다. 이와 달리 국제법 위반에 따르는 책임성립조건의 규범적 기초는 국제법규범이다. 국제법 위반에 따르는 책임성립조건의 규범적 기초가 국제법이라는 것은 국제법 위반에 따르는 책임이 철저히 국제법에 준하여 확정되고 추궁된다는 것을 의미한다. 이것은 여러 가지 실례들을 통하여 잘 알 수 있다. 실례로 제2차 세계대전을 총화63)하는 뉴른베르그국제군사재판소 규약에서는 국제법을 란폭하게 위반하고 인류에게 헤아릴 수 없는 재난을 안겨준 범죄자들의 행위에 따르는 책임성립조건으로서 전쟁범죄와 평화를 반대하는 범죄, 인

---

63) 편집자 주: 진행 경과를 분석, 평가 및 반성하면서 앞으로의 경험과 교훈을 찾는 것을 의미한다.

류를 반대하는 범죄를 감행한 자들로 한정하고 그러한 행위를 감행한 자들에게 국제법상의 책임을 추궁하기로 결정하였다.[46] 국제범죄자들에 대한 형사 책임추궁을 전문으로 맡아하는 상설적인 국제형사재판소도 자기의 규약에 4대 국제범죄(침략 죄, 전쟁 범죄, 집단살해 죄, 인도에 대한 죄)를 감행한 자들을 형사 처벌하기 위한 책임성립조건을 규정하고 있다. 이와 같이 국제법 위반의 경우 그에 대한 책임성립조건을 규제한 국제법규범들은 여러 국제법 문건들에서 찾아볼 수 있다.

우리는 국제법 위반에 따르는 책임성립조건의 특징을 잘 알고 그것을 옳게 활용해나감으로써 국제사회의 안정된 제도와 질서를 심히 파괴하고 문란시키며 세계인민들에게 온갖 불행과 고통을 안겨주고 있는 제국주의자들의 범죄적 책동을 단호히 짓부시기 위한 투쟁을 과감히 벌여나가야 한다.

41. 왜나라의 과거청산은 법적, 도덕적 의무[64]

리수영

[29]일제가 ≪을사5조약≫을 날조하여 우리나라를 식민지로 만들고 우리 인민에게 헤아릴 수 없는 불행과 고통을 들씌운 때로부터 100여 년이 지나갔다. 일제는 가장 악착하고 횡포 무도한 방법으로 우리나라의 국권을 강탈하고 우리 인민을 살해한 천추에 용납 못 할 범죄자이다.

위대한 령도자 김정일동지께서는 다음과 같이 지적하시였다. ≪…… 일제가 력사적으로 우리 인민에 대하여 저지른 죄행을 공개적으로 사과하며 응당한 보상을 하여야 합니다.≫

일제의 조선강점과 강점 후의 모든 행위들이 범죄적이였다는 것은 전 세계가 공인하고 있으며 일본의 량심 있는 정치가들과 법률가들도 자인하고 있는

---

64) 출처: 과학백과사전출판사, 『정치법률연구』, 2007년 제3호(누계 제19호), 29~31쪽.

문제이다. 그럼에도 불구하고 오늘 왜나라 당국자들은 의연히 구 조약의 ≪적법성≫과 ≪유효성≫을 운운하면서 그것을 과거청산을 거부하는 근거로 들고 나오고 있으며 강점 후 감행한 비인간적이며 비도덕적인 온갖 악행들을 변호하는 데 열을 올리고 있다. 이것은 우리 전체 조선인민은 물론 세계의 량심과 정의에 대한 우롱이고 기만이며 참을 수 없는 모욕이다.

왜나라는 지난 시기 우리 인민과 아시아 인민들에게 씻을 수 없는 죄악을 저지른 전범국이다. 따라서 피로 얼룩진 지난 시기의 죄행을 철저히 사죄하고 조선인민에게 입힌 손해를 성근하게 청산하는 것은 국제사회의 한 성원으로서의 왜나라의 법적, 도덕적 의무로 된다.

왜나라의 과거청산은 법적 의무이다. 왜나라의 과거청산이 법적 의무로 되는 것은 우선 일제에게 ≪을사5조약≫을 비롯한 여러 불평등조약을 날조하고 그를 ≪법적 기초≫로 하여 우리나라를 강제 합병함으로써 우리나라의 국권을 강탈한 법적 책임이 있기 때문이다. 왜나라가 우리나라를 식민지로 전락시키는 데 리용한 ≪을사5조약≫과 그에 기초하여 날조된 ≪정미7조약≫, ≪한일합병조약≫ 등 모든 ≪조약≫들은 다 범죄적인 조약들이다. 왜나라는 ≪조약≫들을 날조할 때마다 체약당사자인 우리의 요구에는 관계없이 저들의 의사를 들먹이기 위하여 강권을 동원하였으며 국제적으로 공인된 조약체결 절차와 법적질서를 란폭하게 위반하였다.

원래 국제조약은 당사자들의 합의에 기초하여 체결되는 문건으로서 조약체결에서의 ≪강권≫은 절대로 허용될 수 없으며 ≪강권≫이 동원된 그 조약은 벌써 조약으로 될 수 없다. 더욱이 조약은 국가를 대표하는 전권대표들에 의하여 체결되여야 하며 조인 후에도 최고주권자나 최고주권기관의 비준을 받아야만 효력을 발생한다. 현대국제법은 물론 당시 리용되던 ≪만국공법≫이나 국제관습을 보아도 조약은 평등한 지위에서 체결되여야 하며 국가수반의 비준을 받아야 효력을 발생한다는 것은 누구나 인정하고 있는 질서이다. 그러나 일제에 의하여 조작 날조된 ≪을사5조약≫을 비롯한 모든 ≪조약≫들은 왜나라 군의 포위 속에서 저들이 내세운 ≪전권대표≫들이 조약문의 작성과 조인도 일방적으로 자행한 성립될 수 없는 조약이였다. 따라서 ≪을사5조약≫

을 비롯한 모든 ≪조약≫들은 해당 국제법에 따라 불법, 무효로 된다.

왜나라의 과거청산이 법적 의무로 되는 것은 또한 일제가 지난 시기 조선인 민에게 저지른 파괴, 략탈, 학살 등의 죄행들이 시효를 적용할 수 없는 특대형 범죄이기 때문이다. 일제의 강점기간 인적, 물질적 략탈과 파괴행위는 목적과 내용, 방법에 있어서 가장 잔인하고 포악하며 날강도적이였다. 당시 조선은 교전국이거나 그로부터 산생된 피점령국이 아닌 것으로 하여 우리 인민은 죄 없이 살해될 아무런 명분도 없다. 교전쌍방 간에서도 민간인에 대한 살해를 금지한다는 것은 오래전부터 내려오는 관습규범이며 1907년 헤그협약에서는 그것이 국제법으로 공인되였다.

일제는 1907년의 ≪륙전법규와 관습에 관한 헤그(스흐라벤하헤)조약≫을 비롯한 국제법제도들을 인정하고도 3·1인민봉기를 비롯한 대중봉기들과 간 또 대지진, ≪간도대토벌≫을 비롯하여 가는 곳마다에서 조선인학살만행을 감행하였다.[30] 뿐만 아니라 일제는 840만 명에 이르는 조선청장년들을 징병 과 징용의 명목으로 강제련행, 랍치하여 대륙침략과 아시아제패를 위한 전쟁 대포밥으로 써먹었다.

일제는 인적 략탈에서뿐만 아니라 조선의 자연부원에 대한 략탈의 가혹성 에서도 단연 구 식민주의자들의 앞장에 섰다. 일제는 조선에서 눈에 드는 재 산이라면 그 형태와 크기를 가리지 않고 닥치는 대로 략탈하였다. 일제는 100 여만 정보의 옥토와 1,120여만 정보의 산림을 강탈하고 2억 6천여만 석의 량 곡을 비롯한 농산물들과 170여만 마리의 조선소 등 헤아릴 수 없는 많은 축산 물들을 빼앗아갔으며 360t의 금을 비롯하여 철광석, 연, 아연, 마그네사이트 등 지하자원을 강탈하였다. 1899년 7월 29일에 채택되고 그 후 발효된 ≪륙전 법규 및 관습에 관한 협약≫제3장 47, 48, 49조에는 ≪점령지의 략탈을 금지하 며 규정된 세금 이외의 다른 조세를 부과하는 것을 금지한다.≫라고 규정하고 있다. 이것은 다른 나라, 다른 민족에 대한 략탈행위는 철저히 국제법에 어긋 나는 위법행위라는 것을 보여주고 있다.

왜나라의 과거청산이 법적 의무로 되는 것은 또한 일제가 조선강점기간에 감행한 민족동화정책과 민족말살정책이 인간의 초보적인 권리와 존엄, 도덕륜리를 깡그리 짓밟은 반인륜적 범죄이기 때문이다. 일제는 ≪황국신민화≫ 정책을 세우고 우리 민족의 력사와 문화전통을 말살하고 민족성을 말살하기 위하여 별의별 짓을 다하였으며 왜나라말 사용과 ≪창씨개명≫까지 강박하였다. 이것은 우리 민족의 넋과 자부심, 우수한 민족문화와 미풍량속을 말살함으로써 조선민족 자체를 없애버리려는 엄중한 민족말살정책이다. ≪륙전법규와 관습에 관한 협약≫과 ≪경제적 및 사회적, 문화적 권리에 관한 국제규약≫(A규약) 제1조와 제2조에서는 어떤 방법으로도 주민의 생명과 재산에 대하여 침해하지 않을 데 대하여서와 인종차별을 금지하고 해당 민족의 풍속을 존중할 데 대하여 명백히 규제하고 있다.

일제는 패망 후에도 우리 공화국에 대한 적대시정책을 집요하게 추구하였다. 오늘 우리 민족이 분렬의 고통을 겪는 원인의 하나가 왜나라 군국주의자들의 식민지적 지배와 관련되여 있다. 사실 일제의 조선에 대한 식민지적 지배가 없었더라면 조선의 분렬문제는 애당초 상정되지도 않았을 것이다. 왜나라는 이에 대하여 응당한 책임을 지고 반성할 대신 미제의 조선전쟁에 직접 가담하여 무고한 조선인민을 살해하고 삼천리조국강토를 페허로 만들었으며 정전 후에도 미제의 하수인이 되여 분렬주의 정책과 반공화국 적대시정책으로 우리 조국의 분렬을 오늘까지 지속시키고 우리 인민에게 분렬의 고통을 강요하는 범죄를 감행하였다. 왜나라에 있어서 군대설립은 물론 조선전쟁의 가담은 철저히 위법행위로 된다.

이와 같이 일제가 조선에서 감행한 모든 행위는 국제법규범의 규정을 초월한 시효가 없는 범죄이다. 이렇듯 왜나라의 과거사는 조선인민에게 헤아릴 수 없는 고통을 준 범죄의 력사이며 국제법규범과 원칙들을 위반한 죄악의 력사이다.

왜나라의 과거청산은 도덕적 의무이다. 왜나라의 과거청산이 도덕적 의무로 되는 것은 일제에게 가장 비렬한 방법으로 우리 국권을 강탈하고 우리 인민을 학살한 도덕적 책임이 있기 때문이다. 일제는 우리나라의 국권을 회유, 기만 등 비도덕적인 방법으로 강탈하였다. 일제는 친일매국역적들을 매수하고 순종을 왜나라에 억류시키고 고종의 수표와 국새날인도 없이 대신들을 위협하는 등 가장 비렬한 방법으로 우리나라의 주권을 유린하였으며 세력권확장을 위하여 왕궁에까지 서슴없이 뛰어들어 왕비를 살해하는 비인간적인 행위도 서슴없이 감행하였다.

일제는 조선강점기간 비도덕적인 방법으로 조선사람들을 학살하고 자원을 략탈하여 갔다. 10대의 소녀로부터 유부녀에 이르는 20여만 명의 조선녀성들을 강제련행, 랍치, 유괴하여 왜나라군 ≪위안부≫로 전락시킨 일제의 성노예 죄악은 국제적인 반인륜범죄의 최절정을 이룬다. 일제는 저들의 추악한 죄행을 은폐하기 위하여 그들을 거의 모두 학살하였으며 겨우 살아남은 녀성들도 정치 도덕적 수치와 육체적 고통으로 일생을 살아가고 있다. 일제는 각종 명목의 지표로 우리나라의 자원도 대량 략탈하였으며 지어 가정에서 쓰는 밥그릇과 장식품 등 개인 살림집의 재산까지 빼앗아갔다.

왜나라의 과거청산이 도덕적 의무로 되는 것은 또한 일제의 행위들이 우리 민족이 대대로 물려오는 초보적인 조상 례법도 무시한 비인간적인 행위이기 때문이다.[31] 일제의 도덕적 저렬성은 우리 조상들의 무덤을 도굴하는 데서 집중적으로 나타났다. 일제는 단군릉을 파헤치고 관을 마스고 지어 유골가지 파헤치며 귀중품을 도적질하였으며 공민왕릉 도굴 때에는 헌병, 경찰 등 수십 명으로 구성된 도굴단을 조직하고 폭약까지 리용하여 공민왕릉을 파괴하고 수많은 유물들을 략탈하여 10여대의 달구지로 실어갔다. 일제는 1919년까지만 하여도 200여 개의 무덤을 도굴하여 수십만 점에 달하는 문화유물을 훔쳐 갔으며 조선강점기간 고려고분 1,400여 개, 신라고분 73개를 도굴하고 36,800여 점의 유물을 비롯하여 우리나라의 귀중품들을 략탈하여 갔다. 이러한 비인간적, 비도덕적 행위는 저속한 민족성을 가진 야마도민족의 후예들만이 할 수 있다.

이와 같이 왜나라가 ≪을사5조약≫을 강압적인 방법으로 날조한 후 100여 년이 넘는 오늘까지 우리 민족 앞에 지은 죄는 참으로 천추를 두고 용납할 수 없는 특대형의 범죄들이다. 왜나라가 우리 인민에게 감행한 모든 범죄들은 과거청산이라는 법적, 도덕적 의무리행으로써만 해결될 수 있다. 그러나 오늘 왜나라는 한사코 과거죄행을 인정하지 않고 그 청산을 집요하게 회피하면서 과거 우리나라에서 감행한 온갖 죄행을 부정하고 찬미하면서 과거죄행을 합법화하기 위하여 별의별 책동을 다하고 있다. 왜나라는 ≪과거청산≫이라는 법적, 도덕적 의무리행으로써만 국제사회의 신뢰를 얻을 수 있고 이웃들과의 관계를 좋게 발전시켜 나갈 수 있으며 일본의 앞으로의 미래도 전망되게 된다는 것을 똑똑히 알아야 한다. 그러므로 일본은 죄악에 찬 범죄사를 미화 분식하면서 과거청산을 회피할 것이 아니라 국제사회의 추세와 흐름에 따라 성근하게 사죄하게 보상함으로써 법적, 도덕적 책임을 다하여야 한다. 우리 인민은 과거 일제가 저지른 죄악에 대하여 한시도 잊지 않고 있으며 반드시 결산을 받기 위하여 끝까지 투쟁할 것이다.

제13장 남북관계

42. ≪북남관계발전과 평화번영을 위한 선언≫은
6·15공동선언을 전면적으로 구현하기 위한 실천강령[65)

신분진

[71]6·15공동선언의 기치를 높이 들고 나아가는 우리 인민의 조국통일운동은 새로운 력사적 전환의 시기를 맞이하고 있다. 온 겨레가 민족 중시, 평화 수호, 단합 실현을 위한 과감한 투쟁을 벌여나가는 속에 북남총리회담, 북남 군사고위급회담, 북남상급[66)회담 등 고위급협상들이 민족의 리익과 지향에 맞게 진행되였으며 북남 사이의 다방면적인 협력의 길이 열리었다. 온 겨레에게 통일의 열의와 신심을 북돋아준 의의 깊은 사변들과 성과들은 6·15공동선언과 그 실천 강령인 10·4선언의 정당성과 생활력의 뚜렷한 과시로 된다. 새해 공동사설에서는 북남관계발전과 평화번영을 위한 10·4선언이 민족의 자주적 발전과 통일을 추동하는 고무적 기치로, 6·15공동선언을 전면적으로 구현하기 위한 실천 강령으로 된다고 지적하였다. 10·4선언이 6·15공동선언을 전면적으로 구현하기 위한 실천 강령으로 되는 것은 무엇보다도 그것이 ≪우리 민족끼리≫ 리념 밑에 민족자체의 힘으로 나라의 통일을 이룩할 데 대한 6·15공동선언의 기본정신을 옹호 고수할 것을 재확인하고 그 실천에서 나서는 근본문제들을 명확히 밝혀주고 있기 때문이다. 10·4선언에서는 우선 6·15공동선언의 기본정신을 재확인하였다.

6·15공동선언의 기본정신은 민족자주이다. 위대한 령도자 김정일동지께서

---

65) 출처: 김일성종합대학출판사, 『김일성종합대학학보: 력사법학』, 제54권 제3호(2008), 71~76쪽.

66) 편집자 주: 장관급.

는 다음과 같이 지적하시였다. ≪북남공동선언에서는 나라의 통일문제를 그 주인인 우리 민족끼리 서로 힘을 합쳐 자주적으로 해결해야 한다고 한 조항이 기본입니다.≫(≪김정일선집≫제15권, 64페지)

6·15공동선언은 민족의 대단결을 이룩하여 조선사람 자체의 힘으로 나라의 통일을 이룩하고 민족의 자주성을 전면적으로 확립하려는 목적 밑에 북과 남이 온 겨레 앞에 엄숙히 확약한 공동문건으로서 여기에는 강한 민족자주정신이 깔려 있다. 6·15공동선언의 매 조항과 문구들에는 우리 민족이 조국애, 민족애와 뗄 수 없이 련결된 하나의 민족으로서 자주성이 강한 단일민족이며 민족 자체의 힘으로 민족의 자주성을 실현할 수 있는 자주적인 민족이라는 민족자주정신이 맥박치고 있다.

민족자주를 기본정신으로 하는 6·15공동선언에 대한 태도는 애국애족과 매국배족, 통일의 립장과 분렬의 립장을 가르는 시금석으로 된다. ≪우리 민족끼리≫ 리념 밑에 조국통일운동이 새로운 전환기에 들어선 오늘의 정세하에서 조선민족의 피와 넋을 지닌 사람이라면 누구도 6·15공동선언을 리행하는 데서 주춤거리거나 외면하지 말아야 하며 뒤를 돌아보거나 멈추지 말고 그에 방해되는 일을 하지 말아야 한다. 우리 대에 조선사람이 주인이 되여 우리 민족끼리 통일의 문을 여는 비결은 바로 민족자주에 있다.

민족자주가 아니라 외세의존을 일삼으면서 나라를 사랑하고 민족을 귀중히 여긴다는 것은 분렬주의 세력들이 저들의 매국배족행위를 정당화하기 위한 궤변이다. 애국애족과 매국배족이 량립될 수 없는 것처럼 민족자주와 외세의존은 량립될 수 없다. 외세에 의존하여서는 어느 때에 가서도 나라의 통일문제를 해결할 수 없다. 조국통일을 진정으로 바란다면 외세의존이 아니라 민족자주의 길로 나아가야 하며 통일과 관련한 문제는 민족자주의 립장에서 우리 민족끼리 해결해야 한다.[72]

10·4선언에서는 북과 남이 ≪우리 민족끼리≫ 정신에 따라 통일문제를 자주적으로 해결해나가며 민족의 존엄과 리익을 중시하고 모든 것을 이에 지향시켜 나가는 것과 함께 6·15공동선언을 변함없이 리행해나갈 의지를 표명하였다. 10·4선언이 채택됨으로써 북과 남은 자주통일의 리정표를 더욱 높이

추켜들고 희망과 신심, 락관에 넘쳐 조국통일을 위한 투쟁에서 마음과 뜻은 물론 걸음도 합쳐나갈 수 있게 되였다.

10·4선언에서는 또한 6·15공동선언의 기본정신인 ≪우리 민족끼리≫ 리념을 옹호 고수하는 데서 나서는 근본문제들과 그 실현방도를 밝혀주고 있다. ≪우리 민족끼리≫ 리념을 옹호 고수하고 그 기치 밑에 나라의 통일을 실현하는 데서 나서는 근본문제는 북과 남 사이에 사상과 제도의 차이를 초월하여 북남관계를 호상존중과 신뢰의 관계로 확고히 전환시키는 것이다. 나라가 분렬된 후 북과 남에는 오랫동안 서로 다른 사상과 제도가 존재하고 있다. 사상과 제도의 차이로 하여 북과 남에서는 서로의 오해가 커지고 있으며 이것은 나라의 통일을 실현하기 위한 우리 인민의 투쟁에 난관을 조성하고 있다. 북과 남에 서로 다른 사상과 제도가 존재하는 조건에서 상대방의 사상과 제도를 부인하면 대결을 피할 수 없다. 북과 남은 서로 다른 사상과 제도의 존재를 인정하는 기초 위에서 화합을 이룩하고 공존, 공영, 공리를 도모하면서 조국통일의 길을 함께 열어나가야 한다.

10·4선언에서 북과 남은 사상과 제도를 초월하여 북남관계를 호상존중과 신뢰의 관계로 확고히 전환시켜 나갈 것을 합의하고 그 구체적인 방향과 방도를 제시하고 있다. 선언에서 북과 남은 북남관계를 호상존중과 신뢰의 관계고 전환시키기 위하여 서로 내부문제에 간섭하지 않으며 북남관계에서 나서는 모든 문제를 화해와 협력, 통일에 부합되게 해결해나가기로 하였다. 이와 함께 북남관계를 통일 지향적으로 발전시켜 나가기 위하여 각기 상대방을 반목, 질시하던 법률적, 제도적 장치들을 정비해나가며 북남관계를 확대 발전시키는 데서 나서는 모든 문제들을 민족의 념원에 맞게 해결하기 위해 량측 의회 등 각 분야에서 대화와 접촉을 적극 추진해나가기로 하였다. ≪우리 민족끼리≫ 리념을 옹호 고수하고 그 기치 밑에 나라의 통일을 실현하는 데서 나서는 근본문제는 북과 남이 사상과 제도의 차이를 초월하여 북남관계를 호상존중과 신뢰의 관계로 전환시키는 것과 함께 군사적 적대관계를 종식시키고 조선반도에서 긴장완화와 평화를 보장하기 위하여 긴밀히 협력하는 것이다.

북과 남은 한 민족이면서도 오랫동안 총부리를 맞대고 적대관계에 놓여 있다. 북과 남 사이의 군사적 대치상태, 적대관계는 동족 사이의 불화와 오해를 가져오며 서로 신뢰하고 화해할 수 없게 할 뿐 아니라 긴장을 격화시키고 민족적 참화를 빚어내게 할 수 있다. 군사적 적대관계를 종식시키지 않고서는 북남관계의 개선도 조선반도의 평화와 평화통일도 기대할 수 없다. 10·4선언에서 북과 남은 군사적 적대관계를 종식시키고 조선반도에서 긴장완화와 평화를 보장하기 위하여 긴밀히 협력할 것을 합의하고 그 구체적인 방향과 방도를 제시하고 있다. 선언에서 북과 남은 군사적 적대관계를 종식시키고 조선반도에서 긴장완화와 평화를 보장하기 위하여 서로 적대시하지 않고 군사적 긴장을 완화하며 분쟁문제들을 군사적 충돌의 방법으로가 아니라 대화와 협상을 통하여 해결하기로 하였다. 이와 함께 조선반도에서 그 어떤 형태의 전쟁도 반대하며 북과 남 사이에 이미 합의한 불가침의무를 확고히 준수하기로 하였다.[73] 그리고 북과 남이 서해에서의 우발적 충돌을 방지하기 위해 공동어로수역을 지정하고 이 수역을 평화수역으로 만들기 위한 구체적인 방안들을 합의하였으며 각종 협력 사업에 대한 군사적 보장조치문제 등 군사적 신뢰를 구축하는 데서 나서는 실무적 문제들도 합의하였다.

조선반도에서 긴장완화와 평화를 보장하기 위하여서는 현 정전체계를 평화체계로 교체하여야 한다. 현 정전체계는 전쟁의 근원이며 조선반도에서 공고한 평화를 보장하기 위하여 반드시 제거되여야 할 낡은 대결시대의 유물이다. 반세기가 넘는 오랜 세월 항시적으로 전쟁의 위험 속에서 살아온 우리 민족에게 있어서 평화보다 귀중한 것은 없다. 온 민족이 내외호전분자들의 침략전쟁책동을 짓부시기 위한 반전평화투쟁의 불길을 세차게 지펴 올려야 한다. 평화수호투쟁은 민족의 생존터전을 지키기 위한 애국투쟁이다. 선언에서 북과 남은 현 정전체계를 종식시키고 항구적인 평화체계를 구축해나가는 데서 책임있는 당사자들이 자기 의무를 다하도록 서로 협력할 것을 합의하였다. 특히 미국의 대조선 적대시정책을 끝장내고 정전협정을 평화협정으로 교체하며 남조선에서 침략적인 합동군사연습과 무력증강책동을 저지시키고 미군 기지들을 철폐하는 데서 북과 남이 공동으로 노력할 것을 합의하였다. 10·4선언이 채택됨으로써 북과 남은 서로 다른 사상과 제도의 존재를 인정하고 북남관계를 호상존중과 신뢰의 관계로 전환시키며 북남 사이의 군사적 적대관계를 종식시켜 조선반도에서 긴장완화와 평화를 보장해나갈 수 있는 방향과 방도를 가지고 ≪우리 민족끼리≫의 통일대진군을 힘차게 다그쳐나갈 수 있게 되였다.

10·4선언이 6·15공동선언을 전면적으로 구현하기 위한 실천 강령으로 되는 것은 다음으로 그것이 북과 남 사이의 경제협력을 통하여 민족경제를 균형적으로 발전시키며 사회문화, 체육, 보건, 환경 등 제반분야의 협력과 교류를 활성화하여 서로의 신뢰를 도모할 데 대한 6·15공동선언을 리행하는 데서 나서는 모든 문제들을 정확히 밝혀주고 있기 때문이다.

10·4선언에서는 우선 북과 남 사이의 경제협력을 통하여 민족경제를 균형적으로 발전시켜나가는 데서 견지하여야 할 원칙과 그 실현방도를 밝혀주고 있다. 원래 경제협력은 나라와 민족들 사이에 맺어지는 호상관계의 일반적 형식으로서 우리나라와 같이 분렬된 민족의 경우에도 응당 필요하다. 문제는 어떤 목적 밑에 호상 협력을 하는가 하는 것이다. 북남 사이의 경제협력은 민족공동의 번영을 위한 사업 다시 말하여 민족의 화해와 단합을 도모하고 평화와 번영, 통일을 이룩해나가는 숭고한 애국사업이다. 겨레의 지향을 반영하고 북과 남의 관계를 호상존중과 신뢰의 관계로, 화해와 협력의 관계로 발전시켜 통일위업을 추동하는 동족 사이의 협력은 응당 장려되여야 하며 더욱 활성화되여야 한다. 특히 북남 사이의 경제협력사업은 어느 일방이 상대방에게 베푸는 특혜나 선사품이 아니라 민족경제의 균형적 발전과 공동의 번영을 위한 사업인 것만큼 서로의 리익을 도모하면서 유무상통의 원칙에서 다방면적으로 발전시켜 나가야 한다. 북남경제협력사업은 우리 민족끼리의 사업인 것만큼 정세변화나 외부환경의 영향에 관계없이 민족의 단합과 통일에 실질적으로 이바지할 수 있게 진행되여야 한다. 만일 그것이 북남 간에 적당히 장사나 하면서 민족분렬을 무한정 지속시키거나 협력의 공간을 통하여 상대방의 내부를 와해시키는 데 리용된다면 그것은 오히려 민족의 장래운명과 조국통일운동에 돌이킬 수 없는 엄중한 후과를 가져올 수 있다.[74] 10·4선언은 민족경제의 균형적 발전과 번영을 위해 경제협력사업을 공리, 공영과 유무상통의 원칙에서 적극 활성화하고 지속적으로 확대발전시킬 것을 합의함으로써 북남경

제협력이 명실공히 나라와 민족의 평화번영에 이바지할 수 있게 하고 있다.

선언에서는 북남경제협력사업이 공리, 공영과 유무상통의 원칙에서 진행되도록 하기 위하여 실천적으로 북과 남이 경제협력을 위한 투자를 장려하고 경제하부구조건설과 자원개발을 적극 추진하며 민족내부협력사업의 특수성에 맞게 각종 우대조건과 특혜를 우선적으로 부여하기로 하였다. 이와 함께 북과 남이 해주지역과 주변해역을 포괄하는 ≪서해평화협력특별지대≫를 설치하고 공동어로구역과 평화수역을 설정할 것을 합의하였다. 그리고 북남경제특구를 건설하며 북과 남이 공동으로 해주항과 림진강 하구를 리용할 것을 합의하고 그를 적극 추진시켜 나가기로 하였다.

선언에서는 북과 남이 개성공업지구1단계건설을 빠른 시일 안에 완공하고 2단계개발에 착수하며 문산-봉동 간 철도화물수송을 시작하고 통행, 통신, 통관문제를 비롯한 제반 제도적 보장조치들을 조속히 완비해나갈 것을 약속하였다. 그리고 북과 남이 개성-신의주 철도와 개성-평양 고속도로를 공동으로 리용하기 위하여 개건보수문제를 협의추진하며 안변과 남포에 조선협력지구를 건설하고 농업, 보건의료, 환경보호 등 여러 분야에서의 협력 사업을 추진해나가기로 합의하였다. 선언이 채택됨으로써 북과 남은 민족경제를 균형적으로 발전시켜 민족공동의 번영을 이룩해나갈 수 있는 근본지침과 방향, 방도를 가지고 조국통일운동을 힘 있게 다그쳐나갈 수 있게 되였다.

10·4선언은 또한 유구한 력사와 우수한 문화를 빛내이기 위하여 력사, 언어, 교육, 과학기술, 문화예술, 체육 등 사회문화 분야에서의 교류와 협력을 발전시켜 나가는 데서 나서는 실천적 문제들을 밝혀주고 있다. 민족의 유구한 력사와 우수한 문화를 빛내이는 것은 주체성과 민족성을 고수하는 데서 기본으로 된다. 매개 민족에게는 민족의 유구한 력사와 우수한 문화가 있다. 나라와 민족의 운명을 개척하기 위한 투쟁에서 사회력사적으로 형성된 유구한 력사와 우수한 문화는 인종특성과는 인연이 없으며 어느 특정한 민족만이 지니게 되는 것도 아니다. 민족의 유구한 력사와 우수한 문화를 적극 빛내어 나가야 모든 민족성원들이 자기 나라와 민족에 대한 사랑의 감정과 민족을 지키고 더욱 발전시키려는 각오를 가질 수 있다. 매개 나라와 민족들은 유산으로 내

려오는 민족의 유구한 력사와 우수한 문화를 빛내이면서 새로운 민족의 우수성을 끊임없이 창조해나가야 한다.

우리 민족의 유구한 력사와 우수한 문화를 빛내이기 위하여 북과 남이 협력하는 것이 중요하다. 민족의 유구한 력사와 우수한 문화는 민족의 통일과 번영을 위한 필승의 기치이다. 민족의 유구한 력사와 우수한 문화를 빛내이면서 민족의 통일적발전과 번영을 이룩해나가려는 것은 매개 민족들의 일치한 지향이다. 세상에 령토와 인구 수, 력사와 문화, 언어와 핏줄이 서로 다른 수많은 민족들이 존재하지만 그 어느 민족도 다른 민족보다 뒤떨어져 살기를 원하지 않는다. 우리 민족은 예로부터 한 강토에서 한 핏줄을 잇고 살아온 단일민족이다. 지구상에 우리 민족처럼 핏줄과 언어, 문화 등에서 단일성을 이루고 발전해온 민족은 없다. 이러한 우리 민족이 오늘 외세에 의하여 북과 남으로 갈라져 서로 다른 길을 걸어오고 있다. 외세에 의한 민족의 분렬은 력사, 언어, 교육, 과학기술, 문학예술, 체육 등 사회문화 분야에서 민족성을 흐리게 하고 있으며 민족공동의 번영과 발전에 막대한 지장을 주고 있다.[75]

오늘 남조선을 강점한 미제는 남조선에서 전대미문의 민족말살정책을 실시함으로써 민족의 넋과 미풍량속을 여지없이 유린, 말살하고 있다. 미제와 사대매국노들의 반민족적인 ≪국제화≫, ≪세계화≫의 간판 아래 실시되는 굴욕적인 개방정책으로 남조선에서는 정치와 경제는 물론 문화 분야에서도 미국식, 일본식, 서양식이 쓸어들고 있는 것으로 하여 정치방식으로부터 말과 글, 생활풍조에 이르기까지 사회문화생활이 미국화, 일본화, 서양화되고 있으며 외세가 판을 치고 민족성과 민족의 존엄이 여지없이 유린 말살되고 있다. 현실은 북과 남이 힘을 합쳐 민족의 유구한 력사와 우수한 문화를 빛내어 나갈 것을 요구하고 있다. 북과 남이 힘을 합쳐 민족의 유구한 력사와 우수한 문화를 빛내이자면 력사, 언어, 교육, 과학기술, 문학예술, 체육 등 사회문화의 모든 분야에서 교류와 협력을 발전시켜 나가야 한다.

10·4선언에서는 민족의 유구한 력사와 우수한 문화를 빛내이기 위하여 북과 남이 백두산-서울 직항로를 개설하고 백두산관광을 실시할 데 대하여서와 2008년 베이징올림픽 경기대회에 북남응원단이 서해선 렬차를 처음으로 리용

하여 참가하기로 합의하였다. 선언이 채택됨으로써 북과 남, 해외의 전체 조선민족은 나라와 민족번영의 기치인 ≪우리 민족끼리≫ 리념 밑에 유구하고 우수한 우리 민족의 력사와 문화를 더욱 빛내어 나갈 수 있는 근본방도를 받아 안고 조국통일의 길을 힘차게 다그쳐나갈 수 있게 되였다.

10·4선언이 6·15공동선언을 전면적으로 구현하기 위한 실천 강령으로 되는 것은 다음으로 그것이 흩어진 가족, 친척방문단 교환을 비롯한 인도적 문제들을 조속히 풀어나가기로 한 6·15공동선언의 리행에서 나서는 실천적 방도를 제시하고 있기 때문이다. 외세에 의한 민족의 분렬은 민족의 생존터전은 물론 민족구성원들의 분렬도 가져왔다. 나라의 분렬로 하여 우리 인민이 겪고 있는 불행과 고통은 헤아릴 수 없이 크다. 8·15해방 직후 나라와 민족이 남북으로 갈라지는 것을 목격했던 분렬세대들의 머리에 흰서리가 내렸고 뒤이어 분렬 2세, 3세가 자라났으나 가족, 친척들은 서로 만나볼 수 없는 것은 물론 서신거래마저 마음대로 하지 못하고 있으며 지어는 생사여부조차 알지 못하고 있다.

북과 남이 사상과 제도가 다르다고 하여 서로 한민족이 아닌 남으로 되여가고 있으며 점차 남조선에서 외세에 의하여 민족의 핏줄이 혼탁되고 민족의 미풍량속이 유린, 말살되여 가고 있는 현상은 지구상에서 조선민족의 존재자체를 위태롭게 하고 있다. 흩어진 가족, 친척방문은 단순한 인도적 문제가 아니라 북과 남에서 갈라진 민족성원들을 하나로 합쳐 나라의 통일을 실현하는 데서 공동보조를 맞출 수 있게 하는 정치적 문제이다.

10·4선언에서는 인도주의적 협력사업을 적극 추진해나가기 위하여 북과 남이 흩어진 가족과 친척들의 상봉으로 확대하며 영상편지교환사업을 추진하기로 합의하고 이를 위해 금강산면회소가 완공되는 데 따라 쌍방대표를 상주시키고 흩어진 가족과 친척의 상봉을 정상적으로 진행하기로 하였다. 이와 함께 북과 남이 자연재해를 비롯하여 재난이 발생하는 경우 동포애와 인도주의, 상부상조의 원칙에 따라 적극 협력해나가기로 하였으며 국제무대에서 민족의 리익과 해외동포들의 권리와 리익을 위한 협력을 강화해나가기로 하였다.

참으로 력사적인 ≪북남관계발전과 평화번영을 위한 선언≫은 자주통일,

평화번영의 새 시대를 알리는 장엄한 선언이며 6·15공동선언의 기본정신을 재확인하고 그에 기초하여 평화와 협력, 통일을 다그쳐나갈 것을 약속한 선언이다.[76]

10·4선언에는 북남관계발전과 나라의 공고한 평화, 민족공동의 번영을 위한 제반문제들을 풀어나가기 위한 과업과 방도들이 명확히 밝혀져 있다. 10·4선언에서 제시된 과업들은 6·15공동선언에서 제시된 자주통일의 리정표를 달성하기 위한 현실적인 문제들이며 그 실현은 곧 6·15공동선언 리행을 촉진시킨다.

오늘 조국통일운동의 현실은 북과 남이 6·15공동선언을 자주통일의 기치로 내세우고 10·4선언에 밝혀져 있는 대로 북남관계발전과 평화번영을 위한 애국사업을 힘 있게 다그쳐나갈 것을 요구하고 있다. 북과 남, 해외의 온 겨레는 10·4선언을 관철하기 위한 거족적인 투쟁을 벌여 기어이 조국통일과 민족번영의 새 력사를 창조해나가야 한다. 10·4선언 리행의 직접적 당사자는 어디까지나 북과 남이다. 북남관계발전과 평화번영은 북과 남의 어느 일방을 위한 것이 아니라 전 민족을 위한 것이다. 10·4선언을 그 어떤 리념이나 당파적 리익의 견지에서 대하면서 그 리행을 외면하고 거기에 제동을 건다면 그것은 반민족적, 반통일적 행위로 된다. 북과 남의 각계각층은 주의주장과 당리당략을 떠나 10·4선언을 지지 옹호해야 하며 사상이나 리념보다 민족의 대의를 앞에 놓고 하나로 굳게 단결하여 민족의 통일념원을 실현하여야 한다. 북과 남, 해외의 전체 조선민족은 나라와 민족을 사랑하고 통일을 바라는 사람이라면 그 누구든 관계없이 10·4선언을 리행하는 데 통일과 민족번영의 길이 있다는 것을 명심하고 10·4선언을 리행하는 데 적극 기여하여야 한다.

43. 6 · 15공동선언과 10 · 4선언은 조국통일의 대강[67]

신분진

[65]력사적인 6 · 15북남공동선언과 10 · 4선언의 기치를 높이 들고 나아가는 우리 인민의 조국통일운동의 앞길에는 엄중한 난관이 조성되고 있다. ≪실용≫의 간판을 내걸고 출현한 남조선보수당국은 겨레의 지향과 시대의 흐름에 도전하여 자주통일의 대강인 6 · 15북남공동선언과 10 · 4선언을 전면부정하면서 북남대결에 미쳐 날뛰고 있다. 그러나 현실은 내외의 반통일세력이 제아무리 악랄하게 책동하여도 6 · 15북남공동선언과 10 · 4선언의 기치 밑에 민족의 혈맥을 다시 잇고 통일에로 나아가려는 민족의 거세찬 흐름은 절대로 막을 수 없다는 것을 보여주고 있다.

위대한 령도자 김정일동지께서는 다음과 같이 지적하시였다. ≪조국의 자주통일을 실현하는 데서 우리 민족이 들고 나가야 할 기치는 6 · 15북남공동선언과 10 · 4선언입니다. 6 · 15북남공동선언과 10 · 4선언은 민족자주의 선언, 민족대단결의 선언이며 조국통일의 대강입니다.≫(≪조선민주주의인민공화국은 불패의 위력을 지닌 주체의 사회주의국가이다.≫, 단행본, 29페지)

6 · 15북남공동선언과 10 · 4선언은 어제도 오늘도 래일도 변함없이 들고 나가야 할 조국통일의 대강이다. 6 · 15북남공동선언과 10 · 4선언은 조국통일운동발전의 어느 한 단계만이 아니라 전 과정에서 우리 민족이 일관하게 지향하는 기본 리념과 목표, 그 실현방도를 밝혀주는 기치로서 앞으로도 변함없는 생명력을 가지는 조국통일의 대강이다.

6 · 15북남공동선언과 10 · 4선언이 조국통일의 대강으로 되는 것은 무엇보다도 그것이 조국통일을 위한 투쟁의 전 과정에서 우리 민족이 일관하게 지향하는 ≪우리 민족끼리≫ 리념을 가장 정확히 밝혀주는 조국통일의 기치로 되

---

67) 출처: 김일성종합대학출판사, 『김일성종합대학학보: 력사법학』, 제55권 제4호(2009), 65~69쪽.

기 때문이다. 조국통일을 위한 투쟁에서 우리 민족의 지향과 요구는 민족자주를 기본정신으로 하는 ≪우리 민족끼리≫ 리념이다. ≪우리 민족끼리≫ 리념은 철저한 민족자주의 리념이며 민족적 단합의 리념이다. 조국통일을 위한 투쟁에서 민족자주정신이 자주성을 민족의 생명으로 보고 민족자체의 단결된 힘으로 민족의 자주성을 실현하려는 굳은 자각과 의지로 발현되는 숭고한 사상 감정이라면 ≪우리 민족끼리≫ 리념은 전체 조선민족이 조국통일의 주인이라는 자각을 가지고 나라의 통일문제를 민족의 자주적 의사와 요구에 맞게 민족끼리 힘을 합쳐 민족 자체의 힘으로 해결해나가려는 높은 민족적 지향이며 의지이다. 조국통일문제가 본질에 있어서 민족의 자주권을 확립하며 민족적 단합을 실현하는 문제인 것만큼 조국통일운동의 기본 리념은 반드시 민족자주의 리념, 민족적 단합의 리념으로 되여야 한다. 특히 우리나라의 분렬이 민족내부의 모순에 의해서가 아니라 외세에 의하여 초래된 것만큼 분렬을 끝장내기 위한 조국통일운동에서 외세의존은 또다시 예속의 올가미를 목에 거는 어리석은 짓이다. 침략적인 외세는 우리나라에 통일을 선사할 수 없으며 조선의 분렬에서 어부지리를 얻으려 하고 있다. 우리 대에 조선사람이 주인이 되여 우리 민족끼리 통일의 대문을 여는 비결은 바로 민족자주에 있으며 ≪우리 민족끼리≫ 리념을 철저히 구현하는 데 있다.

6·15공동선언과 10·4선언은 민족의 대단결을 이룩하여 조선사람 자체의 힘으로 나라의 통일을 이룩하고 민족의 자주성을 전면적으로 확립하려는 목적 밑에 북과 남이 온 겨레 앞에 엄숙히 확약한 공동문건으로서 여기에는 강한 민족적 자주정신과 ≪우리 민족끼리≫ 리념이 집약되여 있다.[66] 북남공동선언의 매 조항과 문구들에는 우리 민족이 조국애, 민족애로 뗄 수 없이 련결된 하나의 민족이며 우리 민족끼리 힘을 합친다면 민족 자체의 힘으로 얼마든지 전국적 범위에서 민족의 자주성을 실현할 수 있다는 민족자주정신이 맥박치고 있다. 6·15북남공동선언과 10·4선언에서 북과 남은 민족의 존엄과 리익을 중시하고 모든 것을 이에 지향시키는 것과 함께 나라의 통일문제를 그 주인인 우리 민족끼리 해결할 것을 엄숙히 선언하였으며 앞으로 정세가 어떻게 변하든 관계없이 6·15북남공동선언과 10·4선언을 철저히 리행해나갈 의

지를 표명하였다. 력사적인 6·15북남공동선언과 10·4선언이 채택됨으로써 북과 남은 자주통일의 리정표를 더욱 높이 추켜들고 희망과 신심, 락관에 넘쳐 조국통일을 위한 투쟁에서 마음과 뜻은 물론 걸음도 하나로 합쳐나갈 수 있게 되였다.

≪우리 민족끼리≫의 통일시대에 있어서 력사적인 6·15북남공동선언과 10·4선언에 대한 립장과 태도는 북과 남의 화합과 대결, 통일과 분렬을 가르는 시금석으로 된다. 진정으로 조국통일을 바라는 사람이라면 누구든지 6·15북남공동선언과 10·4선언을 리행하는 데 방해되는 일을 하지 말아야 한다. 바로 여기에 민족의 자주통일과 평화번영의 길이 있다. 그럼에도 불구하고 남조선의 반통일세력들은 6·15북남공동선언과 10·4선언의 기본정신인 ≪우리 민족끼리≫ 리념을 ≪배타적 민족주의≫, ≪편협한 민족주의≫라고 모독하면서 겨레의 마음속 깊이 뿌리내린 애국정신, 민족정신을 말살해보려고 악랄하게 책동하고 있다. 남조선의 반통일세력들이 제아무리 책동하여도 시대의 정신이며 조국통일의 기본리념인 ≪우리 민족끼리≫ 리념의 정당성과 생활력은 말살할 수 없으며 그 리념을 지지하며 따르는 민족의 한결같은 지향을 가로막을 수 없다.

6·15북남공동선언과 10·4선언이 조국통일의 대강으로 되는 것은 다음으로 그것이 조국통일을 위한 투쟁의 총적목표와 그 실현방도를 뚜렷이 명시해주기 때문이다. 조국통일을 위한 투쟁의 총적목표와 그 실현방도는 한마디로 말하면 민족대단결이다. 민족대단결은 조국통일의 기본요구이며 담보이다. 민족의 대단결은 민족의 존재와 발전을 위한 필수적 전제이다. 그것은 민족이 처지와 리해관계가 서로 다른 각이한 계급과 계층으로 이루어진 사회적 집단이라는 사정과 관련된다. 민족을 이루는 성원들 가운데는 사회에서 차지하는 지위와 역할, 추구하는 목적과 리해관계가 서로 다른 각이한 계급과 계층이 있다. 민족은 처지와 리해관계가 서로 다른 이러한 계급과 계층들이 하나의 운명공동체로 결합된 거대한 사회적 집단으로 이루어져있다. 따라서 민족을 이루는 각이한 계급, 계층의 대단결은 곧 민족의 생명으로 된다. 민족의 생명 속에 민족성원들의 생명이 있다.

조국통일의 길은 민족대단결에 있으며 그것은 조국통일의 기본담보이다. 북과 남, 해외의 전 민족은 민족성과 그로부터 흘러나오는 민족애와 민족자주 정신에 기초하여 북과 남에 현존하는 사상과 제도를 초월한 민족적 단합을 실현하여야 민족의 자주성을 전면적으로 실현하고 민족발전의 길을 이룩할 수 있다. 조선민족이 영원한 조선민족으로 남아 있기 위해서는 민족대단결을 실현하여야 한다.[67] 민족대단결이야말로 조국의 자주통일의 근본전제이고 그 결과물이다. 특히 제국주의자들이 세계의 이르는 곳마다에서 지배주의적 책동을 강화하고 있으며 조선의 통일을 달가워하지 않는 외세가 북과 남을 대결에로 부추기고 있는 조건에서 민족의 대단결을 이룩하는 문제는 조선민족의 존재와 발전을 위한 사활적인 문제이다.

6·15북남공동선언과 10·4선언은 민족대단결을 이룩하여 나라의 자주적 평화통일을 앞당기는 데서 나서는 방도들을 전면적으로 밝혀주고 있는 조국 통일의 대강이다. 민족대단결을 이룩하기 위해서는 우선 북남 사이의 정치군사적 대결상태를 해소하여야 한다. 정치군사적 대결상태를 해소하자면 북남 관계를 호상존중과 신뢰의 관계로 전환시키는 것과 함께 군사적 적대관계를 종식시킴으로써 조선반도에서 긴장완화와 평화를 보장하여야 한다. 나라가 분렬된 후 북과 남에는 오랫동안 서로 다른 사상과 제도가 존재하고 있으며 이로부터 북과 남 사이에는 서로의 오해가 커가고 한 민족이면서도 총부리를 맞대고 있다. 따라서 북과 남은 서로의 존재를 인정하고 존중하는 원칙에서 군사적 적대관계를 종식시켜야 한다.

6·15북남공동선언과 10·4선언에서는 북과 남이 서로 내부문제에 간섭하지 않으며 북남관계에서 나서는 모든 문제를 화해와 협력, 통일에 부합되게 해결해 나갈 것을 합의하였다. 그리고 북남관계를 통일 지향적으로 발전시키기 위해 서로 상대방을 반목, 질시하는 법률적, 제도적 장치들을 정비해나가며 북남관계를 확대발전시키는 데서 나서는 모든 문제를 민족의 념원에 맞게 해결할 것을 합의하였다. 이와 함께 서로 적대시하지 말고 군사적 긴장을 완화하며 분쟁문제들을 군사적 충돌의 방법으로가 아니라 대화와 협상을 통하여 해결할 데 대하여 그리고 조선반도에서의 정전협정을 평화협정으로 교체

함으로써 전쟁위험을 제거하는 데서 북과 남이 자기 앞에 맡겨진 의무를 성실히 리행할 데 대하여 합의하였으며 서로의 군사적 신뢰를 구축하는 데서 나서는 실무적 문제들에 이르기까지 구체적으로 합의함으로써 북남사이의 군사적 대치상태를 해소할 수 있는 길을 열어놓았다. 6·15북남공동선언과 10·4선언이 채택됨으로써 북과 남은 서로 다른 사상과 제도의 존재를 인정하고 북남관계를 호상존중과 신뢰의 관계로 전환시키며 북남 사이의 군사적 적대관계를 종식시켜 조선반도에서의 긴장완화와 평화를 보장해나갈 수 있는 방향과 방도를 가지고 통일대진군을 힘차게 다그쳐나갈 수 있게 되었다.

　　민족대단결을 이룩하기 위해서는 또한 북과 남 사이의 경제, 사회문화, 체육, 보건, 환경 등 제반분야에서 협력과 교류를 활성화하여 서로의 신뢰를 도모하여야 한다. 북과 남 사이의 협력과 교류는 민족공동의 번영을 위한 사업 다시 말하여 민족의 화해와 단합을 도모하고 평화와 번영, 통일을 이룩해나가는 숭고한 애국사업이다. 겨레의 지향을 반영하고 북남관계를 호상존중과 신뢰의 관계로, 화해와 협력의 관계로 발전시켜 통일위업을 추동하는 동족 사이의 협력과 교류는 응당 장려되여야 하며 더욱 활성화되여야 한다. 특히 북남사이의 경제, 사회문화 각 분야에서의 협력과 교류는 어느 일방이 상대방에게 베푸는 특혜나 선사품이 아니라 민족의 균형적 발전과 민족공동의 번영을 위한 사업인 것만큼 서로의 리익을 도모하면서 유무상통의 원칙에서 다방면적으로 발전시켜 나가야 한다.[68]

　　북남 사이의 협력과 교류사업은 우리 민족끼리의 사업인 것만큼 정세변화나 외부환경의 영향에 관계없이 민족의 단합과 통일에 실질적으로 이바지할 수 있게 진행되여야 한다. 만일 그것이 북남 사이에 적당히 장사나 하면서 민족분렬을 무한정 지속시키거나 상대방의 내부를 와해시키는 데 리용된다면 그것은 오히려 민족의 장래운명과 조국통일운동에 돌이킬 수 없는 엄중한 후과를 가져올 수 있다. 6·15북남공동선언과 10·4선언에서 북과 남은 경제협력사업을 공리, 공영과 유무상통의 원칙에서 적극 활성화하고 지속적으로 확대 발전시킬 것을 합의하였다. 이와 함께 북남공동선언들에서는 북과 남이 경제협력을 위한 투자를 장려하고 경제하부구조 건설과 자원개발을 적극 추진하며 민족내부협력사업의 특수성에 맞게 각종 우대조건과 특혜를 우선적으로 부여할 데 대한 문제, 북과 남이 해주지역과 주변해역을 포괄하는 ≪서해평화협력지대≫를 설치하고 공동어로구역과 평화수역을 설정하며 안변과 남포에 조선협력지구를 건설하여 농업, 보건의료, 환경보호 등 여러 분야에서의 협력사업을 추진하는 등 북남협력사업에서 나서는 실천적 문제 전반을 규제하고 있다.

6·15북남공동선언과 10·4선언에서 북과 남은 유구한 력사와 우수한 문화를 빛내이기 위하여 력사, 언어, 교육, 과학기술, 문화예술, 체육 등 사회문화 분야에서의 교류와 협력을 발전시켜 나가는 데서 나서는 실천적 문제들도 합의하였다. 6·15북남공동선언과 10·4선언이 채택됨으로써 북과 남은 민족경제를 균형적으로 발전시키며 조선민족의 우수한 력사와 문화를 빛내이면서 민족공동의 번영을 이룩해나갈 수 있는 근본지침과 방향, 방도를 가지고 조국통일운동을 힘 있게 벌여나갈 수 있게 되였다.

민족대단결을 이룩하기 위해서는 또한 북과 남 사이의 문제를 인도주의적으로 풀어나가야 한다. 나라의 분렬로 하여 우리 인민이 겪고 있는 불행과 고통은 헤아릴 수 없다. 8·15해방 직후 나라와 민족이 북과 남으로 갈라지는 것을 목격했던 세대들의 머리에 흰서리가 내리고 뒤이어 2세, 3세가 자라났으나 가족, 친척들은 서로 만나볼 수 없는 것은 물론 서신거래마저 마음대로 하지 못하고 있으며 지어는 생사여부조차 알지 못하고 있다. 북과 남이 사상과 제도가 다르다고 하여 서로 한 민족이 아닌 남으로 되여가고 있으며 점차 남조선에서 외세에 의하여 민족의 핏줄이 혼탁되고 민족의 미풍량속이 유린, 말살되여 가고 있는 현실은 지구상에서 조선민족의 존재 자체를 위태롭게 하고 있다. 흩어진 가족, 친척방문은 단순한 인도주의적 문제가 아니라 북과 남의 갈라진 민족성원들을 다시 하나로 합쳐 나라의 통일을 실현하는 데 공동보조를 맞출 수 있게 하는 정치적 문제이다. 6·15북남공동선언과 10·4선언에서는 북과 남이 인도주의적 협력사업을 적극 추진하기 위하여 흩어진 가족과 친척들의 상봉을 확대하고 영상, 편지교환사업을 추진하기로 합의하였으며 이를 위해 금강산면회소가 완공되는 데 따라 쌍방대표를 상주시키고 흩어진 가족과 친척들의 상봉을 정상적으로 진행하기로 하였다. 이와 함께 북과 남이 자연재해를 비롯하여 재난이 발생하는 경우 동포애와 인도주의, 상부상조의 원칙에 다라 적극 협력해나가기로 하였으며 국제무대에서 민족의 리익과 해외동포들의 권리와 리익을 위한 협력을 강화해나가기로 하였다.[69]

참으로 력사적인 6·15북남공동선언과 10·4선언은 ≪우리 민족끼리≫ 리념 밑에 자주통일, 평화번영의 새 시대를 알리는 장엄한 선언이며 북과 남이 평화와 협력, 통일을 다그쳐나갈 것을 약속한 조국통일의 대강이다. 6·15북남공동선언이 자주통일의 리정표를 밝혀준 선언이라면 10·4선언은 그를 달성하기 위한 현실적인 문제들을 규정한 실천강령이다. 10·4선언의 리행은 곧 6·15북남공동선언 리행을 촉진시킨다. 오늘 조국통일운동의 현실은 북과 남이 6·15북남공동선언과 10·4선언을 자주통일의 기치로 내세우고 선언에 밝혀져 있는 대로 북남관계발전과 평화번영을 위한 애국사업을 힘차게 다그쳐나갈 것을 요구하고 있다. 북과 남, 해외의 온 겨레는 6·15북남공동선언과 10·4선언을 관철하기 위한 거족적인 투쟁을 벌여 기어이 조국통일과 민족번영의 새 력사를 창조해나가야 한다.

6·15북남공동선언과 10·4선언리행의 직접적 당사자는 어디까지나 북과 남이다. 북남관계발전과 평화번영, 자주통일은 북과 남의 어느 일방만을 위한 것이 아니라 전 민족을 위한 것이다. 6·15북남공동선언과 10·4선언을 그 어떤 리념이나 당파적 리익의 견지에서 대하면서 그 리행을 외면하고 거기에 제동을 건다면 그것은 반민족적, 반통일적행위로 된다. 북과 남의 각계각층은 주의주장과 당리당략을 떠나 6·15북남공동선언과 10·4선언을 지지 옹호하여야 하며 사상이나 리념보다 민족의 대의를 앞에 놓고 하나로 굳게 단결하여 민족의 통일념원을 실현하여야 한다. 북과 남, 해외의 전체 조선민족은 나라와 민족을 사랑하고 통일을 바라는 사람이라면 그가 누구든지 관계없이 북남공동선언들을 리행하는 데 통일과 민족번영의 길이 있다는 것을 명심하고 그를 리행하는 데 적극 기여하여야 한다. 우리 민족은 력사적인 북남공동선언들에서 탈선하는 그 어떤 요소도 허용하지 말고 민족의 리익을 첫 자리에 놓으며 미제와 분렬주의세력의 책동을 짓부시고 민족공동의 위업인 조국통일을 이룩하기 위하여 힘차게 투쟁해나가야 할 것이다.

제14장 평화체제

44. 조선반도핵문제의 평화적 해결과 관련한 미국의 국제법적 의무[68]

최현철

[39]현 시기 핵전쟁을 막는 것은 조선민족뿐만 아니라 세계평화애호인민들 앞에 부과된 가장 중요한 과제의 하나이다. 오늘 조선반도는 미제에 의하여 핵전쟁의 위험이 가장 엄중하게 조성되고 있는 지역으로 되고 있다. 조선반도에서 핵전쟁의 위험을 제거하자면 하루빨리 조선반도의 핵문제가 평화적으로 해결되여야 한다.

위대한 수령 김일성동지께서는 다음과 같이 교시하시였다. ≪조선반도의 현 위기를 타개하기 위한 최선의 방도는 우리와 미국이 대화와 협상을 통하여 핵문제를 평화적으로 해결하는 것입니다.≫(≪김일성저작집≫44권, 384페지)

조선반도의 핵문제를 평화적으로 원만히 해결하자면 조미 사이에 대화와 협상을 진행하여야 한다. 조미 사이의 대화와 협상에서 중요한 문제는 조선반도핵문제 발생의 주범인 미국이 자기의 책임과 의무를 성근하게 리행하는 데 있는 것이다. 세계가 인정하고 있는 바와 같이 조선반도핵문제는 사실상 미국에 의하여 발생하였다. 조선전쟁에서 패한 미국은 남조선을 핵기지로 만드는 것을 정책화하고 비법적으로 핵무기를 반입, 배비하였으며 그에 기초하여 공화국북반부를 핵무기로 위협해 나섰다. 이로써 조선반도에서의 핵문제가 발생하게 되였다. 조선반도에서 아직까지 핵문제가 원만히 해결되지 못하고 있는 근본원인도 미국에 있다. 미국은 공화국정부가 제기한 조선반도의 비핵지

---

68) 출처: 과학백과사전출판사, 『정치법률연구』, 2007년 제2호(누계 제18호), 39~40쪽.

대, 평화지대창설제안을 외면하였으며 언제 한번 진실로 조선반도핵문제를 해결하려 하지 않았다. 결과 조선반도에는 의연히 핵문제가 결실을 보지 못하고 존재하게 되였으며 첨예한 핵대결 상태에로 번지게 되였다.

미국은 조선반도핵문제 발생의 장본인이며 그 해결을 방해한 기본 장본인으로서 마땅히 책임을 져야 한다. 미국이 조선반도핵문제의 평화적 해결에 진심으로 관심이 있다면 조미대화와 협상을 진행하는 데서 자기가 지닌 국제법적 의무들을 성실히 리행하여야 한다.

조선반도핵문제의 평화적 해결과 관련한 미국의 국제법적 의무는 무엇보다도 대조선 적대시정책을 완전히 포기하는 것이다. 미국은 지금까지 공화국북반부에 대하여 시종일관 적대시정책을 실시하여 왔다. 미국이 실시하여 온 대조선 적대시정책은 본질에 있어서 공화국북반부를 침략하여 전 조선에 대한 지배야망을 실현하자는 것이다. 미국이 실질적으로 대조선 적대시정책을 포기하지 않는 한 조선반도의 핵문제가 언제 가도 해결될 수 없다는 것은 력사적 사실이 증명해준다. 단편적으로 1990년대에 들어와 조미 사이에는 조선반도의 핵문제를 평화적으로 해결하기 위한 회담들이 진행되고 공동보도문과 공동성명이 발표되였으며 조미기본합의문이 채택되였다. 그러나 미국은 조미 사이의 법적 문건에 지적되여 있는 자기의 의무를 완전히 거부하고 시종일관 대조선 적대시정책을 추구하였다. 사실상 미국이 조미 사이에 체결된 법적 문건에 수표를 한 것은 기본합의문이 다 리행되기 전에 우리 공화국이 붕괴되여 저들의 대조선 적대시정책이 실현되리라고 망상하였기 때문이다.

교훈은 미국이 대조선 적대시정책을 포기하지 않고서는 조선반도의 핵문제가 해결될 수 없다는 것을 보여주고 있다. 21세기에 들어와 조미 사이에는 핵문제해결을 위한 회담들이 여러 차례 진행되였지만 결실 없이 끝난 것도 미국이 대조선 적대시정책에 미련을 가지고 그 실현에 한사코 매달리고 있기 때문이다. 미국이 비록 조선인민과 백 년 숙적이지만 이제라도 대조선 적대시정책을 포기하고 관계개선에로 나선다면 더 이상 미국을 적으로 보지 않으며 좋은 관계를 유지해나갈 것이라는 것이 조선민주주의인민공화국의 립장이다. 미국이 진정으로 조선반도의 핵문제를 해결할 립장이라면 대담하게 낡은 시대적

관념인 대조선 적대시정책을 포기해야 한다. 미국은 조선에만 있는 힘 있는 무기, 혁명의 수뇌부의 두리에 당과 군대와 인민이 철통같이 뭉친 일심단결, 경애하는 장군님의 부르심이라면 천만군민이 총폭탄이 되여 지구의 그 어디에 있는 적도 소멸하는 것이 바로 조선인민이라는 것을 알아야 한다. 미국은 오늘의 현실을 리성적으로 파악하고 시대착오적인 대조선 적대시정책을 고집할 것이 아니라 공화국북반부를 적으로 보는 관점을 털어버려야 하며 공화국을 침략하여 전 조선을 지배하려는 야망을 버려야 한다. 미국은 대조선 적대시정책을 포기하는 것으로서 조선반도핵문제를 평화적으로 해결하기 위한 자기의 국제법적 의무를 다하여야 한다.[40]

조선반도핵문제의 평화적 해결과 관련한 미국의 국제법적 의무는 다음으로 조미 사이의 정전체제를 평화체제로 바꾸고 평화협정을 체결하는 것이다. 정전협정을 평화협정으로 바꾸는 것이 조선반도의 핵문제를 해결하는 데서 중요한 방도의 하나로 되는 것은 정전이 전쟁의 종결이 아니며 오늘날 정전협정 자체도 유명무실해졌기 때문이다. 정전은 교전쌍방이 여러 가지 요인으로 하여 일시적으로 전쟁을 중지한 상태이다. 1953년 7월 27일에 체결된 조미 사이의 정전협정은 싸움의 일시적 정지를 합의한 것으로서 그것으로서는 언제든지 전쟁이 다시 발발되지 않는다는 담보를 주지 못한다. 정전상태에서는 항상 적대되는 타방에 대한 적의와 긴장, 우려와 위구를 없앨 수 없다. 이러한 상태에서는 상대방을 견제하는 가장 강력한 억제력으로서의 핵을 포기하는 문제가 원만히 토의 해결될 수 없다. 온갖 위구를 가실 수 있는 확고한 평화보장체계가 수립되여야 조선반도의 핵문제를 해결할 수 있는 것이다.

현실적으로 오늘날 정전협정은 미국의 배신적인 행위로 하여 이름만 남아있다. 미국은 정전협정에 서명한 잉크가 채 마르기도 전에 정전협정을 배신하는 길에 들어섰으며 체계적으로 정전협정의 기능을 마비시켰다. 미국은 정전협정 후 소집하게 되여 있던 정치회의를 거부함으로써 정전협정을 배신하였으며 그로 하여 조선문제의 평화적 해결을 가로막았다. 또한 미국은 군사정전위원회와 중립국감독위원회의 기능을 체계적으로 마비시키고 종당에는 해체시켜버렸다. 언제 전쟁이 다시 일어날지 모를 불안정한 상태에서 조선반도핵문제를 순조롭게 해결하자면 시급히 정전협정을 평화협정으로 바꾸어야 한다. 미국이 조선반도의 핵문제를 해결할 의사가 있다면 지체 없이 조선민주주의인민공화국과의 평화협정체결에 나와야 한다. 조선반도에 평화가 보장되는 조건에서만 핵문제도 원만히 해결될 수 있다.

조선반도핵문제의 평화적 해결과 관련한 미국의 국제법적 의무는 다음으로 조미 사이의 불가침조약을 체결하는 것이다. 조미 사이에 평화협정체결만으로는 조선반도에서의 확고하고 공고한 평화보장담보로 되지 못한다. 평화협정은 상대방에 대한 불가침을 법적 의무로 지니는 불가침조약체결로 이어질 때 비로소 공고한 평화를 담보해줄 수 있다. 미국은 지난 시기 우리에게 핵무기를 포함한 무력을 사용하지 않으며 이러한 무력으로 위협도 하지 않는다는 것을 담보하며 전면적인 담보적용의 고정성을 포함하여 조선반도의 비핵화, 평화와 안전을 보장하며 상대방의 자주권을 호상존중하고 내정에 간섭하지 않으며 조선의 평화적 통일을 지지한다는 내용으로 된 조미공동성명을 발표하였다. 그러나 미국은 그 조미공동성명을 리행한 적은 단 한 번도 없으며 오히려 반공화국 침략 기도를 로골적으로 드러내놓았다. 미국의 이러한 자세, 행위로서는 언제가도 조선반도의 핵문제를 원만히 해결할 수 없다. 이제라도 미국이 조선반도의 핵문제를 순조롭게 해결하자면 지체 없이 남조선에서 미군과 전쟁장비들을 끌어내가고 공화국과 불가침조약을 체결하여야 한다.

조선반도에서 미국의 침략적 목적을 직접 실현하기 위해 있는 것이 바로 남조선강점 미군이다. 미국은 공화국북반부를 침략할 기회만을 노리면서 미군의 남조선영구주둔을 꾀할 것이 아니라 조선인민의 요구대로 남조선에서 미군과 침략무기들을 모조리 끌어내야 한다. 그에 기초하여 미국은 조선민주주의인민공화국과 불가침조약을 체결하여야 한다. 불가침조약체결로서 미국은 조선반도핵문제해결에 관한 자기의 자세와 립장을 조선인민과 세계평화애호 인민들 앞에 선명하게 보여주어야 한다.

이상에서 본 바와 같이 미국은 대조선 적대시정책을 포기하고 정전협정을 평화협정으로 바꾸고 조미불가침조약을 체결함으로써 조선반도핵문제의 평화적 해결과 관련하여 지니고 있는 자기의 국제법적 의무를 다하여야 할 것이

다. 조미 사이에 평화협정과 불가침조약이 체결되면 조선반도에서의 평화는
확고한 법적 담보를 가지게 될 것이며 이에 따라 조선반도핵문제는 원만히 평
화적으로 해결될 것이다.

45. 정전 및 전쟁종결과 관련한 국제전쟁법제도[69]

장경철

[48]위대한 령도자 김정일동지께서는 다음과 같이 지적하시였다. ≪정전은
평화가 아니며 전쟁을 일시적으로 중지한 데 지나지 않습니다.≫

정전은 교전당사국의 정부 또는 군사지휘관들의 합의에 기초하여 적대적인
군사행동을 일시적으로 중지하는 국가들의 행위이다.

국제법상 정전은 기한부 정전과 무기한부 정전, 부분적 정전과 전반적 정전
으로 구분된다. 기한부 정전은 일정한 기간 내에만 전투행동을 중지하는 정전
이며 무기한부 정전은 정전기간을 설정하지 않고 진행하는 정전이다. 부분적
정전은 군사사절의 파견과 담판, 포로교환, 전사자들의 장례 등을 위하여 일
정한 지역에서 전투행동을 중지하는 행위이다. 부분적 정전 시 정전을 위한
회담과 협정체결은 교전쌍방 군사령부 대표들 사이에 진행되며 비준을 필요
로 하지 않는다. 전반적 정전은 교전당사국 사이의 합의로 모든 전선에서 적
대적 군사행동을 중지하는 행위이다. 전반적 정전은 최고사령관 혹은 교전국
정부 전권대표, 총참모부 대표들 사이의 담판을 통하여 이루어지는 정전협정
에 의하여 실현된다.

정전형식으로서는 정전협정의 체결과 무조건항복이 있다. 정전협정은 전투
행위의 일시적 중지와 관련하여 교전쌍방 사이에 체결되는 조약이다. 정전협
정은 서면으로 체결되는 것을 기본으로 하며 대체로는 비준이 없이 효력을 발

---

69) 출처: 과학백과사전출판사, 『정치법률연구』, 2008년 제4호(누계 제24호), 48~49쪽.

생한다. 정전협정은 일방이 정전담판을 제기하고 그것이 수락됨으로써 체결되거나 유엔을 비롯한 국제기구의 결정에 따라 이루어진다. 조선정전협정이 미제가 패전을 자인한 데로부터 우리 공화국에 정전을 제의해오고 우리 측이 요구한 정전조건에 굴복한 데 기초하여 체결된 것이라면 1949년에 에짚트, 수리아, 레바논, 요르단을 일방으로 하고 이스라엘을 타방으로 하여 체결된 정전협정은 정전을 할 데 대하여 쌍방에 제기한 유엔 안전보장리사회의 결정에 따라 이루어진 것이다.

　정전형식에는 전통적인 정전협정 외에 무조건항복도 있다. 항복은 개별적인 전투, 전면전쟁에서 교전일방이 패배를 인정하고 전투나 전쟁행위를 중지하는 행위이다. 무조건항복에 의한 정전 시에는 전패국에 대하여 적대행위를 재개하지 않을 묵시적 의무만이 인정된다. 제2차 세계대전 시기 도이췰란드, 일본과의 전투행동의 중지는 이 나라들이 무조건항복에 의하여 이루어졌다.

　전쟁종결은 교전국들 사이의 전쟁관계를 법적으로 소멸시키고 정상적인 국가관계를 회복하는 국가들의 행위이다. 전쟁상태를 종결시키는 전형적인 법률형식은 강화조약이다. [49]강화조약은 전쟁의 종결을 위한 교전당사국 사이의 명시적 합의이다. 강화조약에는 적대행위의 중지를 비롯한 전쟁상태의 종결과 평화적 관계의 회복문제, 점령군의 철수와 포로송환문제, 침략전쟁의 방지를 위한 조치, 령토문제와 국경문제, 배상문제와 기타 경제적 문제, 국제조약상 의무문제 등과 같은 것들이 포괄적으로 규정된다. 강화조약의 체결권자는 국가원수이며 군사령관은 강화조약을 체결할 수 없다. 강화조약의 체결 절차는 기타 조약의 체결 절차와 동일하며 비준을 요구한다. 강화조약이 효력을 발생하면 교전당사국 사이에는 외교관계를 비롯한 모든 관계에서 평화적 관계가 회복되며 전시상태를 전제로 한 모든 행위는 금지되고 포로는 지체 없이 석방, 송환되여야 한다.

　전쟁상태를 종결시키는 다른 하나의 형식으로서는 국가들의 성명이 있다. 국가들에 의한 전쟁종결성명은 교전당사국 쌍방 사이의 전쟁관계가 소멸되였다는 것을 선언하는 국가들의 행위이다. 전쟁상태종결성명은 평화조약체결이 지연되는 정세하에서 진행되는 과도적 법률행위이며 차후 강화조약의 체결을 전제로 한다. 일방적인 성명에 의한 전쟁상태종결은 전승국의 지위에 있는 교전국들이 무조건항복을 선포한 전패국과의 관계에서 진행하는 전쟁종결형식이다. 전쟁이 전승과 전패로 끝나지 않은 경우에는 이러한 일방적 성명으로 전쟁상태를 종결할 수 없다. 제2차 세계대전 후 중국, 쏘련, 인디아를 비롯한 많은 나라들은 도이췰란드나 일본에 대하여 일방적인 전쟁상태종결성명을 하여 전쟁을 종결시킨 다음 강화조약을 체결하는 방법을 리용하였다. 국가들의 일방적인 성명은 전쟁상태의 종결을 위한 효과적이며 종국적인 형식으로 되지 못한다. 그것은 타방교전당사국의 명시적 동의가 없는 일방적 성명만으로는 전쟁종결 후 해결되여야 할 전반적 문제들을 다 규정할 수 없기 때문이다. 국가들의 성명에 의한 전쟁종결에는 일방적인 성명 외에 공동성명에 의한 전쟁의 종결형식도 있다.

국제전쟁법상 정전 및 전쟁종결제도는 그것이 전쟁의 재발을 방지하기 위한 효과적인 수단으로, 전후처리문제를 전체 교전국들의 의사와 요구에 맞게 정당하게 해결되도록 하는 담보로 되지 못하는 일련의 제한성을 가지고 있다.

우리나라는 지금 공고한 평화가 아니라 일시적인 정전상태에 놓여 있으며 항시적으로 미제의 침략위협을 받고 있다. 그것으로 하여 우리나라에서는 언제 전쟁이 일어날지 모를 위험한 상태가 지속되고 있다. 우리는 우리 민족끼리의 리념 밑에 굳게 단결하여 남조선에서 침략자 미제를 몰아내고 정전을 공고한 평화로 전환시켜 우리나라에서 전쟁의 위험을 종국적으로 청산하기 위하여 모든 노력을 다하여야 할 것이다.

제2부 법령

1. 조선민주주의인민공화국 사회주의헌법[70]

주체 99(2010)년 4월 9일 최고인민회의 제12기 제2차 회의에서 수정

서문

조선민주주의인민공화국은 위대한 수령 김일성동지의 사상과 령도를 구현한 주체의 사회주의조국이다.

위대한 수령 김일성동지는 조선민주주의인민공화국의 창건자이시며 사회주의조선의 시조이시다.

김일성동지께서는 영생불멸의 주체사상을 창시하시고 그 기치 밑에 항일혁명투쟁을 조직 령도하시어 영광스러운 혁명전통을 마련하시고 조국광복의 력사적 위업을 이룩하시였으며 정치, 경제, 문화, 군사 분야에서 자주독립 국가건설의 튼튼한 토대를 닦은 데 기초하여 조선민주주의인민공화국을 창건하시였다.

김일성동지께서는 주체적인 혁명로선을 내놓으시고 여러 단계의 사회혁명과 건설사업을 현명하게 령도하시어 공화국을 인민대중 중심의 사회주의나라로, 자주, 자립, 자위의 사회주의국가로 강화 발전시키시였다.

김일성동지께서는 국가건설과 국가활동의 근본원칙을 밝히시고 가장 우월한 국가사회제도와 정치방식, 사회관리체계와 관리방법을 확립하시였으며 사회주의조국의 부강번영과 주체혁명위업의 계승완성을 위한 확고한 토대를 마련하시였다.

김일성동지께서는 ≪이민위천≫을 좌우명으로 삼으시어 언제나 인민들과

---

70) 북한은 2012년 4월 13일 최고인민회의 제12기 제5차 회의에서 김정일을 영원한 국방위원회 위원장으로 추대하고 김정은을 국방위원회 제1위원장으로 추대하면서 헌법을 수정 보충(개정)하였다. 이날 조선중앙통신 보도에 따르면 헌법 서문과 국가기구부분을 개정하고 이에 따라 헌법 제6장 제2절 제목과 제91조, 제95조, 제100조~105조, 제107조, 제109조, 제116조, 제147조, 제156조를 개정하였다고 한다. 그러나 2012년 4월말 현재 북한헌법 개정 조문이 공개되지 않고 있다.

함께 계시고 인민을 위하여 한평생을 바치시였으며 숭고한 인덕정치로 인민들을 보살피시고 이끄시어 온 사회를 일심 단결된 하나의 대가정으로 전변시키시였다.

위대한 수령 김일성동지는 민족의 태양이시며 조국통일의 구성이시다. 김일성동지께서는 나라의 통일을 민족지상의 과업으로 내세우시고 그 실현을 위하여 온갖 로고와 심혈을 다 바치시였다. 김일성동지께서는 공화국을 조국통일의 강유력한 보루로 다지시는 한편 조국통일의 근본원칙과 방도를 제시하시고 조국통일운동을 전 민족적인 운동으로 발전시키시어 온 민족의 단합된 힘으로 조국통일 위업을 성취하기 위한 길을 열어놓으시였다.

위대한 수령 김일성동지께서는 조선민주주의인민공화국의 대외정책의 기본 리념을 밝히시고 그에 기초하여 나라의 대외관계를 확대 발전시키시였으며 공화국의 국제적 권위를 높이 떨치게 하시였다. 김일성동지는 세계정치의 원로로서 자주의 새 시대를 개척하시고 사회주의운동과 쁠럭불가담운동의 강화발전을 위하여, 세계평화와 인민들 사이의 친선을 위하여 정력적으로 활동하시였으며 인류의 자주위업에 불멸의 공헌을 하시였다.

김일성동지는 사상 리론과 령도 예술의 천재이시고 백전백승의 강철의 령장이시였으며 위대한 혁명가, 정치가이시고 위대한 인간이시였다.

김일성동지의 위대한 사상과 령도업적은 조선혁의 만년재보이며 조선민주주의인민공화국의 륭성 번영을 위한 기본담보이다.

조선민주주의인민공화국과 조선인민은 조선로동당의 령도 밑에 위대한 수령 김일성동지를 공화국의 영원한 주석으로 높이 모시며 김일성동지의 사상과 업적을 옹호고수하고 계승 발전시켜 주체혁명위업을 끝까지 완성하여 나갈 것이다.

조선민주주의인민공화국 사회주의헌법은 위대한 수령 김일성동지의 주체적인 국가건설사상과 국가건설업적을 법화한 김일성헌법이다.

제1장 정치

제1조: 조선민주주의인민공화국은 전체 조선인민의 리익을 대표하는 자주적인 사회주의국가이다.

제2조: 조선민주주의인민공화국은 제국주의침략자들을 반대하며 조국의 광복과 인민의 자유와 행복을 실현하기 위한 영광스러운 혁명투쟁에서 이룩한 빛나는 전통을 이어받은 혁명적인 국가이다.

제3조: 조선민주주의인민공화국은 사람 중심의 세계관이며 인민대중의 자주성을 실현하기 위한 혁명사상인 주체사상, 선군사상을 자기 활동의 지도적 지침으로 삼는다.

제4조: 조선민주주의인민공화국의 주권은 로동자, 농민, 군인, 근로인테리를 비롯한 근로인민에게 있다. 근로인민은 자기의 대표기관인 최고인민회의와 지방 각급 인민회의를 통하여 주권을 행사한다.

제5조: 조선민주주의인민공화국에서 모든 국가기관들은 민주주의중앙집권제원칙에 의하여 조직되고 운영된다.

제6조: 군인민회의로부터 최고인민회의에 이르기까지의 각급 주권기관은 일반적, 평등적, 직접적 원칙에 의하여 비밀투표로 선거한다.

제7조: 각급 주권기관의 대의원은 선거자들과 밀접한 련계를 가지며 자기 사업에 대하여 선거자들 앞에 책임진다. 선거자들은 자기가 선거한 대의원이 신임을 잃은 경우에 언제든지 소환할 수 있다.

제8조: 조선민주주의인민공화국의 사회제도는 근로인민대중이 모든 것의 주인으로 되고 있으며 사회의 모든 것이 근로인민대중을 위하여 복무하는 사람 중심의 사회제도이다. 국가는 착취와 압박에서 해방되여 국가와 사회의 주인으로 된 로동자, 농민, 군인, 근로인테리를 비롯한 근로인민의 리익을 옹호하며 인권을 존중하고 보호한다.

제9조: 조선민주주의인민공화국은 북반부에서 인민정권을 강화하고 사상, 기술, 문화의 3대혁명을 힘 있게 벌려 사회주의의 완전한 승리를 이룩하며 자

주, 평화통일, 민족대단결의 원칙에서 조국통일을 실현하기 위하여 투쟁한다.

제10조: 조선민주주의인민공화국은 로동계급이 령도하는 로농동맹에 기초한 전체 인민의 정치사상적 통일에 의거한다. 국가는 사상혁명을 강화하여 사회의 모든 성원들을 혁명화, 로동계급화하며 온 사회를 동지적으로 결합된 하나의 집단으로 만든다.

제11조: 조선민주주의인민공화국은 조선로동당의 령도 밑에 모든 활동을 진행한다.

제12조: 국가는 계급로선을 견지하며 인민민주주의독재를 강화하여 내외적 대분자들의 파괴책동으로부터 인민주권과 사회주의제도를 굳건히 보위한다.

제13조: 국가는 군중로선을 구현하며 모든 사업에서 우가 아래를 도와주고 대중 속에 들어가 문제해결의 방도를 찾으며 정치사업, 사람과의 사업을 앞세워 대중의 자각적 열성을 불러일으키는 청산리정신, 청산리방법을 관철한다.

제14조: 국가는 3대혁명붉은기쟁취운동을 비롯한 대중운동을 힘 있게 벌여 사회주의건설을 최대한으로 다그친다.

제15조: 조선민주주의인민공화국은 해외에 있는 조선동포들의 민주주의적 민족권리와 국제법에서 공인된 합법적 권리와 리익을 옹호한다.

제16조: 조선민주주의인민공화국은 자기 령역 안에 있는 다른 나라 사람의 합법적 권리와 리익을 보장한다.

제17조: 자주, 평화, 친선은 조선민주주의인민공화국의 대외정책의 기본 리념이며 대외활동 원칙이다. 국가는 우리나라를 우호적으로 대하는 모든 나라들과 완전한 평등과 자주성, 호상존중과 내정불간섭, 호혜의 원칙에서 국가적 또는 정치, 경제, 문화적 관계를 맺는다. 국가는 자주성을 옹호하는 세계인민들과 단결하며 온갖 형태의 침략과 내정간섭을 반대하고 나라의 자주권과 민족적, 계급적 해방을 실현하기 위한 모든 나라 인민들의 투쟁을 적극 지지 성원한다.

제18조: 조선민주주의인민공화국의 법은 근로인민의 의사와 리익의 반영이며 국가 관리의 기본무기이다. 법에 대한 존중과 엄격한 준수집행은 모든 기관, 기업소, 단체와 공민에게 있어서 의무적이다. 국가는 사회주의법률제도를

완비하고 사회주의법무생활을 강화한다.

제2장 경제

제19조: 조선민주주의인민공화국은 사회주의적 생산관계와 자립적 민족경제의 토대에 의거한다.

제20조: 조선민주주의인민공화국에서 생산수단은 국가와 사회협동단체가 소유한다.

제21조: 국가소유는 전체 인민의 소유이다. 국가소유권의 대상에는 제한이 없다.

나라의 모든 자연부원, 철도, 항공운수, 체신기관과 중요공장, 기업소, 항만, 은행은 국가만이 소유한다. 국가는 나라의 경제발전에서 주도적 역할을 하는 국가소유를 우선적으로 보호하며 장성시킨다.

제22조: 사회협동단체소유는 해당 단체에 들어 있는 근로자들의 집단적 소유이다. 토지, 농기계, 배, 중소공장, 기업소 같은 것은 사회협동단체가 소유할 수 있다. 국가는 사회협동단체소유를 보호한다.

제23조: 국가는 농민들의 사상의식과 기술문화수준을 높이고 협동적 소유에 대한 전인민적 소유의 지도적 역할을 높이는 방향에서 두 소유를 유기적으로 결합시키며 협동경리에 대한 지도와 관리를 개선하여 사회주의적 협동경리제도를 공고 발전시키며 협동단체에 들어 있는 전체 성원들의 자원적 의사에 따라 협동단체소유를 점차 전 인민적 소유로 전환시킨다.

제24조: 개인소유는 공민들의 개인적이며 소비적인 목적을 위한 소유이다. 개인소유는 로동에 의한 사회주의분배와 국가와 사회의 추가적 혜택으로 이루어진다. 텃밭경리를 비롯한 개인부업경리에서 나오는 생산물과 그 밖의 합법적인 경리활동을 통하여 얻은 수입도 개인소유에 속한다. 국가는 개인소유를 보호하며 그에 대한 상속권을 법적으로 보장한다.

제25조: 조선민주주의인민공화국은 인민들의 물질문화생활을 끊임없이 높

이는 것을 자기 활동의 최고원칙으로 삼는다. 세금이 없어진 우리나라에서 늘어나는 사회의 물질적 부는 전적으로 근로자들의 복리증진에 돌려진다. 국가는 모든 근로자들에게 먹고 입고 쓰고 살 수 있는 온갖 조건을 마련하여 준다.

제26조: 조선민주주의인민공화국에 마련된 자립적 민족경제는 인민의 행복한 사회주의생활과 조국의 륭성 번영을 위한 튼튼한 밑천이다. 국가는 사회주의 자립적 민족경제건설 로선을 틀어쥐고 인민경제의 주체화, 현대화, 과학화를 다그쳐 인민경제를 고도로 발전된 주체적인 경제로 만들며 완전한 사회주의사회에 맞는 물질 기술적 토대를 쌓기 위하여 투쟁한다.

제27조: 기술혁명은 사회주의경제를 발전시키기 위한 기본고리이다. 국가는 언제나 기술발전문제를 첫자리에 놓고 모든 경제활동을 진행하며 과학기술발전과 인민경제의 기술개조를 다그치고 대중적 기술혁신운동을 힘 있게 벌여 근로자들을 어렵고 힘든 로동에서 해방하며 육체로동과 정신로동의 차이를 줄여나간다.

제28조: 국가는 도시와 농촌의 차이, 로동계급과 농민의 계급적 차이를 없애기 위하여 농촌기술혁명을 다그쳐 농업을 공업화, 현대화하며 군의 역할을 높이고 농촌에 대한 지도와 방조를 강화한다. 국가는 협동농장의 생산시설과 농촌문화주택을 국가부담으로 건설하여 준다.

제29조: 사회주의는 근로대중의 창조적 로동에 의하여 건설된다. 조선민주주의인민공화국에서 로동은 착취와 압박에서 해방된 근로자들의 자주적이며 창조적인 로동이다. 국가는 실업을 모르는 우리 근로자들의 로동이 보다 즐거운 것으로, 사회와 집단과 자신을 위하여 자각적 열성과 창발성을 내어 일하는 보람찬 것으로 되게 한다.

제30조: 근로자들의 하루 로동시간은 8시간이다. 국가는 로동의 힘든 정도와 특수한 조건에 따라 하루 로동시간을 이보다 짧게 정한다. 국가는 로동조직을 잘하고 로동규률을 강화하여 로동시간을 완전히 리용하도록 한다.

제31조: 조선민주주의인민공화국에서 공민이 로동하는 나이는 16살부터이다. 국가는 로동하는 나이에 이르지 못한 소년들의 로동을 금지한다.

제32조: 국가는 사회주의경제에 대한 지도와 관리에서 정치적 지도와 경제

기술적 지도, 국가의 통일적 지도와 매개 단위의 창발성, 유일적 지휘와 민주주의, 정치도덕적 자극과 물질적 자극을 옳게 결합시키는 원칙을 확고히 견지한다.

제33조: 국가는 생산자 대중의 집체적 힘에 의거하여 경제를 과학적으로, 합리적으로 관리 운영하는 사회주의 경제관리 형태인 대안의 사업체계와 농촌경리를 기업적 방법으로 지도하는 농업지도체계에 의하여 경제를 지도 관리한다. 국가는 경제 관리에서 대안의 사업체계의 요구에 맞게 독립채산제를 실시하며 원가, 가격, 수익성 같은 경제적 공간을 옳게 리용하도록 한다.

제34조: 조선민주주의인민공화국의 인민경제는 계획경제이다. 국가는 사회주의경제발전법칙에 따라 축적과 소비의 균형을 옳게 잡으며 경제건설을 다그치고 인민생활을 끊임없이 높이며 국방력을 강화할 수 있도록 인민경제발전계획을 세우고 실행한다. 국가는 계획의 일원화, 세부화를 실현하여 생산장성의 높은 속도와 인민경제의 균형적 발전을 보장한다.

제35조: 조선민주주의인민공화국은 인민경제발전계획에 따르는 국가예산을 편성하여 집행한다. 국가는 모든 부문에서 증산과 절약투쟁을 강화하고 재정 통제를 엄격히 실시하여 국가축적을 체계적으로 늘이며 사회주의적 소유를 확대발전시킨다.

제36조: 조선민주주의인민공화국에서 대외무역은 국가기관, 기업소, 사회협동단체가 한다. 국가는 완전한 평등과 호혜의 원칙에서 대외무역을 발전시킨다.

제37조: 국가는 우리나라 기관, 기업소, 단체와 다른 나라 법인 또는 개인들과의 기업 합영과 합작, 특수경제지대에서의 여러 가지 기업창설운영을 장려한다.

제38조: 국가는 자립적 민족경제를 보호하기 위하여 관세정책을 실시한다.

제3장 문화

제39조: 조선민주주의인민공화국에서 개화발전하고 있는 사회주의적 문화

는 근로자들의 창조적 능력을 높이며 건전한 문화정서적 수요를 충족시키는 데 이바지한다.

제40조: 조선민주주의인민공화국은 문화혁명을 철저히 수행하여 모든 사람들을 자연과 사회에 대한 깊은 지식과 높은 문화기술 수준을 가진 사회주의 건설자로 만들며 온 사회를 인테리화한다.

제41조: 조선민주주의인민공화국은 사회주의 근로자들을 위하여 복무하는 참다운 인민적이며 혁명적인 문화를 건설한다. 국가는 사회주의적 민족문화 건설에서 제국주의의 문화적 침투와 복고주의적 경향을 반대하며 민족문화유산을 보호하고 사회주의 현실에 맞게 계승 발전시킨다.

제42조: 국가는 모든 분야에서 낡은 사회의 생활양식을 없애고 새로운 사회주의적 생활양식을 전면적으로 확립한다.

제43조: 국가는 사회주의 교육학의 원리를 구현하여 후대들을 사회와 인민을 위하여 투쟁하는 견결한 혁명가로, 지덕체를 갖춘 주체형의 새 인간으로 키운다.

제44조: 국가는 인민교육사업과 민족간부양성사업을 다른 모든 사업에 앞세우며 일반교육과 기술교육, 교육과 생산 로동을 밀접히 결합시킨다.

제45조: 국가는 1년 동안의 학교전의무교육을 포함한 전반적 11년제 의무교육을 현대 과학기술 발전추세와 사회주의 건설의 현실적 요구에 맞게 높은 수준에서 발전시킨다.

제46조: 국가는 학업을 전문으로 하는 교육체계와 일하면서 공부하는 여러 가지 형태의 교육체계를 발전시키며 기술교육과 사회과학, 기초과학교육의 과학리론 수준을 높여 유능한 기술자, 전문가들을 키워낸다.

제47조: 국가는 모든 학생들을 무료로 공부시키며 대학과 전문학교 학생들에게는 장학금을 준다.

제48조: 국가는 사회교육을 강화하며 모든 근로자들이 학습할 수 있는 온갖 조건을 보장한다.

제49조: 국가는 학령 전 어린이들을 탁아소와 유치원에서 국가와 사회의 부담으로 키워준다.

제50조: 국가는 과학연구 사업에서 주체를 세우며 선진과학기술을 적극 받아들이고 새로운 과학기술 분야를 개척하여 나라의 과학기술을 세계적 수준에 올려 세운다.

제51조: 국가는 과학기술발전계획을 바로 세우고 철저히 수행하는 규률을 세우며 과학자, 기술자들과 생산자들의 창조적 협조를 강화하도록 한다.

제52조: 국가는 민족적 형식에 사회주의적 내용을 담은 주체적이며 혁명적인 문학예술을 발전시킨다. 국가는 창작가, 예술인들이 사상예술성이 높은 작품을 많이 창작하며 광범한 대중이 문예활동에 널리 참가하도록 한다.

제53조: 국가는 정신적으로, 육체적으로 끊임없이 발전하려는 사람들의 요구에 맞게 현대적인 문화시설들을 충분히 갖추어주어 모든 근로자들이 사회주의적 문화정서 생활을 마음껏 누리도록 한다.

제54조: 국가는 우리말을 온갖 형태의 민족어 말살정책으로부터 지켜내며 그것을 현대의 요구에 맞게 발전시킨다.

제55조: 국가는 체육을 대중화, 생활화하여 전체 인민을 로동과 국방에 튼튼히 준비시키며 우리나라 실정과 현대체육기술 발전추세에 맞게 체육기술을 발전시킨다.

제56조: 국가는 전반적 무상치료제를 공고 발전시키며 의사담당구역제와 예방의학제도를 강화하여 사람들의 생명을 보호하며 근로자들의 건강을 증진시킨다.

제57조: 국가는 생산에 앞서 환경보호대책을 세우며 자연환경을 보존, 조성하고 환경오염을 방지하여 인민들에게 문화 위생적인 생활환경과 로동조건을 마련하여 준다.

제4장 국방

제58조: 조선민주주의인민공화국은 전 인민적, 전 국가적 방위체계에 의거한다.

제59조: 조선민주주의인민공화국 무장력의 사명은 선군혁명로선을 관철하여 혁명의 수뇌부를 보위하고 근로인민의 리익을 옹호하며 외래침략으로부터 사회주의제도와 혁명의 전취물, 조국의 자유와 독립, 평화를 지키는 데 있다.

제60조: 국가는 군대와 인민을 정치사상적으로 무장시키는 기초우에서 전군간부화, 전군현대화, 전민무장화, 전국요새화를 기본내용으로 하는 자위적 군사로선을 관철한다.

제61조: 국가는 군대 안에서 혁명적령군체계와 군풍을 확립하고 군사규률과 군중규률을 강화하며 관병일치, 군정배합, 군민일치의 고상한 전통적 미풍을 높이 발양하도록 한다.

제5장 공민의 기본 권리와 의무

제62조: 조선민주주의인민공화국 공민이 되는 조건은 국적에 관한 법으로 규정한다. 공민은 거주지에 관계없이 조선민주주의인민공화국의 보호를 받는다.

제63조: 조선민주주의인민공화국에서 공민의 권리와 의무는 ≪하나는 전체를 위하여, 전체는 하나를 위하여≫라는 집단주의 원칙에 기초한다.

제64조: 국가는 모든 공민에게 참다운 민주주의적 권리와 자유, 행복한 물질문화생활을 실질적으로 보장한다. 조선민주주의인민공화국에서 공민의 권리와 자유는 사회주의제도의 공고발전과 함께 더욱 확대된다.

제65조: 공민은 국가사회생활의 모든 분야에서 누구나 다 같은 권리를 가진다.

제66조: 17살 이상의 모든 공민은 성별, 민족별, 직업, 거주 기간, 재산과 지식 정도, 당별, 정견, 신앙에 관계없이 선거할 권리와 선거 받을 권리를 가진다. 군대에 복무하는 공민도 선거할 권리와 선거 받을 권리를 가진다. 재판소의 판결에 의하여 선거할 권리를 빼앗긴 자, 정신병자는 선거할 권리와 선거 받을 권리를 가지지 못한다.

제67조: 공민은 언론, 출판, 집회, 시위와 결사의 자유를 가진다. 국가는 민주주의적 정당, 사회단체의 자유로운 활동조건을 보장한다.

제68조: 공민은 신앙의 자유를 가진다. 이 권리는 종교건물을 짓거나 종교

의식 같은 것을 허용하는 것으로 보장된다. 종교를 외세를 끌어들이거나 국가 사회질서를 해치는 데 리용할 수 없다.

제69조: 공민은 신소와 청원을 할 수 있다. 국가는 신소와 청원을 법이 정한 데 따라 공정하게 심의 처리하도록 한다.

제70조: 공민은 로동에 대한 권리를 가진다. 로동능력 있는 모든 공민은 희 망과 재능에 따라 직업을 선택하며 안정된 일자리와 로동 조건을 보장받는다. 공민은 능력에 따라 일하며 로동의 량과 질에 따라 분배를 받는다.

제71조: 공민은 휴식에 대한 권리를 가진다. 이 권리는 로동시간제, 공휴일 제, 유급휴가제, 국가비용에 의한 정휴양제, 계속 늘어나는 여러 가지 문화시 설들에 의하여 보장된다.

제72조: 공민은 무상으로 치료받을 권리를 가지며 나이 많거나 병 또는 불 구로 로동능력을 잃은 사람, 돌볼 사람이 없는 늙은이와 어린이는 물질적 방 조를 받을 권리를 가진다. 이 권리는 무상치료제, 계속 늘어나는 병원, 료양소 를 비롯한 의료시설, 국가사회보험과 사회보장제에 의하여 보장된다.

제73조: 공민은 교육을 받을 권리를 가진다. 이 권리는 선진적인 교육제도 와 국가의 인민적인 교육시책에 의하여 보장된다.

제74조: 공민은 과학과 문학예술활동의 자유를 가진다. 국가는 발명가와 창 의고안자에게 배려를 돌린다. 저작권과 발명권, 특허권은 법적으로 보호한다.

제75조: 공민은 거주, 려행의 자유를 가진다.

제76조: 혁명투사, 혁명렬사가족, 애국렬사가족, 인민군후방가족, 영예군인 은 국가와 사회의 특별한 보호를 받는다.

제77조: 녀자는 남자와 똑같은 사회적 지위와 권리를 가진다. 국가는 산전 산후휴가의 보장, 여러 어린이를 가진 어머니를 위한 로동시간의 단축, 산원, 탁아소와 유치원망의 확장, 그 밖의 시책을 통하여 어머니와 어린이를 특별히 보호한다. 국가는 녀성들이 사회에 진출할 온갖 조건을 지어준다.

제78조: 결혼과 가정은 국가의 보호를 받는다. 국가는 사회의 기층생활단위 인 가정을 공고히 하는 데 깊은 관심을 돌린다.

제79조: 공민은 인신과 주택의 불가침, 서신의 비밀을 보장받는다. 법에 근거

하지 않고는 공민을 구속하거나 체포할 수 없으며 살림집을 수색할 수 없다.

제80조: 조선민주주의인민공화국은 평화와 민주주의, 민족적 독립과 사회주의를 위하여 과학, 문화활동의 자유를 위하여 투쟁하다가 망명하여 온 다른 나라 사람을 보호한다.

제81조: 공민은 인민의 정치사상적 통일과 단결을 견결히 수호하여야 한다. 공민은 조직과 집단을 귀중히 여기며 사회와 인민을 위하여 몸 바쳐 일하는 기풍을 높이 발휘하여야 한다.

제82조: 공민은 국가의 법과 사회주의적 생활규범을 지키며 조선민주주의인민공화국의 공민된 영예와 존엄을 고수하여야 한다.

제83조: 로동은 공민의 신성한 의무이며 영예이다. 공민은 로동에 자각적으로 성실히 참가하며 로동규률과 로동시간을 엄격히 지켜야 한다.

제84조: 공민은 국가재산과 사회협동단체재산을 아끼고 사랑하며 온갖 탐오랑비현상을 반대하여 투쟁하며 나라 살림살이를 주인답게 알뜰히 하여야 한다. 국가와 사회협동단체재산은 신성불가침이다.

제85조: 공민은 언제나 혁명적 경각성을 높이며 국가의 안전을 위하여 몸 바쳐 투쟁하여야 한다.

제86조: 조국보위는 공민의 최대의 의무이며 영예이다. 공민은 조국을 보위하여야 하며 법이 정한 데 따라 군대에 복무하여야 한다.

제6장 국가기구

제1절 최고인민회의

제87조: 최고인민회의는 조선민주주의인민공화국의 최고주권기관이다.

제88조: 최고인민회의는 립법권을 행사한다. 최고인민회의휴회 중에는 최고인민회의 상임위원회도 립법권을 행사할 수 있다.

제89조: 최고인민회의는 일반적, 평등적, 직접적 선거원칙에 의하여 비밀투

표로 선거된 대의원들로 구성한다.

제90조: 최고인민회의임기는 5년으로 한다. 최고인민회의 새 선거는 최고인민회의임기가 끝나기 전에 최고인민회의 상임위원회의 결정에 따라 진행한다. 불가피한 사정으로 선거를 하지 못할 경우에는 선거를 할 때까지 그 임기를 연장한다.

제91조: 최고인민회의는 다음과 같은 권한을 가진다.

1. 헌법을 수정, 보충한다.

2. 부문법을 제정 또는 수정, 보충한다.

3. 최고인민회의휴회 중에 최고인민회의 상임위원회가 채택한 중요 부문법을 승인한다.

4. 국가의 대내외정책의 기본원칙을 세운다.

5. 조선민주주의인민공화국 국방위원회 위원장을 선거 또는 소환한다.

6. 최고인민회의 상임위원회 위원장을 선거 또는 소환한다.

7. 조선민주주의인민공화국 국방위원회 위원장의 제의에 의하여 국방위원회 제1부위원장, 부위원장, 위원들을 선거 또는 소환한다.

8. 최고인민회의 상임위원회 부위원장, 명예부위원장, 서기장, 위원들을 선거 또는 소환한다.

9. 내각총리를 선거 또는 소환한다.

10. 내각총리의 제의에 의하여 내각 부총리, 위원장, 상, 그 밖의 내각성원들을 임명한다.

11. 최고검찰소 소장을 임명 또는 해임한다.

12. 최고재판소 소장을 선거 또는 소환한다.

13. 최고인민회의 부문위원회 위원장, 부위원장, 위원들을 선거 또는 소환한다.

14. 국가의 인민경제발전계획과 그 실행정형에 관한 보고를 심의하고 승인한다.

15. 국가예산과 그 집행정형에 관한 보고를 심의하고 승인한다.

16. 필요에 따라 내각과 중앙기관들의 사업정형을 보고받고 대책을 세운다.

17. 최고인민회의에 제기되는 조약의 비준, 폐기를 결정한다.

제92조: 최고인민회의는 정기회의와 림시회의를 가진다. 정기회의는 1년에 1～2차 최고인민회의 상임위원회가 소집한다. 림시회의는 최고인민회의 상임위원회가 필요하다고 인정할 때 또는 대의원 전원의 3분의 1 이상의 요청이 있을 때에 소집한다.

제93조: 최고인민회의는 대의원 전원의 3분의 2 이상이 참석하여야 성립된다.

제94조: 최고인민회의는 의장과 부의장을 선거한다. 의장은 회의를 사회한다.

제95조: 최고인민회의에서 토의할 의안은 조선민주주의인민공화국 국방위원회 위원장, 국방위원회, 최고인민회의 상임위원회, 내각과 최고인민회의의 부문위원회가 제출한다. 대의원들도 의안을 제출할 수 있다.

제96조: 최고인민회의 매기 제1차 회의는 대의원자격심사위원회를 선거하고 그 위원회가 제출한 보고에 근거하여 대의원자격을 확인하는 결정을 채택한다.

제97조: 최고인민회의는 법령과 결정을 낸다. 최고인민회의가 내는 법령과 결정은 거수가결의 방법으로 그 회의에 참석한 대의원의 반수 이상이 찬성하여야 채택된다. 헌법은 최고인민회의 대의원 전원의 3분의 2 이상이 찬성하여야 수정, 보충된다.

제98조: 최고인민회의는 법제위원회, 예산위원회 같은 부문위원회를 둔다. 최고인민회의 부문위원회는 위원장, 부위원장, 위원들로 구성한다. 최고인민회의 부문위원회는 최고인민회의사업을 도와 국가의 정책안과 법안을 작성하거나 심의하며 그 집행을 위한 대책을 세운다. 최고인민회의 부문위원회는 최고인민회의휴회 중에 최고인민회의 상임위원회의 지도 밑에 사업한다.

제99조: 최고인민회의 대의원은 불가침권을 보장받는다. 최고인민회의 대의원은 현행범인 경우를 제외하고는 최고인민회의, 그 휴회 중에 최고인민회의 상임위원회의 승인 없이 체포하거나 형사처벌을 할 수 없다.

제2절 조선민주주의인민공화국 국방위원회 위원장

제100조: 조선민주주의인민공화국 국방위원회 위원장은 조선민주주의인민공화국의 최고령도자이다.

제101조: 조선민주주의인민공화국 국방위원회 위원장의 임기는 최고인민회의 임기와 같다.

제102조: 조선민주주의인민공화국 국방위원회 위원장은 조선민주주의인민공화국 전반적 무력의 최고사령관으로 되며 국가의 일체 무력을 지휘 통솔한다.

제103조: 조선민주주의인민공화국 국방위원회 위원장은 다음과 같은 임무와 권한을 가진다.

1. 국가의 전반 사업을 지도한다.

2. 국방위원회사업을 직접 지도한다.

3. 국방부문의 중요 간부를 임명 또는 해임한다.

4. 다른 나라와 맺은 중요 조약을 비준 또는 폐기한다.[71]

5. 특사권을 행사한다.

6. 나라의 비상사태와 전시상태, 동원령을 선포한다.

제104조: 조선민주주의인민공화국 국방위원회 위원장은 명령을 낸다.

제105조: 조선민주주의인민공화국 국방위원회 위원장은 자기 사업에 대하여 최고인민회의 앞에 책임진다.

제3절 국방위원회

제106조: 국방위원회는 국가주권의 최고국방지도기관이다.

제107조: 국방위원회는 위원장, 제1부위원장, 부위원장, 위원들로 구성한다.

---

71) 편집자 주: 북한은 2009년 4월 9일 헌법을 개정하면서 조약을 국방위원회 위원장이 비준하는 중요조약(103조)과 최고인민회의 상임위원회가 비준하는 일반조약(제116조)으로 구분하고 있다. 이와 관련하여 북한에는 조약법이 있는데 아직까지 개정되지 않았다. 편집자의 판단으로는 조약법이 북한 헌법 규정에 합치되게 개정되었을 것으로 생각되는데 아직 개정 사실을 대외에 공개하지 않고 있다.

제108조: 국방위원회 임기는 최고인민회의 임기와 같다.

제109조: 국방위원회는 다음과 같은 임무와 권한을 가진다.

1. 선군혁명로선을 관철하기 위한 국가의 중요정책을 세운다.

2. 국가의 전반적 무력과 국방건설사업을 지도한다.

3. 조선민주주의인민공화국 국방위원회 위원장 명령, 국방위원회 결정, 지시집행정형을 감독하고 대책을 세운다.

4. 조선민주주의인민공화국 국방위원회 위원장 명령, 국방위원회 결정, 지시에 어긋나는 국가기관의 결정, 지시를 폐지한다.

5. 국방부문의 중앙기관을 내오거나 없앤다.

6. 군사칭호를 제정하며 장령 이상의 군사칭호를 수여한다.

제110조: 국방위원회는 결정, 지시를 낸다.

제111조: 국방위원회는 자기 사업에 대하여 최고인민회의 앞에 책임진다.

제4절 최고인민회의 상임위원회

제112조: 최고인민회의 상임위원회는 최고인민회의휴회 중의 최고주권기관이다.

제113조: 최고인민회의 상임위원회는 위원장, 부위원장, 서기장, 위원들로 구성한다.

제114조: 최고인민회의 상임위원회는 약간 명의 명예부위원장을 둘 수 있다.

최고인민회의 상임위원회 명예부위원장은 최고인민회의 대의원 가운데서 오랜 기간 국가건설사업에 참가하여 특출한 기여를 한 일군이 될 수 있다.

제115조: 최고인민회의 상임위원회 임기는 최고인민회의 임기와 같다. 최고인민회의 상임위원회는 최고인민회의 임기가 끝난 후에도 새 상임위원회가 선거될 때까지 자기 임무를 계속 수행한다.

제116조: 최고인민회의 상임위원회는 다음과 같은 임무와 권한을 가진다.

1. 최고인민회의를 소집한다.

2. 최고인민회의휴회 중에 제기된 새로운 부문법안과 규정안, 현행부문법과

규정의 수정, 보충안을 심의채택하며 채택 실시하는 중요 부문법을 다음번 최고인민회의의 승인을 받는다.

3. 불가피한 사정으로 최고인민회의휴회기간에 제기되는 국가의 인민경제발전계획, 국가예산과 그 조절안을 심의하고 승인한다.

4. 헌법과 현행부문법, 규정을 해석한다.

5. 국가기관들의 법준수 집행을 감독하고 대책을 세운다.

6. 헌법, 최고인민회의 법령, 결정, 조선민주주의인민공화국 국방위원회 위원장 명령, 국방위원회 결정, 지시, 최고인민회의 상임위원회 정령, 결정, 지시에 어긋나는 국가기관의 결정, 지시를 폐지하며 지방인민회의의 그릇된 결정 집행을 정지시킨다.

7. 최고인민회의 대의원선거를 위한 사업을 하며 지방인민회의 대의원선거사업을 조직한다.

8. 최고인민회의 대의원들과의 사업을 한다.

9. 최고인민회의 부문위원회와의 사업을 한다.

10. 내각 위원회, 성을 내오거나 없앤다.

11. 최고인민회의휴회 중에 내각총리의 제의에 의하여 부총리, 위원장, 상, 그 밖의 내각성원들을 임명 또는 해임한다.

12. 최고인민회의 상임위원회 부문위원회 성원들을 임명 또는 해임한다.

13. 최고재판소 판사, 인민참심원을 선거 또는 소환한다.

14. 다른 나라와 맺은 조약을 비준 또는 폐기한다.

15. 다른 나라에 주재하는 외교대표의 임명 또는 소환을 결정하고 발표한다.

16. 훈장과 메달, 명예칭호, 외교직급을 제정하며 훈장과 메달, 명예칭호를 수여한다.

17. 대사권을 행사한다.

18. 행정단위와 행정구역을 내오거나 고친다.

19. 다른 나라 국회, 국제의회기구들과의 사업을 비롯한 대외사업을 한다.

제117조: 최고인민회의 상임위원회 위원장은 상임위원회사업을 조직 지도한다.

최고인민회의 상임위원회 위원장은 국가를 대표하며 다른 나라 사신의 신임장, 소환장을 접수한다.

제118조: 최고인민회의 상임위원회는 전원회의와 상무회의를 가진다. 전원회의는 위원 전원으로 구성하며 상무회의는 위원장, 부위원장, 서기장들로 구성한다.

제119조: 최고인민회의 상임위원회 전원회의는 상임위원회의 임무와 권한을 실현하는 데서 나서는 중요한 문제들을 토의 결정한다. 상무회의는 전원회의에서 위임한 문제들을 토의 결정한다.

제120조: 최고인민회의 상임위원회는 정령과 결정, 지시를 낸다.

제121조: 최고인민회의 상임위원회는 자기 사업을 돕는 부문위원회를 둘 수 있다.

제122조: 최고인민회의 상임위원회는 자기 사업에 대하여 최고인민회의 앞에 책임진다.

제5절 내각

제123조: 내각은 최고주권의 행정적 집행기관이며 전반적 국가관리기관이다.

제124조: 내각은 총리, 부총리, 위원장, 상과 그 밖에 필요한 성원들로 구성한다. 내각의 임기는 최고인민회의 임기와 같다.

제125조: 내각은 다음과 같은 임무와 권한을 가진다.

1. 국가의 정책을 집행하기 위한 대책을 세운다.

2. 헌법과 부문법에 기초하여 국가관리와 관련한 규정을 제정 또는 수정, 보충한다.

3. 내각의 위원회, 성, 내각직속기관, 지방인민위원회의 사업을 지도한다.

4. 내각직속기관, 중요행정경제기관, 기업소를 내오거나 없애며 국가관리기구를 개선하기 위한 대책을 세운다.

5. 국가의 인민경제발전계획을 작성하며 그 실행대책을 세운다.

6. 국가예산을 편성하며 그 집행대책을 세운다.

7. 공업, 농업, 건설, 운수, 체신, 상업, 무역, 국토관리, 도시경영, 교육, 과학, 문화, 보건, 체육, 로동행정, 환경보호, 관광, 그 밖의 여러 부문의 사업을 조직 집행한다.

8. 화폐와 은행제도를 공고히 하기 위한 대책을 세운다.

9. 국가관리질서를 세우기 위한 검열, 통제사업을 한다.

10. 사회질서유지, 국가 및 사회협동단체의 소유와 리익의 보호, 공민의 권리보장을 위한 대책을 세운다.

11. 다른 나라와 조약을 맺으며 대외사업을 한다.

12. 내각 결정, 지시에 어긋나는 행정경제기관의 결정, 지시를 폐지한다.

제126조: 내각총리는 내각사업을 조직 지도한다. 내각총리는 조선민주주의인민공화국정부를 대표한다.

제127조: 내각은 전원회의와 상무회의를 가진다. 내각전원회의는 내각성원 전원으로 구성하며 상무회의는 총리, 부총리와 그 밖에 총리가 임명하는 내각성원들로 구성한다.

제128조: 내각전원회의는 행정경제사업에서 나서는 새롭고 중요한 문제들을 토의 결정한다. 상무회의는 내각전원회의에서 위임한 문제들을 토의 결정한다.

제129조: 내각은 결정과 지시를 낸다.

제130조: 내각은 자기 사업을 돕는 비상설부문위원회를 둘 수 있다.

제131조: 내각은 자기 사업에 대하여 최고인민회의와 그 휴회중에 최고인민회의 상임위원회앞에 책임진다.

제132조: 새로 선거된 내각총리는 내각성원들을 대표하여 최고인민회의에서 선서를 한다.

제133조: 내각 위원회, 성은 내각의 부문별 집행기관이며 중앙의 부문별 관리기관이다.

제134조: 내각 위원회, 성은 내각의 지도 밑에 해당 부문의 사업을 통일적으로 장악하고 지도 관리한다.

제135조: 내각 위원회, 성은 위원회회의와 간부회의를 운영한다. 위원회, 성

위원회회의와 간부회의에서는 내각 결정, 지시집행 대책과 그 밖의 중요한 문제들을 토의 결정한다.

제136조: 내각 위원회, 성은 지시를 낸다.

제6절 지방인민회의

제137조: 도(직할시), 시(구역), 군인민회의는 지방주권기관이다.

제138조: 지방인민회의는 일반적, 평등적, 직접적 선거원칙에 의하여 비밀투표로 선거된 대의원들로 구성한다.

제139조: 도(직할시), 시(구역), 군인민회의 임기는 4년으로 한다. 지방인민회의 새 선거는 지방인민회의 임기가 끝나기 전에 해당 지방인민위원회의 결정에 따라 진행한다. 불가피한 사정으로 선거를 하지 못할 경우에는 선거를 할 때까지 그 임기를 연장한다.

제140조: 지방인민회의는 다음과 같은 임무와 권한을 가진다.

1. 지방의 인민경제발전계획과 그 실행정형에 대한 보고를 심의하고 승인한다.

2. 지방예산과 그 집행에 대한 보고를 심의하고 승인한다.

3. 해당 지역에서 국가의 법을 집행하기 위한 대책을 세운다.

4. 해당 인민위원회 위원장, 부위원장, 사무장, 위원들을 선거 또는 소환한다.

5. 해당 재판소의 판사, 인민참심원을 선거 또는 소환한다.

6. 해당 인민위원회와 하급인민회의, 인민위원회의 그릇된 결정, 지시를 폐지한다.

제141조: 지방인민회의는 정기회의와 림시회의를 가진다. 정기회의는 1년에 1~2차 해당 인민위원회가 소집한다. 림시회의는 해당 인민위원회가 필요하다고 인정할 때 또는 대의원 전원의 3분의 1 이상의 요청이 있을 때 소집한다.

제142조: 지방인민회의는 대의원 전원의 3분의 2 이상이 참석하여야 성립된다.

제143조: 지방인민회의는 의장을 선거한다. 의장은 회의를 사회한다.

제144조: 지방인민회의는 결정을 낸다.

제7절 지방인민위원회

제145조: 도(직할시), 시(구역), 군인민위원회는 해당 인민회의휴회 중의 지방주권기관이며 해당 지방주권의 행정적 집행기관이다.

제146조: 지방인민위원회는 위원장, 부위원장, 사무장, 위원들로 구성한다. 지방인민위원회 임기는 해당 인민회의 임기와 같다.

제147조: 지방인민위원회는 다음과 같은 임무와 권한을 가진다.

1. 인민회의를 소집한다.

2. 인민회의 대의원선거를 위한 사업을 한다.

3. 인민회의 대의원들과의 사업을 한다.

4. 해당 지방인민회의, 상급인민위원회 결정, 지시와 최고인민회의 법령, 결정, 조선민주주의인민공화국 국방위원회 위원장 명령, 국방위원회 결정, 지시, 최고인민회의 상임위원회 정령, 결정, 지시, 내각과 내각 위원회, 성의 결정, 지시를 집행한다.

5. 해당 지방의 모든 행정사업을 조직 집행한다.

6. 지방의 인민경제발전계획을 작성하며 그 실행대책을 세운다.

7. 지방예산을 편성하며 그 집행대책을 세운다.

8. 해당 지방의 사회질서유지, 국가 및 사회협동단체의 소유와 리익의 보호, 공민의 권리보장을 위한 대책을 세운다.

9. 해당 지방에서 국가관리 질서를 세우기 위한 검열, 통제 사업을 한다.

10. 하급인민위원회사업을 지도한다.

11. 하급인민위원회의 그릇된 결정, 지시를 페지하며 하급인민회의의 그릇된 결정의 집행을 정지시킨다.

제148조: 지방인민위원회는 전원회의와 상무회의를 가진다. 지방인민위원회 전원회의는 위원 전원으로 구성하며 상무회의는 위원장, 부위원장, 사무장들로 구성한다.

제149조: 지방인민위원회 전원회의는 자기의 임무와 권한을 실현하는 데서 나서는 중요한 문제들을 토의 결정한다. 상무회의는 전원회의가 위임한 문제들을 토의 결정한다.

제150조: 지방인민위원회는 결정과 지시를 낸다.

제151조: 지방인민위원회는 자기 사업을 돕는 비상설부문위원회를 둘 수 있다.

제152조: 지방인민위원회는 자기 사업에 대하여 해당 인민회의 앞에 책임진다. 지방인민위원회는 상급인민위원회와 내각, 최고인민회의 상임위원회에 복종한다.

제8절 검찰소와 재판소[72]

제153조: 검찰사업은 최고검찰소, 도(직할시), 시(구역), 군검찰소와 특별검찰소가 한다.

제154조: 최고검찰소 소장의 임기는 최고인민회의 임기와 같다.

제155조: 검사는 최고검찰소가 임명 또는 해임한다.

제156조: 검찰소는 다음과 같은 임무를 수행한다.

1. 기관, 기업소, 단체와 공민들이 국가의 법을 정확히 지키는가를 감시한다.

2. 국가기관의 결정, 지시가 헌법, 최고인민회의 법령, 결정, 조선민주주의인민공화국 국방위원회 위원장 명령, 국방위원회 결정, 지시, 최고인민회의 상임위원회 정령, 결정, 지시, 내각 결정, 지시에 어긋나지 않는가를 감시한다.

3. 범죄자를 비롯한 법 위반자를 적발하고 법적 책임을 추궁하는 것을 통하여 조선민주주의인민공화국의 주권과 사회주의제도, 국가와 사회협동단체재산, 인민의 헌법적 권리와 생명재산을 보호한다.

---

72) 편집자 주: 재판제도와 관련하여 북한은 2010년 4월 9일 헌법을 부분 개정하면서 종전의 중앙재판소와 중앙검찰소를 최고재판소와 최고검찰소로 명칭을 변경하였다. 그러나 북한 형사소송법, 재판소구성법, 검찰감시법 등은 아직까지 중앙재판소, 중앙검찰소로 규정하고 있다. 편집자의 판단으로는 이 법령들이 헌법 규정에 합치되게 개정되었을 것으로 생각되는데 아직 개정 사실을 대외에 공개하지 않고 있다.

제157조: 검찰사업은 최고검찰소가 통일적으로 지도하며 모든 검찰소는 상급검찰소와 최고검찰소에 복종한다.

제158조: 최고검찰소는 자기 사업에 대하여 최고인민회의와 그 휴회 중에 최고인민회의 상임위원회 앞에 책임진다.

제159조: 재판은 최고재판소, 도(직할시)재판소, 시(구역), 군인민재판소와 특별재판소가 한다. 판결은 조선민주주의인민공화국의 이름으로 선고한다.

제160조: 최고재판소 소장의 임기는 최고인민회의 임기와 같다. 최고재판소, 도(직할시)재판소, 시(구역), 군인민재판소의 판사, 인민참심원의 임기는 해당 인민회의임기와 같다.

제161조: 특별재판소의 소장과 판사는 최고재판소가 임명 또는 해임한다. 특별재판소의 인민참심원은 해당 군무자회의 또는 종업원회의에서 선거한다.

제162조: 재판소는 다음과 같은 임무를 수행한다.

1. 재판활동을 통하여 조선민주주의인민공화국의 주권과 사회주의제도, 국가와 사회협동단체재산, 인민의 헌법적 권리와 생명재산을 보호한다.

2. 모든 기관, 기업소, 단체와 공민들이 국가의 법을 정확히 지키고 계급적 원수들과 온갖 법 위반자들을 반대하여 적극 투쟁하도록 한다.

3. 재산에 대한 판결, 판정을 집행하며 공증사업을 한다.

제163조: 재판은 판사 1명과 인민참심원 2명으로 구성된 재판소가 한다. 특별한 경우에는 판사 3명으로 구성하여 할 수 있다.

제164조: 재판은 공개하며 피소자의 변호권을 보장한다. 법이 정한 데 따라 재판을 공개하지 않을 수 있다.

제165조: 재판은 조선말로 한다. 다른 나라 사람들은 재판에서 자기 나라 말을 할 수 있다.

제166조: 재판소는 재판에서 독자적이며 재판활동을 법에 의거하여 수행한다.

제167조: 최고재판소는 조선민주주의인민공화국의 최고재판기관이다. 최고재판소는 모든 재판소의 재판사업을 감독한다.

제168조: 최고재판소는 자기 사업에 대하여 최고인민회의와 그 휴회 중에 최고인민회의 상임위원회 앞에 책임진다.

제7장 국장, 국기, 국가, 수도

제169조: 조선민주주의인민공화국의 국장은 ≪조선민주주의인민공화국≫이라고 쓴 붉은 띠로 땋아 올려 감은 벼이삭의 타원형 테두리 안에 웅장한 수력발전소가 있고 그 우에 혁명의 성산 백두산과 찬연히 빛나는 붉은 오각별이 있다.

제170조: 조선민주주의인민공화국의 국기는 기발의 가운데에 넓은 붉은 폭이 있고 그 아래 우에 가는 흰 폭이 있으며 그 다음에 푸른 폭이 있고 붉은 폭의 기대 달린 쪽 흰 동그라미 안에 붉은 오각별이 있다. 기발의 세로와 가로의 비는 1대 2이다.

제171조: 조선민주주의인민공화국의 국가는 ≪애국가≫이다.

제172조: 조선민주주의인민공화국의 수도는 평양이다.

2. 조선민주주의인민공화국 녀성권리보장법

주체 99(2010)년 12월 22일 최고인민회의 상임위원회 정령 제1309호로 채택

제1장 녀성권리보장법의 기본

제1조 (녀성권리보장법의 사명)

조선민주주의인민공화국 녀성권리보장법은 사회생활의 모든 분야에서 녀성의 권리를 철저히 보장하여 녀성의 지위와 역할을 더욱 높이도록 하는 데 이바지한다.

제2조 (남녀평등의 원칙)

남녀평등을 보장하는 것은 조선민주주의인민공화국의 일관한 정책이다.

국가는 녀성에 대한 온갖 형태의 차별을 엄격히 금지하도록 한다.

제3조 (녀성에 대한 사회적 관심)

녀성은 가정의 복리와 사회의 발전에서 중요한 역할을 한다.

국가는 전 사회적으로 녀성에 대한 관심을 높이고 그들의 권리를 철저히 보장하도록 한다.

제4조 (녀성권리보장계획)

국가는 녀성권리보장을 위한 기본계획을 세우고 실행하도록 한다.

지방인민위원회는 국가의 녀성권리보장을 위한 기본계획에 따라 년차별로 세부계획을 세우고 정확히 실행하여야 한다.

제5조 (기관, 기업소, 단체의 녀성권리보장의무)

녀성의 권리를 보장하는 것은 기관, 기업소, 단체에 있어서 의무적이다.

기관, 기업소, 단체는 이 법에 따라 녀성의 권리를 철저히 보장하여야 한다.

제6조 (각급 지방인민위원회의 녀성권리보장의무)

녀성권리보장사업은 각급 지방인민위원회의 중요임무이다.

각급 지방인민위원회는 녀성권리보장사업을 중요 직능으로 정하고 관할지역 녀성들의 권리를 보장하기 위한 조치를 취하여야 한다.

제7조 (근로단체의 녀성권리보장의무)

녀성동맹은 녀성권리보장을 위한 녀성들의 조직이다.

조선민주녀성동맹 중앙위원회와 각급 녀성동맹조직은 이 법과 녀성동맹규약에 따라 녀성들의 권리를 보장하기 위한 사업을 책임적으로 하여야 한다.

직업총동맹과 농업근로자동맹, 청년동맹을 비롯한 근로단체조직은 이 법에 따라 자기 조직에 속한 녀성들의 권리를 보장하기 위한 대책을 세워야 한다.

제8조 (법기관의 녀성권리보장의무)

법기관들은 각종 범죄 또는 법위반행위에 의하여 녀성들의 권리가 침해당하지 않도록 법적 통제를 엄격히 하여야 한다.

제9조 (국제교류와 협조)

국가는 녀성권리보장 분야에서 다른 나라, 국제기구들과의 교류와 협조를 발전시킨다.

제10조 (법의 규제범위와 적용)

이 법은 녀성의 권리를 보장하는 데서 나서는 문제들을 규제한다.

녀성권리보장과 관련하여 이 법에서 규제하지 않은 사항은 해당 법에 따른다.

녀성권리와 관련하여 우리나라가 가입한 국제협약은 이 법과 같은 효력을 가진다.

제2장 사회정치적 권리

제11조 (사회정치적 권리보장의 기본요구)

녀성은 사회정치생활 분야에서 남성과 평등한 권리를 가진다.

누구도 녀성의 사회정치적 권리와 지위를 제한하거나 침해하는 행위를 할 수 없다.

제12조 (선거권과 피선거권)

녀성은 남성과 평등하게 선거할 권리와 선거 받을 권리를 가진다.

국가는 녀성들을 사회정치활동에 적극 참가시키며 각급 인민회의에서 녀성대의원의 비률을 높이도록 한다.

제13조 (국적취득, 변경, 보존의 권리)

녀성은 남성과 평등하게 국적을 취득, 변경, 보존할 권리를 가진다.

조선민주주의인민공화국에서 녀성의 국적은 결혼이나 리혼에 의하여 변경되지 않는다.

제14조 (국가기관에서 사업할 권리)

녀성은 모든 국가기관에서 사업할 권리를 가진다.

국가기관들을 녀성 일군을 적극 받아들이며 그들의 사업과 생활조건을 원만히 보장해주어야 한다.

제15조 (녀성간부의 등용)

기관, 기업소, 단체는 녀성간부를 계획적으로 양성하고 등용하여야 한다.

간부선발과 양성, 임명사업에서 녀성을 차별하는 행위를 하지 말아야 한다.

제16조 (사법 분야의 보호)

법기관은 녀성과 관련한 사건을 취급 처리하는 데서 녀성의 인격을 존중하며 권리와 리익을 철저히 보장하여야 한다.

제17조 (신소청원의 처리)

녀성은 신소와 청원의 권리를 가진다.

기관, 기업소, 단체는 녀성의 제기하는 신소청원을 정해진 기일 안에 책임적으로 료해 처리하여야 한다.

녀성의 신소청원을 접수하지 않거나 묵살하는 행위를 할 수 없다.

제3장 교육, 문화, 보건의 권리

제18조 (교육, 문화, 보건 분야에서 녀성권리보장의 기본요구)

녀성은 교육, 문화, 보건 분야에서 남성과 평등한 권리를 가진다.

조선민주주의인민공화국에서 녀성에 대한 교육, 문화, 보건의 권리는 국가의 옳바른 녀성정책에 의하여 철저히 담보된다.

제19조 (입학, 진학, 졸업배치에서 남녀평등의 보장)

교육지도기관과 지방인민위원회는 녀성이 남성과 평등하게 각급 학교에 입학하거나 진학, 졸업 후 배치받을 수 있는 권리를 철저히 보장하여야 한다.

대학이나 전문학교에서 학생을 모집할 경우 특수전공 분야의 학과를 제외하고는 성별을 리유로 녀성을 모집하지 않거나 제한하는 행위를 하지 말아야 한다.

제20조 (녀학생의 신체와 건강의 보호증진)

교육기관에서는 녀학생의 육체적 특성에 맞는 교육을 주며 녀성을 위한 해당 시설을 원만히 갖추고 녀학생의 건강을 보호 증진시켜야 한다.

제21조 (의무교육과 관련한 부모의 의무)

부모 또는 후견인은 학령에 도달한 녀성어린이가 중등일반의무교육체계에 따르는 교육을 받을 수 있도록 자기의 의무를 다하여야 한다.

병으로 앓거나 부득이한 사유로 해당 지방인민위원회의 승인을 받은 경우를 제외하고는 학령에 도달한 녀성어린이를 빠짐없이 취학시켜야 한다.

제22조 (직업기술교육조건의 보장)

각급 지방인민위원회와 해당 기관은 자기 지방의 실정에 맞게 녀성들이 직업기술교육을 받을 수 있는 조건을 충분히 갖추어주어야 한다.

제23조 (문화생활의 권리)

녀성은 남성과 평등하게 문화생활을 할 수 있는 권리를 가진다.

기관, 기업소, 단체는 녀성들이 남성과 평등하게 과학, 기술, 문학, 예술, 체육활동에 참가할 수 있도록 필요한 조건을 보장하여야 한다.

제24조 (치료받을 권리)

녀성은 남성과 평등하게 치료받을 권리를 가진다.

보건기관은 녀성을 위한 전문의료시설을 갖추고 녀성의 건강을 적극 보호하며 녀성들이 불편 없이 치료받도록 하여야 한다.

해당 기관, 기업소, 단체는 녀성들에게 치료받을 수 있는 조건을 우선적으로 보장해주어야 한다.

제25조 (농촌녀성들의 교육, 문화, 보건의 권리보장)

지방인민위원회와 해당 기관은 농촌녀성들이 도시녀성들과 꼭같이 교육과 치료를 받으며 문화적인 생활을 할 수 있도록 필요한 시설과 조건을 충분히 갖추어주어야 한다.

제4장 로동의 권리

제26조 (로동 분야에서 녀성권리보장의 기본요구)

녀성은 로동 분야에서 남성과 평등한 권리를 가진다.

지방인민위원회와 해당 기관은 녀성들이 남성과 평등하게 로동에 참가할 수 있는 권리와 로동보호를 받을 권리, 사회보장을 받을 권리를 보장하여야 한다.

제27조 (로동조건의 보장)

지방인민위원회와 해당 기관은 녀성들이 사회적 로동에 적극 참가할 수 있도록 온갖 조건을 충분히 보장해주어야 한다.

해당 기관, 기업소, 단체는 직장에 다니는 녀성들이 로동에 마음 놓고 참가할 수 있도록 탁아소, 유치원, 편의시설 같은 것을 잘 꾸리고 바로 운영하여야 한다.

제28조 (로력 배치에서의 차별금지)

기관, 기업소, 단체는 종업원을 받을 경우 녀성에게 적합하지 않는 직종이나 부서를 제외하고는 성별 또는 기타 결혼, 임산, 해산 같은 것을 리유로 녀성을 받지 않거나 제한하지 말아야 한다.

로동할 나이에 이르지 못한 녀성을 받는 행위는 할 수 없다.

제29조 (녀성근로자의 로동보호)

기관, 기업소, 단체는 녀성로동보호사업에 깊은 관심을 돌려야 한다.

녀성들에게는 정해진 로동안전시설, 로동위생시설을 갖추어주며 녀성의 생리적 특성에 맞게 로동 안전을 보장하여야 한다.

녀성에게 적합하지 않는 업무와 작업은 시킬 수 없다.

녀성은 산전산후기간, 젖먹이는 기간에 특별한 보호를 받는다.

제30조 (녀성에게 금지된 로동 분야와 직종)

로동행정지도기관은 녀성들에게 금지시켜야 할 로동 분야와 직종을 정하고 엄격히 지키도록 하여야 한다.

기관, 기업소, 단체는 녀성들을 금지된 로동 분야와 직종에서 작업시키는 행위, 젖먹이아이가 있거나 임신한 녀성근로자에게 야간로동을 시키는 행위를 하지 말아야 한다.

제31조 (로동보수에서의 남녀평등)

기관, 기업소, 단체는 같은 로동에 대하여 녀성에게 남성과 꼭같은 로동보수를 주어야 한다.

3명 이상의 어린이를 가진 녀성로동자의 하루 로동시간은 6시간이며 생활비를 전액 지불한다.

제32조 (기술, 기능자격 및 급수판정에서의 남녀평등)

해당 기관, 기업소, 단체는 기술자격, 기능자격, 급수판정을 할 경우 녀성이라는 리유로 차별하는 행위를 하지 말아야 한다.

제33조 (산전산후휴가의 보장)

국가적으로 녀성근로자에게는 정기 및 보충휴가 외에 근속년한에 관계없이 산전 60일, 산후 90일간의 산전산후휴가를 준다.

산전산후휴가기간에는 녀성에게 일 시킬 수 없다.

제34조 (부당한 제적금지)

기관, 기업소, 단체는 본인의 요구가 있는 경우를 제외하고는 결혼, 임신, 산전산후휴가, 젖먹이는 기간 같은 것을 리유로 녀성을 직장에서 내보내지 말아야 한다.

제35조 (사회보험제의 적용)

각급 지방인민위원회와 해당 기관은 녀성들에 대한 사회보험제를 철저히 실시하여 병 또는 부상 같은 리유로 로동능력을 일시적으로 잃은 녀성들의 생활을 안정시키고 치료조건을 충분히 보장해주어야 한다.

제5장 인신 및 재산적 권리

제36조 (인신 및 재산 분야에서 녀성권리보장의 기본요구)

녀성은 남성과 평등한 인신 및 재산권리를 가진다.

누구도 녀성의 인신 및 재산적 권리를 침해하는 행위를 할 수 없다.

제37조 (인신의 불가침권)

녀성은 인신의 불가침권을 가진다.

비법적으로 녀성의 자유를 구속하는 행위, 폭력 또는 비폭력적인 방법으로 녀성의 신체에 피해를 가하는 행위, 녀성의 몸을 수색하는 행위를 할 수 없다.

제38조 (건강, 생명의 불가침권)

녀성은 건강과 생명의 불가침권을 가진다.

녀성이라는 리유로 갓난 녀자아이를 죽이거나 녀자아이를 낳은 녀성, 임신한 녀성, 앓고 있는 녀성, 장애 녀성, 년로한 녀성을 학대, 괄시하는 행위를 할 수 없다.

임신한 녀성에 대하여서는 산전 3개월부터 산후 7개월까지 형벌집행을 정지한다.

제39조 (유괴, 매매행위금지)

누구도 녀성을 유괴하거나 매매, 강간, 륜간하는 행위를 할 수 없다.

해당 기관은 녀성에 대한 유괴, 매매, 강간, 륜간행위를 막기 위한 대책을 철저히 세우며 그러한 행위를 한 자를 법에 따라 엄격히 처벌하여야 한다.

제40조 (매음행위금지)

매음행위를 한 자는 법에 따라 처벌한다.

매음행위를 조직하였거나 조장, 강박한 자도 법에 따라 처벌을 받는다.

제41조 (녀성의 인격, 명예존중)

녀성은 인격권과 명예권을 가진다.

기관, 기업소, 단체와 공민은 녀성의 인격과 명예를 존중하여야 한다.

제42조 (가정에서 녀성의 재산권)

결혼한 녀성은 가정재산의 소유권을 남편과 공동으로 가진다.

녀성은 수입에 관계없이 남편과 평등하게 가정재산을 점유, 리용, 처분할 수 있다.

녀성은 남편과 리혼할 경우 자기의 개별재산권을 주장할 수 있다.

제43조 (재산상속에서의 남녀평등)

녀성은 남성과 평등한 재산상속권을 가진다.

상속 순위가 같은 경우 성별을 리유로 녀성을 차별하지 말아야 한다.

제6장 결혼, 가정의 권리

제44조 (결혼, 가정에서 녀성권리보장의 기본요구)

녀성은 남성과 평등한 결혼 및 가정의 권리를 가진다.

결혼과 가정은 국가의 보호를 받는다.

제45조 (녀성의 결혼자유권)

녀성은 자유결혼의 권리를 가진다.

녀성의 결혼자유권을 침해하거나 간섭하는 행위를 할 수 없다.

제46조 (가정폭행의 금지)

가정에서는 녀성에 대한 온갖 형태의 폭행을 하지 말아야 한다.

지방인민위원회와 기관, 기업소, 단체는 가정폭행을 막기 위한 주민들과 종업원교양사업을 정상적으로 하여 관할지역 또는 자기소속 공민들의 가정에서 가정폭행행위가 나타나지 않도록 하여야 한다.

제47조 (리혼제기중지사유)

부부간에 리혼문제가 발생하였을 경우 남성은 안해가 임신 중에 있거나 해산 후 1년 안에 있다면 리혼을 제기할 수 없다.

녀성이 남편을 상대로 리혼을 제기하는 경우에는 앞 항의 영향을 받지 않는다.

제48조 (리혼 시의 재산분할)

부부가 리혼하는 경우 주택과 가정재산분할문제는 쌍방이 협의하여 해결한다. 협의가 이루어지지 않을 경우에는 해당 재판소가 쌍방의 구체적 실정에 근거하고 자녀와 여자 측의 리익을 보호하는 원칙에서 해결한다.

제49조 (미성년자녀보호에 대한 권리, 의무)

녀성은 남편과 평등하게 미성년자녀를 보호할 권리와 의무를 가진다.

남편이 사망하였거나 행위능력을 상실하였거나 기타 부득이한 사정으로 미성년자녀의 후견인으로 될 수 없을 경우에는 녀성에게 자녀를 보호할 권리와 의무가 있다.

제50조 (출산의 자유)

녀성은 자녀를 낳거나 낳지 않을 권리가 있다.

국가적으로 녀성이 자식을 많이 낳아 키우는 것을 장려한다.

삼태자, 다태자를 낳아 키우는 녀성과 어린이에게는 담당의사를 두며 훌륭한 살림집과 약품, 식료품, 가정용품을 무상으로 공급하는 것 같은 특별한 배려와 혜택을 돌린다.

제51조 (임산부에 대한 보호)

녀성이 해산을 하는 경우 해당 의료기관은 안전하고 효과적인 약품과 치료기술을 제공하여 녀성의 건강을 책임적으로 보장하여야 한다.

보건기관과 해당 기관, 기업소, 단체는 임산기의 녀성건강보호에 깊은 관심을 돌리며 산모와 어린이의 건강을 잘 돌봐주어야 한다.

제7장 녀성권리보장사업에 대한 지도통제

제52조 (녀성권리보장사업에 대한 지도)

녀성권리보장사업에 대한 지도는 내각의 통일적인 지도 밑에 해당 중앙기관과 지방인민위원회가 한다.

해당 중앙기관과 지방인민위원회는 녀성권리보장사업에 대한 지도체계를 바로 세우고 정상적으로 장악 지도하여야 한다.

제53조 (녀성단체의 임무)

조선민주녀성동맹 중앙위원회와 각급 녀성동맹조직은 녀성권리보장과 관련한 사회적 인식과 녀성들의 지위와 역할을 높이기 위한 사업을 여러 가지 형식과 방법으로 조직 진행하여야 한다.

기관, 기업소, 단체는 녀성동맹조직의 사업을 적극 협조하고 도와주어야 한다.

제54조 (녀성권리보장사업에 대한 감독통제)

녀성권리보장사업에 대한 감독통제는 해당 중앙기관과 지방인민위원회, 감독통제기관이 한다.

해당 중앙기관과 지방인민위원회, 감독통제기관은 녀성권리보장사업정형을 엄격히 감독 통제하여야 한다.

제55조 (행정적 또는 형사적 책임)

이 법을 어겨 녀성권리보장사업에 지장을 준 기관, 기업소, 단체의 책임 있는 일군과 개별적 공민에게는 정상에 따라 행정적 또는 형사적 책임을 지운다.

3. 조선민주주의인민공화국 아동권리보장법

주체 99(2010)년 12월 22일 최고인민회의 상임위원회 정령 제1307호로 채택

제1장 아동권리보장법의 기본

제1조 (아동권리보장법의 사명)

조선민주주의인민공화국 아동권리보장법은 아동권리보장제도를 더욱 공고 발전시켜 사회생활, 교육, 보건, 가정, 사법 분야를 비롯한 모든 분야에서 아동의 권리와 리익을 최대로 보장하는 데 이바지한다.

제2조 (아동에 대한 정의)

아동은 민족의 장래운명을 떠메고 나갈 조국의 미래이며 사회주의건설의 후비대이다.

이 법에서 아동은 16살까지이다.

제3조 (아동의 평등권보장원칙)

조선민주주의인민공화국에서 아동은 출신성분이나 성별, 부모 또는 보호자의 직위, 재산소유관계, 신체상 결함 같은 것에 관계없이 누구나 꼭같은 권리를 보장받는다.

제4조 (아동중시원칙)

아동을 중시하고 그들의 권리와 리익을 우선적으로 보장하는 것은 조선민주주의인민공화국의 일관한 정책이다.

국가는 아동의 성장과 발전에 언제나 깊은 관심을 돌리고 모든 아동이 자기의 권리를 마음껏 행사하며 세상에 부럼 없이 행복하에 자라도록 온갖 배려를 돌린다.

제5조 (교육, 보건 분야에서 아동권리보장원칙)

조선민주주의인민공화국에서 아동은 무료교육, 무상치료의 최고 혜택자, 향유자이다.

국가는 전반적 11년제 무료의무교육제도와 완전하고도 전반적인 무상치료제도를 더욱 공고 발전시켜 모든 아동을 정신 도덕적으로 건전하고 육체적으로 튼튼하게 키우도록 한다.

제6조 (가정에서의 아동권리보장원칙)

가정의 역할을 높이는 것은 아동의 성장과 발전의 중요담보이다.

국가는 가정에서 아동의 권리와 리익이 철저히 보장되도록 하는 데 깊은 관심을 돌린다.

제7조 (사법 분야에서의 아동권리보장원칙)

아동은 사법 분야에서 특별한 보호를 받는다.

국가는 아동과 관련한 사건을 취급 처리하는 데서 아동의 권리와 리익이 침해당하지 않도록 한다.

제8조 (아동에 대한 물질적 보장원칙)

국가는 ≪제일 좋은 것을 어린이들에게!≫라는 원칙에 따라 아동의 건강과 교육교양, 생활에 필요한 모든 것을 제일 좋은 것으로, 우선적으로 보장하도록 한다.

제9조 (국제교류와 협조)

국가는 아동권리보장 분야에서 다른 나라, 국제기구들과의 교류와 협조를 발전시킨다.

제10조 (법의 규제범위와 적용)

이 법은 아동의 권리를 보장하고 리익을 보호하는 데서 나서는 문제들을 규제한다.

아동권리보장과 관련하여 이 법에서 규제하지 않은 사항은 해당 법에 따른다.

조선민주주의인민공화국이 가입한 아동권리보장관련 국제협약은 이 법과 같은 효력을 가진다.

제2장 사회생활 분야에서의 아동권리보장

제11조 (생명권과 발전권)

아동은 생명권과 발전권을 가진다.

부모 또는 보호자와 해당 기관은 아동에게 생명을 보호받을 권리, 정신 육체적으로 원만히 성장할 수 있는 권리를 최대한 보장하여야 한다.

제12조 (이름을 가질 권리, 보살핌을 받을 권리)

아동은 출생과 함께 이름을 가질 권리, 국가와 사회, 부모의 보살핌을 받을 권리를 가진다.

제13조 (출생에 의한 국적의 취득권리)

다음의 아동은 출생에 의하여 조선민주주의인민공화국 국적을 취득할 권리를 가진다.

1. 공화국공민 사이에 출생한 아동

2. 공화국 령역에 거주하는 공화국공민과 다른 나라 공민 또는 무국적자 사이에 출생한 아동

3. 공화국 령역에 거주하는 무국적자 사이에 출생한 아동

4. 공화국 령역에 출생하였으나 부모가 확인되지 않은 아동

제14조 (출생등록)

부모는 아이가 태어나면 제때에 출생등록을 하여야 한다.

출생등록은 해당 거주지의 인민보안기관에 한다.

제15조 (아동의 신원보존)

아동은 자기의 국적과 이름, 가족관계 같은 신원을 보존할 권리를 가진다.

해당 기관은 아동의 신원을 정확히 등록하며 침해당하지 않도록 하여야 한다.

제16조 (단체가입, 견해표시)

아동은 소년단 같은 아동단체에 가입할 수 있으며 말이나 서면 또는 출판물, 예술작품 같은 것을 통하여 자기의 견해를 자유롭게 표시할 수 있다.

사회질서나 공중도덕, 다른 사람의 명예나 권익에 해를 주는 견해를 표시하는 것 같은 행위를 할 수 없다.

제17조 (사생활, 가족, 서신, 명예, 인격보호)

아동의 사생활과 가족, 서신, 명예, 인격은 법적으로 보호된다.

제18조 (아동에 대한 유괴, 매매금지)

아동을 유괴, 매매하는 행위를 할 수 없다.

기관, 기업소, 단체와 공민은 아동을 유괴하거나 매매하는 행위를 엄격히 막아야 한다.

제19조 (아동로동의 금지)

조선민주주의인민공화국에서는 아동로동을 엄격히 금지한다.

기관, 기업소, 단체와 개별적공민은 아동에게 로동을 시킨 행위를 할 수 없다.

제20조 (신소, 청원의 권리)

아동은 신소와 청원을 할 수 있다.

해당 기관, 기업소, 단체는 아동의 신소, 청원을 제때에 접수하여 책임적으로 처리하며 그것을 묵살하거나 되는 대로 처리하는 행위를 하지 말아야 한다.

제21조 (망명아동의 보호)

조선민주주의인민공화국은 부모 또는 보호자와 함께 공화국에 망명한 아동, 개별적으로 공화국 령역에 들어온 아동의 권리를 법적으로 보호한다.

제3장 교육, 보건 분야에서의 아동권리보장

제22조 (아동에게 교육, 보건 분야의 혜택이 더 많이 차례지게 할 데 대한 요구)

교육과 보건은 아동의 성장과 건강증진에 중요한 역할을 한다.

내각과 교육지도기관, 보건지도기관은 아동에게 돌려지는 국가의 혜택이 정확히 차례지도록 온갖 조건을 충분히 보장하여야 한다.

제23조 (무료의무교육을 받을 권리)

아동은 전반적 11년제 의무교육을 받을 권리를 가진다.

전반적 11년제 의무교육은 무료로 실시한다.

제24조 (아동교육기관)

내각과 지방인민위원회, 해당 기관은 아동교육을 위한 학교교육기관과 사회교육기관을 잘 꾸리고 그 운영을 바로 하여 모든 아동이 마음껏 배우도록 하여야 한다.

학교교육기관에는 유치원, 소학교, 중학교 같은 것이 속하며 사회교육기관에는 도서관, 학생소년궁전, 학생소년회관, 소년단 야영소 같은 것이 속한다.

제25조 (아동의 입학과 졸업보장)

교육지도기관과 지방인민위원회는 학력아동을 빠짐없이 장악하여 입학시켜야 한다.

아동교육기관과 부모는 아동이 학교교육과정을 완전히 마치고 졸업할 수 있도록 충분한 조건을 보장하여야 한다.

제26조 (아동의 인격존중)

아동교육 일군들은 언제나 아동의 본보기가 되여야 하며 어떤 경우에도 아동의 인격을 무시하거나 차별하거나 욕설, 추궁, 모욕, 구타하는 것 같은 행위를 하지 말아야 한다.

제27조 (희망과 재능을 발전시킬 권리)

아동은 자기의 희망과 재능을 발전시킬 권리를 가진다.

교육지도기관과 지방인민위원회는 특수한 재능을 가진 아동이 자기의 희망에 따라 교육을 받을 수 있는 조건을 보장하여야 한다.

제28조 (휴식과 문화정서생활의 권리)

아동은 휴식과 문화정서생활의 권리를 가진다.

각급 지방인민위원회와 기관, 기업소, 단체는 극장, 영화관, 공원, 유희장, 동물원, 식물원 같은 시설을 잘 꾸리고 그 운영을 바로 하여 아동들에게 충분한 휴식과 문화정서생활을 할 수 있는 유리한 조건과 환경을 마련해주어야 한다.

제29조 (출판물, 문예작품의 창작보급)

출판기관을 비롯한 해당 기관은 아동의 성장과 교육교양에 필요한 교과서, 참고서, 문예작품을 비롯한 각종 도서들을 아동의 심리와 수요에 맞게 잘 만들어 보급하여야 한다.

제30조 (장애아동의 보호)

장애아동은 다른 아동과 꼭같은 교육과 치료를 받을 권리를 가진다.

교육지도기관과 보건지도기관, 지방인민위원회는 맹, 롱아학교를 바로 운영하며 장애아동의 교육, 치료, 생활에 필요한 조건을 원만히 보장하여야 한다.

제31조 (돌볼 사람이 없는 아동의 양육)

부모 또는 후견인의 보살핌을 받을 수 없는 아동은 육아원과 애육원, 학원에서 국가의 부담으로 키운다.

제32조 (외진 지역의 아동교육조건보장)

교육지도기관과 지방인민위원회는 깊은 산골, 외진 섬 같이 주민지역과 멀리 떨어져 있는 지역의 아동에 대한 교육조건을 원만히 보장하여야 한다.

제33조 (무상치료를 받을 권리)

아동은 완전하고 전반적인 무상치료제의 혜택을 받을 권리를 가진다.

아동의 병을 예방하거나 치료하는 데 드는 일체 진찰비와 실험검사비, 약값, 입원치료비, 료양비, 료양소에 오가는 려비, 건강검진비, 의료상담비, 예방접종비, 교정기구비 같은 것은 국가가 전적으로 부담한다.

제34조 (아동에 대한 의료봉사)

보건지도기관과 지방인민위원회는 탁아소, 유치원, 학교에 의료 일군을 배치하고 의료기구와 의약품을 원만히 공급하며 아동의 건강을 책임적으로 돌보도록 하여야 한다.

병이 난 아동에 대하여서는 제때에 전문의료기관을 통하여 치료하도록 하여야 한다.

제35조 (아동병원, 병동의 배치)

보건지도기관과 지방인민위원회는 필요한 곳에 전문 아동의 병을 예방하고 치료하는 아동병원 또는 아동병동을 꾸리고 그 관리운영을 바로 하여 모든 아동을 튼튼하게 키우도록 하여야 한다.

제36조 (료양시설을 통한 아동의 건강증진)

보건지도기관과 지방인민위원회는 온천과 약수터, 바닷가, 경치 좋은 곳에 료양시설을 잘 꾸리고 아동들이 적극 리용하면서 건강을 증진하도록 온갖 조건을 책임적으로 보장하여야 한다.

제37조 (영양제와 영양식품, 생활용품의 보장)

해당 기관, 기업소는 아동의 건강과 성장에 필요한 영양제와 영양식품, 생활용품을 더 많이 개발하고 계획적으로 생산 보장하여야 한다.

아동물자공급기관과 해당 상업기관, 교육기관은 생산된 제품이 아동들에게 정확히 공급되도록 하여야 한다.

제4장 가정에서의 아동권리보장

제38조 (가정에서 아동권리보장의 기본요구)

가정은 아동생활의 중요한 거점이다.

부모는 아동의 성장과 발전에 유리한 가정적 환경을 보장하며 그들의 교육교양에 언제나 깊은 관심을 돌려야 한다.

제39조 (부모의 양육과 교양을 받을 권리)

아동은 부모의 양육과 교양을 받을 권리를 가진다.

부모는 아동에게 모범이 되면 그들에 대한 양육과 교양을 잘하여 지덕체를 갖춘 나라의 역군으로 키워야 한다.

제40조 (장애아동에 대한 부모 또는 후견인의 책임)

부모 또는 후견인은 신체상 결함이 있는 아동에 대한 교육교양에 특별한 관심을 돌리며 그의 생활과 건강을 책임적으로 돌보아야 한다.

제41조 (아동양육과 교양에 대한 국가적 조건보장)

지방정권기관과 해당 기관, 기업소, 단체는 부모들이 가정에서 아동을 건전하게 양육하고 교양할 수 있도록 충분한 조건을 보장하여야 한다.

제42조 (가정에서 아동의 의사존중)

가정에서는 아동의 의사를 최대로 존중하고 홀시하거나 무시하지 말아야
한다.

제43조 (가정에서 처벌금지)

가정에서는 아동에 대한 학대, 무관심, 욕설, 추궁, 구타 같은 행위를 하지
말아야 한다.

제44조 (후견인의 선정)

부모의 보살핌을 받을 수 없는 아동을 위하여 후견인을 정한다.

아동의 후견인으로는 조부모, 형제자매가 될 수 있다.

제45조 (아동의 수양, 립양)

공민은 다른 사람의 아동을 수양하거나 립양할 수 있다. 이 경우 수양, 립양
한 아동을 친자식처럼 양육하고 교양하여야 한다.

아동의 수양, 립양권은 법적으로 보호된다.

선거권을 박탈당한 자, 아동의 건강에 해를 줄 수 있는 질병이 있는 자, 그
밖에 보호교양능력이 없는 자는 아동을 수양하거나 립양할 수 없다.

제46조 (아동의 상속권)

아동은 상속권을 가진다.

해당 기관과 공민은 아동이라는 리유로 그의 상속권을 침해하는 행위를 하
지 말아야 한다.

제5장 사법 분야에서의 아동권리보장

제47조 (사법 분야에서의 아동권리보장의 기본요구)

법기관은 아동범죄를 취급하는 경우 사건취급의 모든 단계에서 아동에게
차례진 권리를 충분히 보장하여야 한다.

제48조 (아동에 대한 형사책임추궁 및 사형금지)

14살에 이르지 못한 아동에게는 형사책임을 지우지 않으며 범죄를 저지를
당시 14살 이상에 이른 아동에 대하여서는 사형을 적용하지 않는다.

제49조 (사회적 교양처분의 적용)

14살 이상에 이른 아동이 범죄를 저질렀을 경우에는 사회교양처분을 적용하는 것을 기본으로 한다.

사회적 교양처분을 받은 아동은 범죄를 저지르지 않았던 아동과 차별하지 않는다.

제50조 (변호인의 방조를 받을 권리)

범죄를 저지른 14살 이상의 아동은 변호인의 방조를 받을 권리를 가진다.

법기관은 아동이 변호인을 선정하고 그의 방조를 받을 수 있는 조건을 보장하여야 한다.

제51조 (사건취급 처리에서 아동의 인격존중)

법기관은 아동범죄를 취급 처리하는 과정에 아동의 인격을 최대로 존중하여야 한다.

강제적 방법으로 아동에게 범죄를 인정시키거나 진술을 유도하는 행위를 할 수 없다.

제52조 (증인심문에서 아동의 보호자립회)

법기관은 아동을 증인으로 데려다 심문할 경우 그의 부모나 후견인, 교원 같은 보호자를 립회시켜야 한다.

보호자의 립회 없이 아동을 증인으로 심문할 수 없다.

제53조 (체포, 구속의 통지)

법기관은 아동의 부모를 범죄자로 체포, 구속하였을 경우 아동에게 해가 되지 않는 한 체포, 구속의 리유와 구속 장소 같은 것을 알려주어야 한다.

제54조 (리혼을 막기 위한 교양)

리혼은 아동의 불행으로 된다.

부모는 아동의 성장과 발전을 위하여 리혼을 하지 말아야 한다.

기관, 기업소, 단체와 재판소는 아동을 가진 부부리혼문제가 제기되는 경우 아동의 리익을 위하여 부부가 갈라지지 않도록 교양하여야 한다.

제55조 (리혼 시 아동양육)

부모가 리혼하는 경우 아동의 양육문제는 아동의 리익의 견지에서 당사자들이 합의하여 정한다. 합의가 이루어지지 않을 경우에는 재판소가 정한다.

부득이한 사유가 없는 한 3살 아래의 아동은 어머니가 양육한다.

제56조 (아동의 양육비)

아동을 양육하지 않는 당사자는 아동의 양육을 맡은 당사자에게 아동이 로동할 나이에 이르기까지 양육비를 월마다 지불하여야 한다.

양육비는 아동 수에 따라 월수입의 10~30% 범위에서 재판소가 정한다.

제6장 아동권리보장사업에 대한 지도통제

제57조 (아동권리보장사업에 대한 지도)

아동권리보장사업에 대한 지도는 내각의 통일적인 지도 밑에 교육지도기관, 보건지도기관, 지방인민위원회가 한다.

교육지도기관과 보건지도기관, 지방인민위원회는 아동권리보장사업에 대한 지도체계를 바로 세우고 정상적으로 장악 지도하여야 한다.

제58조 (아동보호와 관련한 과학연구사업)

국가는 해당 과학연구기관을 튼튼히 꾸리고 아동보호를 위한 과학연구사업을 강화하도록 한다.

제59조 (자금, 자재, 설비, 물자의 보장)

국가계획기관과 재정은행기관, 해당 기관은 아동보호사업에 필요한 자금, 자재, 설비, 물자 같은 것을 우선적으로 보장하여야 한다.

제60조 (아동의 교육과 보건사업에 대한 사회적 지원)

아동에 대한 교육교양과 보건사업은 전 국가적, 전 사회적인 사업이다.

기관, 기업소, 단체는 아동을 위한 교육교양사업과 보건사업에 대한 사회적 지원을 강화하여야 한다.

제61조 (아동권리보장사업에 대한 감독 통제)

아동권리보장사업에 대한 감독통제는 교육지도기관, 보건지도기관, 지방인민위원회와 해당 감독통제기관이 한다.

교육지도기관과 보건지도기관, 지방인민위원회, 해당 감독통제기관은 아동권리보장사업정형을 엄격히 감독 통제하여야 한다.

제62조 (행정적 또는 형사적 책임)

이 법을 어겨 아동권리보장사업에 지장을 준 기관, 기업소, 단체의 책임 있는 일군과 개별적 공민에게는 정상에 따라 행정적 또는 형사적 책임을 지운다.

4. 조선민주주의인민공화국 년로자보호법

2007년 4월 26일 최고인민회의 상임위원회 정령 제2214호로 채택
2007년 8월 21일 최고인민회의 상임위원회 정령 제2333호로 수정 보충

제1장 년로자보호법의 기본

제1조 (년로자보호법의 사명)

조선민주주의인민공화국 년로자보호법은 년로자보호사업에서 제도와 질서를 엄격히 세워 년로자의 권리와 리익을 보장하며 그들이 정신 육체적으로 더욱 건강하여 보람 있고 행복하게 하도록 하는 데 이바지한다.

제2조 (년로자의 나이, 보호대상)

조선민주주의인민공화국에서 년로자는 남녀 60살 이상의 공민이다 .

로동년한을 끝마쳤거나 현재 일하고 있는 남자 60살, 여자 55살 이상의 공민은 이 법의 보호를 받는다.

제3조 (년로자의 지위와 보장원칙)

년로자는 국가와 사회의 공고발전과 경제문화적 재부의 창조를 위한 투쟁에서 자기의 지혜와 정열을 바쳐 헌신적으로 일하여 온 앞선 세대이다.

국가는 년로자들에게 혁명의 선배, 사회와 가정의 윗사람으로서의 지위와 역할을 다할 수 있도록 온갖 조건을 보장한다.

제4조 (년로자보호 부문의 투자원칙)

년로자의 생활과 건강을 국가가 책임지고 돌보아주는 것은 사회주의제도의 우월한 시책이다.

국가는 년로자보호 부문에 대한 투자를 계통적으로 늘려 년로자에게 보다 문명하고 행복한 생활을 보장하도록 한다.

제5조 (공로 있는 년로자의 특별보호원칙)

국가는 혁명투사와 혁명투쟁공로자, 전쟁로병, 영예군인과 공로자 같은 조국수호와 사회주의건설에서 공로를 세운 년로자를 사회적으로 특별히 우대하여 그들의 생활을 따뜻이 보살펴주도록 한다.

제6조 (년로자에 대한 사회적 관심원칙)

국가는 사회주의도덕교양과 미풍교양을 강화하여 온 사회에 년로자를 관심하고 도와주며 존경하는 기풍이 높이 발양되도록 한다.

제7조 (대외교류와 협조)

국가는 년로자보호사업에서 다른 나라, 국제기구들과의 교류와 협조를 강화하도록 한다.

제2장 년로자의 부양

제8조 (년로자부양의 기본요구)

국가는 년로자에 대한 국가적 부양과 가정 부양을 결합하도록 한다.

기관, 기업소, 단체와 공민은 년로자에 대한 부양을 사회생활과 인간생활에서 지켜야 할 도덕규범, 행동준칙으로 여겨야 한다.

제9조 (가정부양의무자)

년로자의 부양의무자로는 배우자, 같이 살거나 따로 사는 자녀, 손자녀가 된다. 형제, 자매도 부양의무자로 될 수 있다.

제10조 (사회적 부양의무자)

년로자의 요구와 해당 공민의 승낙에 따라 가정부양의무자가 아닌 공민도 년로자를 부양할 수 있다.

제11조 (가정부양자의 의무)

부양의무자를 년로자가 건강하고 편안하게 오래 살도록 돌보아주어야 한다.

따로 사는 부양의무자는 정신적으로, 물질적으로 년로자를 도와주어야 한다.

제12조 (국가적 부양)

부양의무자가 없고 자립적으로 살아가는 데 지장을 받는 년로자는 국가가 부양한다.

부양의무자가 있어도 년로자의 요구에 따라 국가의 부양을 받을 수 있다. 이 경우 부양비용을 부양의무자가 부담한다.

제13조 (식료품 및 생활용품의 보장)

국가부양기관 일군은 고상한 도덕품성과 친혈육의 심정으로 년로자를 따뜻이 보살피고 돌보아주어야 한다.

지방정권기관과 해당 기관, 기업소, 단체는 년로자의 건강증진에 필요한 식료품과 기호에 맞는 생활용품을 생산 공급하여야 한다.

제14조 (년금, 보조금 보장)

년로자는 국가로부터 연로년금과 여러 가지 형태의 보조금을 받는다.

재정은행기관과 해당 기관은 년로자에게 정해진 년금, 보조금을 정확히 내주어야 한다.

년금, 보조금대상과 기준을 정하는 사업은 중앙로동행정지도기관이 한다.

제15조 (무장애환경보장)

국가건설감독기관과 도시설계기관, 해당 건설기업소는 년로자의 생활상 안정과 편리를 도모하도록 도시계획과 살림집 및 대상설계, 건설에서 무장애환경을 보장하여야 한다.

부양의무자는 년로자의 개성적 특성과 생활에 편리하게 살림방을 꾸려주어야 한다.

제16조 (재산보호)

년로자는 개인재산소유 및 처분권에 대한 법적 보호를 받는다.

부양의무자는 년로자가 리용하고 있는 살림집과 가의 재산, 생활용품 같은 것을 해당 년로자와의 합의 없이 마음대로 처분할 수 없다.

제3장 년로자의 건강보장

제17조 (건강보장의 기본요구)

년로자의 건강을 보장하는 것은 그들이 보람찬 삶을 누려나가도록 하기 위한 기본담보이다.

보건기관과 의료기관은 년로자에 대한 치료간호조직을 짜고 들며 그들이 전반적 무상치료제의 혜택을 원만히 보장받도록 하여야 한다.

제18조 (병 치료 및 간호)

보건기간과 의료기관은 해당 지역의 년로자를 빠짐없이 등록하고 정상적으로 건강검진과 치료사업을 하며 왕진을 비롯한 의료사업에서 정성을 다하여야 한다.

부양의무자는 년로자의 질병간호 상식을 배우고 운신할 수 없는 년로자에 대한 간호를 특별히 잘하여야 한다.

제19조 (치료방법의 개선)

보건기관과 의료기관, 지방정권기관은 년로자의 치료에서 현대의학과학기술과 고려치료방법을 적극 받아 들어야 한다.

필요한 지역에 년로자전문병원 또는 전문과를 내올 수 있다.

제20조 (장수보약, 영양식품의 보장)

보건기관과 해당 기관, 기업소, 단체는 년로자의 생리적 특성에 맞게 비타민, 칼시움 같은 미량원소가 풍부한 영양식품, 장수보약제를 더 많이 생산 공급하여야 한다.

제21조 (보조기구 및 치료기구 보장)

보건기관과 해당 기관, 기업소, 단체는 년로자를 위한 현대적인 보청기, 안경 지팽이 같은 보조기구와 회복치료기구를 더 많이 생산 공급하여야 한다.

제22조 (대중체육의 조직)

지방정권기관과 년로자보호기관, 해당 기관, 기업소, 단체는 여러 가지 형식과 방법으로 년로자를 위한 대중체육활동을 조직하며 로인 률동체조, 로인 태권도 같은 운동을 정상적으로 하는 데 필요한 조건을 보장하여야 한다.

제23조 (장수자보호)

중앙년로자보호기관과 출판보도기관, 지방정권기관은 100살 이상의 장수자를 등록하고 장수경험을 널리 소개하여야 한다.

90살 이상의 년로자는 따로 정한 사회적 혜택을 받는다.

제4장 년로자의 문화정서생활

제24조 (문화정서생활의 기본요구)

년로자의 문화정서생활은 년로자가 여생을 보람 있고 락천적으로 살아가도록 하는 중요한 사업이다.

해당 기관, 기업소, 단체와 공민은 년로자의 문화정서생활환경과 조건을 보장하여야 한다.

제25조 (문화정서생활거점의 배치)

지방정권기관과 설계기관, 건설감독기관은 도시 및 마을건설 총 계획에 년로자를 위한 문화시설을 합리적으로 배치하고 체육오락기재와 회복치료기구를 설치하며 전쟁로병과 년로자를 위한 현대적인 종합문화봉사시설을 수요에 맞게 꾸려야 한다.

제26조 (문화정서생활의 조직)

년로자보호기관과 지방정권기관은 국가적 명절이나 년로자의 날을 맞으며 그들의 문화 정서적 요구를 원만히 충족시킬 수 있도록 예술활동, 체육오락 같은 것을 널리 조직하여야 한다.

제27조 (출판물의 편집발행)

출판기관은 년로자를 위한 출판물을 편집 발행하여야 한다.

출판물보급기관은 년로자의 가정에 신문, 잡지 같은 출판물의 보급률을 높여야 한다.

제28조 (문화오락시설의 보장)

해당 기관, 기업소, 단체와 공민은 년로자에게 여러 가지 문화오락시설과 기재, 회복치료기구를 보장하여 그들이 공원, 유원지, 낚시터, 놀이터, 명승지 같은 문화휴식 장소에서 정서생활을 마음껏 누리도록 하여야 한다.

제29조 (휴양, 관광, 탐승)

중앙로동행정지도기관과 년로자보호기관, 지방정권기관은 년로자의 요구에 따라 봄과 가을 또는 의의 있는 날들에 휴양, 견학, 관광, 탐승 같은 것을 널리 조직하여야 한다.

제5장 년로자의 사회활동

제30조 (사회활동의 기본요구)

년로자가 사회활동에 참가하는 것은 앞선 세대의 고귀한 투쟁정신과 경험, 민족문화와 풍습을 후대들에게 물려주며 자기의 지식과 능력으로 사회에 이바지하는 사업이다. 국가는 년로자의 의사와 능력에 따라 사회활동에 적극 참가하도록 한다.

제31조 (사회활동의 내용)

년로자는 강연, 담화, 강의, 전습, 번역, 창작, 예술활동, 공원 및 유원지 관리, 공중질서유지 같은 사회활동을 할 수 있다.

제32조 (년로자의 사회활동참가)

지방정권기관과 년로자보호기관은 년로자의 나이, 건강상태, 지식 정도 같은 것을 고려하여 여러 가지 사회활동에 적극 참가할 수 있도록 환경과 조건을 마련해주어야 한다.

제33조 (년로자의 근무연장)

해당 기관, 기업소, 단체는 지식 있고 능력 있는 년로자가 계속 근무하려 할 경우 필요에 따라 알맞은 직종에서 일하도록 할 수 있다. 이 경우 년로자의 사업조건을 책임적으로 보장하여야 한다.

제34조 (후대교양)

년로자는 국가의 법규범을 자각적으로 지키며 사회활동을 통하여 후대들에게 고귀한 혁명전통과 민족의 력사와 문화, 앞선 세대의 자랑스러운 투쟁기풍 같은 것을 물려주기 위하여 적극 노력하여야 한다.

제35조 (국가적 표창)

국가는 사회활동에 참가하여 특출한 공로를 세운 년로자에게 훈장과 메달, 명예칭호수여를 비롯한 표창을 한다.

제6장 년로자보호사업에 대한 지도통제

제36조 (년로자보호사업에 대한 지도통제의 기본요구)

년로자보호사업에 대한 지도통제를 강화하는 것은 국가의 년로자보호정책을 정확히 집행하기 위한 근본담보이다.

국가는 현실발전의 요구에 맞게 년로자보호사업에 대한 지도와 통제를 강화하도록 한다.

제37조 (년로자보호사업의 지도)

년로자보호사업에 대한 지도는 내각의 통일적인 지도 밑에 중앙로동행정지도기관과 해당 중앙기관이 한다.

중앙로동행정지도기관과 해당 중앙기관은 년로자보호사업에 대한 지도체계를 바로 세우고 년로자보호사업을 정상적으로 장악하고 지도하여야 한다.

제38조 (년로자보호기관의 조직)

국가는 년로자보호사업을 계획적으로 협의하고 통일적으로 집행하기 위하여 내각과 도(직할시), 시(구역), 군인민위원회에 비상설로 년로자보호위원회를 둔다.

년로자보호위원회의 실무사업은 중앙년로자보호련맹과 해당 기관이 한다.

제39조 (년로자보호기금의 창설)

년로자보호기관은 년로자보호기금을 세울 수 있다.

년로자보호기금은 년로자보호기관이 조성하는 자금과 국제기구와 자선단체, 해외동포의 자선자금 같은 것으로 적립하고 리용한다.

제40조 (기관, 기업소, 단체의 의무)

기관, 기업소, 단체는 자기 단위에서 년로보장으로 들어간 년로자를 따듯이 대해주고 돌보아주며 풍부한 경험과 능력으로 사회에 이바지할 수 있도록 필요한 조건을 마련하여 주어야 한다.

제41조 (인재양성)

해당 과학연구기관과 교육기관은 년로자보호사업과 관련한 과학연구사업을 강화하며 필요한 기술자, 전문가를 체계적으로 양성하여야 한다.

제42조 (년로자보호사업조건의 보장)

국가계획기관과 로동행정기관, 재정은행기관, 해당 기관은 년로자종합문화봉사시설, 국가부양기관 같은 시설의 건설과 관리운영에 필요한 로력, 설비, 자재, 자금, 식량을 제때에 보장하여야 한다.

제43조 (출판보도수단에 의한 소개)

출판보호기관은 신문, 방송 같은 출판보도수단을 통하여 년로자들 속에서 발양되는 미풍과 락천적인 생활모습, 년로자를 보호하는 데서 모범적인 사실을 널리 소개하여야 한다.

제44조 (사회적 우대)

지방정권기관과 상업기관, 편의봉사, 교통운수기관은 ≪년로자 자리≫, ≪년로자봉사의 날≫의 제정, 주문봉사 같은 방법으로 년로자를 우대하며 ≪국제년로자의 날≫을 맞으며 년로자를 존경하고 우대하는 사업을 더 잘하여야 한다.

제45조 (감독통제)

년로자보호사업에 대한 감독통제는 로동행정기관과 년로자보호기관, 해당 감독통제기관이 한다.

로동행정기관과 년로자보호기관, 해당 감독통제기관은 년로자보호에 대한 감독통제사업을 엄격히 하여야 한다.

제46조 (손해보상, 벌금, 몰수)

인격모욕, 천대, 치료거절, 부당한 재산처리, 년로자 보호기구 및 보호시설의 파손 같은 년로자의 권리와 리익을 침해하였을 경우에는 해당한 손해를 보상시키거나 원상복구 또는 벌금을 물리며 부당하게 얻은 돈과 물건은 몰수한다.

제47조 (행정적 또는 형사적 책임)

이 법을 어겨 년로자보호사업에 엄중한 결과를 일으킨 기관, 기업소, 단체의 책임 있는 일군들과 개별적 공민에게는 정상에 따라 행정적 또는 형사적 책임을 지운다.

5. 조선민주주의인민공화국 장애자보호법

주체 92(2003)년 6월 18일 최고인민회의 상임위원회 정령 제3835호로 채택

제1장 장애자보호법의 기본

제1조 조선민주주의인민공화국 장애자보호법은 장애자의 회복치료와 교육, 문화생활, 로동에서 제도와 질서를 엄격히 세워 장애자들에게 보다 유리한 생활환경과 조건을 마련하여 주는 데 이바지한다.

제2조 장애자는 육체적, 정신적 기능이 제한 또는 상실되여 오랜 기간 정상적인 생활을 하는 데 지장을 받는 공민이다.

국가는 장애자의 인격을 존중하며 그의 사회정치적 권리와 자유, 리익을 건강한 공민과 똑같이 보장하도록 한다.

제3조 장애자를 보호하는 것은 조선민주주의인민공화국의 일관한 정책이다.

국가는 장애자보호부문에 대한 투자를 계통적으로 늘려 그 물질 기술적 수단을 현대화하도록 한다.

제4조 장애의 발생과 악화를 막는 것은 인민들의 안정된 생활을 보장하기 위한 필수적 요구이다.

국가는 장애의 원인으로 되는 질병을 제때에 적발치료하며 교통사고, 로동재해 같은 요인에 의한 장애의 발생을 예방하도록 한다.

제5조 국가는 장애자의 실태를 정기적으로 조사하며 장애 정도를 정확히 평가하고 그 기준을 바로 정하도록 한다.

장애 정도 평가기준을 정하는 사업은 내각이 한다.

제6조 국가는 인민들 속에서 교양사업을 강화하여 그들이 고상한 량심과 의리를 가지고 장애자를 친절히 대하며 적극 도와주도록 한다.

제7조 국가는 조국과 인민을 위하여 헌신한 영예군인을 비롯한 장애자를 사회적으로 우대하도록 한다.

제8조 국가는 장애자보호 분야에서 다른 나라, 국제기구들과의 교류와 협조를 강화하도록 한다.

제2장 장애자의 회복치료

제9조 장애자의 회복치료는 장애자의 기능장애를 없애기 위한 중요한 사업이다.

의료기관과 해당 기관은 장애자에 대한 치료조직을 짜고 들며 그들이 전반적 무상치료제의 혜택을 원만히 보장받도록 하여야 한다.

제10조 의료기관과 해당기관은 관할지역의 장애자를 빠짐없이 장악하고 장애류형별로 등록하여야 한다.

거주지를 옮긴 장애자의 등록자료는 관할지역의 해당 기관에 보내주어야 한다.

제11조 국가는 장애자의 회복치료를 위하여 필요한 지역에 전문 또는 종합적인 장애자회복치료기관을 조직한다.

장애자회복치료기관을 조직하는 사업은 해당 기구조직기관이 한다.

제12조 장애자에 대한 회복치료는 해당 치료기관에서 한다. 그러나 의료일군의 방조 밑에 기관, 기업소, 단체 또는 가정에서도 장애자의 회복치료를 할

수 있다.

제13조 의료기관과 해당 기관은 장애자회복치료에서 신의학과 고려의학을 배합하면서 자연인자도 받아들이고 현대적인 회복치료기술을 연구개발하며 과학적으로 인정된 치료방법을 제때에 림상 실천에 받아들여야 한다.

제14조 보건지도기관과 해당기관, 기업소는 교정기구, 삼륜차, 안경, 보청기 같은 보조기구를 계획적으로 생산 보장하여야 한다.

보조기구는 쓰기 편리하게 질적으로 만들어야 한다.

제3장 장애자의 교육

제15조 장애자의 교육을 강화하는 것은 장애자에게 풍부한 지식과 자질을 갖출 수 있게 하는 기본방도이다.

중앙교육지도기관과 해당 기관은 장애자의 교육 실태를 정상적으로 료해 장악하고 교육의 내용과 방법을 끊임없이 개선하여야 한다.

제16조 보건기관과 해당 기관은 학교생활에 적응할 수 있는 학령 전 장애자를 탁아소, 유치원 또는 전문회복치료기관에서 보육 교양하여야 한다.

장애자의 보육교양비용은 국가 또는 기관, 기업소, 단체가 부담한다.

제17조 교육기관은 소학교에 입학할 년령에 이른 장애자를 장악 등록하여야 한다.

장애자를 중등일반의무교육에서 제외시키는 행위를 하지 말아야 한다.

제18조 장애자는 지망에 따라 전문학교 또는 대학에 입학할 수 있다. 이 경우 실력을 위주로 한다.

제19조 장애자의 육체적, 정신적 특성과 장애 류형에 따라 일반학교에 특수학급을 내오거나 맹인, 롱아인, 지능배양학교 같은 특수학교에 조직하고 운영한다.

특수학급을 조직하는 사업은 교육지도기관이, 특수학교를 조직하는 사업은 해당 기구조직기관이 한다.

제20조 교육기관과 지방정권기관은 특수학교 과정안을 바로 작성하여야 한다.

장애자를 위한 특수교육은 실정에 맞게 하여야 한다.

제21조 교육지도기관과 해당 기관은 점자 또는 손말연구사업을 강화하고 특수교육교재를 집필, 출판하여야 한다.

해당 기관, 기업소, 단체는 특수학교의 교육기구와 시설을 질적으로 생산 보장하여야 한다.

제22조 교육지도기관과 해당 기관은 장애자의 학력, 년령, 장애 정도를 고려하여 안마사, 컴퓨터 타자수, 미술원, 설계원 양성소와 직업학교 같은 것을 조직 운영할 수 있다.

제23조 교육기관과 해당 기관은 점자와 손말을 통일적으로 발전시켜야 한다.

장애자가 정상적으로 리용하는 시설의 관리자는 간단한 점자와 손말을 알아야 한다.

제4장 장애자의 문화생활

제24조 장애자의 문화생활은 장애자에게 문화정서생활을 마음껏 누리게 하는 중요한 사업이다.

체육지도기관과 문화지도기관, 해당 기관은 장애자의 체육, 문화, 오락활동을 계획적으로 조직 진행하여야 한다.

제25조 체육지도기관과 해당 기관은 장애자의 건강에 유리한 체육종목을 선정하고 그것을 일반화하여야 한다.

체육은 장애자의 자립적 활동능력을 높여나가는 데 도움이 될 수 있게 조직하여야 한다.

제26조 문화지도기관과 해당 기관은 장애자의 문화정서생활을 다양하게 조직하여야 한다.

제27조 해당 기관은 필요한 지역에 장애자의 문화정서생활기지를 꾸려야 한다.

기지에는 필요한 시설, 설비를 갖추어야 한다.

제28조 출판보도기관은 장애자들 속에서 발양되는 창조적인 생활과 아름다운 소행을 제때에 소개하여야 한다.

제29조 출판보도기관은 장애자를 위한 출판물을 편집 발행하여야 한다.

출판물의 편집발행에 드는 비용은 국가부담으로 한다.

제5장 장애자의 로동

제30조 장애자의 로동을 바로 조직하는 것은 그들을 사회성원으로서의 긍지를 가지고 사회와 집단을 위한 로동에 적극 참가하게 하기 위한 중요요구이다.

로동행정기관과 해당 기관은 로동능력이 있는 장애자를 장악하여야 한다.

제31조 장애자의 로동조직이 필요한 지역에는 전문기업소, 단체를 조직할 수 있다.

기업소, 단체를 조직하는 사업은 해당 기구조직기관이 한다.

제32조 기관, 기업소, 단체는 장애자의 장애정도와 선별, 년령, 체질을 고려하여 적재적소에 배치하여야 한다. 이 경우 장애자의 의견을 충분히 들어야 한다.

제33조 해당 기관은 장애자전문기업소, 단체의 생산과 그 생산물의 실현조건을 원만히 보장하여 주어야 한다.

제34조 기관, 기업소, 단체는 장애자의 로동조건을 충분히 갖추어주어야 한다.

필요한 조건을 갖추어주지 않고는 장애자에게 로동을 시킬 수 없다.

제35조 장애자가 로동할 수 있는 나이는 16살부터이다.

16살 미만의 장애자에게는 로동을 시킬 수 없다.

제36조 장애자의 하루 로동시간은 8시간이다.

장애의 정도에 따라 장애자의 하루 로동시간을 8시간 아래로 할 수 있다. 이 경우 국가의 시책에 따르는 방조를 받는다.

제37조 로동에 참가하는 장애자는 충분한 휴식을 보장받는다.

기관, 기업소, 단체는 장애자에게 로동과 휴식을 옳게 조직하며 정양과 휴양, 료양을 우선적으로 보장하여야 한다.

제38조 로동에 참가하는 장애자는 로동법규를 자각적으로 지키며 맡은 기대, 설비를 알뜰히 관리하고 분담된 일을 책임적으로 하여야 한다.

제39조 국가는 공로 있는 장애자에게 훈장과 메달, 명예칭호를 수여한다.

제40조 국가는 로동능력을 완전히 상실한 장애자에게 보조금을 준다.

제41조 국가는 로동능력을 완전히 상실한 장애자의 의사에 따라 양생원 또는 양로원에서 안정된 생활을 보장한다.

제6장 장애자보호사업에 대한 지도통제

제42조 장애자보호사업에 대한 지도통제를 강화하는 것은 국가의 장애자보호정책을 철저히 집행하기 위한 근본담보이다.

국가는 현실발전의 요구에 맞게 장애자 보호에 대한 지도와 감독통제사업을 강화하도록 한다.

제43조 장애자보호사업에 대한 지도는 내각의 통일적인 지도 밑에 중안보건지도기관과 해당 중앙기관이 한다.

중앙보건지도기관과 해당 중앙기관은 장애자보호자사업에 대한 지도체계를 바로세우고 장애자 보호 사업을 정상적으로 지도하여야 한다.

제44조 지방정권기관과 해당 기관은 관할지역의 장애자보호사업실태를 료해하고 개선조치를 취하여야 한다.

제45조 국가는 장애자보호사업을 계획적으로 협의하고 통일적으로 집행하기 위하여 비상설로 장애자보호위원회를 둔다. 장애자보호위원회의 실무사업은 장애자련맹이 한다.

제46조 국가계획기관과 로동행정기관, 자재공급기관, 보건기관, 재정은행기관은 장애자보호사업에 필요한 로력, 설비, 자재, 의약품, 의료기구, 자금을 제때에 보장하여야 한다.

제47조 국가건설감독기관과 도시경영기관, 해당 기관, 기업소, 단체는 장애

자에게 편리한 생활환경을 보장하기 위한 사업을 계획적으로 하여야 한다.

장애자가 리용하는 건물, 시설물에는 필요한 시설, 설비를 갖추어야 한다.

제48조 교통운수기관과 편의봉사기관, 체신기관은 장애자에게 교통수단, 편의시설, 체신수단의 리용에서 편의를 보장하며 그를 친절히 대하고 우선적으로 봉사하여야 한다. 맹인같이 자립적 능력이 심히 제한 또는 상실된 장애자는 시안의 버스 배를 비롯한 려객운수 수단을 무상으로 리용할 수 있다.

제49조 국가는 장애자들을 사회적으로 더 잘 보호하고 지원하기 위하여 장애자의 날을 정한다.

장애자의 날을 정하는 사업은 내각이 한다.

제50조 장애자의 후견인으로는 배우자, 부모나 자녀, 조부모나 손자녀, 형제자매가 된다.

후견인은 장애자의 자립능력을 높이는 데 기본을 두면서 후견의무를 성실히 리행하여야 한다.

제51조 해당 과학연구기관과 교육기관은 장애자보호연구기지를 튼튼히 꾸리고 장애자보호에서 나서는 과학기술적 문제를 풀기 위한 과학연구사업을 강화하며 필요한 의사, 교원을 비롯한 기술자, 전문가를 체계적으로 양성하여야 한다.

제52조 장애자보고사업에 대한 감독통제는 해당 중앙기관과 감독통제기관이 한다. 해당 중앙기관과 감독통제기관은 장애자보호에 대한 감독통제를 엄격히 하여야 한다.

제53조 장애자보호시설과 설비, 기구를 파손시켰거나 분실하였을 경우에는 원상복구시키거나 해당한 손해를 보상시킨다.

제54조 이 법을 어겨 장애자보호사업에 엄중한 결과를 일으킨 기관, 기업소, 단체의 책임 있는 일군과 개별적 공민에게는 정상에 따라 행정적 또는 형사적 책임을 지운다.

6. 조선민주주의인민공화국 보통교육법

주체 100(2011)년 1월 19일 최고인민회의 상임위원회 정령 제1355호로 채택

제1장 보통교육법의 기본

제1조 (보통교육법의 사명)

조선민주주의인민공화국 보통교육법은 무료의무교육의 실시와 보통교육기관의 설립 및 운영, 보통교육 일군의 양성, 교육교양사업의 조직에서 제도와 질서를 엄격히 세워 보통교육사업을 개선하고 새 세대들을 지덕체를 갖춘 나라의 역군으로 키워내는 데 이바지한다.

제2조 (보통교육사업의 발전원칙)

교육사업을 다른 모든 사업에 확고히 앞세워 나가는 것은 국가의 일관한 정책이다.

국가는 현실발전의 요구에 맞게 사회주의교육제도를 끊임없이 개선 완성하여 보통교육사업을 더욱 발전시켜 나가도록 한다.

제3조 (보통교육의 정의, 전반적 11년제 의무교육실시)

보통교육은 자연과 사회에 대한 가장 일반적이며 기초적인 지식을 주는 일반교육이다.

보통교육에는 학교전교육과 초등교육, 중등교육이 속한다.

국가는 전반적 11년제 의무교육을 철저히 실시하여 모든 새 세대들이 로동할 나이에 이르기까지의 기간에 완전한 중등일반교육을 받도록 한다.

제4조 (교육교양조건의 보장원칙)

학생들의 교육교양조건을 국가가 보장하는 것은 사회주의제도의 본성적 요구이다.

국가는 학교와 학생소년궁전, 학생소년회관, 학생도서관, 소년단야영소, 유치원 같은 교육교양시설을 현대적으로 꾸리고 그 운영을 바로 하도록 한다.

제5조 (교원양성원칙)

교원은 교육사업의 직접적 담당자이다.

국가는 사범교육체계를 정연하게 세우고 보통교육 부문의 유능한 교원들을 전망성 있게 키워내도록 한다.

제6조 (보통교육부문의 물질 기술적 토대강화원칙)

보통교육부문의 물질 기술적 토대를 강화하는 것은 교육사업을 발전시키기 위한 근본담보이다.

국가는 보통교육부문에 대한 투자를 계통적으로 늘려 보통교육부문의 물질 기술적 토대를 끊임없이 강화하도록 한다.

제7조 (보통교육 분야의 교류와 협조)

국가는 보통교육 분야에서 다른 나라, 국제기구들과의 교류와 협조를 발전시킨다.

제8조 (법의 규제대상)

이 법은 학교전교육과 초등교육, 중등교육단계의 교육사업과 관련한 질서를 규제한다.

보통교육사업과 관련하여 이 법에서 규제하지 않은 사항은 해당 법에 따른다.

제2장 무료의무교육의 실시

제9조 (중등일반교육을 받을 권리와 의무)

조선민주주의인민공화국에서 공민은 누구나 다 중등일반교육을 받을 권리를 가진다.

학령기에 있는 공민에 대하여서는 국가가 책임지고 의무적으로 공부시킨다.

제10조 (중등일반의무교육의 학제)

중등일반의무교육학제는 11년이며 학교전교육 1년과 소학교 4년, 중학교 6년으로 한다.

제11조 (중등일반의무교육을 받는 나이)

중등일반의무교육을 받는 나이는 5살부터 16살까지이다.

뛰여난 소질과 재능을 가졌을 경우에는 나이 또는 학년에 제한 없이 교육을 앞당겨 받을 수 있다.

제12조 (학령어린이의 취학)

지방인민위원회와 해당 기관은 해마다 교육받을 나이에 이른 어린이를 빠짐없이 장악하여 취학시켜야 한다. 그러나 육체적 및 지적장애를 받는 어린이를 장애상태를 고려하여 취학 나이를 늦출 수 있다.

교육받을 나이에 이른 어린이의 부모 또는 보호자는 어린이를 의무적으로 학교에 보내야 한다.

제13조 (무료교육)

중등일반교육은 무료이다.

학생의 입학, 수업, 실습, 견학, 답사와 관련한 일체 교육비용은 국가가 부담한다.

보통교육기관은 학생이나 그의 부모 또는 보호자로부터 입학, 수업, 실습, 견학, 답사와 관련하여 일체 료금을 받을 수 없다.

제14조 (장학금)

국가는 맹, 롱아학교, 제1중학교, 학원의 정한 학생에게 장학금을 준다.

제15조 (무의무탁자, 장애자의 교육 및 생활조건보장)

부모 또는 보호자가 없는 어린이의 맹, 롱아 같은 장애어린이에 대한 교육과 생활조건은 국가가 책임지고 돌봐준다.

제16조 (교과서 및 교육기자재의 생산 공급)

중앙교육지도기관과 해당 기관은 학생교육에 필요한 교과서와 참고서, 과외도서 같은 것을 새 학년도가 시작되기 전에 제때에 출판, 공급하여야 한다.

해당 기관, 기업소, 단체는 교육기자재와 실험설비, 교구비품 같은 것을 계획적으로 생산 보장하여야 한다.

제17조 (식량과 학용품, 생활용품의 보장)

교원, 학생에게는 식량공급을 우선적으로 하며 학용품과 생활필수품을 눅은 값으로 보장한다.

제3장 보통교육기관의 설립 및 운영

제18조 (보통교육기관의 설립, 운영기준의 제정)

보통교육기관의 설립과 운영을 바로 하는 것은 중등일반의무교육을 보장하는 데서 나서는 선결조건이다.

중앙교육지도기관은 보통교육기관의 설립 및 운영기준을 바로 정하고 엄격히 지키도록 하여야 한다.

제19조 (보통교육기관의 구분)

보통교육기관은 학업내용과 그 특성에 따라 다음과 같이 나눈다.

1. 1년제 학교 전 교육을 위한 유치원

2. 4년제 초등교육을 위한 소학교

3. 6년제 중등교육을 위한 중학교

4. 장애자교육을 위한 맹, 롱아학교

5. 특정한 대상의 교육을 위한 학원

제20조 (학교의 배치)

지방인민위원회와 해당 기관은 도시 및 마을건설계획, 학생 수와 통학조건 같은 것을 고려하여 보통교육부문의 학교를 합리적으로 배치하여야 한다.

학교건설은 지방인민위원회와 해당 기관이 맡아 우선적으로 한다. 이 경우 교사, 실험실, 실습기지, 운동장, 수영장 같은 교육시설을 충분히 갖추어주어야 한다.

제21조 (학교의 명칭)

소학교와 중학교의 명칭은 해당 지방인민위원회, 맹, 롱아학교, 학원의 명칭은 중앙교육지도기관이 정한다.

학교명칭을 고치려 할 경우에는 중앙교육지도기관 또는 해당 지방인민위원회의 승인을 받는다.

제22조 (소학교, 중학교의 운영)

소학교와 중학교는 따로따로 운영하는 것을 원칙으로 한다.

지방인민위원회와 해당 기관은 학생 수와 통학거리를 고려하여 소학교와 중학교를 함께 운영하거나 분교를 따로 설치하여 운영할 수 있다.

이 경우 중앙교육지도기관의 승인을 받아야 한다.

제23조 (제1중학교의 운영)

중앙교육지도기관과 해당 지방인민위원회는 중앙과 도에 제1중학교를 내오고 뛰여난 소질과 재능을 가진 학생들에게 수재교육을 주어야 한다.

제1중학교의 학생선발기준은 실력본위의 원칙에서 중앙교육지도기관이 정한다.

지방인민위원회와 해당 기관은 제1중학교 학생들의 기숙조건을 원만히 보장하여야 한다.

제24조 (학원의 운영)

중앙교육지도기관과 해당 기관은 특정한 대상들에 대한 교육을 위하여 필요한 지역에 학원을 내오고 그 운영을 바로 하여야 한다.

지방인민위원회와 해당 기관은 학원관리운영사업에 깊은 관심을 돌리며 학원학생들의 학습과 생활에 필요한 조건을 우선적으로 보장해주어야 한다.

제25조 (맹, 롱아학교의 운영)

맹, 롱아학교는 중앙교육지도기관이 정하는 데 따라 필요한 지역에 배치한다.

중앙교육지도기관과 해당 지방인민위원회는 맹, 롱아학교의 관리운영을 바로 하며 학생들에 대한 학습과 생활조건을 책임적으로 보장하여야 한다.

제26조 (교육행정사업 및 교육환경개선)

보통교육기관은 교육행정사업을 정규화, 규범화하고 교육학적 요구에 맞게 교육환경을 꾸리며 학교건물과 구획, 시설을 알뜰히 관리하여야 한다.

해당 기관, 기업소, 단체는 교사와 실험실, 실습지 같은 것을 주기적으로 보수하여야 한다.

학교시설은 교육사업과 관련이 없는 다른 상버에 리용할 수 없다.

제4장 보통교육 일군의 양성

제27조 (보통교육 일군의 구분)

보통교육 일군에는 학생들에 대한 교육교양사업을 직접 담당수행하는 교원과 그를 지도하는 일군이 속한다.

보통교육 일군은 해당한 자격을 가져야 한다.

제28조 (교원양성)

국가는 중앙과 도에 사범대학, 교원대학을 내오고 보통교육부문의 교원을 계획적으로 양성하도록 한다.

중앙교육지도기관과 해당 기관은 사범교육체계를 끊임없이 개선 강화하여 보통교육 부문의 교원수요를 원만히 보장하여야 한다.

제29조 (사범교육을 위한 학생선발과 졸업 후 배치)

사범교육을 위한 학생선발과 사범교육과정을 마친 학생의 배치는 중앙교육지도기관과 해당 기관이 한다.

제30조 (교원의 자격)

보통교육부문의 교원자격은 사범대학, 교원대학을 졸업하였거나 그와 같은 교육을 받은 대상으로서 정해진 기준에 도달한 자에게 준다.

교원은 높은 교육실무적 자질과 교육자적 품성을 소유하여야 하며 자질향상을 위하여 적극 노력하여야 한다.

제31조 (교원자격급수)

보통교육부문의 교원자격급수는 교종별로 1, 2, 3, 4, 5급으로 하며 급수판정주기는 3년으로 한다.

교원자격급수판정을 위하여 중앙교육지도기관과 지방인민위원회에 교원급수사정위원회를 둔다.

교원자격급수사정 절차와 방법, 평가기준은 중앙교육지도기관이 정한다.

제32조 (교원에 대한 재교육강습)

중앙교육지도기관과 지방인민위원회는 교원을 위한 재교육체계를 세우고 그들에게 교종별, 과목별로 단기강습을 정상적으로 주어야 한다.

제33조 (교수능력제고)

보통교육기관은 교수참관, 교수경연, 실험기구 및 교편물전시회 같은 것을 정상적으로 조직하여 교원들의 교수능력을 부단히 높이도록 하여야 한다.

제34조 (교원의 책임과 역할)

교원은 앞날의 역군을 키워나가는 높은 긍지와 영예감을 지니고 자기의 책임과 역할을 다하여야 한다.

국가는 사회적으로 교원들을 존경하고 우대하도록 한다.

제5장 교육교양사업의 조직

제35조 (교육교양사업의 개선요구)

교육교양사업을 잘하는 것은 보통교육의 질을 보장하는 데서 나서는 근본요구이다.

중앙교육지도기관과 보통교육기관은 사회주의교육학의 기본원리에 맞게 교육내용을 바로 구성하고 교육방법을 개선하여 학생들에 대한 교육교양 수준을 끊임없이 높여나가야 한다.

제36조 (교육강령에 따르는 교육교양사업조직)

보통교육기관은 중앙교육지도기관에서 내려 보낸 교육강령에 따라 교육교양사업을 조직 진행하여야 한다.

중앙교육지도기관은 교육강령을 제때에 작성, 시달하여야 한다.

제37조 (학급편성)

보통교육기관은 일정한 수와 비률의 남녀학생들로 학급을 편성하고 학급단위로 교육교양사업을 진행하여야 한다.

남학생과 녀학생은 차별 없이 평등한 교육교양을 받는다.

제38조 (학급담임제, 학과목담당제의 실시)

보통교육기관은 교육단계의 수준과 특성에 따라 학급담임제와 학과목담당제를 실시하여야 한다. 이 경우 초등교육단계의 수업은 학급담임제로, 중등교육단계의 수업은 학과목담당제로 하는 것을 기본으로 한다.

제39조 (분과의 조직)

보통교육기관은 교원의 자질과 교수방법을 개선하는 데서 나서는 문제를 집체적으로 협의대책하기 위한 분과를 조직 운영하여야 한다.

소학교에는 학년을 단위로 하는 학년분과를, 중학교에는 학과목별로 학과목분과를 둔다.

제40조 (정치사상교육, 일반지식교육, 체육, 예능교육)

보통교육기관은 학생들이 건전한 사상과 도덕, 다방면적이며 깊은 지식, 튼튼한 체력과 풍만한 정서를 지닐 수 있게 정치사상교육을 앞세우면서 국어문학, 력사, 지리 같은 일반과목에 대한 교육과 수학, 물리, 화학, 생물, 콤퓨터를 비롯한 기초과학기술과목에 대한 교육, 외국어, 예능, 체육과목에 대한 교육을 옳게 결합시켜야 한다.

제41조 (교육교양방법)

학생들에 대한 교육교양은 그들의 자립성과 창발성을 높일 수 있도록 깨우쳐주는 방법으로 한다.

보통교육기관은 학생들에 대한 교육교양의 효과성을 높일 수 있는 여러 가지 과학적이며 선진적인 방법을 적극 받아들여야 한다.

제42조 (교육강령의 의무적인 집행)

보통교육기관은 교육강령을 의무적으로 집행하며 학생들이 모든 교육학적 과정을 정확히 거치게 하여야 한다.

해당 기관의 승인 없이 교원, 학생들을 교육강령집행과 관련 없는 일에 동원시킬 수 없다.

제43조 (학생의 실력평가)

보통교육기관은 실력평가를 위한 시험을 정해진 데 따라 실속 있게 조직하며 시험방법을 개선하여 학생들의 교육내용에 대한 소화 정도와 활용능력을 정확히 평가하여야 한다.

학생들의 실력을 평가하는 데서는 시험성적과 함께 평상시 학습정형도 고려하여야 한다.

시험조직을 무질서하게 하여 학생들의 건강과 발육에 지장을 주는 행위를 할 수 없다.

제44조 (수재교육)

보통교육기관은 뛰여난 소질과 재능을 가진 학생들을 엄선하여 그에 맞는 교육을 체계적으로 주어 그들이 기초과학 부문과 전문 부문의 유능한 인재로 자라나도록 하여야 한다.

실력이 특출한 학생에 대해서는 학업년한을 단축하여 조기진급 또는 졸업시키거나 해당 상급학교에 조기 입학시킬 수 있다.

제45조 (학교교육과 사회교육의 결합)

국가는 학교교육을 기본으로 하면서 사회교육을 밀접히 결합시켜 학생들을 건전한 사상과 도덕, 깊이 있고 다방면적인 지식, 튼튼한 체력을 지닌 쓸모 있는 인재로 키우도록 한다.

보통교육기관은 청년동맹조직, 학부형들과의 긴밀한 련계 밑에 학생들이 어려서부터 조직과 집단을 사랑하고 사회주의도덕과 법질서를 자각적으로 지키도록 교양하여야 한다.

제6장 보통교육사업에 대한 지도통제

제46조 (보통교육사업에 대한 지도통제의 기본요구)

보통교육사업에 대한 지도통제를 강화하는 것은 국가의 보통교육정책을 정확히 집행하기 위한 중요담보이다.

국가는 현실발전의 요구에 맞게 보통교육사업에 대한 지도와 통제를 강화하도록 한다.

제47조 (보통교육사업에 대한 지도)

보통교육사업에 대한 지도는 내각의 통일적인 지도 밑에 중앙교육지도기관과 지방인민위원회가 한다.

중앙교육지도기관과 지방인민위원회는 보통교육사업에 대한 지도체계를
바로 세우고 정상적으로 장악 지도하여야 한다.

제48조 (교육과학연구사업의 강화)

중앙교육지도기관과 교육과학연구기관은 보통교육부문의 과학연구사업을
끊임없이 강화하여 보통교육발전을 위한 리론 실천적 문제들을 원만히 풀며
교육사업을 과학화, 정보화, 현대화하도록 하여야 한다.

제49조 (보통교육부문의 재정예산)

보통교육 부문에 필요한 자금은 국가 또는 사회협동단체의 예산으로 보장
한다.

재정은행기관은 보통교육부문의 재정예산을 정확히 편성하고 어김없이 보
장하여야 한다.

보통교육부문의 재정예산은 류용할 수 없다.

제50조 (보통교육사업에 대한 사회적 지원의 강화)

지방인민위원회와 기관, 기업소, 단체는 교육중시기풍을 철저히 세우고 보
통교육기관에 대한 지원을 강화하여야 한다.

제51조 (보통교육사업에 대한 감독통제)

보통교육사업에 대한 감독통제는 중앙교육지도기관과 해당 감독통제기관
이 한다.

중앙교육지도기관과 해당 감독통제기관은 교육사업과 교육조건보장정형을
엄격히 감독 통제하여야 한다.

제52조 (행정적 책임)

다음의 경우에는 해당 기관, 기업소, 단체의 책임 있는 일군과 개별적 공민
에게 정상에 따라 해당한 행정처벌을 준다.

1. 학교추천이나 입학, 수업, 실습, 견학, 답사와 관련하여 돈이나 물건을 받
았을 경우

2. 학교배치 및 건설을 정해진 대로 하지 않거나 학교건물, 시설관리를 잘하
지 않아 교육사업에 지장을 주었을 경우

3. 교사와 운동장 같은 학교시설을 교육사업과 관련이 없는 다른 사업에 리

용하여 학생들의 교육교양에 지장을 주었을 경우

4. 교원양성, 배치사업을 잘 하지 않아 교육사업에 지장을 주었을 경우

5. 교육강령집행을 태공하였거나 학생들을 승인 없이 학습과 관련이 없는 일에 동원시켰을 경우

6. 시험조직을 정해진 대로 하지 않아 학생들의 건강과 발육에 지장을 주었을 경우

7. 학생교육에 필요한 교과서와 참고서 같은 것을 제때에 보장하지 않아 교육사업에 지장을 주었을 경우

8. 교과서 같은 것을 비법적으로 출판, 인쇄하여 상적 목적에 리용하였을 경우

9. 리기적인 목적으로 비법적인 개인교수행위를 하였을 경우

제53조(형사적 책임)

이 법 제52조의 행위가 범죄에 이를 경우에는 기관, 기업소, 단체의 책임 있는 일군과 개별적 공민에게 형법의 해당 조문에 따라 형사적 책임을 지운다.

7. 조선민주주의인민공화국 로동보호법

주체99(2010)년 7월 8일 최고인민회의 상임위원회 정령 제945호로 채택

제1장 로동보호법의 기본

제1조 (로동보호법의 사명)

조선민주주의인민공화국 로동보호법은 로동보호사업에서 제도와 질서를 엄격히 세워 근로자들에게 안전하고 문화 위생적인 로동조건을 보장하며 그들의 생명과 건강을 적극 보호 증진시키는 데 이바지한다.

제2조 (로동보호부문성과의 공고발전원칙)

조선민주주의인민공화국에서는 국가의 정확한 로동보호정책에 의하여 가

장 인민적인 로동보호제도가 마련되였다.

국가는 로동보호 부문에서 이룩한 성과를 더욱 공고 발전시키도록 한다.

제3조 (로동보호의 기본원칙)

근로자들의 생명과 건강을 국가가 전적으로 책임지고 돌보는 것은 사회주의제도의 본성적 요구이다.

국가는 근로자들에게 로동보호의 혜택이 정확히 차례지도록 하며 그들이 보다 안전하고 문화 위생적인 조건에서 건강한 몸으로 마음껏 일하도록 한다.

제4조 (로동보호사업의 선행원칙)

국가는 생산과 건설에 앞서 로동보호사업을 선행할 데 대한 원칙을 확고히 견지하도록 한다.

제5조 (전 국가적, 전 사회적인 로동보호사업원칙)

로동보호사업은 전 국가적, 전 사회적인 사업이다.

국가는 로동보호사업에 대한 선전과 교양을 강화하여 기관, 기업소, 단체와 공민이 이 사업에 적극 참가하도록 한다.

제6조 (로동보호 부문에 대한 투자원칙)

국가는 로동보호 부문에 대한 투자를 계통적으로 늘려 그 물질 기술적 수단을 충분히 갖추고 현대화하도록 한다.

제7조 (로동보호 부문의 과학연구, 기술 일군 양성원칙)

국가는 로동보호 부문에 대한 과학연구사업을 강화하며 필요한 기술인재들을 전망성 있게 양성하도록 한다.

제8조 (로동보호 분야의 교류와 협조)

국가는 로동보호 분야에서 다른 나라, 국제기구들과 교류와 협조를 발전시킨다.

제2장 로동안전교양

제9조 (로동안전교양체계의 확립)

로동안전교양사업을 강화하는 것은 근로자들이 로동과정에 로동재해와 건강상 피해를 입지 않도록 하기 위한 선결조건이다.

기관, 기업소, 단체는 로동안전교양체계를 바로 세우고 근로자들에 대한 로동안전교양사업을 정상적으로 진행하여야 한다.

제10조 (로동안전교양의 대상과 기간)

기관, 기업소, 단체는 로동안전교양 대상과 기간을 바로 정하고 근로자들의 직종과 작업 대상, 작업 조건에 따라 로동안전교양사업을 계획적으로 조직하여야 한다.

로동안전교양 대상과 기간을 정하는 사업은 중앙로동행정지도기관이 한다.

제11조 (로동안전교양방법)

기관, 기업소, 단체는 로동안전교양을 여러 가지 형식과 방법으로 실속 있게 진행하여 근로자들이 국가의 로동보호정책과 로동안전기술지식, 로동안전규정, 로동안전조작법, 로동위생지식 같은 것을 정확히 알도록 하여야 한다. 로동안전교양을 받지 않은 근로자들에게는 일을 시킬 수 없다.

제12조 (로동안전교양원칙준수)

기관, 기업소, 단체는 다음과 같은 로동안전교양원칙을 지켜야 한다.

1. 직종에 따라 새로 일을 시작하는 근로자들에게는 5~20일간, 직종을 바꾸는 근로자들에게는 2~5일간 로동안전교양을 준 다음 일을 시켜야 한다.

2. 작업을 조직하거나 작업 대상과 작업 조건이 달라질 때마다 로동안전교양을 주어야 한다.

3. 로동안전과 관련한 인식정도를 료해하고 합격이 되였을 경우에만 일을 시켜야 한다.

4. 로동안전교양을 받거나 작업 실습을 하는 근로자들에게는 다른 일을 시키지 말아야 한다.

5. 로동안전교양과정안을 정확히 만들어 집행하여야 한다.

제13조 (로동안전교양실의 운영)

기관, 기업소, 단체는 로동안전교양실을 잘 꾸리고 정상적으로 운영하여야 한다.

로동안전교양실에는 근로자들의 로동안전교양에 필요한 자료를 충분히 갖추어놓아야 한다.

제14조 (로동안전재교양)

기관, 기업소, 단체는 로동안전재교양체계를 세우고 근로자들에 대한 로동안전재교양을 정기적으로 하여야 한다.

제15조 (로동안전교육)

해당 교육 및 양성기관에는 로동안전공학과 로동보호학을 필수과목으로 정하고 그에 대한 교육을 강화하여야 한다.

제3장 로동보호조건의 보장

제16조 (로동보호조건보장의 기본요구)

로동보호를 위한 조건보장은 근로자들에게 안전하고 문화 위생적인 로동조건을 마련해주기 위한 중요한 사업이다.

기관, 기업소, 단체는 근로자들에 대한 로동보호조건을 우선적으로 보장하여야 한다.

제17조 (로동안전시설의 설치)

기관, 기업소, 단체는 사고를 막기 위한 안전장치, 보호장치, 신호장치 같은 로동안전시설을 갖추어야 한다.

로동안전시설을 갖추지 않고서는 근로자들에게 일을 시킬 수 없다.

제18조 (로동안전시설의 점검보수)

기관, 기업소, 단체는 로동안전시설에 대한 점검보수를 정기적으로 진행하며 불비한 로동안전시설을 제때에 정비하여야 한다.

제19조 (로동안전시설의 정상가동보장, 해체금지)

기관, 기업소, 단체는 로동안전시설의 정상적인 가동을 보장하여야 한다. 설치된 로동안전시설은 로동행정기관과 해당 감독통제기관의 승인 없이 해체할 수 없다.

제20조 (로동위생조건의 보장)

기관, 기업소, 단체는 고열, 가스, 먼지, 소음, 진동, 습기, 방사선, 세균에 의한 피해를 막으며 위생학적 요구에 맞게 채광, 조명, 통풍, 난방조건 같은 것을 보장하여야 한다.

고열, 유해물질이 정해진 한계를 초과하는 곳에서는 근로자들에게 일을 시킬 수 없다.

제21조 (편의시설보장)

해당 기관, 기업소, 단체는 합숙, 식당, 세목장, 리발소, 휴계실, 탁아소, 유치원을 비롯한 편의시설을 갖추고 정상적으로 운영하여야 한다.

제22조 (건강검진, 치료)

보건기관은 기관, 기업소, 단체에 병원 또는 진료소를 합리적으로 배치하고 근로자들에 대한 건강검진과 치료예방사업을 책임적으로 하여야 한다.

로동재해위험이 특별히 큰 기관, 기업소, 단체에는 의무적으로 병원 또는 진료소를 두어야 한다.

제23조 (직종의 변동)

로동행정기관과 기관, 기업소, 단체는 직업성질병으로 해당 직종에서 일할 수 없게 된 근로자들을 제때에 알맞은 직종에 배치하여야 한다.

제24조 (녀성근로자들의 로동보호조건보장)

기관, 기업소, 단체는 임신한 녀성근로자들에게 산전산후휴가에 들어가기 전까지 헐한 일을 시키며 젖먹이어린이를 가진 녀성근로자들에게 젖 먹이는 시간을 보장하여야 한다.

제25조 (생산건물, 시설물의 건설)

설계기관과 기관, 기업소, 단체는 생산건물이나 시설물을 건설하는 경우 로동안전, 로동위생 같은 로동보호조건이 충분히 갖추어지도록 하여야 한다.

건물이나 시설물은 그로부터 발생할 수 있는 유해물질이 린접지구에 미치는 영향을 고려하여 합리적으로 배치하여야 한다.

제26조 (로동안전시설, 로동위생조건에 대한 측정, 검사)

기관, 기업소, 단체는 로동안전시설, 로동위생조건에 대한 측정 및 검사를 정상적으로 진행하고 부족 점을 제때에 퇴치하여야 한다.

로동안전시설, 로동위생조건에 대한 측정설비, 검사기구는 정상적으로 검정하고 합격된 조건에서만 사용하여야 한다.

제4장 로동보호물자의 공급

제27조 (로동보호물자공급의 기본요구)

유해로동, 고열로동, 중로동을 하는 근로자들에게는 로동보호물자를 공급한다.

로동보호물자에는 작업 대상과 성격에 따르는 작업필수품, 로동보호용구, 영양제, 세척제, 약제 같은 것이 속한다.

제28조 (로동보호물자의 공급대상과 기준)

기관, 기업소, 단체는 근로자들에게 정해진 공급대상과 기준에 따라 해당한 로동보호물자를 공급하여야 한다.

생산현장에서 과학연구, 실습을 하는 연구사, 실습생과 필요에 따라 동원된 인원에게도 직종에 따르는 로동보호물자를 공급하여야 한다.

로동보호물자의 공급대상과 기준을 정하는 사업은 내각의 승인을 받아 중앙로동행정지도기관이 한다.

제29조 (로동보호물자의 생산, 공급계획)

국가계획기관과 해당 기관, 기업소, 단체는 로동보호물자의 생산, 공급계획을 세우고 어김없이 실행하여야 한다.

로동보호물자는 다른 물자보다 먼저 생산, 공급하여야 한다.

제30조 (로동보호물자의 공급, 회수)

로동보호물자는 무상 또는 유상으로 공급한다.

로동보호물자를 무상으로 공급하는 경우에는 이미 쓰던 것을 회수하여야 한다.

제31조 (로동보호물자의 보관관리)

기관, 기업소, 단체는 로동보호물자보관시설을 갖추고 로동보호물자가 손상되거나 오염되지 않도록 하여야 한다.

손상되였거나 오염된 로동보호물자는 제때에 수리하거나 교체하여야 한다.

제32조 (영양제공급, 영양제식당의 운영)

기관, 기업소, 단체는 어렵고 힘든 로동, 유해로동을 하는 근로자들에게 영양제와 보호약제, 해독제 같은 것을 정해진 대로 공급하여야 한다.

제33조 (우대물자의 공급)

탄광, 광산, 금속, 림업, 수산, 지질탐사부문 같은 어렵고 힘든 부문에서 일하는 근로자들에게는 피복, 식료품, 기호품 같은 우대물자를 공급한다.

우대물자의 공급대상과 기준을 정하는 사업은 내각의 승인을 받아 중앙로동행정지도기관이 한다.

제34조 (제복의 공급)

철도운수, 탄광 부문과 따로 정한 부문의 근로자들에게는 제복을 공급한다. 제복을 공급하는 부문과 대상, 공급기준을 정하는 사업은 내각이 한다.

제5장 로동과 휴식

제35조 (로동과 휴식보장의 기본요구)

로동과 휴식을 옳게 결합하는 것은 근로자들의 로동생산 능률을 높이고 문화 정서생활을 충분히 보장하기 위한 중요조건이다.

기관, 기업소, 단체는 근로자들의 로동과 휴식조직을 짜고 들어 그들이 건강한 몸으로 로동에 성실히 참가하도록 하여야 한다.

제36조 (로동시간)

근로자들의 하루 로동시간은 8시간이다. 그러나 육체적으로 힘든 부문과 특수한 조건에서 일하는 근로자들의 하루 로동시간은 그보다 짧게 정할 수 있다.

로동시간을 정하는 사업은 내각의 승인을 받아 중앙로동행정기관이 한다.

제37조 (시간 외 로동금지)

기관, 기업소, 단체는 근로자들에게 정해진 로동시간을 초과하여 로동을 시키지 말아야 한다.

부득이한 사정으로 시간 외 로동을 시키려 할 경우에는 해당 로동행정기관의 승인을 받아야 한다.

제38조 (녀성근로자들의 로동)

기관, 기업소, 단체는 녀성근로자들에게 체질적 특성을 고려하여 힘든 로동, 건강에 해롭거나 위험한 로동을 시키지 말아야 한다.

젖먹이어린이가 있거나 임신한 녀성근로자들에게는 야간로동, 시간 외 로동, 휴식일로동을 시킬 수 없으며 특별한 사유가 없는 한 그를 기관, 기업소, 단체에서 내보낼 수 없다.

녀성근로자들이 일할 수 있는 직종을 정하는 사업은 내각의 승인을 받아 중앙로동행정기관이 한다.

제39조 (휴식의 보장)

기관, 기업소, 단체는 근로자들에게 국가적으로 제정된 명절날과 일요일 같은 쉬는 날에 휴식을 보장하여야 한다.

부득이한 사정으로 쉬는 날에 로동을 시켰을 경우에는 한주일 안으로 대휴를 주어야 한다.

제40조 (휴가의 보장)

기관, 기업소, 단체는 근로자들에게 정해진 데 따라 정기휴가와 보충휴가를 주어야 한다.

녀성근로자들에게는 정기휴가와 보충휴가 외에 산전산후휴가를 더 준다. 정기휴가와 보충휴가는 다음 해로 넘길 수 없다.

제41조 (정휴양의 보장)

기관, 기업소, 단체는 근로자들에게 정양, 휴양을 통한 휴식조건을 충분히 보장해주어야 한다.

제6장 로동안전규률의 확립

제42조 (로동안전규률확립의 기본요구)

로동안전규률을 강화하는 것은 로동재해를 미리 막고 안전한 로동조건을 마련하는 데서 나서는 중요요구이다.

중앙로동행정지도기관과 기관, 기업소, 단체는 로동안전규률을 엄격히 세워야 한다.

제43조 (로동안전규정, 표준조작법의 준수)

기관, 기업소, 단체는 로동안전규정과 표준조작법을 만들고 근로자들이 그것을 정확히 지키도록 하여야 한다.

제44조 (로동안전지령의 선행)

기관, 기업소, 단체는 작업조직에 앞서 로동안전지령을 주며 작업이 끝난 다음 그 집행정형을 총화하여야 한다.

로동안전규정의 요구에 어긋나게 작업을 조직할 수 없다.

제45조 (작업 전 로동안전상태의 확인)

기관, 기업소, 단체는 작업시작 전에 작업장의 안전 상태와 근로자들의 로동보호용구, 작업필수품의 착용정형을 확인하여야 한다.

결함이 나타났을 경우에는 그것을 퇴치한 다음 일을 시켜야 한다.

제46조 (위험개소의 퇴치)

기관, 기업소, 단체는 작업과정에 사고위험이 발생하였을 경우 즉시 작업을 중지하고 위험개소를 퇴치한 다음 작업을 계속하여야 한다.

제47조 (작업교대질서)

기관, 기업소, 단체는 작업교대를 하는 경우 로동안전 및 로동위생 상태를 정확히 확인하고 교대하도록 하여야 한다.

로동안전 및 로동위생상태에 이상이 있을 경우에는 그것을 퇴치한 다음 교대하여야 한다.

제48조 (설비점검, 위험표식)

기관, 기업소, 단체는 설비점검을 할 경우 로동안전시설에 대한 점검을 함께 하여야 한다.

위험한 작업 대상과 설비에는 위험표식을 하여야 한다.

제49조 (유해작업장의 검사)

유해작업장은 중앙로동행정지도기관에 등록하며 정기적으로 해당 기관의 검사를 받아야 한다.

등록을 하지 않았거나 검사를 받지 않은 유해작업장에서는 근로자들에게 일을 시킬 수 없다.

제50조 (위험물질취급, 열 및 내압설비의 리용)

기관, 기업소, 단체는 폭발성, 독성, 방사성물질을 취급하거나 열 및 내압설비를 가동하려 할 경우 해당 기관의 승인을 받아야 한다.

제51조 (로동보호감독원의 배치)

기관, 기업소, 단체는 작업장에 로동보호감독원과 로동안전원을 배치하여야 한다.

로동보호감독원과 로동안전원을 배치하지 않고서는 작업을 진행할 수 없다.

제7장 로동재해의 구호와 사고심의

제52조 (로동재해구호와 사고심의의 기본요구)

로동재해의 구호와 사고심의는 로동재해로부터 사람의 생명과 재산을 구원하며 사고의 원인을 해명하고 재사고를 막기 위한 중요한 사업이다.

중앙로동행정지도기관과 해당 기관, 기업소, 단체는 로동재해구호와 사고심의를 제때에 하여야 한다.

제53조 (구호대의 조직)

해당 기관은 필요한 지역이나 단위에 로동재해구호를 위한 전임구호대를 조직하여야 한다.

구호대는 겸임으로 조직할 수도 있다.

제54조 (설비 및 기자재보장)

해당 기관은 산소호흡기, 자동인공호흡기, 산소, 시약, 운수수단, 통신수단, 측정수단 같은 로동재해구호사업에 필요한 설비와 물자를 책임적으로 보장하여야 한다.

제55조 (구호대의 비상동원준비)

해당 기관은 구호대의 로동재해구호훈련을 강화하여 언제든지 신속히 동원할 수 있도록 준비시켜야 한다.

구호대의 훈련과정안은 어길 수 없다.

제56조 (로동재해에 대한 구호작업)

해당 기관은 로동재해가 발생하였을 경우 즉시 구호대를 동원시켜 구호작업을 하여야 한다.

발생한 로동재해의 규모가 클 경우에는 린접 또는 지구구호대를 동원시킬 수 있다.

제57조 (구호대의 타사업동원금지)

구호대와 구호설비, 기자재는 로동재해구호작업에만 동원할 수 있다.

제58조 (구호작업을 위한 운행조건보장)

인민보안기관과 철도운수기관, 해당 기관, 기업소, 단체는 로동재해구호작업을 위하여 동원되는 인원과 설비, 기자재를 실은 운수수단의 운행에 지장이 없도록 필요한 조건을 책임적으로 보장하여야 한다.

제59조 (로동재해발생에 대한 통보)

보건기관과 해당 기관, 기업소, 단체는 로동재해가 발생하였을 경우 그 정형을 제때에 로동행정기관과 인민보안기관에 통보하여야 한다.

제60조 (비상설사고방지대책위원회의 조직)

로동재해방지와 사고심의를 위하여 내각에 비상설중앙사고방지대책위원회를, 성, 중앙기관, 도(직할시), 시(구역), 군과 기관, 기업소에 비상설사고방지대책위원회를 둔다.

제61조 (사고심의의 제기)

로동행정기관은 발생된 로동재해와 관련하여 해당 비상설사고방지대책위원회에 사고심의를 제기하여야 한다.

제62조 (사고심의 관할)

로동재해와 관련한 사고심의는 사고의 엄중성 정도에 따라 중앙사고방지대책위원회의 심의대상, 성, 중앙기관과 도(직할시), 시(구역), 군사고방지대책위원회의 심의대상, 기관, 기업소사고방재대책위원회의 심의대상으로 나누어 한다.

필요에 따라 하급 사고방지대책위원회에서 심의할 대상이라 하더라도 상급 사고방지대책위원회에서 직접 심의할 수 있다.

제63조 (사고심의내용)

로동재해와 관련한 사고심의에서 토의할 문제는 다음과 같다.

1. 로동재해가 발생한 날자, 시간, 장소, 형태

2. 로동재해가 발생하게 된 동기와 원인

3. 로동재해를 발생시킨 단위의 로동보호실태

4. 로동재해로 인한 인적 및 재산적 손실

5. 책임관계와 처리문제

6. 로동재해의 피해자와 그 가족의 생활보장문제

7. 로동재해를 막기 위한 대책

8. 이 밖에 제기되는 문제

제64조 (사고심의 정형보고)

로동재해와 관련한 사고심의가 끝나면 그 정형을 해당 기관에 보고하여야 한다.

제8장 로동보호사업에 대한 지도통제

제65조 (로동보호사업에 대한 지도통제의 기본요구)

로동보호사업에 대한 지도통제를 강화하는 것은 국가의 로동보호정책을 정확히 집행하기 위한 근본담보이다.

국가는 현실발전의 요구에 맞게 로동보호사업에 대한 지도와 통제를 강화하도록 한다.

제66조 (로동보호사업에 대한 지도)

로동보호사업에 대한 지도는 내각의 통일적인 지도 밑에 중앙로동행정지도기관과 해당 기관이 한다.

중앙로동행정지도기관과 해당 기관은 로동보호사업에 대한 지도체계를 바로 세우고 로동보호사업을 정상적으로 장악 지도하여야 한다.

제67조 (로동보호사업의 조건보장)

국가계획기관과 해당 기관은 로동보호사업에 필요한 로력, 설비, 자재, 물자, 자금 같은 것을 제때에 보장하여야 한다.

제68조 (로동보호와 관련한 과학연구성과의 도입)

중앙로동행정지도기관과 과학연구기관은 로동보호와 관련한 과학연구사업을 끊임없이 강화하며 그 성과를 로동보호사업에 적극 받아들여야 한다.

제69조 (로동보호에 대한 과학지식보급)

교육기관과 출판보도관은 여러 가지 형식과 방법으로 국가의 로동보호정책과정과 로동보호와 관련한 과학지식을 보급하며 로동보호 분야에서 이력한 성과를 널리 소개 선전하여야 한다.

제70조 (로동보호사업에 대한 감독통제)

로동보호사업에 대한 감독통제는 로동행정기관과 해당 감독통제기관이 한다.

로동행정기관과 해당 감독통제기관은 기관, 기업소, 단체의 로동보호사업정형을 정상적으로 감독 통제하여야 한다.

제71조 (건강, 재산피해에 대한 보상)

로동보호대책을 세우지 않아 근로자들의 생명과 건강, 국가 및 사회협동단체, 공민의 재산에 해를 주었을 경우에는 해당한 손해를 보상시킨다.

제72조 (행정처벌)

다음의 경우에는 기관, 기업소, 단체의 책임 있는 일군과 개별적 공민에게 정상에 따라 해당한 행정처벌을 준다.

1. 로동안전교양을 정해진 대로 하지 않았을 경우

2. 로동보호조건을 보장하지 않고 일을 시켰을 경우

3. 로동안전시설과 로동위생조건에 대한 측정 및 검사사업을 바로 하지 않아 로동보호사업에 지장을 주었을 경우

4. 휴식과 휴가를 정해진 대로 보장하지 않아 근로자들의 건강과 문화 정서적 생활에 지장을 주었을 경우

5. 로동보호물자를 대상과 기준에 맞게 공급하지 않았거나 류용, 랑비, 부패
변질시켰을 경우

6. 녀성근로자들에게 금지된 로동을 시켰거나 로동보호조건을 충분히 갖추
어 주지 않아 생명과 건강에 해를 주었을 경우

7. 로동재해구호조직사업을 무책임하게 하였거나 사업조건을 보장하지 않
아 로동재해구호사업에 지장을 주었을 경우

8. 이 밖에 로동보호법규를 어겼을 경우

제73조 (형사적 책임)

이 법 제72조의 행위가 범죄에 이를 경우에는 기관, 기업소, 단체의 책임 있
는 일군과 개별적 공민에게 형법의 해당 조문에 따라 형사적 책임을 지운다.

8. 조선민주주의인민공화국 라선경제무역지대법

주체82(1993)년 1월 31일 최고인민회의 상설회의 결정 제28호로 채택

주체88(1999)년 2월 26일 최고인민회의 상임위원회 정령 제484호로 수정보충

주체91(2002)년 11월 7일 최고인민회의 상임위원회 정령 제3400호로 수정

주체94(2005)년 4월 19일 최고인민회의 상임위원회 정령 제1083호로 수정보충

주체96(2007)년 9월 26일 최고인민회의 상임위원회 정령 제2367호로 수정보충

주체99(2010)년 1월 27일 최고인민회의 상임위원회 정령 제583호로 수정보충

주체100(2011)년 12월 3일 최고인민회의 상임위원회 정령 제2007호로 수정보충

제1장 라선경제무역지대법의 기본

제1조 (라선경제무역지대법의 사명)

조선민주주의인민공화국 라선경제무역지대법은 경제무역지대의 개발과 관
리에서 제도와 질서를 바로 세워 라선경제무역지대를 국제적인 중계수송, 무

역 및 투자, 금융, 관광, 봉사지역으로 발전시키는 데 이바지한다.

제2조 (라선경제무역지대의 지위)

라선경제무역지대는 경제분야에서 특혜정책이 실시되는 조선민주주의인민공화국의 특수경제지대이다.

제3조 (산업구의 건설)

국가는 경제무역지대에 첨단기술산업, 국제물류업, 장비제조업, 1차 가공공업, 경공업, 봉사업, 현대농업을 기본으로 하는 산업구들을 계획적으로 건설하도록 한다.

제4조 (투자당사자)

경제무역지대에는 세계 여러 나라의 법인이나 개인, 경제조직이 투자할 수 있다.

우리나라 령역 밖에 거주하고 있는 조선동포도 이 법에 따라 경제무역지대에 투자할 수 있다.

제5조 (경제활동조건보장의 원칙)

투자가는 경제무역지대에 회사, 지사, 사무소 같은 것을 설립하고 경제활동을 자유롭게 할 수 있다.

국가는 토지리용, 로력채용, 세금납부, 시장진출 같은 분야에서 투자가에게 특혜적인 경제활동조건을 보장하도록 한다.

제6조 (투자장려 및 금지, 제한부문)

국가는 경제무역지대에서 하부구조건설부문과 첨단과학기술부문, 국제시장에서 경쟁력이 높은 상품을 생산하는 부문의 투자를 특별히 장려한다.

나라의 안전과 주민들의 건강, 건전한 사회도덕생활에 저해를 줄 수 있는 대상, 환경보호와 동식물의 생장에 해를 줄 수 있는 대상, 경제 기술적으로 뒤떨어진 대상의 투자는 금지 또는 제한한다.

제7조 (투자가의 재산과 리익, 권리보호원칙)

경제무역지대에서 투자가의 재산과 합법적인 소득, 그에게 부여된 권리는 법적으로 보호된다.

국가는 투자가의 재산을 국유화하거나 거두어들이지 않는다.

사회공공의 리익과 관련하여 부득이하게 투자가의 재산을 거두어들이거나 일시 리용하려 할 경우에는 사전에 통지하고 해당한 법적 절차를 거치며 차별 없이 그 가치를 제때에 충분하고 효과 있게 보상하여주도록 한다.

제8조 (경제무역지대관리운영의 담당자, 관리위원회사업에 대한 관여금지원칙)

경제무역지대에서 산업구와 정해진 지역의 관리운영은 중앙특수경제지대 지도기관과 라선시인민위원회의 지도와 방조 밑에 관리위원회가 맡아 한다.

이 법에서 정한 경우를 제외하고 다른 기관은 관리위원회의 사업에 관여할 수 없다.

제9조 (신변안전과 인권의 보장, 비법구속과 체포금지)

경제무역지대에서 공민의 신변안전과 인권은 법에 따라 보호된다.

법에 근거하지 않고는 구속, 체포하지 않으며 거주 장소를 수색하지 않는다.

신변안전 및 형사사건과 관련하여 우리나라와 해당 나라 사이에 체결된 조약이 있을 경우에는 그에 따른다.

제10조 (적용법규)

경제무역지대의 개발과 관리, 기업운영 같은 경제활동에는 이 법과 이 법 시행을

위한 규정, 세칙, 준칙을 적용한다.

경제무역지대의 법규가 우리나라와 다른 나라 사이에 체결된 협정, 량해문, 합의서 같은 조약의 내용과 다를 경우에는 조약을 우선 적용하며 경제무역지대 밖에 적용하는 법규의 내용과 다를 경우에는 경제무역지대법규를 우선 적용한다.

제2장 경제무역지대의 개발

제11조 (개발원칙)

경제무역지대의 개발원칙은 다음과 같다.

1. 경제무역지대와 그 주변의 자연지리적 조건, 자원, 생산요소의 비교우세 보장

2. 토지, 자원의 절약과 합리적인 리용

3. 경제무역지대와 그 주변의 생태환경보호

4. 생산과 봉사의 국제적인 경쟁력제고

5. 무역, 투자 같은 경제활동의 편의보장

6. 사회공공의 리익보장

7. 지속적이고 균형적인 경제발전의 보장

제12조 (개발계획과 그 변경)

경제무역지대의 개발은 승인된 개발계획에 따라 한다.

개발계획에는 개발 총 계획, 지구개발계획, 세부계획 같은 것이 속한다.

개발계획의 변경승인은 해당 개발계획을 승인한 기관이 한다.

제13조 (경제무역지대의 개발방식)

경제무역지대는 일정한 면적의 토지를 기업이 종합적으로 개발하고 경영하는 방식, 기업에 하부구조 및 공공시설의 건설과 관리, 경영권을 특별히 허가해주어 개발하는 방식, 개발당사자들 사이에 합의한 방식 같은 여러 가지 방식으로 개발할 수 있다.

개발기업은 하부구조 및 공공시설건설을 다른 기업을 인입하여 할 수도 있다.

제14조 (개발기업에 대한 승인)

경제무역지대의 개발기업에 대한 승인은 중앙특수경제지대 지도기관이 관리위원회 또는 라선시인민위원회를 통하여 개발기업에게 개발사업권 승인증서를 발급하는 방법으로 한다.

개발기업의 위임, 개발사업권 승인증서의 발급신청은 관리위원회 또는 라선시인민위원회가 한다.

제15조 (토지종합개발경영과 관련한 토지임대차계약)

토지종합개발경영방식으로 개발하는 경우 개발기업은 국토관리기관과 토지임대차계약을 맺어야 한다.

토지임대차계약에서는 임대기간, 면적, 구획, 용도, 임대료의 지불기간과 지불방식,

그 밖의 필요한 사항을 정한다.

국토관리기관은 토지임대료를 지불한 개발기업에 토지리용증을 발급해주어야 한다.

제16조 (토지임대기간)

경제무역지대에서 토지임대기간은 해당 기업에 토지리용증을 발급한 날부터 50년까지로 한다.

경제무역지대안의 기업은 토지임대기간이 끝난 다음 계약을 다시 맺고 임대받은 토지를 계속 리용할 수 있다.

제17조 (부동산의 취득과 해당 증서의 발급)

경제무역지대에서 기업은 규정에 따라 토지리용권, 건물소유권을 취득할 수 있다. 이 경우 해당 기관은 토지리용증 또는 건물소유권등록증을 발급하여준다.

제18조 (토지리용권과 건물의 양도와 임대가격)

개발기업은 개발계획과 하부구조건설이 진척되는 데 따라 개발한 토지와 건물을 양도, 임대할 권리를 가진다. 이 경우 양도, 임대가격은 개발기업이 정한다.

제19조 (토지리용권, 건물소유권의 변경과 그 등록)

경제무역지대에서 기업은 유효기간 안에 토지리용권과 건물소유권을 매매, 교환, 증여, 상속의 방법으로 양도하거나 임대, 저당할 수 있다. 이 경우 토지리용권, 건물소유권의 변경등록을 하고 토지리용증 또는 건물소유권등록증을 다시 발급받아야 한다.

제20조 (건물, 부착물의 철거와 이설)

철거, 이설을 맡은 기관, 기업소는 개발공사에 지장이 없도록 개발지역 안의 공공건물과 살림집, 부착물 같은 것을 철거, 이설하고 주민을 이주시켜야 한다.

제21조 (개발공사착수 시점과 계획적인 개발)

개발기업은 개발구역 안의 건물과 부착물의 철거, 이설사업이 끝나는 차제로 개발공사에 착수하여야 한다.

제22조 (농업토지, 산림토지, 수역토지의 개발리용)

경제무역지대에서 투자가는 도급생산방식으로 농업토지, 산림토지, 수역토지를 개발리용할 수 있다. 이 경우 해당 기관과 계약을 맺어야 한다.

제3장 경제무역지대의 관리

제23조 (경제무역지대의 관리원칙)

경제무역지대의 관리원칙은 다음과 같다.

1. 법규의 엄격한 준수와 집행

2. 관리위원회와 기업의 독자성보장

3. 무역과 투자활동에 대한 특혜제공

4. 경제발전의 객관적 법칙과 시장원리의 준수

5. 국제관례의 참고

제24조 (관리위원회의 설립, 지위)

경제무역지대의 관리운영을 위하여 관리위원회를 내온다.

관리위원회는 산업구와 정해진 지역의 관리운영을 맡아 하는 현지관리기관이다.

제25조 (관리위원회의 구성)

관리위원회는 위원장, 부위원장, 서기장과 필요한 성원들로 구성한다.

관리위원회에는 경제무역지대의 개발과 관리에 필요한 부서를 둔다.

제26조 (관리위원회의 책임자)

관리위원회의 책임자는 위원장이다.

위원장은 관리위원회를 대표하며 관리위원회의 사업을 주관한다.

제27조 (관리위원회의 사업내용)

관리위원회는 자기의 관할 범위에서 다음과 같은 사업을 한다.

1. 경제무역지대의 개발과 관리에 필요한 준칙작성

2. 투자환경의 조성과 투자유치

3. 기업의 창설승인과 등록, 영업허가

4. 투자 장려, 제한, 금지목록의 공포

5. 대상건설허가와 준공검사

6. 대상설계문건의 보관

7. 독자적인 재정관리체계의 수립

8. 토지리용권, 건물소유권의 등록

9. 위임받은 재산의 관리

10. 기업의 경영활동협조

11. 하부구조 및 공공시설의 건설, 경영에 대한 감독 및 협조

12. 관할지역의 환경보호와 소방대책

13. 인원, 운수수단의 출입과 물자의 반출입에 대한 협조

14. 관리위원회의 규약작성

15. 이 밖에 경제무역지대의 개발, 관리와 관련하여 중앙특수경제지대 지도기관과 라선시인민위원회가 위임하는 사업

제28조 (관리위원회의 사무소설치)

관리위원회는 필요에 따라 사무소 같은 것을 둘 수 있다.

사무소는 관리위원회가 위임한 권한의 범위 안에서 사업을 한다.

제29조 (사업계획과 통계자료의 제출)

관리위원회는 해마다 사업계획과 산업구와 정해진 지역의 통계자료를 중앙특수경제지대 지도기관과 라선시인민위원회에 내야 한다.

제30조 (라선시인민위원회의 사업내용)

라선시인민위원회는 경제무역지대의 개발, 관리와 관련하여 다음과 같은 사업을 한다.

1. 경제무역지대법과 규정의 시행세칙작성

2. 경제무역지대의 개발과 기업활동에 필요한 로력보장

3. 이 밖에 경제무역지대의 개발, 관리와 관련하여 중앙특수경제지대지도기관이 위임한 사업

제31조 (중앙특수경제지대지도기관의 사업내용)

중앙특수경제지대지도기관은 다음과 같은 사업을 한다.

1. 경제무역지대의 발전전략작성

2. 경제무역지대의 개발, 건설과 관련한 국내기관들과의 사업련계

3. 다른 나라 정부들과의 협조 및 련계

4. 기업창설심의기준의 승인

5. 경제무역지대에 투자할 국내기업의 선정

6. 경제무역지대생산품의 지대 밖 국내판매협조

제32조 (예산의 편성과 집행)

관리위원회는 예산을 편성하고 집행한다. 이 경우 예산작성 및 집행정형과 관련한 문건을 중앙특수경제지대지도기관과 라선시인민위원회에 내야 한다.

제33조 (관리위원회사업에 대한 협조)

중앙특수경제지대 지도기관과 라선시인민위원회는 관리위원회의 사업을 적극 도와주어야 한다.

제34조 (자문위원회의 운영)

경제무역지대에서는 지대의 개발과 관리운영, 기업경영에서 제기되는 문제를 협의, 조정하기 위한 자문위원회를 운영할 수 있다.

자문위원회는 라선시인민위원회와 관리위원회의 해당 성원, 주요기업의 대표들로 구성한다.

제35조 (원산지관리)

경제무역지대에서 원산지관리사업은 원산지관리기관이 한다.

원산지관리기관은 상품의 원산지관리사업을 경제무역지대법규와 국제관례에 맞게 하여야 한다.

제4장 기업창설 및 경제무역활동

제36조 (심의, 승인 절차의 간소화)

경제무역지대에서는 통일적이며 집중적인 처리방법으로 경제무역활동과 관련한 각종 심의, 승인 절차를 간소화하도록 한다.

제37조 (기업의 창설신청)

투자가는 산업구에 기업을 창설하려 할 경우 관리위원회에, 산업구 밖에 기업을 창설하려 할 경우 라선시인민위원회에 기업창설신청문건을 내야 한다.

관리위원회 또는 라선시인민위원회는 기업창설신청문건을 받은 날부터 10일 안으로 승인하거나 부결하고 그 결과를 신청자에게 알려주어야 한다.

제38조 (기업의 등록, 법인자격)

기업창설승인을 받은 기업은 정해진 기일 안에 기업등록, 세관등록, 세무등록을 하여야 한다.

등록된 기업은 우리나라 법인으로 된다.

제39조 (지사, 사무소의 설립과 등록)

경제무역지대에 지사, 사무소를 설립하려 할 경우에는 정해진 데 따라 라선시인민위원회 또는 관리위원회의 승인을 받고 해당한 등록수속을 하여야 한다.

제40조 (기업의 권리)

경제무역지대에서 기업은 경영 및 관리질서와 생산계획, 판매계획, 재정계획을 세울 권리, 로력채용, 로임기준과 지불형식, 생산물의 가격, 리윤의 분배방안을 독자적으로 결정할 권리를 가진다.

기업의 경영활동에 대한 비법적인 간섭은 할 수 없으며 법규에 정해지지 않은 비용을 징수하거나 의무를 지울 수 없다.

제41조 (기업의 업종 및 변경승인)

기업은 승인받은 업종범위 안에서 경영활동을 하여야 한다.

업종을 늘리거나 변경하려 할 경우에는 승인을 다시 받아야 한다.

제42조 (계약의 중시와 리행)

기업은 계약을 중시하고 신용을 지키며 계약을 성실하게 리행하여야 한다.

당사자들은 계약의 체결과 리행에서 평등과 호혜의 원칙을 준수하여야 한다.

제43조 (지대 밖 우리나라 기업과의 경제거래)

기업은 계약을 맺고 경제무역지대 밖의 우리나라 령역에서 경영활동에 필요한 원료, 자재, 물자를 구입하거나 생산한 제품을 판매할 수 있다.

우리나라 기관, 기업소, 단체에 원료, 자재, 부분품의 가공을 위탁할 수도 있다.

제44조 (상품, 봉사의 가격)

경제무역지대에서 기업들 사이의 거래되는 상품과 봉사가격, 경제무역지대 안의 기업과 지대 밖의 우리나라 기관, 기업소, 단체 사이에 거래되는 상품가격은 국제시장가격에 준하여 당사자들이 협의하여 정한다.

식량, 기초식품 같은 중요 대중필수품의 가격과 공공봉사료금은 라선시인민위원회가 정한다. 이 경우 기업에 생긴 손해에 대한 재정적 보상을 한다.

제45조 (무역활동)

경제무역지대에서 기업은 가공무역, 중계무역, 보상무역 같은 여러 가지 형식의 무역활동을 할 수 있다.

제46조 (특별허가경영권)

경제무역지대에서는 하부구조시설과 공공시설에 대하여 특별허가대상으로 경영하게 할 수 있다.

특별허가경영권을 가진 기업이 그것을 다른 기업에게 양도하거나 나누어주려 할 경우에는 계약을 맺고 해당 기관의 승인을 받아야 한다.

제47조 (자연부원의 개발허용)

경제무역지대의 기업은 생산에 필요한 원료, 연료보장을 위하여 해당 기관의 승인을 받아 지대의 자연부원을 개발할 수 있다.

경제무역지대 밖의 자연부원개발은 중앙특수경제지대 지도기관을 통하여 한다.

제48조 (경제무역지대상품의 구입)

경제무역지대 밖의 우리나라 기관, 기업소, 단체는 계약을 맺고 지대안의 기업이 생산하였거나 판매하는 상품을 구입할 수 있다.

제49조 (로력의 채용)

기업은 우리나라의 로력을 우선적으로 채용하여야 한다.

필요에 따라 다른 나라 로력을 채용하려 할 경우에는 라선시인민위원회 또는 관리위원회에 통지하여야 한다.

제50조 (월로임최저기준)

경제무역지대의 기업에서 일하는 종업원의 월로임최저기준은 라선시인민위원회가 관리위원회와 협의하여 정한다.

제51조 (광고사업과 야외광고물의 설치승인)

경제무역지대에서는 규정에 따라 광고업과 광고를 할 수 있다.

야외에 광고물을 설치하려 할 경우에는 해당 기관의 승인을 받는다.

제52조 (기업의 회계)

경제무역지대에서 기업은 회계계산과 결산에 국제적으로 통용되는 회계기준을 적용할 수 있다.

제5장 관세

제53조 (특혜관세제도의 실시)

경제무역지대에서는 특혜관세제도를 실시한다.

제54조 (관세의 면제대상)

관세를 면제하는 대상은 다음과 같다.

1. 경제무역지대의 개발에 필요한 물자

2. 기업의 생산과 경영에 필요한 수입물자와 생산한 수출상품

3. 가공무역, 중계무역, 보상무역을 목적으로 경제무역지대에 들여오는 물자

4. 투자가에게 필요한 사무용품과 생활용품

5. 통과하는 다른 나라의 화물

6. 다른 나라 정부, 기관, 기업, 단체 또는 국제기구가 기증하는 물자

7. 이 밖에 따로 정한 물자

제55조 (관세면제대상에 관세를 부과하는 경우)

무관세상점의 상품을 제외하고 관세면제대상으로 들여온 물자를 경제무역지대 안에서 판매할 경우에는 관세를 부과한다.

제56조 (수입원료, 자재와 부분품에 대한 관세부과)

기업이 경제무역지대에서 생산한 상품을 수출하지 않고 지대 또는 지대 밖의 우리나라 기관, 기업소, 단체에 판매할 경우에는 그 상품생산에 쓰인 수입원료, 자재와 부분품에 대하여 관세를 부과시킬 수 있다.

제57조 (물자의 반출입신고제)

경제무역지대에서 관세면제대상에 속하는 물자의 반출입은 신고제로 한다.

관세면제대상에 속하는 물자를 반출입하려 할 경우에는 반출입신고서를 정확히 작성하여 해당 세관에 내야 한다.

제58조 (관세납부문건의 보관기일)

기업은 관세납부문건, 세관검사문건, 상품송장 같은 문건을 5년 동안 보관하여야 한다.

제6장 통화 및 금융

제59조 (류통화폐와 결제화폐)

경제무역지대에서 류통화폐와 결제화폐는 조선원 또는 정해진 화폐로 한다. 조선원에 대한 외화의 환산은 지대외화관리기관이 정한 데 따른다.

제60조 (은행의 설립)

경제무역지대에서 투자가는 규정에 따라 은행 또는 은행지점을 내오고 은행 업무를 할 수 있다.

제61조 (기업의 돈자리)

기업은 경제무역지대에 설립된 우리나라 은행이나 외국투자은행에 돈자리를 두어야 한다.

우리나라 령역 밖의 다른 나라 은행에 돈자리를 두려 할 경우에는 정해진 데 따라 지대외화관리기관 또는 관리위원회의 승인을 받아야 한다.

제62조 (자금의 대부)

경제무역지대에서 기업은 우리나라 은행이나 외국의 금융기관으로부터 경제무역활동에 필요한 자금을 대부받을 수 있다.

대부받은 조선원과 외화로 교환한 조선원은 중앙은행이 지정한 은행에 예금하고 써야 한다.

제63조 (보험기구의 설립과 보험가입)

경제무역지대에서 투자가는 보험회사를, 다른 나라의 보험회사는 지사, 사무소를 설립 운영할 수 있다.

경제무역지대에서 기업과 개인은 우리나라 령역 안에 있는 보험회사의 보험에 들며 의무보험은 정해진 보험회사의 보험에 들어야 한다.

제64조 (유가증권의 거래)

외국인투자기업과 외국인은 규정에 따라 경제무역지대에서 유가증권을 거래할 수 있다.

제7장 장려 및 특혜

제65조 (소득의 송금, 투자재산의 반출)

경제무역지대에서는 합법적인 리윤과 리자, 리익배당금, 임대료, 봉사료, 재산판매수입금 같은 소득을 제한 없이 우리나라 령역 밖으로 송금할 수 있다.

투자가는 경제무역지대에 들여왔던 재산과 지대에서 합법적으로 취득한 재산을 제한 없이 경제무역지대 밖으로 내갈 수 있다.

제66조 (수출입의 장려)

경제무역지대의 기업 또는 다른 나라 개인업자는 지대 안이나 지대 밖의 기업과 계약을 맺고 상품, 봉사, 기술거래를 할 수 있으며 수출입대리업무도 할 수 있다.

제67조 (기업소득세률)

경제무역지대에서 기업소득세률은 결산리윤의 14%로 한다.

특별히 장려하는 부문의 기업소득세률은 결산리윤의 10%로 한다.

제68조 (기업소득세의 감면)

경제무역지대에서 10년 이상 운영하는 정해진 기업에 대하여서는 기업소득세를 면제하거나 감면하여 준다.

기업소득세를 면제 또는 감면하는 기간, 감세률과 감면기간의 계산 시점은 해당 규정에서 정한다.

제69조 (토지리용과 관련한 특혜)

경제무역지대에서 기업용 토지는 실지수요에 따라 먼저 제공되며 토지의 사용 분야와 용도에 따라 임대기간, 임대료, 납부방법에서 서로 다른 특혜를 준다.

하부구조시설과 공공시설, 특별장려 부문에 투자하는 기업에 대하여서는 토지 위치의 선택에서 우선권을 주며 정해진 기간에 해당한 토지사용료를 면제하여 줄 수 있다.

제70조 (개발기업에 대한 특혜)

개발기업은 관광업, 호텔업 같은 대상의 경영권 취득에서 우선권을 가진다.

개발기업의 재산과 하부구조시설, 공공시설운영에는 세금을 부과하지 않는다.

제71조 (재투자분에 해당한 소득세의 반환)

경제무역지대에서 리윤을 재투자하여 등록자본을 늘리거나 새로운 기업을 창설하여 5년 이상 운영할 경우에는 재투자분에 해당한 기업소득세액의 50%를 돌려준다.

하부구조건설부문에 재투자할 경우에는 납부한 재투자분에 해당한 기업소득세액의 전부를 돌려준다.

제72조 (지적재산권의 보호)

경제무역지대에서 기업과 개인의 지적재산권은 법적 보호를 받는다.

라선시인민위원회는 지적재산권의 등록, 리용, 보호와 관련한 사업체계를 세워야 한다.

제73조 (경영과 관련한 봉사)

경제무역지대에서는 규정에 따라 은행, 보험, 회계, 법률, 계량 같은 경영과 관련한 봉사를 할 수 있다.

제74조 (관광업)

경제무역지대에서는 바다기슭의 솔밭과 백사장, 섬 같은 독특한 자연풍치, 민속문화 같은 유리한 관광자원을 개발하여 국제관광을 널리 조직하도록 한다.

투자가는 규정에 따라 경제무역지대에서 관광업을 할 수 있다.

제75조 (편의보장)

경제무역지대에서는 우편, 전화, 팍스 같은 통신수단을 자유롭게 리용할 수 있다.

거주자, 체류자에게는 교육, 문화, 의료, 체육 분야의 편리를 제공한다.

제76조 (물자의 자유로운 반출입)

경제무역지대에는 물자를 자유롭게 들여올 수 있으며 그것을 보관, 가공, 조립, 선별, 포장하여 다른 나라로 내갈 수 있다. 그러나 반출입을 금지하는 물자는 들여오거나 내갈 수 없다.

제77조 (인원, 운수수단의 출입과 물자의 반출입조건 보장)

통행검사, 세관, 검역기관과 해당 기관은 경제무역지대의 개발과 기업활동에 지장이 없도록 인원, 운수수단의 출입과 물자의 반출입을 신속하고 편리하게 보장하여야 한다.

제78조 (다른 나라 선박과 선원의 출입)

다른 나라 선박과 선원은 경제무역지대의 라진항, 선봉항, 웅상항에 국제적으로 통용되는 자유무역항출입 질서에 따라 나들 수 있다.

제79조 (외국인의 출입, 체류, 거주)

외국인은 경제무역지대에 출입, 체류, 거주할 수 있으며 려권 또는 그것을 대신하는 출입증명서를 가지고 정해진 통로로 경제무역지대에 사증 없이 나들 수 있다.

우리나라의 다른 지역에서 경제무역지대에 출입하는 질서는 따로 정한다.

제8장 신소 및 분쟁해결

제80조 (신소와 그 처리)

경제무역지대에서 기업 또는 개인은 관리위원회, 라선시인민위원회, 중앙특수경제지대 지도기관과 해당 기관에 신소할 수 있다.

신소를 받은 기관은 30일 안에 료해 처리하고 그 결과를 신소자에게 알려주어야 한다.

제81조 (조정에 의한 분쟁해결)

관리위원회 또는 해당 기관은 분쟁당사자들의 요구에 따라 분쟁을 조정할 수 있다.

이 경우 분쟁당사자들의 의사에 기초하여 조정안을 작성하여야 한다.

조정안은 분쟁당사자들이 수표하여야 효력을 가진다.

제82조 (중재에 의한 분쟁해결)

분쟁당사자들은 합의에 따라 경제무역지대에 설립된 우리나라 또는 다른 나라 국제중재기관에 중재를 제기할 수 있다.

중재는 해당 국제중재위원회의 중재규칙에 따른다.

제83조 (재판에 의한 분쟁해결)

분쟁당사자들은 경제무역지대의 관할재판소에 소송을 제기할 수 있다.

경제무역지대에서의 행정소송 절차는 따로 정한다.

<h2 style="text-align:center">부칙</h2>

제1조 (법의 시행일)

이 법은 공포한 날부터 시행한다.

제2조 (법의 해석권)

이 법의 해석은 최고인민회의 상임위원회가 한다.

9. 조선민주주의인민공화국 황금평, 위화도경제지대법

주체100(2011)년 12월 3일 최고인민회의 상임위원회 정령 제2006호로 채택

제1장 경제지대법의 기본

제1조 (경제지대법의 사명)

조선민주주의인민공화국 황금평, 위화도경제지대법은 경제지대의 개발과

관리에서 제도와 질서를 바로 세워 대외경제협력과 교류를 확대 발전시키는
데 이바지한다.

제2조 (경제지대의 지위와 위치)

황금평, 위화도경제지대는 경제 분야에서 특혜정책이 실시되는 조선민주주
의인민공화국의 특수경제지대이다.

황금평, 위화도경제지대에는 평안북도의 황금평지구와 위화도지구가 속한다.

제3조 (경제지대의 개발과 산업구성)

경제지대의 개발은 지구별, 단계별로 한다.

황금평지구는 정보산업, 경공업, 농업, 상업, 관광업을 기본으로 개발하며
위화도지구는 위화도개발계획에 따라 개발한다.

제4조 (투자당사자)

경제지대에는 세계 여러 나라의 법인이나 개인, 경제조직이 투자할 수 있다.

우리나라 령역 밖에 거주하고 있는 조선동포도 이 법에 따라 경제지대에 투
자할 수 있다.

제5조 (경제활동조건의 보장)

투자가는 경제지대에서 회사, 지사, 사무소 같은 것을 설립하고 기업활동을
자유롭게 할 수 있다.

국가는 토지리용, 로력채용, 세금납부, 시장진출 같은 분야에서 투자가에게
특혜적인 경제활동조건을 보장하도록 한다.

제6조 (투자장려 및 금지, 제한부문)

국가는 경제지대에서 하부구조건설부문과 첨단과학기술부문, 국제시장에
서 경쟁력이 높은 상품을 생산하는 부문의 투자를 특별히 장려한다.

나라의 안전과 주민들의 건강, 건전한 사회도덕생활, 환경보호에 저해를 주
거나 경제 기술적으로 뒤떨어진 대상의 투자와 영업활동은 금지 또는 제한한다.

제7조 (경제지대관리운영의 담당자, 관리위원회사업에 대한 관여금지 원칙)

경제지대의 관리운영은 중앙특수경제지대 지도기관과 평안북도인민 위원
회의 지도와 방조 밑에 관리위원회가 맡아 한다.

이 법에서 규정한 경우를 제외하고 다른 기관은 관리위원회의 사업에 관여

할 수 없다.

제8조 (투자가의 권리와 리익보호)

경제지대에서 투자가의 재산과 합법적인 소득, 그에게 부여된 권리는 법에 따라 보호된다.

국가는 투자가의 재산을 국유화하거나 거두어들이지 않는다.

사회공공의 리익과 관련하여 부득이하게 투자가의 재산을 거두어들이거나 일시 리용하려 할 경우에는 사전에 그에게 통지하고 해당한 법적 절차를 거치며 차별 없이 그 가치를 제때에 충분하고 효과 있게 보상하여 주도록 한다.

제9조 (신변안전과 인권의 보장, 비법구속과 체포금지)

경제지대에서 공민의 신변안전과 인권은 법에 따라 보호된다.

법에 근거하지 않고는 구속, 체포하지 않으며 거주 장소를 수색하지 않는다.

신변안전 및 형사사건과 관련하여 우리나라와 해당 나라 사이에 체결된 조약이 있을 경우에는 그에 따른다.

제10조 (적용법규)

경제지대의 개발과 관리, 기업운영 같은 경제활동에는 이 법과 이 법 시행을 위한 규정, 세칙, 준칙을 적용한다.

경제지대의 법규가 우리나라와 다른 나라 사이에 체결된 협정, 량해문, 합의서 같은 조약의 내용과 다를 경우에는 조약을 우선 적용하며 경제지대 밖에 적용하는 법규의 내용과 다를 경우에는 경제지대법규를 우선 적용한다.

제2장 경제지대의 개발

제11조 (경제지대의 개발원칙)

경제지대의 개발원칙은 다음과 같다.

1. 경제지대와 그 주변의 자연 지리적 조건과 자원, 생산요소의 비교우세보장

2. 토지, 자원의 절약과 합리적 리용

3. 경제지대와 그 주변의 생태환경보호

4. 생산과 봉사의 국제경쟁력제고

5. 무역, 투자 같은 경제활동의 편의보장

6. 사회공공의 리익보장

7. 지속적이고 균형적인 경제발전의 보장

제12조 (경제지대의 개발계획과 그 변경)

경제지대의 개발은 승인된 개발계획에 따라 한다.

개발계획의 변경승인은 해당 개발계획을 승인한 기관이 한다.

제13조 (경제지대의 개발방식)

경제지대에서 황금평지구는 개발기업이 전체 면적의 토지를 임대받아 종합적으로 개발하고 경영하는 방식으로 개발한다.

위화도지구는 개발당사자들 사이에 합의한 방식으로 개발한다.

제14조 (개발기업에 대한 승인)

개발기업에 대한 승인은 중앙특수경제지대 지도기관이 관리위원회를 통하여 개발기업에게 개발사업권 승인증서를 발급하는 방법으로 한다.

개발기업의 위임, 개발사업권 승인증서의 발급신청은 관리위원회가 한다.

제15조 (토지임대차계약)

개발사업권 승인증서를 받은 개발기업은 국토관리기관과 토지임대차계약을 맺어야 한다.

토지임대차계약에서는 임대기간, 면적과 구획, 용도, 임대료의 지불기간과 지불방법, 그 밖의 필요한 사항을 정한다.

국토관리기관은 토지임대료를 지불한 개발기업에게 토지리용증을 발급하여 준다.

제16조 (토지임대기간)

경제지대에서 토지임대기간은 해당 기업에게 토지리용증을 발급한 날부터 50년까지로 한다.

지대 안의 기업은 토지임대기간이 끝난 다음 계약을 다시 맺고 임대 받은 토지를 계속 리용할 수 있다.

제17조 (건물, 부착물의 철거와 이설)

철거, 이설을 맡은 기관, 기업소는 개발공사에 지장이 없도록 개발지역 안의 공공건물과 살림집, 부착물 같은 것을 철거, 이설하고 주민을 이주시켜야 한다.

제18조 (개발공사의 착수시점)

개발기업은 개발구역 안의 건물과 부착물의 철거, 이설사업이 끝나는 차제로 개발공사에 착수하여야 한다.

제19조 (하부구조시설 및 공공시설건설)

경제지대의 하부구조 및 공공시설건설은 개발기업이 하며 그에 대한 특별허가경영권을 가진다.

개발기업은 하부구조 및 공공시설을 다른 기업을 인입하여 건설할 수 있다.

제20조 (토지리용권과 건물의 양도 및 임대가격)

개발기업은 개발계획과 하부구조건설이 진척되는 데 따라 개발한 토지와 건물을 양도, 임대할 권리를 가진다. 이 경우 양도, 임대가격은 개발기업이 정한다.

제21조 (토지리용권, 건물소유권의 변경과 그 등록)

경제지대에서 기업은 유효기간 안에 토지리용권과 건물소유권을 매매, 교환, 증여, 상속의 방법으로 양도하거나 임대, 저당할 수 있다. 이 경우 토지리용권, 건물소유권의 변경등록을 하고 토지리용증 또는 건물소유권등록증을 다시 발급받아야 한다.

제3장 경제지대의 관리

제22조 (경제지대의 관리원칙)

경제지대의 관리원칙은 다음과 같다.

1. 법규의 엄격한 준수와 집행

2. 관리위원회와 기업의 독자성 보장

3. 무역과 투자활동에 대한 특혜제공

4. 경제발전의 객관적 법칙과 시장원리의 준수

5. 국제관례의 참고

제23조 (관리위원회의 설립, 지위)

경제지대의 관리운영을 위하여 지대에 관리위원회를 설립한다.

관리위원회는 경제지대의 개발과 관리운영을 맡아 하는 현지 관리기관이다.

제24조 (관리위원회의 구성)

관리위원회는 위원장, 부위원장, 서기장과 필요한 성원들로 구성한다.

관리위원회에는 경제지대의 개발과 관리에 필요한 부서를 둔다.

제25조 (관리위원회의 책임자)

관리위원회의 책임자는 위원장이다.

위원장은 관리위원회를 대표하며 관리위원회의 사업을 주관한다.

제26조 (관리위원회의 사업내용)

관리위원회는 다음과 같은 사업을 한다.

1. 경제지대의 개발과 관리에 필요한 준칙 작성

2. 투자환경의 조성과 투자유치

3. 기업의 창설승인과 등록, 영업허가

4. 투자 장려, 제한, 금지목록의 공포

5. 대상건설허가와 준공검사

6. 대상건설설계문건의 보관

7. 경제지대의 독자적인 재정관리체계 수립

8. 토지리용권, 건물소유권의 등록

9. 위임받은 재산의 관리

10. 기업의 경영활동협조

11. 하부구조 및 공공시설의 건설, 경영에 대한 감독 및 협조

12. 경제지대의 환경보호와 소방대책

13. 인원, 운수수단의 출입과 물자의 반출입에 대한 협조

14. 관리위원회의 규약 작성

15. 이 밖에 경제지대의 개발, 관리와 관련하여 중앙특수경제지대지도 기관

과 평안북도인민위원회가 위임하는 사업

제27조 (기업책임자회의의 소집)

관리위원회는 기업의 대표들이 참가하는 기업책임자회의를 소집할 수 있다.

기업책임자회의에서는 경제지대의 개발과 관리, 기업운영과 관련하여 제기되는 중요문제를 토의한다.

제28조 (예산의 편성과 집행)

관리위원회는 예산을 편성하고 집행한다. 이 경우 예산편성 및 집행정형과 관련한 문건을 중앙특수경제지대 지도기관과 평안북도인민 위원회에 내야 한다.

제29조 (평안북도인민위원회의 사업내용)

평안북도인민위원회는 경제지대와 관련하여 다음과 같은 사업을 한다.

1. 경제지대법과 규정의 시행세칙작성

2. 경제지대개발과 관리, 기업운영에 필요한 로력보장

3. 이 밖에 경제지대의 개발, 관리와 관련하여 중앙특수경제지대지도 기관이 위임한 사업

제30조 (중앙특수경제지대 지도기관의 사업내용)

중앙특수경제지대 지도기관은 다음과 같은 사업을 한다.

1. 경제지대의 발전전략작성

2. 경제지대의 개발, 건설과 관련한 국내기관들과의 사업련계

3. 다른 나라 정부들과의 협조 및 련계

4. 기업창설심의기준의 승인

5. 경제지대에 투자할 국내기업의 선정

6. 경제지대생산품의 지대 밖 국내판매협조

제31조 (사업계획과 통계자료의 제출)

관리위원회는 해마다 사업계획과 경제지대의 통계자료를 중앙특수경제 지대지도기관과 평안북도인민위원회에 내야 한다.

제4장 기업의 창설 및 등록, 운영

제32조 (기업의 창설신청)

경제지대에 기업을 창설하려는 투자가는 관리위원회에 기업창설신청 문건을 내야 한다.

관리위원회는 기업창설신청문건을 받은 날부터 10일 안으로 승인하거나 부결하고 그 결과를 신청자에게 알려주어야 한다.

제33조 (기업의 등록, 법인자격)

기업창설승인을 받은 기업은 정해진 기일 안에 기업등록, 세관등록, 세무등록을 하여야 한다.

관리위원회에 등록된 기업은 우리나라 법인으로 된다.

제34조 (기업의 권리)

경제지대에서 기업은 규약에 따라 경영 및 관리질서와 생산계획, 판매계획, 재정계획을 세울 권리, 로력채용, 로임기준과 지불형식, 생산물의 가격, 리윤의 분배방안을 독자적으로 결정할 권리를 가진다.

기업의 경영활동에 대한 비법적인 간섭은 할 수 없으며 법규에 정해지지 않은 비용을 징수하거나 의무를 지울 수 없다.

제35조 (기업의 업종과 그 변경승인)

기업은 승인받은 업종범위 안에서 경영활동을 하여야 한다.

업종을 늘리거나 변경하려 할 경우에는 관리위원회의 승인을 받아야 한다.

제36조 (로력의 채용)

기업은 우리나라의 로력을 우선적으로 채용하여야 한다.

필요에 따라 다른 나라 로력을 채용하려 할 경우에는 관리위원회에 통지하여야 한다.

제37조 (월로임최저기준)

경제지대의 기업에서 일하는 종업원의 월로임최저기준은 평안북도 인민위원회가 관리위원회와 협의하여 정한다.

제38조 (지대 밖의 우리나라 기업과의 거래)

기업은 계약을 맺고 경제지대 밖의 우리나라 령역에서 경영활동에 필요한 원료, 자재, 물자를 구입하거나 생산한 제품을 판매할 수 있다.

우리나라 기관, 기업소, 단체에 원료, 자재, 부분품의 가공을 위탁할 수도 있다.

제39조 (상품, 봉사의 가격)

경제지대에서 기업들 사이에 거래되는 상품과 봉사가격, 경제지대 안의 기업과 지대 밖의 우리나라 기관, 기업소, 단체 사이에 거래되는 상품의 가격은 국제시장가격에 준하여 당사자들이 협의하여 정한다.

식량, 기초식품 같은 중요 대중필수품의 가격과 공공봉사료금은 평안북도 인민위원회가 정한다. 이 경우 기업에 생긴 손해에 대한 재정적 보상을 한다.

40조 (기업의 돈자리)

기업은 경제지대에 설립된 우리나라 은행이나 외국투자은행에 돈자리를 두어야 한다.

우리나라 령역 밖의 다른 나라 은행에 돈자리를 두려 할 경우에는 관리위원회의 승인을 받아야 한다.

경제지대에 은행 또는 은행지점을 설립하는 절차는 규정으로 정한다.

제41조 (보험가입과 보험기구의 설립)

경제지대에서 기업과 개인은 우리나라 령역 안에 있는 보험회사의 보험에 들며 의무보험은 정해진 보험회사의 보험에 들어야 한다.

경제지대에서 투자가는 보험회사를, 다른 나라의 보험회사는 지사, 사무소를 설립 운영할 수 있다.

제42조 (기업의 회계)

경제지대에서는 기업의 회계계산과 결산을 국제적으로 통용되는 회계기준을 적용하여 하도록 한다.

제43조 (기업의 세금납부의무와 기업소득세률)

경제지대에서 기업은 정해진 세금을 납부하여야 한다.

기업소득세률은 결산리윤의 14%로, 특별히 장려하는 부문의 기업소득 세률은 결산리윤의 10%로 한다.

제44조 (지사, 사무소의 설치 및 등록)

경제지대에 지사, 사무소 같은 것을 설치하려 할 경우에는 관리 위원회의 승인을 받고 등록을 하여야 한다.

지사, 사무소는 관리위원회에 등록한 날부터 정해진 기일 안에 세무 등록, 세관등록을 하여야 한다.

제5장 경제활동조건의 보장

제45조 (심의, 승인 절차의 간소화)

경제지대에서는 통일적이며 집중적인 처리방법으로 경제활동과 관련한 각종 심의, 승인 절차를 간소화하도록 한다.

제46조 (류통화폐와 결제화폐)

경제지대에서는 정해진 화폐를 류통시킨다.

류통화폐와 결제화폐는 조선원 또는 정해진 화폐로 한다.

경제지대에서 외화교환, 환률과 관련한 절차는 규정으로 정한다.

제47조 (외화, 리윤, 재산의 반출입)

경제지대에서는 외화를 자유롭게 반출입할 수 있으며 합법적인 리윤과 기타 소득을 제한 없이 경제지대 밖으로 송금할 수 있다.

투자가는 경제지대에 들여왔던 재산과 지대에서 합법적으로 취득한 재산을 제한 없이 경제지대 밖으로 내갈 수 있다.

제48조 (지적재산권의 보호)

경제지대에서 지적재산권은 법적 보호를 받는다.

관리위원회는 경제지대에서 지적재산권의 등록, 리용, 보호와 관련한 사업 체계를 세워야 한다.

제49조 (원산지관리)

경제지대에서 원산지관리사업은 원산지관리기관이 한다.

원산지관리기관은 상품의 원산지관리사업을 경제지대법규와 국제관례에 맞게 하여야 한다.

제50조 (특별허가경영권)

경제지대에서는 하부구조시설과 공공시설에 대하여 특별허가대상으로 경영하게 할 수 있다.

특별허가경영권을 가진 기업이 그것을 다른 기업에게 양도하거나 나누어주려 할 경우에는 계약을 맺고 관리위원회의 승인을 받아야 한다.

제51조 (경제지대상품의 구입)

경제지대 밖의 우리나라 기관, 기업소, 단체는 계약을 맺고 경제지대의 기업이 생산하였거나 판매하는 상품을 구입할 수 있다.

제52조 (계약의 중시와 리행)

기업은 계약을 중시하고 신용을 지키며 계약을 성실하게 리행하여야 한다.

당사자들은 계약의 체결과 리행에서 평등과 호혜의 원칙을 준수하여야 한다.

제53조 (경영과 관련한 봉사)

경제지대에서는 규정에 따라 은행, 보험, 회계, 법률, 계량 같은 경영과 관련한 봉사를 할 수 있다.

제54조 (광고사업과 야외광고물의 설치승인)

경제지대에서는 규정에 따라 광고업과 광고를 할 수 있다.

야외에 광고물을 설치하려 할 경우에는 관리위원회의 승인을 받는다.

제55조 (건설기준과 기술규범)

경제지대에서의 건설설계와 시공에는 선진적인 다른 나라의 설계기준, 시공기술기준, 기술규범을 적용할 수 있다.

제56조 (관광업)

경제지대에서는 자연풍치, 민속문화 같은 관광자원을 개발하여 국제관광을 발전시키도록 한다.

투자가는 규정에 따라 경제지대에서 관광업을 할 수 있다.

제57조 (통신수단의 리용)

경제지대에서는 우편, 전화, 팍스 같은 통신수단을 자유롭게 리용할 수 있다.

제58조 (인원, 운수수단의 출입과 물자의 반출입조건보장)

통행검사, 세관, 검역기관과 해당 기관은 경제지대의 개발, 기업활동에 지

장이 없도록 인원, 운수수단의 출입과 물자의 반출입을 신속하고 편리하게 보
장하여야 한다.

제59조 (유가증권거래)

외국인투자기업과 외국인은 규정에 따라 경제지대에서 유가증권을 거래할
수 있다.

제6장 장려 및 특혜

제60조 (투자방식)

투자가는 경제지대에 직접투자나 간접투자 같은 여러 가지 방식으로 투자
할 수 있다.

제61조 (수출입의 장려)

기업은 경제지대 안이나 지대 밖의 기업과 계약을 맺고 상품거래, 기술무
역, 봉사무역을 할 수 있으며 수출입대리업무도 할 수 있다.

제62조 (기업소득세의 감면)

경제지대에서 10년 이상 운영하는 정해진 기업에 대하여서는 기업 소득세
를 면제하거나 감면하여 준다.

기업소득세를 면제 또는 감면하는 기간, 감세률과 감면기간의 계산시점은
해당 규정에서 정한다.

제63조 (토지리용과 관련한 특혜)

경제지대에서 기업용토지는 실지수요에 따라 먼저 제공되며 토지의 사용 분
야와 용도에 따라 임대기간, 임대료, 납부방법에서 서로 다른 특혜를 준다.

하부구조시설과 공공시설, 특별장려 부문에 투자하는 기업에 대하여서는
토지 위치의 선택에서 우선권을 주며 정해진 기간에 해당한 토지사용료를 면
제하여 줄 수 있다.

제64조 (재투자분에 해당한 소득세반환)

경제지대에서 리윤을 재투자하여 등록자본을 늘리거나 새로운 기업을 창설
하여 5년 이상 운영할 경우에는 재투자분에 해당한 기업소득세액의 50%를 돌

려준다.

하부구조건설 부문에 재투자할 경우에는 납부한 재투자분에 해당한 기업소득세액의 전부를 돌려준다.

제65조 (개발기업에 대한 특혜)

개발기업은 관광업, 호텔업 같은 대상의 경영권 취득에서 우선권을 가진다.

개발기업의 재산과 하부구조시설, 공공시설운영에는 세금을 부과하지 않는다.

제66조 (특별허가대상경영자에 대한 특혜)

관리위원회는 특별허가대상의 경영자에게 특혜를 주어 그가 합리적인 리윤을 얻도록 한다.

제67조 (경제지대의 출입)

경제지대로 출입하는 외국인과 운수수단은 려권 또는 그를 대신하는 출입증명서를 가지고 지정된 통로로 사증 없이 출입할 수 있다.

우리나라의 다른 지역에서 경제지대로 출입하는 질서, 경제지대에서 우리나라의 다른 지역으로 출입하는 질서는 따로 정한다.

제68조 (특혜관세제도와 관세면제)

경제지대에서는 특혜관세제도를 실시한다.

가공무역, 중계무역, 보상무역을 목적으로 경제지대에 들여오는 물자, 기업의 생산과 경영에 필요한 물자와 생산한 수출상품, 투자가에게 필요한 사무용품과 생활용품, 경제지대건설에 필요한 물자, 그 밖에 정해진 물자에는 관세를 부과하지 않는다.

제69조 (물자의 반출입신고제)

경제지대에서 물자의 반출입은 신고제로 한다.

물자를 반출입하려는 기업 또는 개인은 반출입신고서를 정확히 작성하여 반출입 지점의 세관에 내야 한다.

제70조 (교육, 문화, 의료, 체육 등의 편리제공)

경제지대에서는 거주자, 체류자에게 교육, 문화, 의료, 체육 같은 분야의 편리를 보장한다.

제7장 신소 및 분쟁해결

제71조 (신소와 그 처리)

기업 또는 개인은 관리위원회, 평안북도인민위원회, 중앙특수경제 지대지도기관과 해당 기관에 신소할 수 있다.

신소를 받은 기관은 30일 안에 료해처리하고 그 결과를 신소자에게 알려주어야 한다.

제72조 (조정에 의한 분쟁해결)

관리위원회 또는 해당 기관은 분쟁당사자들의 요구에 따라 분쟁을 조정할 수 있다.

이 경우 분쟁당사자들의 의사에 기초하여 조정안을 작성하여야 한다.

조정안은 분쟁당사자들이 수표하여야 효력을 가진다.

제73조 (중재에 의한 분쟁해결)

분쟁당사자들은 합의에 따라 경제지대에 설립된 우리나라 또는 다른 나라 국제중재기관에 중재를 제기할 수 있다.

중재는 해당 국제중재위원회의 중재규칙에 따른다.

제74조 (재판에 의한 분쟁해결)

분쟁당사자들은 경제지대의 관할재판소 또는 경제지대에 설치된 재판소에 소송을 제기할 수 있다.

경제지대에서의 행정소송 절차는 따로 정한다.

부칙

제1조 (법의 시행일)

이 법은 공포한 날부터 시행한다.

제2조 (법의 해석권)

이 법의 해석은 최고인민회의 상임위원회가 한다.

10. 조선민주주의인민공화국 외국인투자법

주체81(1992)년 10월 5일 최고인민회의 상설회의 결정 제17호로 채택

주체88(1999)년 2월 26일 최고인민회의 상임위원회 정령 제484호로 수정보충

주체93(2004)년 11월 30일 최고인민회의 상임위원회 정령 제780호로 수정보충

주체96(2007)년 9월 26일 최고인민회의 상임위원회 정령 제2367호로 수정보충

주체97(2008)년 4월 29일 최고인민회의 상임위원회 정령 제2388호로 수정보충

주체97(2008)년 8월 19일 최고인민회의 상임위원회 정령 제2842호로 수정보충

주체100(2011)년 11월 29일 최고인민회의 상임위원회 정령 제1991호로 수정보충

제1조 (외국인투자법의 사명과 지위)

조선민주주의인민공화국 외국인투자법은 우리나라에 대한 외국투자가들의 투자를 장려하며 그들의 합법적 권리와 리익을 보호하는 데 이바지한다.

이 법은 외국투자관계의 기본법이다.

제2조 (용어의 정의)

1. 외국인투자란 외국투자가가 경제활동을 목적으로 우리나라에 재산이나 재산권, 기술비결을 들여오는 것이다.

2. 외국투자가란 우리나라에 투자하는 다른 나라의 법인, 개인이다.

3. 외국투자기업이란 외국인투자기업과 외국기업이다.

4. 외국인투자기업이란 우리나라에 창설한 합작기업, 합영기업, 외국인기업이다.

5. 합작기업이란 우리 측 투자가와 외국 측 투자가가 공동으로 투자하고 우리 측이 운영하며 계약에 따라 상대 측의 출자 몫을 상환하거나 리윤을 분배하는 기업이다.

6. 합영기업이란 우리 측 투자가와 외국 측 투자가가 공동으로 투자하고 공동으로 운영하며 투자 몫에 따라 리윤을 분배하는 기업이다.

7. 외국인기업이란 외국투자가가 단독으로 투자하고 운영하는 기업이다.

8. 외국기업이란 투자관리기관에 등록하고 경제활동을 하는 다른 나라 기업이다.

9. 외국투자은행이란 우리나라에 설립한 합영은행, 외국인은행, 외국은행지점이다.

10. 특수경제지대란 국가가 특별히 정한 법규에 따라 투자, 생산, 무역, 봉사와 같은 경제활동에 특혜가 보장되는 지역이다.

제3조 (외국인투자기업과 외국투자은행의 창설)

외국투자가는 우리나라에서 외국인투자기업과 외국투자은행을 창설 운영할 수 있다.

이 경우 투자관리기관의 승인을 받는다.

투자관리기관에는 해당 중앙기관과 특수경제지대 관리기관이 속한다.

제4조 (외국투자가의 권리와 리익보호, 경영활동조건보장)

국가는 외국투자가의 합법적인 권리와 리익을 보호하며 외국인투자기업과 외국투자은행의 경영활동조건을 보장하도록 한다.

제5조 (투자당사자)

다른 나라의 법인과 개인은 우리나라에 투자할 수 있다.

해외동포도 이 법에 따라 투자할 수 있다.

제6조 (투자부문 및 투자방식)

외국투자가는 공업, 농업, 건설, 운수, 통신, 과학기술, 관광, 류통, 금융 같은 여러 부문에 여러 가지 방식으로 투자할 수 있다.

제7조 (투자장려부문)

국가는 첨단기술을 비롯한 현대적 기술과 국제시장에서 경쟁력이 높은 제품을 생산하는 부문, 하부구조건설부문, 과학연구 및 기술개발부문에 대한 투자를 특별히 장려한다.

제8조 (장려부문 투자의 우대)

장려하는 부문에 투자하여 창설한 외국인투자기업은 소득세를 비롯한 여러 가지 세금의 감면, 유리한 토지리용조건의 보장, 은행대부의 우선적 제공 같은 우대를 받는다.

제9조 (특수경제지대에서의 특혜적인 경영활동조건보장)

국가는 특수경제지대안에 창설된 외국투자기업에 물자구입 및 반출입, 제품판매, 로력채용, 세금납부, 토지리용 같은 여러 분야에서 특혜적인 경영활동조건을 보장하도록 한다.

제10조 (외국투자가들의 입출국편리보장)

국가는 우리나라에 투자하는 외국투자가들의 입출국수속 절차와 방법을 편리하게 정하도록 한다.

제11조 (투자의 금지 및 제한대상)

투자를 금지하거나 제한하는 대상은 다음과 같다.

1. 나라의 안전과 주민들의 건강, 건전한 사회도덕생활에 저해를 주는 대상

2. 자원수출을 목적으로 하는 대상

3. 환경보호기준에 맞지 않는 대상

4. 기술적으로 뒤떨어진 대상

5. 경제적 효과성이 적은 대상

제12조 (투자재산과 재산권)

외국투자가는 화폐재산, 현물재산, 공업소유권 같은 재산과 재산권으로 투자할 수 있다. 이 경우 투자하는 재산과 재산권의 가치는 해당 시기의 국제시장가격에 기초하여 당사자들 사이의 합의에 따라 평가한다.

제13조 (지사, 사무소, 대리점의 설립)

외국인투자기업과 합영은행, 외국인은행은 우리나라 또는 다른 나라에 지사, 사무소, 대리점 같은 것을 내오거나 새끼회사를 내올 수 있으며 다른 나라 회사들과 련합할 수 있다.

제14조 (법인자격대상)

외국인투자기업과 합영은행, 외국인은행은 우리나라의 법인으로 된다. 그러나 우리나라에 있는 외국기업의 지사, 사무소, 대리점, 외국은행지점은 우리나라의 법인으로 되지 않는다.

제15조 (토지의 임대기간)

국가는 외국투자가와 외국인투자기업, 외국투자은행을 창설하는 데 필요한

토지를 임대하여 준다.

토지임대기간은 최고 50년까지로 한다.

임대받은 토지는 토지임대기관의 승인 밑에 임대기간 안에 양도하거나 저당잡힐 수 있다.

제16조 (로력의 채용)

외국인투자기업과 외국투자은행은 종업원을 우리나라 로력으로 채용하여야 한다.

일부 관리인원과 특수한 직종의 기술자, 기능공은 투자관리기관과 합의하고 다른 나라 로력으로 채용할 수도 있다.

제17조 (세금의 납부)

외국투자가와 외국인투자기업, 외국기업, 외국투자은행은 기업소득세, 거래세, 재산세 같은 세금을 정해진 데 따라 납부하여야 한다.

제18조 (리윤의 재투자)

외국투자가는 리윤의 일부 또는 전부를 우리나라에 재투자할 수 있다. 이 경우 재투자분에 대하여 이미 납부한 소득세의 일부 또는 전부를 돌려받을 수 있다.

제19조 (투자재산의 보호)

국가는 외국투자가와 외국인투자기업, 외국투자은행의 재산을 국유화하거나 거두어들이지 않는다.

사회공공의 리익과 관련하여 부득이하게 거두어들이려 할 경우에는 사전에 통지하며 법적 절차를 거쳐 그 가치를 충분히 보상해준다.

제20조 (리윤과 기타 소득의 국외송금)

외국투자가가 기업운영 또는 은행업무에서 얻은 합법적 리윤과 기타 소득, 기업 또는 은행을 청산하고 남은 자금은 제한 없이 우리나라 령역 밖으로 송금할 수 있다.

제21조 (경영비밀의 보장)

국가는 외국인투자기업과 외국투자은행의 경영활동과 관련한 비밀을 법적으로 보장하며 외국투자가와 합의 없이 공개하지 않도록 한다.

제22조 (분쟁해결)

외국투자와 관련한 의견 상이는 협의의 방법으로 해결한다.

협의의 방법으로 해결할 수 없을 경우에는 조정, 중재, 재판의 방법으로 해결한다.

11. 조선민주주의인민공화국 외국투자기업회계법(발췌)

주체95(2006)년 10월 25일 최고인민회의 상임위원회 정령 제2037호로 채택
주체97(2008)년 4월 29일 최고인민회의 상임위원회 정령 제2688호로 수정보충
주체100(2011)년 12월 21일 최고인민회의 상임위원회 정령 제2046호로 수정보충

제8조 (대외교류와 협조)

국가는 외국투자기업회계 분야에서 다른 나라, 국제기구들과의 교류와 협조를 발전시키도록 한다.

제9조 (회계관습의 적용)

회계관련법규에서 정하지 않은 사항은 국제적으로 인정되는 회계관습에 따른다.

12. 조선민주주의인민공화국 외국투자은행법(발췌)

주체82(1993)년 11월 24일 최고인민회의 상설회의 결정 제42호로 채택
주체88(1999)년 2월 26일 최고인민회의 상임위원회 정령 제484호로 수정보충
주체91(2002)년 11월 7일 최고인민회의 상임위원회 정령 제3400호로 수정
주체100(2011)년 12월 21일 최고인민회의 상임위원회 정령 제2051호로 수정보충

제4조 (외국투자은행의 권리와 리익의 보호)

국가는 우리나라에 설립된 외국투자은행의 합법적 권리와 리익을 보호한다.

제28조 (외국투자은행에 대한 우대)

외국투자은행은 다음과 같은 우대를 받는다.

1. 영업기간이 10년 이상인 경우 리익이 나는 첫해에는 기업소득세를 면제하며 그다음 2년간은 50% 범위에서 면제받을 수 있다.

2. 우리나라 은행과 기업에 유리한 조건으로 대부하여 얻은 리자수입에 대하여서는 영업세를 면제한다.

3. 은행을 경영하여 얻은 소득과 은행을 청산하고 남은 자금은 우리 나라 령역 밖으로 제한 없이 송금할 수 있다.

제32조 (분쟁해결)

은행업무와 관련한 의견 상이는 협의의 방법으로 해결한다.

협의의 방법으로 해결할 수 없을 경우에는 조정, 중재, 재판의 방법으로 해결한다.

13. 조선민주주의인민공화국 외국인기업법(발췌)

주체81(1992)년 10월 5일 최고인민회의 상설회의 결정 제19호로 채택
주체88(1999)년 2월 26일 최고인민회의 상임위원회 정령 제484호로 수정보충
주체93(2004)년 11월 30일 최고인민회의 상임위원회 정령 제780호로 수정보충
주체94(2005)년 5월 17일 최고인민회의 상임위원회 정령 제1131호로 수정보충
주체95(2006)년 5월 23일 최고인민회의 상임위원회 정령 제1774호로 수정보충
주체96(2007)년 9월 26일 최고인민회의 상임위원회 정령 제2367호로 수정보충
주체100(2011)년 11월 29일 최고인민회의 상임위원회 정령 제1994호로 수정보충

제4조 (투자보호원칙)

국가는 외국투자가가 투자한 자본과 기업운영에서 얻은 소득을 법적으로

보호한다.

제21조 (리윤의 재투자와 국외송금)

외국인기업은 기업운영에서 얻은 합법적 리윤을 재투자할 수 있으며 외화관리와 관련한 법규에 따라 우리나라 령역 밖으로 송금할 수 있다.

제23조 (세금의 납부)

외국인기업은 정해진 세금을 납부하여야 한다.

장려부문의 외국인기업은 일정한 기간 기업소득세를 감면받을 수 있다.

제24조 (관세의 면제)

외국인기업이 생산과 경영활동에 필요한 물자를 들여오거나 생산한 제품을 내가는 경우에는 그에 대하여 관세를 적용하지 않는다.

제30조 (분쟁해결)

외국인기업과 관련한 의견 상이는 협의의 방법으로 해결한다.

협의의 방법으로 해결할 수 없을 경우에는 조정, 중재, 재판의 방법으로 해결한다.

14. 조선민주주의인민공화국 외국인투자기업로동법(발췌)

주체98(2009)년 1월 21일 최고인민회의 상임위원회 정령 제3053호로 채택
주체100(2011)년 12월 21일 최고인민회의 상임위원회 정령 제2047호로 수정보충

제51조 (분쟁해결)

이 법의 집행과 관련하여 생긴 의견 상이는 당사자들 사이에 협의의 방법으로 해결한다.

협의의 방법으로 해결할 수 없을 경우에는 조정, 중재, 재판의 방법으로 해결한다.

15. 조선민주주의인민공화국
외국인투자기업재정관리법(발췌)

주체97(2008)년 10월 2일 최고인민회의 상임위원회 정령 제2907호로 채택
주체100(2011)년 12월 21일 최고인민회의 상임위원회 정령 제2044호로 수정보충

제8조 (투자재산의 보호원칙)

국가는 외국인투자기업의 재산을 법적으로 보호한다.

부득이한 사유로 외국인투자기업의 재산을 국유화하거나 거두어들일 경우에는 해당한 보상을 하도록 한다.

우리나라와 다른 나라 사이에 맺은 투자보호협정이 있을 경우에는 그에 따라 보호한다.

16. 조선민주주의인민공화국 합영법(발췌)

주체73(1984)년 9월 8일 최고인민회의 상설회의 결정 제10호로 채택
주체83(1994)년 1월 20일 최고인민회의 상설회의 결정 제44호로 수정보충
주체88(1999)년 2월 26일 최고인민회의 상임위원회 정령 제484호로 수정보충
주체90(2001)년 5월 17일 최고인민회의 상임위원회 정령 제2315호로 수정보충
주체93(2004)년 11월 30일 최고인민회의 상임위원회 정령 제780호로 수정보충
주체95(2006)년 5월 23일 최고인민회의 상임위원회 정령 제1774호로 수정보충
주체96(2007)년 9월 26일 최고인민회의 상임위원회 정령 제2367호로 수정보충
주체97(2008)년 8월 19일 최고인민회의 상임위원회 정령 제2842호로 수정보충
주체100(2011)년 11월 29일 최고인민회의 상임위원회 정령 제1993호로 수정보충

제24조 (관세의 부과)

합영기업이 생산과 경영활동에 필요한 물자를 다른 나라에서 들여오거나 생산한 제품을 다른 나라에 내가는 경우에는 관세를 부과하지 않는다. 그러나 관세를 면제받은 물자를 우리나라에서 판매할 경우에는 관세를 부과한다.

제41조 (리윤의 재투자)

외국 측 투자가는 합영기업에서 분배받은 리윤의 일부 또는 전부를 우리나라에 재투자할 수 있다. 이 경우 이미 납부한 소득세에서 재투자분에 해당한 소득세의 일부 또는 전부를 돌려받을 수 있다.

제42조 (리윤과 기타 소득의 국외송금)

합영기업의 외국 측 투자가는 분배받은 리윤과 기타 소득, 기업을 청산하고 받은 자금을 제한 없이 우리나라 령역 밖으로 송금할 수 있다.

제46조 (분쟁해결)

합영과 관련한 의견 상이는 협의의 방법으로 해결한다.

협의의 방법으로 해결할 수 없을 경우에는 조정, 중재, 재판의 방법으로 해결한다.

17. 조선민주주의인민공화국 합작법(발췌)

주체81(1992)년 10월 5일 최고인민회의 상설회의 결정 제18호로 채택
주체88(1999)년 2월 26일 최고인민회의 상임위원회 정령 제484호로 수정보충
주체93(2004)년 11월 30일 최고인민회의 상임위원회 정령 제780호로 수정보충
주체95(2006)년 5월 23일 최고인민회의 상임위원회 정령 제1774호로 수정보충
주체96(2007)년 9월 26일 최고인민회의 상임위원회 정령 제2367호로 수정보충
주체97(2008)년 4월 29일 최고인민회의 상임위원회 정령 제2688호로 수정보충
주체97(2008)년 8월 19일 최고인민회의 상임위원회 정령 제2842호로 수정보충
주체100(2011)년 11월 29일 최고인민회의 상임위원회 정령 제1992호로 수정보충

제5조 (합작투자에 대한 우대)

국가는 장려대상의 합작기업, 해외동포와 하는 합작기업에 대하여 세금의 감면, 유리한 토지리용조건의 보장, 은행대부의 우선적 제공과 같은 우대를 하도록 한다.

제12조 (관세의 부과)

합작기업이 생산과 경영활동에 필요한 물자를 다른 나라에서 들여오거나 생산한 제품을 다른 나라에 내가는 경우에는 관세를 부과하지 않는다. 그러나 관세를 면제받은 물자를 우리나라에서 판매할 경우에는 관세를 부과한다.

제14조 (투자의 상환과 리윤분배)

합작기업에서 외국 측 투자가에 대한 투자 상환은 기업의 생산품으로 하는 것을 기본으로 한다.

리윤분배는 합작당사자들이 계약에서 정한 방법으로 한다.

제16조 (리윤과 기타 소득의 국외송금)

합작기업의 외국 측 투자가는 분배받은 리윤과 기타 소득, 기업을 청산하고 받은 자금을 제한 없이 우리나라 령역 밖으로 송금할 수 있다.

제23조 (분쟁해결)

합작과 관련한 의견 상이는 협의의 방법으로 해결한다.

협의의 방법으로 해결할 수 없을 경우에는 조정, 중재, 재판의 방법으로 해결한다.

18. 조약의 국내법적 효력에 관한 북한 국내법 규정(발췌)

1) 조선민주주의인민공화국 대외경제중재법(1999)

제7조 국가는 중재활동에서 국제조약과 관례를 존중하며 국제기구, 다른 나라들과의 협조와 교류를 발전시키도록 한다.

2) 조선민주주의인민공화국 대외경제중재법(2008)

제11조 (국제적인 교류와 협조)

국가는 대외경제중재활동에서 국제법과 국제관례를 존중하며 국제기구, 다른 나라들과의 협조와 교류를 발전시키도록 한다.

3) 조선민주주의인민공화국 수출품원산지법(2009)

제4조 (협약의 효력)

수출품의 원산지증명과 관련하여 조선민주주의인민공화국 정부와 다른 나라 정부, 국제기구 사이에 맺은 협약은 이 법과 같은 효력을 가진다.

4) 조선민주주의인민공화국 해상짐수송법(2006)

제6조 (다른 법과의 관계)

해상짐수송과 관련하여 이 법에서 규제하지 않은 사항은 해당 법규에 따른다. 우리나라가 승인한 해운 분야의 국제협약과 관례는 이 법과 같은 효력을 지닌다.

5) 조선민주주의인민공화국 국경위생검역법(2007)

제2조 (국경위생검역법의 적용대상)

이 법은 다른 나라에서 우리나라로 또는 우리나라에서 다른 나라로 인원, 운수수단, 물품이 들어오거나 나가는 경우에 적용한다.

우리나라가 국경위생검역과 관련하여 다른 나라와 맺은 조약이 있을 경우에는 그에 따른다.

6) 조선민주주의인민공화국 국경동식물검역법(2007)

제3조 (국경동식물검역법의 적용대상)

이 법은 다른 나라에서 우리나라로, 또는 우리나라에서 다른 나라로 동식물검역대상을 들여오거나 내가는 경우에 적용한다.

우리나라가 국경동식물검역과 관련하여 다른 나라와 맺은 조약이 있을 경우에는 그에 따른다.

7) 조선민주주의인민공화국 적십자회법(2007)
제3조 (적십자회의 활동원칙)
적십자회는 국가의 해당 법규와 적십자회의 규약, 국제적십자 및 적반월운
동의 근본원칙과 공화국이 가입한 제네바협약과 보충의정서에 준하여 활동하
도록 한다.
8) 조선민주주의인민공화국 전파관리법(2006)
제7조 (국제협약과의 관계)
전파관리와 관련하여 이 법에서 규제하지 않은 사항이 우리나라가 승인한
국제조약에 있을 경우에는 그에 따른다.

9) 조선민주주의인민공화국 아동권리보장법(2010)
제10조 (법의 규제범위와 적용)
이 법은 아동의 권리를 보장하고 리익을 보호하는 데서 나서는 문제들을 규
제한다.
아동권리보장과 관련하여 이 법에서 규제하지 않은 사항은 해당 법에 따른다.
조선민주주의인민공화국이 가입한 아동권리보장관련 국제협약은 이 법과
같은 효력을 가진다.

10) 조선민주주의인민공화국 녀성권리보장법(2010)
제10조 (법의 규제범위와 적용)
이 법은 녀성의 권리를 보장하는 데서 나서는 문제들을 규제한다.
녀성권리보장과 관련하여 이 법에서 규제하지 않은 사항은 해당 법에 따른다.
녀성권리와 관련하여 우리나라가 가입한 국제협약은 이 법과 같은 효력을
가진다.

11) 조선민주주의인민공화국 외국투자기업 및 외국인세금법(2011)

제7조 (해당 조약의 적용)

우리나라와 다른 나라 사이에 체결한 조약에서 이 법과 다르게 정하였을 경우에는 그에 따른다.

이규창(李揆昌)

고려대학교 법과대학 졸업
동 대학원 법학과 석·박사(국제법)
대법원 특수사법제도연구위원회 조사위원 역임
현) 통일연구원 연구위원
　　민주평화통일자문회의 상임위원
　　통일부·법무부·법제처 자문위원
　　대한변호사협회 통일법제사이버아카데미 교수

상훈
대한국제법학회 주니어스칼라상 수상

저서
『추방과 외국인 인권』
『북한국제법연구』(공저)
『민족공동체 통일방안의 새로운 접근과 추진방안』(공저)
『북한형사재판제도연구: 특징과 실태』(공저)
『북한인권백서 2009, 2011, 2012』(공저)
외 다수

논문
「재중 탈북자 보호와 고문방지협약」
「남북관계발전에 관한 법률의 분석과 평가」
「남북합의서의 법적 성격 및 효력에 관한 연구」
「남한주민의 북한지역 출입·체류와 신변안전보장」
「남북법제통합의 기본원칙 및 방향과 과제」
「북한의 해상사격구역 선포와 해안포사격」
「남북공유하천의 평화적 이용을 위한 법제도 대응방안과 과제」
「김정은 후계구도하의 북한인권법제 분석과 평가」
「남북통일 시 북한지역 관할권 확보방안 연구」
외 다수

북한의 국제법관 II

초판인쇄 | 2012년 8월 10일
초판발행 | 2012년 8월 10일

엮 은 이 | 이규창
펴 낸 이 | 채종준
펴 낸 곳 | 한국학술정보㈜
주　　소 | 경기도 파주시 문발동 파주출판문화정보산업단지 513-5
전　　화 | 031) 908-3181(대표)
팩　　스 | 031) 908-3189
홈페이지 | http://ebook.kstudy.com
E-mail | 출판사업부　publish@kstudy.com
등　　록 | 제일산-115호(2000. 6. 19)

ISBN　　978-89-268-3569-2 93360 (Paper Book)
　　　　　978-89-268-3570-8 95360 (e-Book)

이 책은 한국학술정보㈜와 저작자의 지적 재산으로서 무단 전재와 복제를 금합니다.
책에 대한 더 나은 생각, 끊임없는 고민, 독자를 생각하는 마음으로 보다 좋은 책을 만들어갑니다.